德英汉
图解词典

DEUTSCH • ENGLISH • 汉语

贾文波 车玉平 译

外语教学与研究出版社

北京

京权图字：01-2006-1015

A Dorling Kindersley Book
www. dk. com
Original title: BI-LINGUAL VISUAL DICTIONARY: GERMAN

图书在版编目(CIP)数据

德英汉图解词典／贾文波，车玉平译.— 北京：外语教学与研究出版社，
2007.1（2013.3 重印）
ISBN 978-7-5600-6305-8

Ⅰ.德… Ⅱ.①贾… ②车… Ⅲ.图解词典—德、英、汉 Ⅳ.H061

中国版本图书馆 CIP 数据核字（2006）第 164395 号

出 版 人：蔡剑峰
责任编辑：安宇光
封面设计：蔡 曼
出版发行：外语教学与研究出版社
社 址：北京市西三环北路 19 号（100089）
网 址：http://www.fltrp.com
印 刷：北京华联印刷有限公司
开 本：710×1160 1/32
印 张：12.25
版 次：2007 年 1 月第 1 版 2013 年 3 月第 7 次印刷
书 号：ISBN 978-7-5600-6305-8
定 价：45.00 元
* * *
购书咨询：(010)88819929 电子邮箱：club@fltrp.com
如有印刷、装订质量问题，请与出版社联系
联系电话：(010)61207896 电子邮箱：zhijian@fltrp.com

物料号：163050001

出 版 说 明

《德英汉图解词典》是在英国DK出版公司2005年出版的图解词典*German English Visual Bilingual Dictionary*的基础上，为适应中国的德语、英语双语学习者的需要，给每个词条增加了中文释义后编辑而成。

本词典用图解这种直观的方式来解释各种事物，清楚明了。词汇以所属范畴分类，便于查找。全书附图1,600余张，涉及到人们日常生活中接触的方方面面。图片清晰、生动、色彩鲜明，准确反映了事物的各个细节。书后附有三种语言的索引，方便读者查阅。

鉴于文化背景的不同，书中所涉及的事物并不能在三种语言当中建立完全对应的关系，而且三种语言对事物的审视角度有所不同，故会存在对同一事物的用词不尽一致的现象。编辑在确定最后的汉语释义时，以德语为基础，结合具体图片，作了较为灵活的处理。由于书中涉及的事物较多，难免有不尽完善之处，欢迎广大读者批评指正。

外语教学与研究出版社
德语工作室

Inhalt
contents
目录

über das Wörterbuch
about the dictionary
词典介绍

die Benutzung des Buchs
how to use this book
使用说明

die Menschen
people
人

die äußere Erscheinung
appearance
外表

die Gesundheit
health
健康

das Haus
home
家居

die Dienstleistungen
services
服务

der Einkauf
shopping
购物

die Nahrungsmittel
food
食物

auswärts essen
eating out
外出就餐

das Lernen
study
学习

die Arbeit
work
工作

der Verkehr
transport
交通运输

der Sport
sports
体育运动

die Freizeit
leisure
休闲

die Umwelt
environment
环境

die Information
reference
日常便览

Register
index
索引

Dank
acknowledgments
鸣谢

die Menshen
• people • 人

der Körper | body | 人体 12

das Gesicht | face | 面部 14

die Hand | hand | 手 15

der Fuß | foot | 脚 15

die Muskeln | muscles | 肌肉 16

das Skelett | skeleton | 骨骼 17

die inneren Organe | internal organs | 内脏 18

die Fortpflanzungsorgane | reproductive organs | 生殖器官 20

die Familie | family | 家庭 22

die Beziehungen | relationships | 人际关系 24

die Gefühle | emotions | 情感 25

die Ereignisse des Lebens | life events | 人生大事 26

die äußere Erscheinung
• appearance • 外表

die Kinderkleidung | children's clothing | 童装 30

die Herrenkleidung | men's clothing | 男装 32

die Damenkleidung | women's clothing | 女装 34

die Accessoires | accessories | 配饰 36

das Haar | hair | 头发 38

die Schönheit | beauty | 美容 40

die Gesundheit
• health • 健康

die Krankheit | illness | 疾病 44

der Arzt | doctor | 医生 45

die Verletzung | injury | 创伤 46

die erste Hilfe | first aid | 急救 47

das Krankenhaus | hospital | 医院 48

der Zahnarzt | dentist | 牙医 50

der Augenoptiker | optician | 配镜师 51

die Schwangerschaft | pregnancy | 怀孕 52

die Geburt | childbirth | 分娩 53

die Alternativtherapien | alternative therapy | 替代疗法 54

das Haus • home
• 家居

das Haus | house | 房屋 58

die Hausanschlüsse | internal systems | 室内系统 60

das Wohnzimmer | living room | 起居室 62

das Esszimmer | dining room | 餐厅 64

die Küche | kitchen | 厨房 66

die Küchengeräte | kitchenware | 厨具 68

das Schlafzimmer | bedroom | 卧室 70

das Badezimmer | bathroom | 浴室 72

das Kinderzimmer | nursery | 育婴室 74

der Allzweckraum | utility room | 洗衣间 76

die Heimwerkstatt | workshop | 工作间 78

der Werkzeugkasten | toolbox | 工具箱 80

das Tapezieren | decorating | 装修 82

der Garten | garden | 花园 84

die Gartenpflanzen | garden plants | 花园植物 86

die Gartengeräte | garden tools | 园艺工具 88

die Gartenarbeit | gardening | 园艺 90

die Dienstleistungen
• services • 服务

die Notdienste | emergency services | 急救 94

die Bank | bank | 银行 96

die Kommunikation | communications | 通讯 98

das Hotel | hotel | 旅馆 100

der Einkauf
• shopping • 购物

das Einkaufszentrum | shopping centre | 购物中心 104

das Kaufhaus | department store | 百货商店 105

der Supermarkt | supermarket | 超级市场 106

die Apotheke | chemist | 药店 108

das Blumengeschäft | florist | 花店 110

der Zeitungshändler | newsagent | 报刊亭 112

der Konditor | confectioner | 糖果店 113

andere Geschäfte | other shops | 其他店铺 114

die Nahrungsmittel • food • 食物

das Fleisch | meat | 肉 118

der Fisch | fish | 鱼 120

das Gemüse | vegetables | 蔬菜 122

das Obst | fruit | 水果 126

die Getreidearten und die Hülsenfrüchte | grains and pulses | 谷物及豆类 130

die Kräuter und Gewürze | herbs and spices | 香草和香辛料 132

die Nahrungsmittel in Flaschen | bottled foods | 瓶装食品 134

die Milchprodukte | dairy produce | 乳制品 136

das Brot und das Mehl | breads and flours | 面包和面粉 138

Kuchen und Nachspeisen | cakes and desserts | 糕点 140

die Feinkost | delicatessen | 精美食品 142

die Getränke | drinks | 饮料 144

auswärts essen • eating out • 外出就餐

das Café | café | 咖啡馆 148

die Bar | bar | 酒吧 150

das Restaurant | restaurant | 餐馆 152

der Schnellimbiss | fast food | 快餐 154

das Frühstück | breakfast | 早餐 156

die Hauptmahlzeit | dinner | 正餐 158

das Lernen • study • 学习

die Schule | school | 学校 162

die Mathematik | maths | 数学 164

die Wissenschaft | science | 科学 166

die Hochschule | college | 高等院校 168

die Arbeit

• work • 工作

das Büro | office | 办公室 172

der Computer | computer | 计算机 176

die Medien | media | 媒体 178

das Recht | law | 法律 180

der Bauernhof | farm | 农场 182

der Bau | construction | 建筑 186

die Berufe | occupations | 职业 188

der Verkehr • transport • 交通运输

die Straßen | roads | 道路 194

der Bus | bus | 公共汽车 196

das Auto | car | 汽车 198

das Motorrad | motorbike | 摩托车 204

das Fahrrad | bicycle | 自行车 206

der Zug | train | 列车 208

das Flugzeug | aircraft | 飞机 210

der Flughafen | airport | 机场 212

das Schiff | ship | 船 214

der Hafen | port | 港口 216

der Sport • sport • 体育

der Football | American football | 美式橄榄球 220

das Rugby | rugby | 英式橄榄球 221

der Fußball | soccer | 足球 222

das Hockey | hockey | 曲棍类运动 224

das Kricket | cricket | 板球 225

der Basketball | basketball | 篮球 226

der Baseball | baseball | 棒球 228

das Tennis | tennis | 网球 230

das Golf | golf | 高尔夫球 232

die Leichtathletik | athletics | 田径运动 234

der Kampfsport | combat sports | 格斗运动 236

der Schwimmsport | swimming | 游泳 238

der Segelsport | sailing | 帆船运动 240

der Reitsport | horse riding | 马上运动 242

der Angelsport | fishing | 钓鱼 244

der Skisport | skiing | 滑雪 246

die anderen Sportarten | other sports | 其他运动 248

die Fitness | fitness | 健身 250

die Freizeit • leisure • 休闲

das Theater | theatre | 剧院 254

das Orchester | orchestra | 乐队 256

das Konzert | concert | 音乐会 258

die Besichtigungstour | sightseeing | 观光 260

die Aktivitäten im Freien | outdoor activities | 户外活动 262

der Strand | beach | 海滩 264

das Camping | camping | 露营 266

die Privatunterhaltung | home entertainment | 家庭娱乐 268

die Fotografie | photography | 摄影 270

die Spiele | games | 游戏 272

das Kunsthandwerk | arts and crafts | 工艺美术 274

die Umwelt • environment • 环境

der Weltraum | space | 宇宙空间 280

die Erde | Earth | 地球 282

die Landschaft | landscape | 地貌 284

das Wetter | weather | 天气 286

das Gestein | rocks | 岩石 288

die Mineralien | minerals | 矿物 289

die Tiere | animals | 动物 290

die Pflanzen | plants | 植物 296

die Stadt | town | 城镇 298

die Architektur | architecture | 建筑 300

die Information • reference • 日常便览

die Uhrzeit | time | 时间 304

der Kalender | calendar | 日历 306

die Zahlen | numbers | 数字 308

die Maße und Gewichte | weights and measures | 度量衡 310

die Weltkarte | world map | 世界地图 312

Partikeln und Antonyme | particles and antonyms | 小品词与反义词 320

praktische Redewendungen | useful phrases | 常用语 322

über das Wörterbuch

Bilder helfen erwiesenermaßen, Informationen zu verstehen und zu behalten. Dieses mehrsprachige Wörterbuch enthält eine Fülle von Illustrationen und präsentiert gleichzeitig ein umfangreiches aktuelles Vokabular in drei Sprachen.

Das Wörterbuch ist thematisch gegliedert und behandelt eingehend die meisten Bereiche des heutigen Alltags, vom Restaurant und Fitnesscenter, Heim und Arbeitsplatz bis zum Tierreich und Weltraum. Es enthält außerdem Wörter und Redewendungen, die für die Unterhaltung nützlich sind und das Vokabular erweitern.

Dies ist ein wichtiges Nachschlagewerk für jeden, der sich für Sprachen interessiert – es ist praktisch, anregend und leicht zu benutzen.

Einige Anmerkungen

Die drei Sprachen werden immer in der gleichen Reihenfolge aufgeführt – Deutsch, Englisch, und Chinesisch.

Außer für Englisch werden Substantive mit den bestimmten Artikeln, die das Geschlecht (Maskulinum, Femininum oder Neutrum) und den Numerus (Singular oder Plural) ausdrücken, angegeben, zum Beispiel:

der Samen	die Mandeln
seed	almonds
种子	杏仁

Die Verben sind durch ein (v) nach dem englischen Wort gekennzeichnet:

ernten • harvest (v) • 收获

Am Ende des Buchs befinden sich Register für jede Sprache. Sie können dort ein Wort in einer der drei Sprachen und die jeweilige Seitenzahl nachsehen. Die Geschlechtsangabe erfolgt mit folgenden Abkürzungen:

m = Maskulinum
f = Femininum
n = Neutrum

about the dictionary

The use of pictures is proven to aid understanding and the retention of information. Working on this principle, this highly-illustrated multilingual dictionary presents a large range of useful current vocabulary in three languages.

The dictionary is divided thematically and covers most aspects of the everyday world in detail, from the restaurant to the gym, the home to the workplace, outer space to the animal kingdom. You will also find additional words and phrases for conversational use and for extending your vocabulary.

This is an essential reference tool for anyone interested in languages – practical, stimulating, and easy-to-use.

A few things to note

The three languages are always presented in the same order – German, English and Chinese.

Other than in English, nouns are given with their definite articles reflecting the gender (masculine, feminine, or neuter) and number (singular or plural), for example:

der Samen	die Mandeln
seed	almonds
种子	杏仁

Verbs are indicated by a (v) after the English, for example:

ernten • harvest (v) • 收获

Each language also has its own index at the back of the book. Here you can look up a word in any of the three languages and be referred to the page number(s) where it appears. The gender is shown using the following abbreviations:

m = masculine
f = feminine
n = neuter

词典介绍

众所周知，图片的使用有助于对信息的理解与记忆，基于此原则，这本配有大量插图的多语种词典用德、英、汉三种语言介绍了大量的当代有用词汇。

本词典按主题划分，涵盖了从餐馆到健身房，住宅到工作场所，动物世界和宇宙空间等日常生活中的大多数方面。书中还附有补充单词和词组以备日常对话及扩充词汇量之用。

本词典集实用性、直观性、方便性于一身，是语言爱好者必备的参考工具。

几点说明

三种语言均按：德语、英语、汉语的顺序排列。

德语用定冠词标注单词的性（阳性、阴性或中性）和数（单数或复数）。
例如：

der Samen	die Mandeln
seed	almonds
种子	杏仁

英语的动词后边标有(v)，例如：

ernten • harvest (v) • 收获

各种语言均在书后附有索引，可以查到相应语种和词汇及所在页，词性用以下缩写形式表示：

m = 阳性
f = 阴性
n = 中性

die Benutzung des Buchs

Ganz gleich, ob Sie eine Sprache aus Geschäftsgründen, zum Vergnügen oder als Vorbereitung für einen Auslandsurlaub lernen, oder Ihr Vokabular in einer Ihnen bereits vertrauten Sprache erweitern möchten, dieses Wörterbuch ist ein wertvolles Lernmittel, das Sie auf vielfältige Art und Weise benutzen können.
Wenn Sie eine neue Sprache lernen, achten Sie auf Wörter, die in verschiedenen Sprachen ähnlich sind sowie auf falsche Freunde (Wörter, die ähnlich aussehen aber wesentlich andere Bedeutungen haben). Sie können ebenfalls feststellen, wie die Sprachen einander beeinflusst haben. Englisch hat zum Beispiel viele Ausdrücke für Nahrungsmittel aus anderen europäischen Sprachen übernommen und andererseits viele Begriffe aus der Technik und Popkultur ausgeführt.
Sie können je nach Ihrem Interesse zwei oder alle drei Sprachen miteinander vergleichen.

Praktische Übungen

• Versuchen Sie sich zu Hause, am Arbeits- oder Studienplatz den Inhalt der Seiten einzuprägen, die Ihre Umgebung behandeln. Schließen Sie dann das Buch und prüfen Sie, wie viele Gegenstände Sie in den anderen Sprachen sagen können.

• Schreiben Sie eine Geschichte, einen Brief oder Dialog und benutzen Sie dabei möglichst viele Ausdrücke von einer bestimmten Seite des Wörterbuchs. Dies ist eine gute Methode, sich das Vokabular und die Schreibweise einzuprägen. Sie können mit kurzen Sätzen von zwei bis drei Worten anfangen und dann nach und nach längere Texte schreiben.

• Wenn Sie ein visuelles Gedächtnis haben, können Sie Gegenstände aus dem Buch abzeichnen oder abpausen. Schließen Sie dann das Buch und schreiben Sie die passenden Wörter unter die Bilder.

• Wenn Sie mehr Sicherheit haben, können Sie Wörter aus einem der Fremdsprachenregister aussuchen und deren Bedeutung aufschreiben, bevor Sie auf der entsprechenden Seite nachsehen.

how to use this book

Whether you are learning a new language for business, pleasure, or in preparation for a holiday abroad, or are hoping to extend your vocabulary in an already familiar language, this dictionary is a valuable learning tool which you can use in a number of different ways.
When learning a new language, look out for cognates (words that are alike in different languages) and false friends (words that look alike but carry significantly different meanings). You can also see where the languages have influenced each other. For example, English has imported many terms for food from other European languages but, in turn, exported terms used in technology and popular culture.
You can compare two or all three languages depending on how wide your interests are.

Practical learning activities

• As you move about your home, workplace, or college, try looking at the pages which cover that setting. You could then close the book, look around you and see how many of the objects and features you can name.

• Challenge yourself to write a story, letter, or dialogue using as many of the terms on a particular page as possible. This will help you retain the vocabulary and remember the spelling. If you want to build up to writing a longer text, start with sentences incorporating 2–3 words.

• If you have a very visual memory, try drawing or tracing items from the book onto a piece of paper, then close the book and fill in the words below the picture.

• Once you are more confident, pick out words in a foreign-language index and see if you know what they mean before turning to the relevant page to check if you were right.

使用说明

无论出于工作、娱乐或出国度假的需要，还是为了扩充一门您已熟悉语言的词汇量，本词典都是满足您各种需求的极有价值的工具书。

当学习一门新的语言时，请留心同源语（虽属不同的语种但词形相近）和“假朋友”词（词形相近但含义却大相径庭）。在此还可以看出语言之间的相互影响之处。例如，英语在吸收了欧洲其他国家许多食品方面词汇的同时，其在科技及流行文化领域的词汇也融入了那些国家的语言。

您可以依据自己的兴趣比较本词典中的两种甚至全部的三种语言。

实用学习法

- 当您在家中、工作场所或校园中信步时，尝试翻看本词典的相关内容，然后合上书环顾四周，看看能说出多少个物品的名称及其相关特征。

- 挑战自己，写一篇故事、一封信或一则对话，尽可能多地用到本词典某一页中的词汇，这有助于您保持一定的词汇量，并记住单词的拼写。如果您还要通过写更长的文章来提高自己的写作能力，不妨先从用两三个词造句做起。

- 如果您拥有出众的视觉记忆力，不妨把书中所示的物品画在或拓绘在纸上，然后合上书，将相关的词汇一一标出。

- 一旦您信心增强，就可以在外语索引中摘出一些单词，看看是否知道它们表达的意思，然后再翻到相应的页检查一下是否正确。

die Menschen

people

人

der Körper • body • 人体

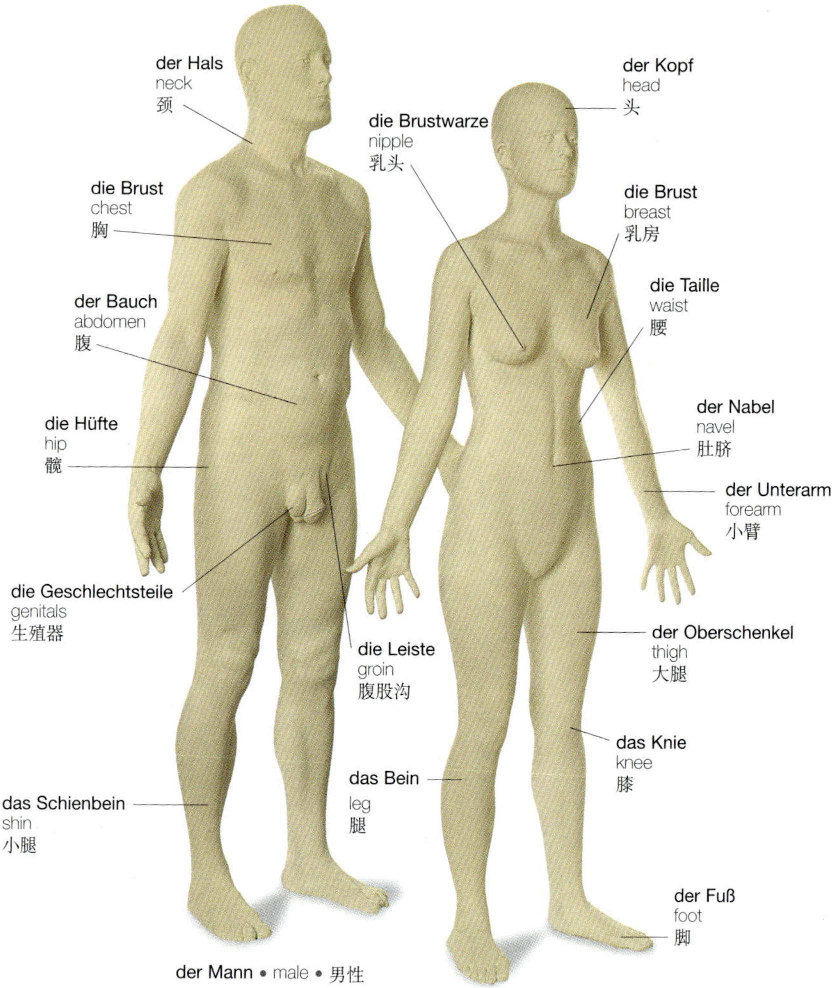

der Mann • male • 男性

die Frau • female • 女性

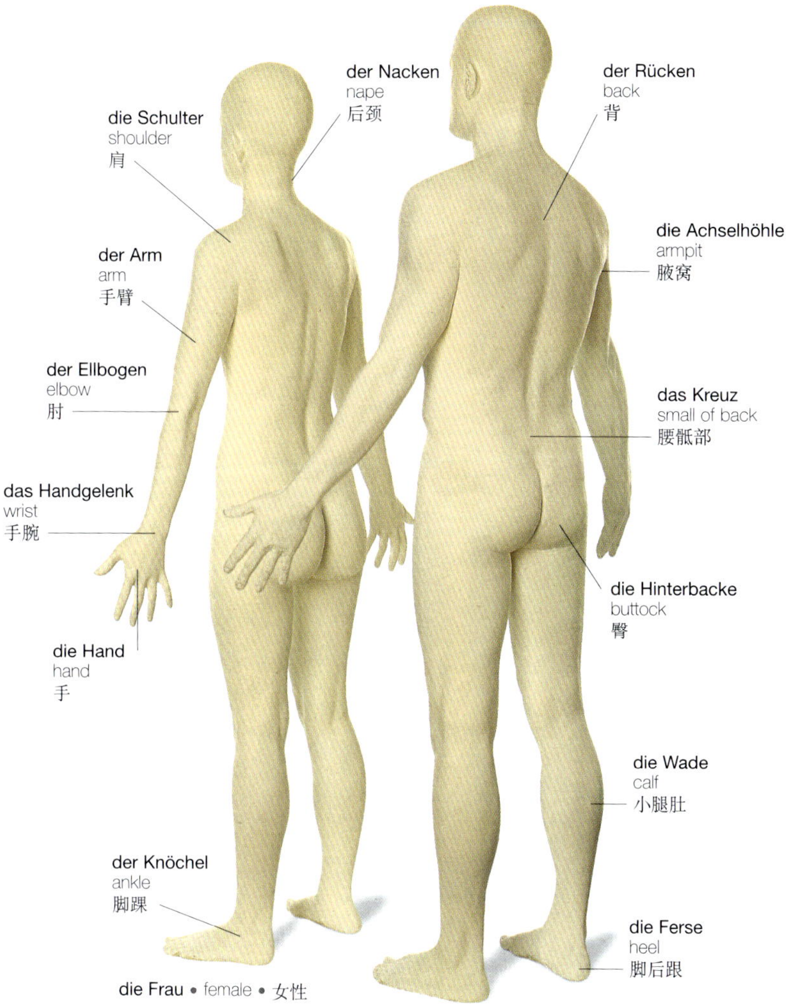

die Frau • female • 女性

der Mann • male • 男性

das Gesicht • face • 面部

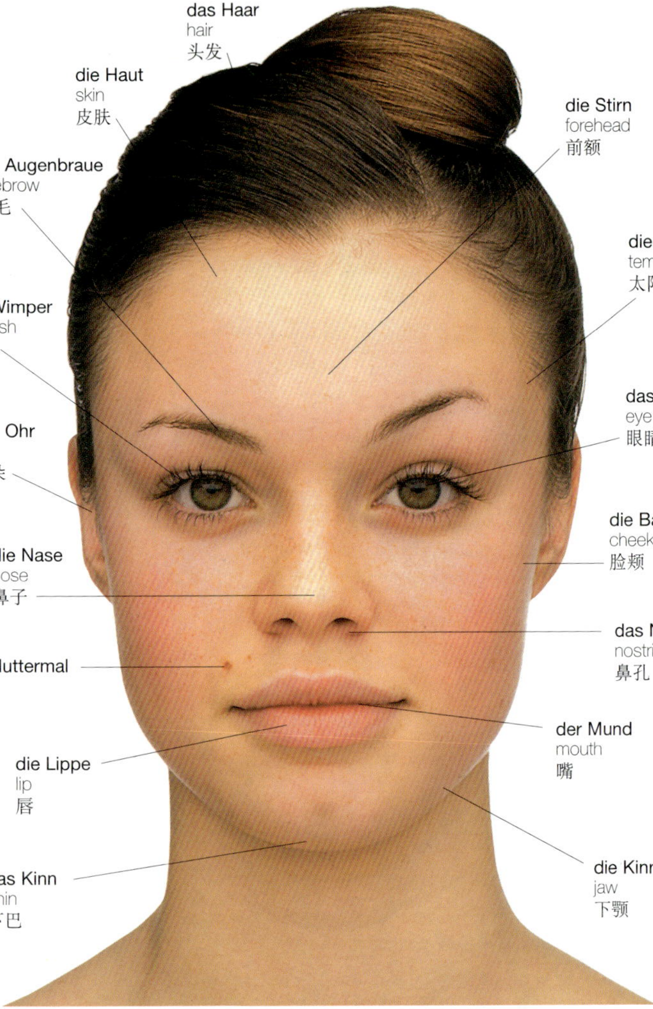

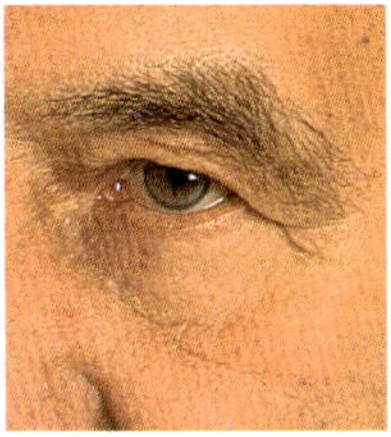

die Falte
wrinkle
皱纹

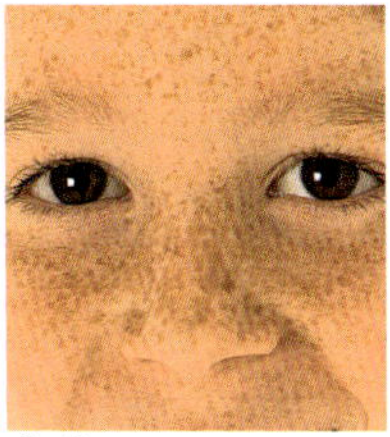

die Sommersprosse
freckle
雀斑

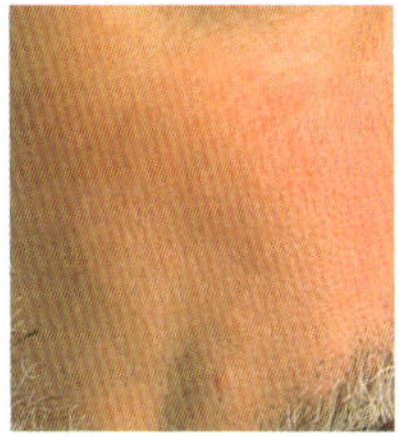

die Pore
pore
毛孔

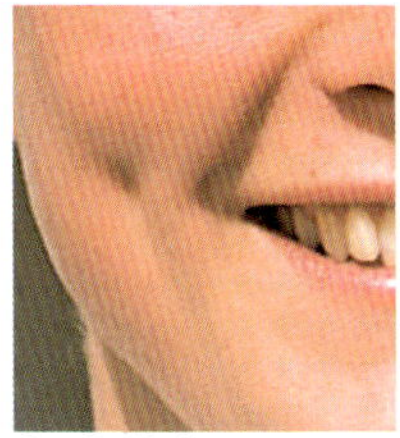

das Grübchen
dimple
酒窝

die Hand • hand • 手

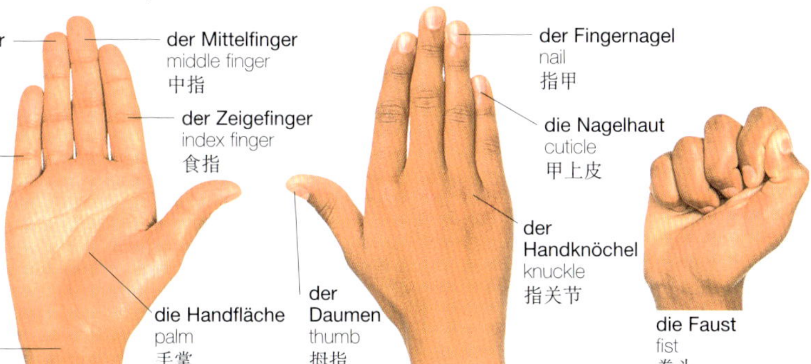

der Fuß • foot • 脚

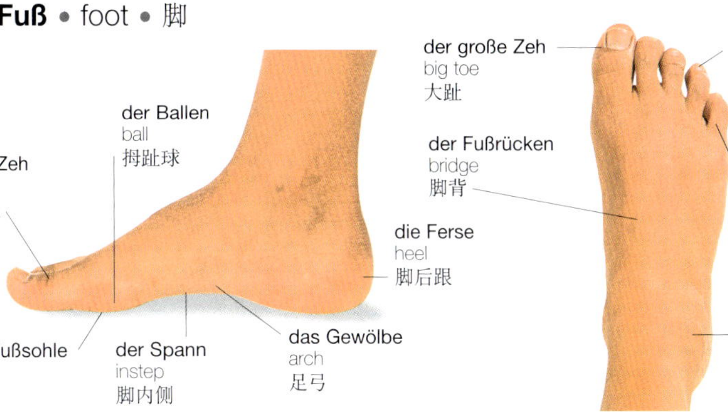

die Muskeln • muscles • 肌肉

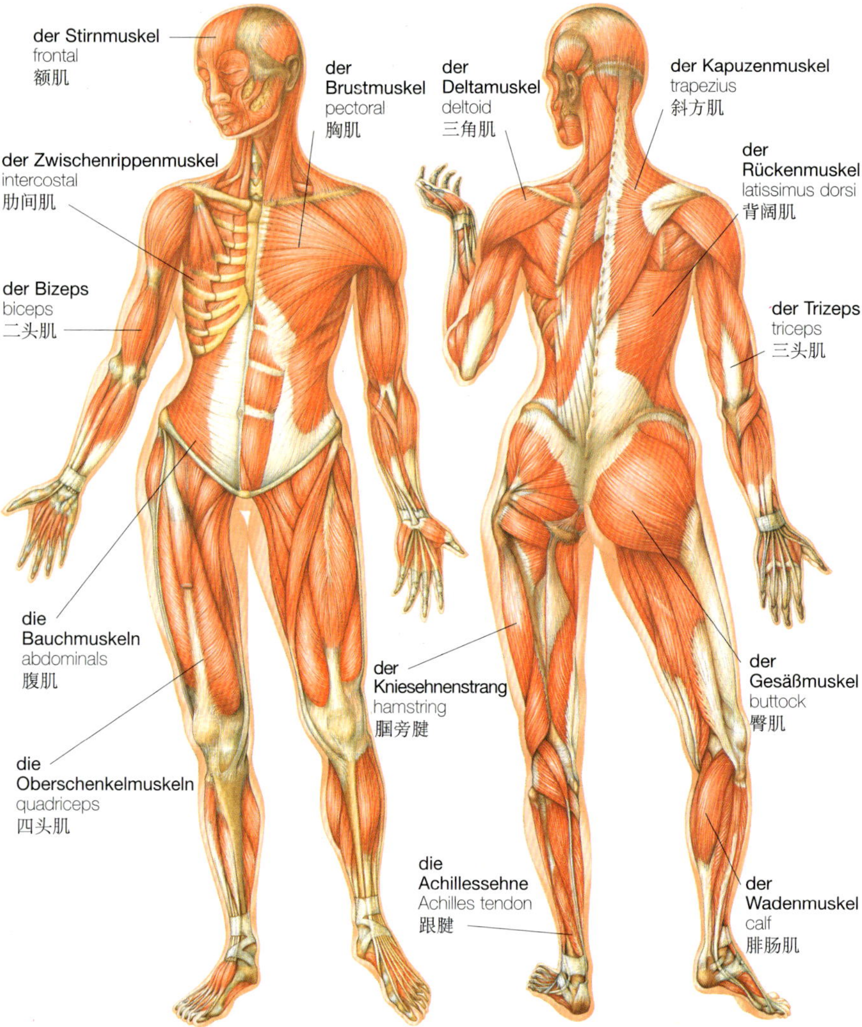

das Skelett • skeleton • 骨骼

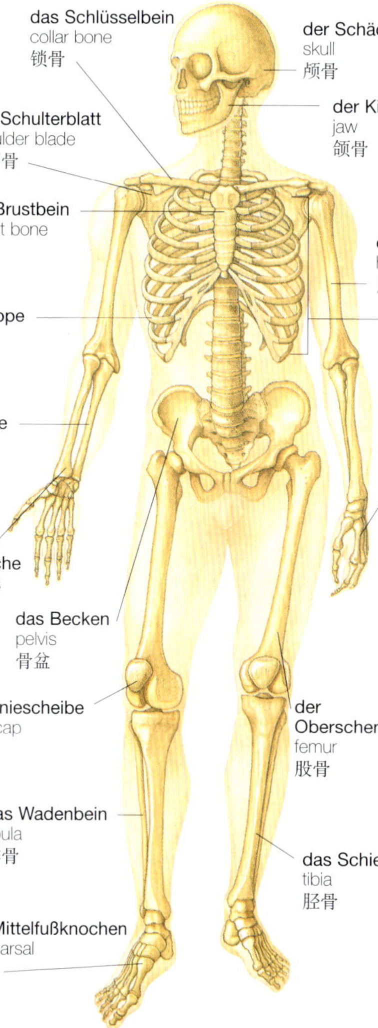

die Wirbelsäule • spine • 脊柱

das Gelenk • joint • 关节

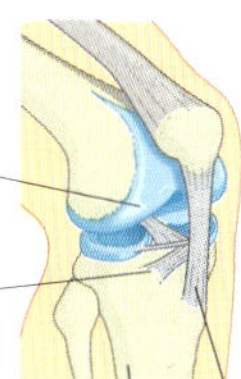

die inneren Organe • internal organs • 内脏

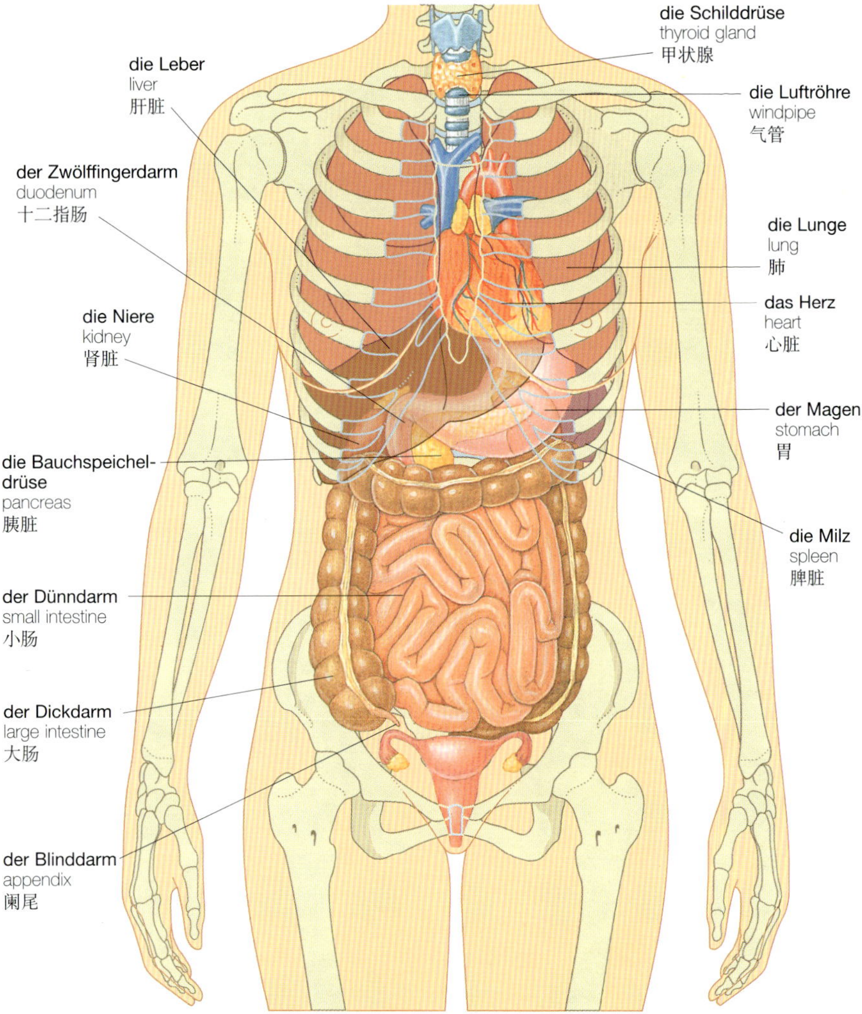

der Kopf • head • 头部

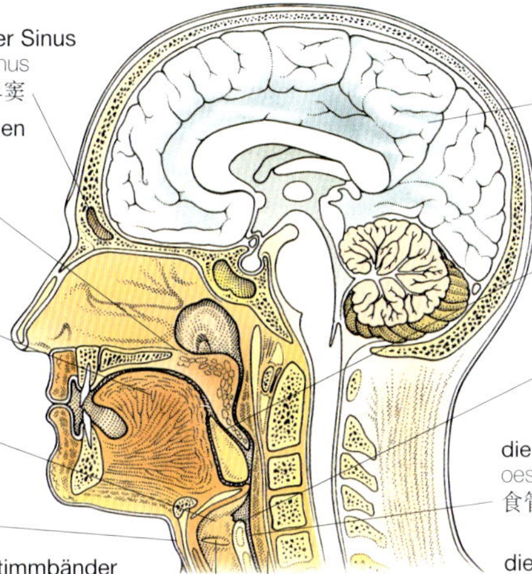

die Körpersysteme • body systems • 人体系统

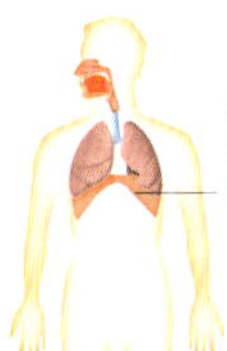

das Atmungssystem
respiratory
呼吸系统

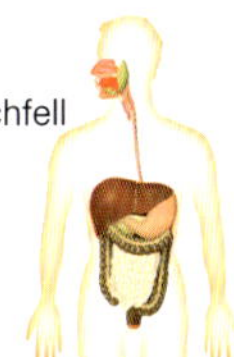

das Verdauungssystem
digestive
消化系统

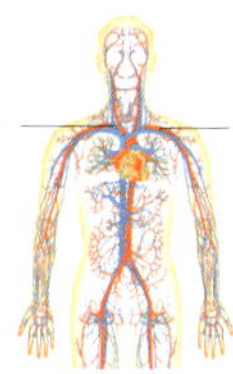

das Herz- und Gefäßsystem
cardiovascular
心血管系统

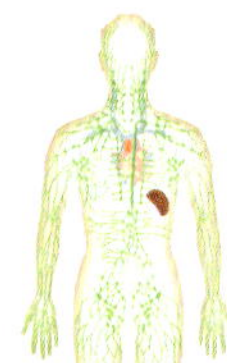

das lymphatische System
lymphatic
淋巴系统

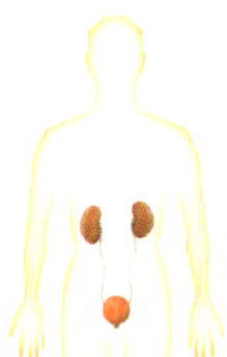

das Harnsystem
urinary
泌尿系统

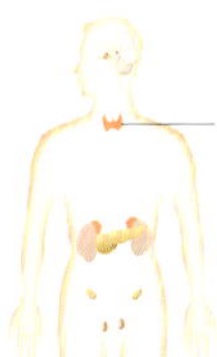

das endokrine System
endocrine
内分泌系统

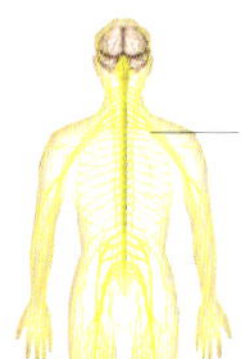

das Nervensystem
nervous
神经系统

das Fortpflanzungssystem
reproductive
生殖系统

die Fortpflanzungsorgane • reproductive organs • 生殖器官

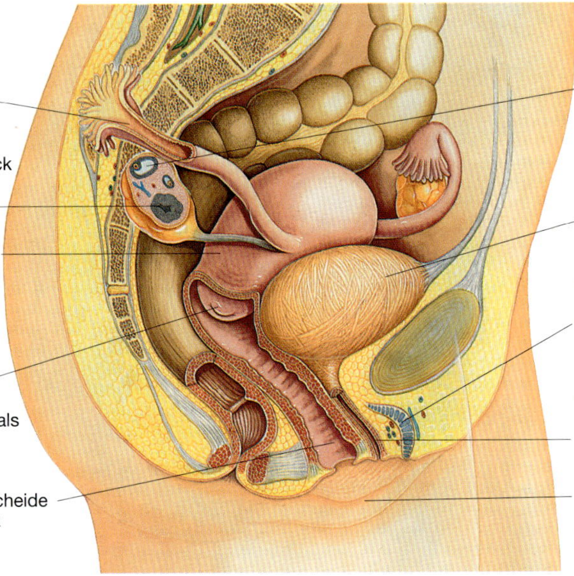

weiblich • female • 女性

die Fortpflanzung • reproduction • 生殖

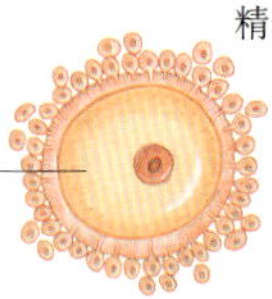

die Befruchtung • fertilization • 受精

steril infertile 不育	impotent impotent 阳痿	die Menstruation menstruation 月经
fruchtbar fertile 有生殖能力的	empfangen conceive 怀孕	der Geschlechtsverkehr intercourse 性交
das Hormon hormone 荷尔蒙	der Eisprung ovulation 排卵	die Geschlechtskrankheit sexually transmitted disease 性病

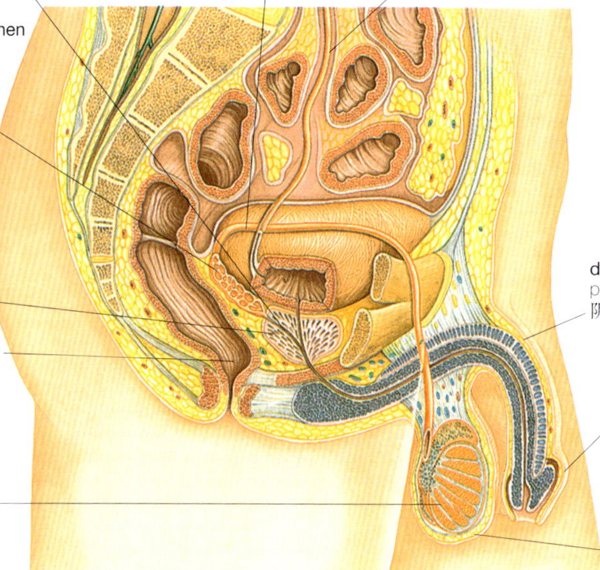

männlich • male • 男性

die Empfängnisverhütung • contraception • 避孕

das Pessar
cap
子宫托

das Diaphragma
diaphragm
阴道隔膜

das Kondom
condom
避孕套

die Spirale
IUD
宫内避孕器

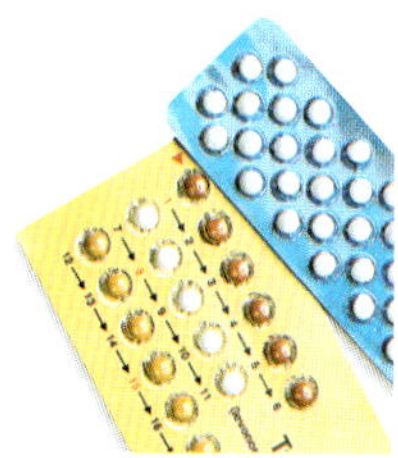

die Pille
pill
避孕药

die Familie • family • 家庭

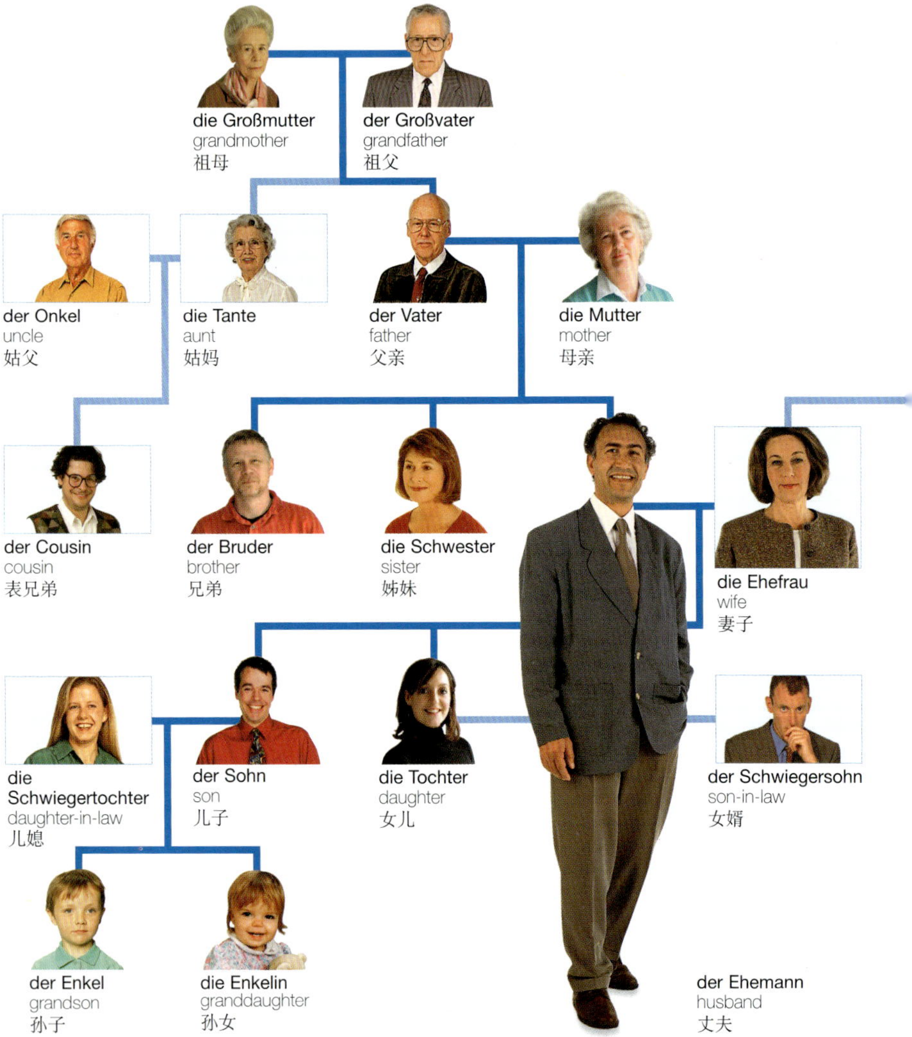

die Großeltern grandparents 祖父母， 外祖父母	die Verwandten relatives 亲戚	die Enkelkinder grandchildren 孙子女，外孙子女	die Stiefmutter stepmother 继母	der Stiefsohn stepson 继子	die Generation generation 世代
die Eltern parents 父母	die Kinder children 孩子	der Stiefvater stepfather 继父	die Stieftochter stepdaughter 继女	der Partner/die Partnerin partner 配偶	die Zwillinge twins 双胞胎

die Schwiegermutter
mother-in-law
岳母

der Schwiegervater
father-in-law
岳父

der Schwager
brother-in-law
妻(姐)妹夫

die Schwägerin
sister-in-law
妻(姐)妹

die Nichte
niece
外甥女

der Neffe
nephew
外甥

die Anreden • titles • 称谓

Frau
Mrs
女士

Herr
Mr
先生

Fräulein
Miss
小姐

die Stadien • stages • 成长阶段

das Baby
baby
婴儿

das Kind
child
儿童

der Junge
boy
男孩

das Mädchen
girl
女孩

die Jugendliche
teenager
青少年

der Erwachsene
adult
成年人

der Mann
man
男人

die Frau
woman
女人

die Beziehungen • relationships • 人际关系

der Chef
manager
经理

die Assistentin
assistant
助理

die Geschäftspartnerin
business partner
生意伙伴

die Arbeitgeberin
employer
雇主

der Arbeitnehmer
employee
雇员

der Kollege
colleague
同事

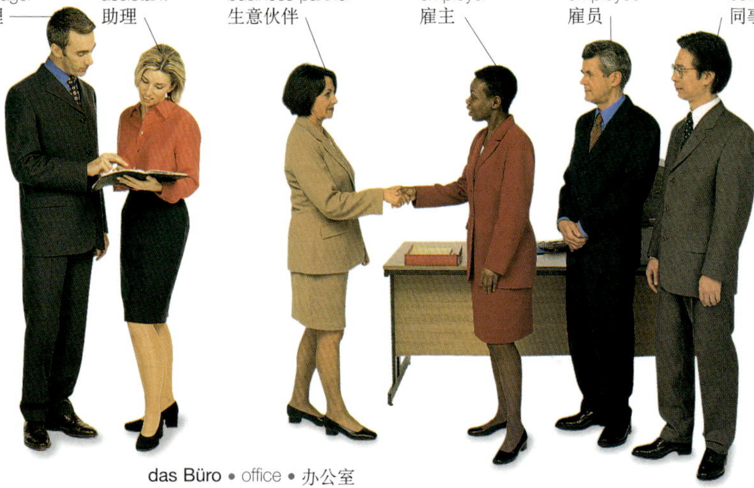

das Büro • office • 办公室

der Nachbar
neighbour
邻居

der Freund
friend
朋友

der Bekannte
acquaintance
熟人

der Brieffreund
penfriend
笔友

der Freund
boyfriend
男朋友

die Freundin
girlfriend
女朋友

das Paar • couple • 情侣

der Verlobte
fiancé
未婚夫

die Verlobte
fiancée
未婚妻

die Verlobten • engaged couple • 未婚夫妻

die Gefühle • emotions • 情感

das Lächeln
smile
微笑

glücklich
happy
快乐

traurig
sad
悲伤

aufgeregt
excited
兴奋

gelangweilt
bored
无聊

überrascht
surprised
惊讶

erschrocken
scared
惊恐

das Stirnrunzeln
frown
皱眉

verärgert
angry
恼怒

verwirrt
confused
困惑

besorgt
worried
忧虑

nervös
nervous
紧张

stolz
proud
自豪

selbstsicher
confident
自信

verlegen
embarrassed
尴尬

schüchtern
shy
羞涩

bestürzt upset 烦躁	lachen laugh (v) 笑	seufzen sigh (v) 叹息	schreien shout (v) 叫喊
schockiert shocked 震惊	weinen cry (v) 哭	in Ohnmacht fallen faint (v) 晕倒	gähnen yawn (v) 打哈欠

die Ereignisse des Lebens • life events • 人生大事

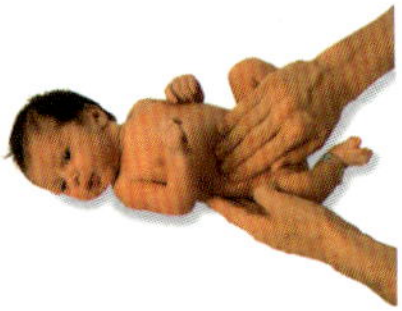

geboren werden
be born (v)
出生

zur Schule kommen
start school (v)
入学

sich befreunden
make friends (v)
交友

graduieren
graduate (v)
毕业

eine Stelle bekommen
get a job (v)
就业

sich verlieben
fall in love (v)
恋爱

heiraten
get married (v)
结婚

ein Baby bekommen
have a baby (v)
生子

die Hochzeit • wedding • 婚礼

die Scheidung
divorce
离婚

das Begräbnis
funeral
葬礼

die Taufe
christening
洗礼

die Bar Mizwa
bar mitzvah
犹太男孩成人(13岁)仪式

der Hochzeitstag
anniversary
纪念日

in den Ruhestand treten
retire (v)
退休

sein Testament machen
make a will (v)
立遗嘱

emigrieren
emigrate (v)
移民

sterben
die (v)
死亡

die Hochzeitsfeier
wedding reception
婚宴

die Hochzeitsreise
honeymoon
蜜月

die Geburtsurkunde
birth certificate
出生证明

die Feste • celebrations • 节庆

die Geburtstagsfeier
birthday party
生日聚会

die Karte
card
贺卡

der Geburtstag
birthday
生日

das Geschenk
present
礼物

das Weihnachten
Christmas
圣诞节

das Neujahr
New Year
新年

der Karneval
carnival
狂欢节，嘉年华会

der Umzug
procession
游行

das Band
ribbon
缎带

der Thanksgiving Day
Thanksgiving
感恩节

das Ostern
Easter
复活节

das Halloween
Halloween
万圣节

die Feste • festivals • 节日

das Passah
Passover
逾越节

der Ramadan
Ramadan
斋月

das Diwali
Diwali
排灯节

die äußere Erscheinung

appearance

外表

die Kinderkleidung • children's clothing • 童装

das Baby • baby • 婴儿

der Schneeanzug
snowsuit
儿童防雪装

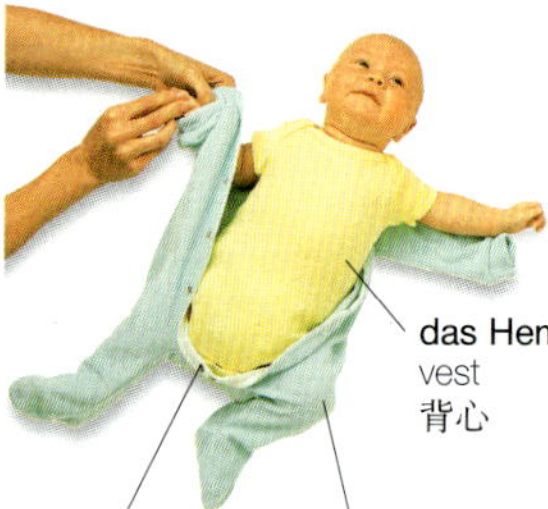

das Hemdchen
vest
背心

der Druckknopf
popper
揿扣

der Strampelanzug
babygro
婴儿连脚裤

der Schlafanzug
sleepsuit
婴儿睡衣

der Spielanzug
romper suit
连衫裤

das Lätzchen
bib
围嘴

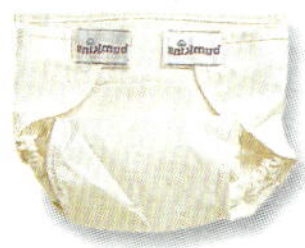

die Babyhandschuhe
mittens
婴儿手套

die Babyschuhe
booties
婴儿鞋

die Stoffwindel
terry nappy
绒布尿布

die Wegwerfwindel
disposable nappy
一次性尿布

das Gummihöschen
plastic pants
塑料尿裤

das Kleinkind • toddler • 幼儿

der Sonnenhut
sunhat
遮阳帽

die Schürze
apron
围兜

die Shorts
shorts
短裤

die Latzhose
dungarees
工装裤

das T-Shirt
t-shirt
T恤衫

der Rock
skirt
裙子

das Kind • child • 儿童

das Kleid
dress
连衣裙

die Sandalen
sandals
凉鞋

der Sommer
summer
夏天

die Kapuze
hood
风帽

der Regenmantel
raincoat
雨衣

die Jeans
jeans
牛仔裤

der Rucksack
backpack
背包

der Herbst
autumn
秋天

der Knebelknopf
toggle
棒形纽扣

der Dufflecoat
duffel coat
粗呢外套

der Schal
scarf
围巾

der Anorak
anorak
滑雪衫

die Gummistiefel
wellington boots
长筒橡胶靴

der Winter
winrer
冬天

der Morgenrock
dressing gown
晨衣，室内便袍

das Nachthemd
nightie
儿童睡衣

die Hausschuhe
slippers
拖鞋

die Nachtwäsche • nightwear • 睡衣

das Logo
logo
标识

die Sportschuhe
trainers
运动鞋

der Fußballdress
football strip
足球球衣

der Trainingsanzug
tracksuit
运动服

die Leggings
leggings
儿童保暖裤

die Naturfaser natural fibre 天然纤维	Ist es waschmaschinenfest? Is it machine washable? 这可以机洗吗？
synthetisch synthetic 合成的	Passt das einem Zweijährigen? Will this fit a two-year-old? 这适合两岁的孩子穿吗？

die Herrenkleidung • men's clothing • 男装

der Straßenanzug
business suit
西装

der Mantel
coat
外套

das Hemd shirt 衬衫	der Bademantel dressing gown 晨衣	der Regenmantel raincoat 雨衣	lang long 长
die Strickjacke cardigan 羊毛衫	die Unterwäsche underwear 内衣裤	der Trainingsanzug tracksuit 运动服	kurz short 短

Haben Sie das eine Nummer größer/kleiner?
Do you have this in a larger/smaller size?
有没有大/小一号的尺寸?

Kann ich das anprobieren?
May I try this on?
我可以试穿一下吗?

der Blazer
blazer
休闲上衣

das Sportjackett
sports jacket
粗呢夹克

der V-Ausschnitt
v-neck
V型领

die Weste
waistcoat
马甲

der Anorak
anorak
滑雪衫

das Sweatshirt
sweatshirt
运动衫

die Windjacke
windcheater
防风夹克

der Pullover
sweater
套头毛衣

der Schlafanzug
pyjamas
睡衣

das Unterhemd
vest
背心

die Freizeitkleidung
casual wear
休闲装

die Shorts
shorts
短裤

der Slip
briefs
三角内裤

die Boxershorts
boxer shorts
平角短裤

die Socken
socks
袜子

die Damenkleidung • women's clothing • 女装

das Abendkleid
evening dress
晚礼服

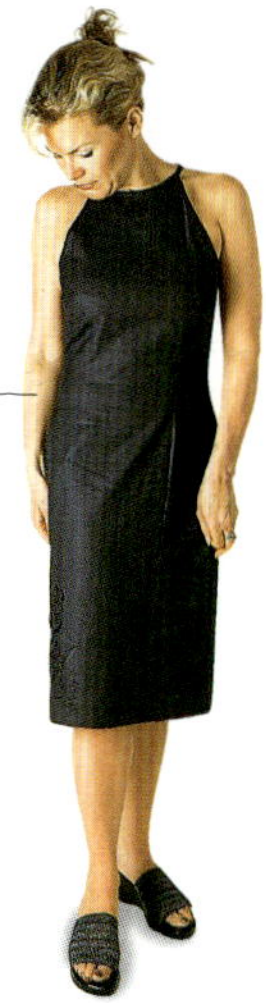

das Kleid
dress
连衣裙

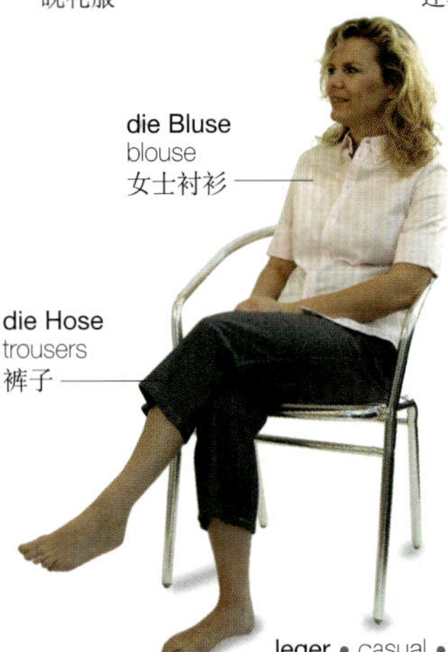

leger • casual • 便装

die Unterwäsche • lingerie • 女用内衣

das Negligé
negligée
女用长睡衣

der Unterrock
slip
衬裙

der Träger
strap
肩带

das Mieder
camisole
紧身内衣

der Strumpfhalter
suspenders
吊袜带

das Bustier
basque
女式短上衣

die Strümpfe
stockings
长筒袜

die Strumpfhose
tights
连裤袜

das Unterhemd
vest
背心

der Büstenhalter
bra
胸罩

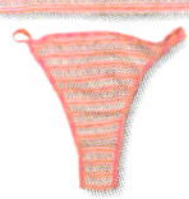

der Slip
knickers
女用内裤

das Nachthemd
nightdress
女睡衣

die Hochzeit • wedding • 婚礼

der Schleier
veil
头纱

die Spitze
lace
花边

das Bukett
bouquet
花束

die Schleppe
train
拖裾

das Hochzeitskleid • wedding dress • 结婚礼服

das Korsett corset 束腹	gut geschnitten tailored 剪裁考究
rückenfrei halter neck 露背装	das Strumpfband garter 松紧袜带
der Rockbund waistband 腰带	der Sport-BH sport bra 运动胸罩
das Schulterpolste shoulder pad 垫肩	mit Formbügeln underwired 内有金属丝的(胸罩)

die Accessoires • accessories • 配饰

der Schmuck • jewellery • 首饰

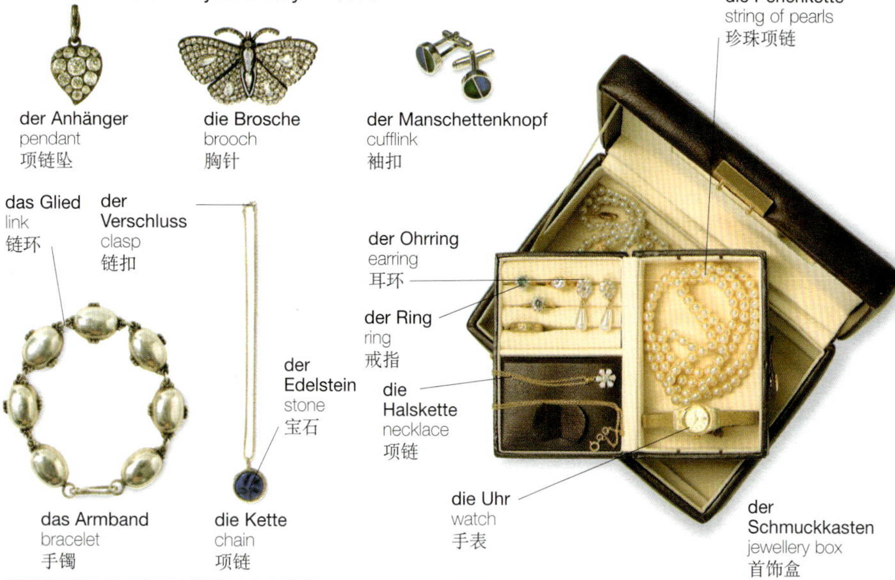

die Taschen • bags • 包

die Brieftasche
wallet
钱夹

das Portemonnaie
purse
钱包

der Verschluss
fastening
扣环

die Umhängetasche
shoulder bag
挎包

der Schulterriemen
shoulder strap
背带

die Griffe
handles
提手

die Reisetasche
holdall
旅行袋

die Aktentasche
briefcase
公文包

die Handtasche
handbag
手提包

der Rucksack
backpack
背包

die Schuhe • shoes • 鞋

die Öse
eyelet
鞋眼

der Schnürsenkel
lace
鞋带

die Zunge
tongue
鞋舌

die Sohle
sole
鞋底

der Absatz
heel
鞋跟

der Schnürschuh • lace-up • 系带鞋

der Wanderschuh
walking boot
步行靴

der Sportschuh
trainer
运动鞋

der Lederschuh
leather shoe
皮鞋

die Strandsandale
flip-flop
平底人字拖鞋

der Schuh mit hohem Absatz
high heel shoe
高跟鞋

der Plateauschuh
platform shoe
厚底鞋

die Sandale
sandal
凉鞋

der Slipper
slip-on
无带便鞋

der Herrenhalbschuh
brogue
男士镂花皮鞋

das Haar • hair • 头发

der Kamm
comb
发梳

kämmen
comb (v)
梳头

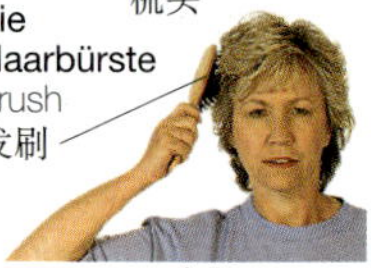

die Haarbürste
brush
发刷

bürsten
brush (v)
刷头发

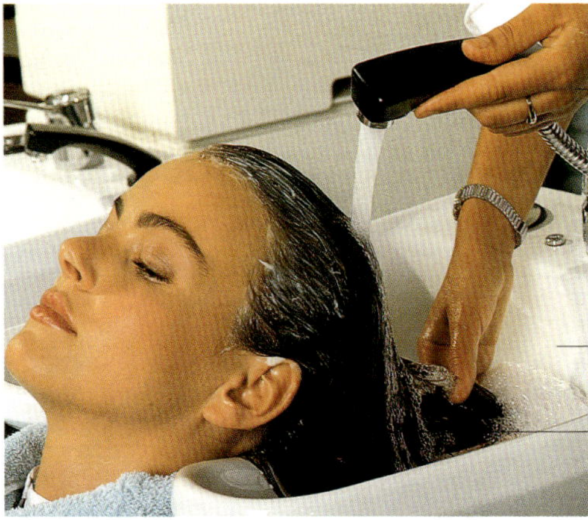

die Friseurin
hairdresser
美发师

das Waschbecken
sink
洗头盆

die Kundin
client
顾客

waschen • wash (v) • 洗

ausspülen
rinse (v)
冲洗

der Frisierumhang
robe
罩衫

schneiden
cut (v)
剪

föhnen
blow dry (v)
吹干

legen
set (v)
定型

die Frisierartikel • accessories • 美发用品

der Föhn
hairdryer
吹风机

das Shampoo
shampoo
洗发水

die Haarspülung
conditioner
护发素

das Haargel
gel
发胶

das Haarspray
hairspray
定型水

der Lockenstab
curling tongs
卷发钳

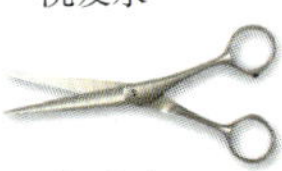

die Schere
scissors
剪刀

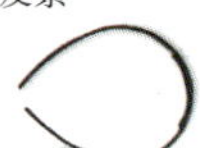

der Haarreif
hairband
发箍

der Lockenwickler
curler
卷发夹子

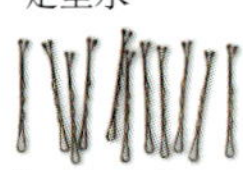

die Haarklammer
hairpin
发卡

die Frisuren • styles • 发型

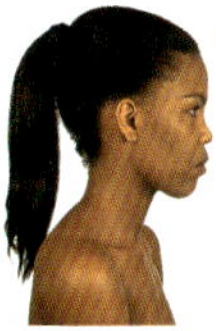

der Pferdeschwanz
ponytail
马尾辫

das Band
ribbon
丝带

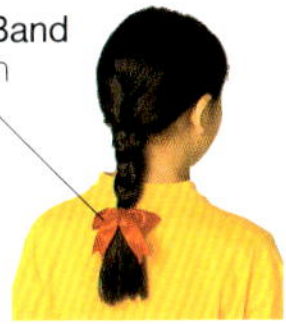

der Zopf
plait
麻花辫

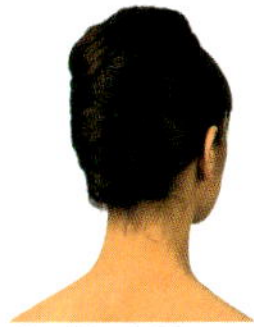

die Hochfrisur
french pleat
法式盘头

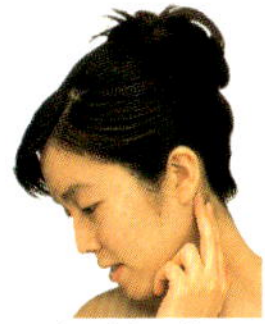

der Haarknoten
bun
发髻

die Schwänzchen
pigtails
小辫

der Bubikopf
bob
女式短发

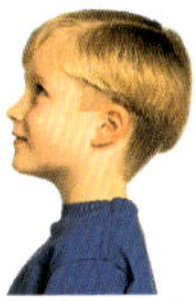

der Kurzhaarschnitt
crop
短发

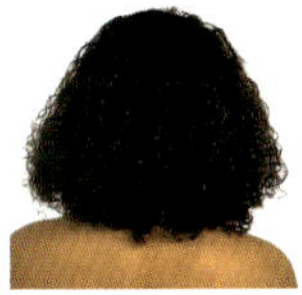

kraus
curly
卷发

die Dauerwelle
perm
烫发

glatt
straight
直发

die Wurzeln
roots
发根

die Strähnen
highlights
挑染

kahl
bald
秃顶

die Perücke
wig
假发

die Haarfarben • colours • 发色

blond
blonde
金色

brünett
brunette
深褐色

rotbraun
auburn
红褐色

rot
ginger
红棕色

schwarz
black
黑色

grau
grey
灰色

weiß
white
白色

gefärbt
dyed
染色的

das Haarband
hairtie
发带

fettig
greasy
油性(发质)

nachschneiden
trim (v)
修剪

trocken
dry
干性(发质)

der Herrenfriseur
barber
理发师

normal
normal
中性(发质)

die Schuppen
dandruff
头皮屑

die Kopfhaut
scalp
头皮

die gespaltenen Haarspitzen
split ends
发梢分叉

glätten
straighten (v)
拉直

die Schönheit • beauty • 美容

das Make-up • make-up • 化妆

der Augenbrauenstift
eyebrow pencil
眉笔

das Brauenbürstchen
eyebrow brush
眉刷

die Pinzette
tweezers
眉夹

das Lipgloss
lip gloss
唇彩

der Lippenpinsel
lip brush
唇刷

der Lippenkonturenstift
lip liner
唇线笔

der Puderpinsel
brush
化妆刷

der Korrekturstift
concealer
遮瑕膏

die Schönheitsbehandlungen • beauty treatments • 美容护理

die Gesichtsmaske
face pack
面膜

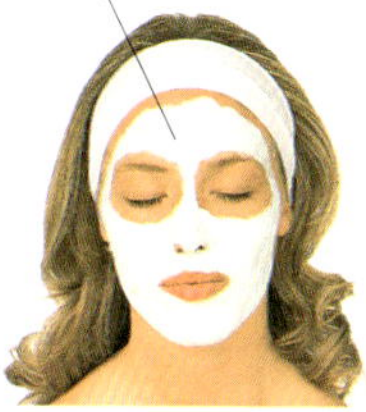

die Gesichtsbehandlung
facial
面部护理

die Sonnenbank
sunbed
紫外线浴床

die Haut schälen
exfoliate (v)
去死皮

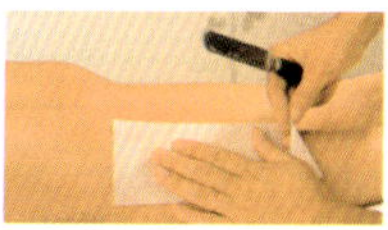

die Enthaarung
wax
热蜡脱毛

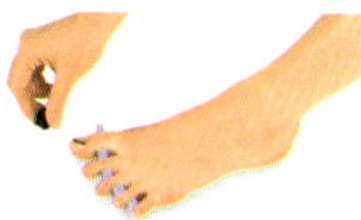

die Pediküre
pedicure
趾甲护理

die Maniküre • manicure • 指甲护理

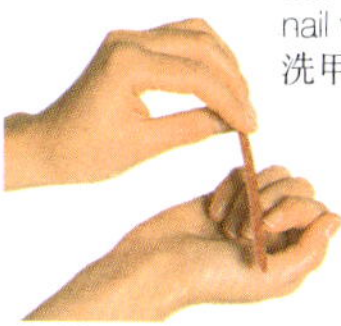

die Nagelfeile
nail file
指甲锉

der Nagellackentferner
nail varnish remover
洗甲水

der Nagellack
nail varnish
指甲油

die Nagelschere
nail scissors
指甲剪

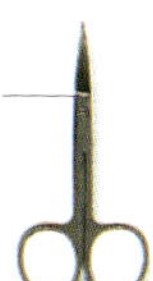

der Nagelknipser
nail clippers
指甲刀

die Toilettenartikel • toiletries • 化妆用品

der Reiniger
cleanser
卸妆水

das Gesichtswasser
toner
爽肤水

die Feuchtigkeitscreme
moisturizer
保湿霜

die Selbstbräunungscreme
self-tanning cream
美黑霜

das Parfum
perfume
香水

das Eau de Toilette
eau de toilette
淡香水

die Sonnenbräune tan 棕褐色皮肤	empfindlich sensitive 敏感性的	hell fair 皮肤白皙
die Tätowierung tattoo 纹身	der Farbton shade 色调	dunkel dark 肤色较深
die Watteballchen cotton balls 棉球	Antifalten- anti-wrinkle 抗皱	trocken dry 干性（皮肤）
hypoallergen hypoallergenic 低变应原的	der Teint complexion 肤色	fettig oily 油性（皮肤）

die Gesundheit

health

健康

die Krankheit • illness • 疾病

das Fieber • fever • 发烧

die Kopfschmerzen
headache
头痛

das Nasenbluten
nosebleed
鼻血

der Husten
cough
咳嗽

das Niesen
sneeze
喷嚏

die Erkältung
cold
感冒

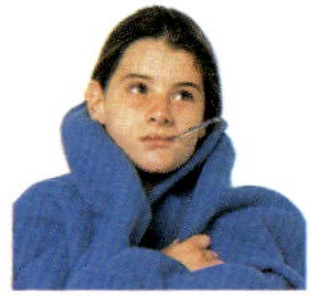

die Grippe
flu
流感

der Inhalationsapparat
inhaler
气雾剂

das Asthma
asthma
哮喘

die Krämpfe
cramp
痉挛

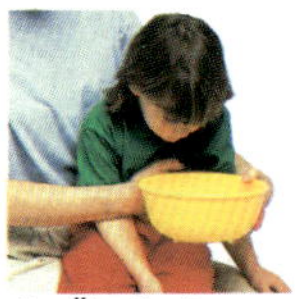

die Übelkeit
nausea
恶心

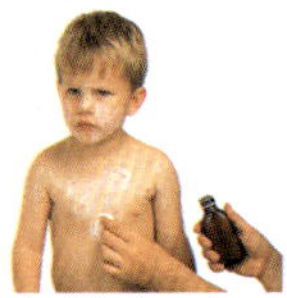

die Windpocken
chickenpox
水痘

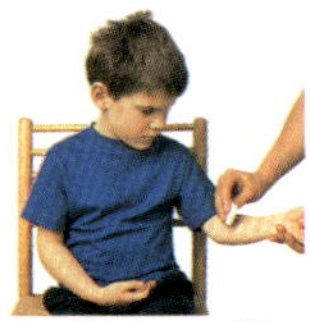

der Hautausschlag
rash
皮疹

der Herzinfarkt heart attack 心肌梗塞	die Allergie allergy 过敏	das Ekzem eczema 湿疹	die Verkühlung chill 寒战	die Epilepsie epilepsy 癫痫	der Durchfall diarrhoea 腹泻
der Blutdruck blood pressure 血压	der Mumps mumps 腮腺炎	der Virus virus 病毒	die Migräne migraine 偏头痛	sich übergeben vomit (v) 呕吐	die Masern measles 麻疹
der Schlaganfall stroke 中风	die Zuckerkrankheit diabetes 糖尿病	die Infektion infection 传染	die Magenschmerzen stomach ache 胃痛	in Ohnmacht fallen faint (v) 昏厥	der Heuschnupfen hayfever 枯草热

der Arzt • doctor • 医生

die Konsultation • consultation • 诊断

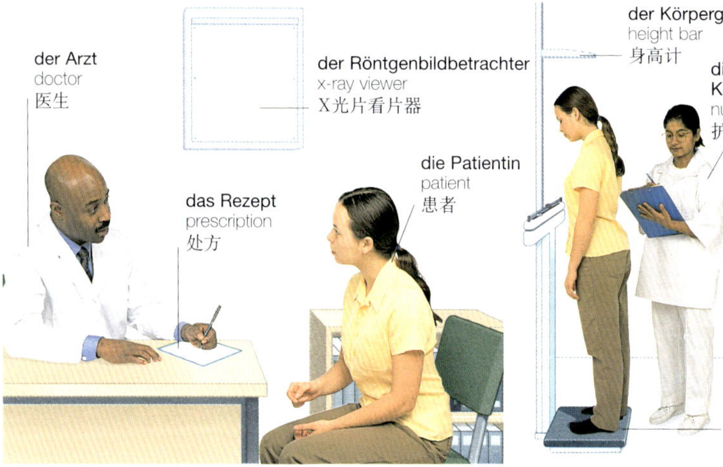

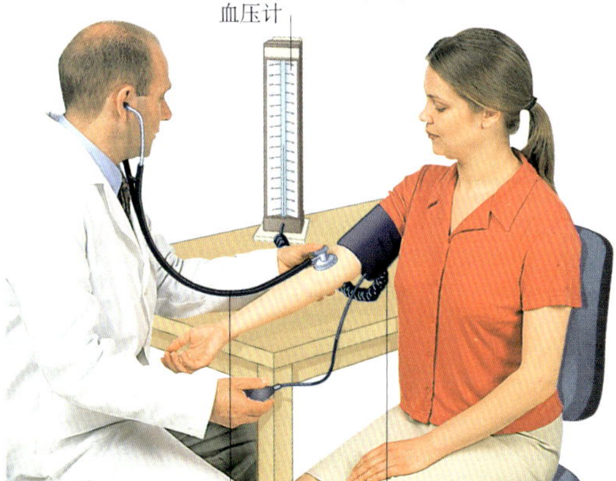

der Termin appointment 预约	die Impfung inoculation 接种
das Sprechzimmer surgery 诊疗室	die Untersuchung medical examination 体检
der Warteraum waiting room 候诊室	das Thermometer thermometer 体温计

Ich muss einen Arzt sprechen.
I need to see a doctor.
我需要看医生。

Es tut hier weh.
It hurts here.
这儿疼。

die Verletzung • injury • 创伤

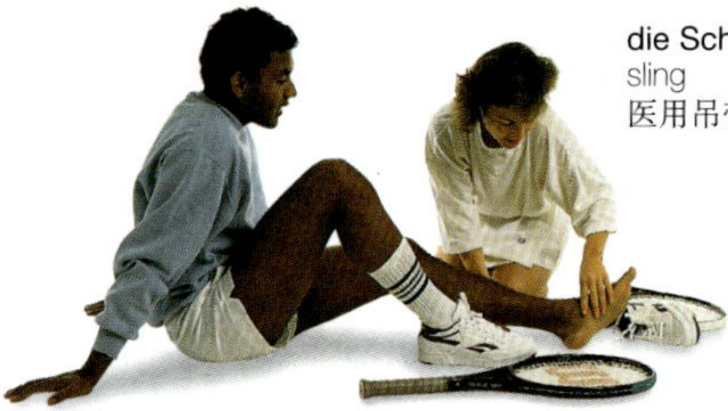

die Verstauchung • sprain • 扭伤

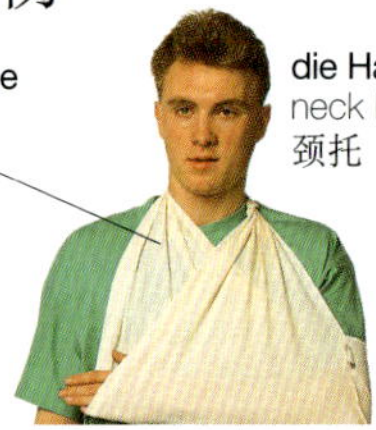

die Fraktur
fracture
骨折

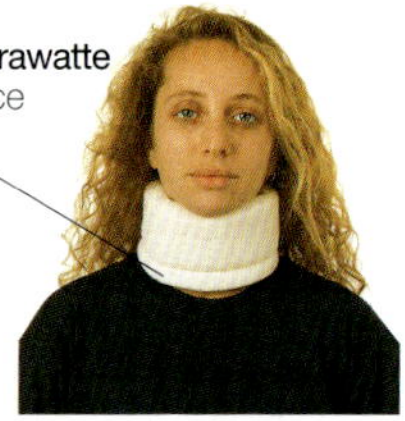

das Schleudertrauma
whiplash
头颈部损伤

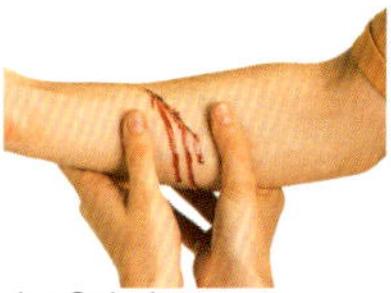

der Schnitt
cut
割伤

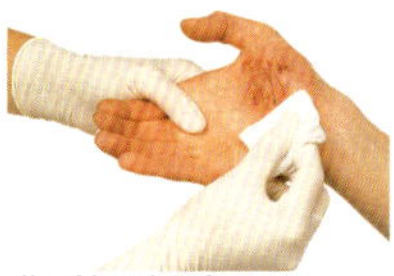

die Abschürfung
graze
擦伤

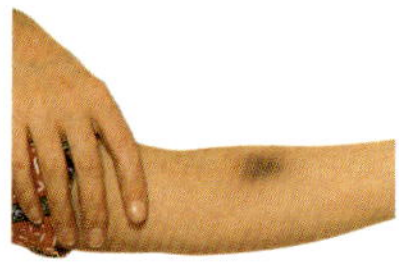

die Prellung
bruise
瘀伤

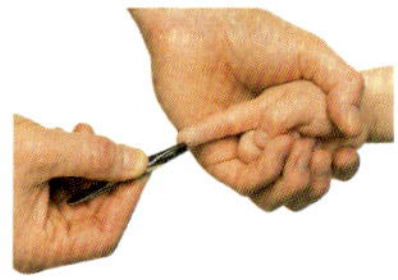

der Splitter
splinter
刺伤

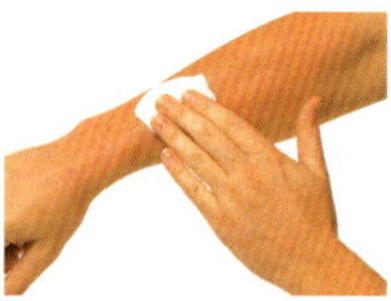

der Sonnenbrand
sunburn
晒伤

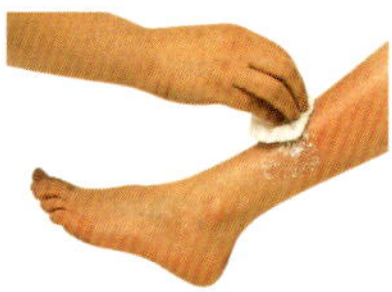

die Brandwunde
burn
烧伤

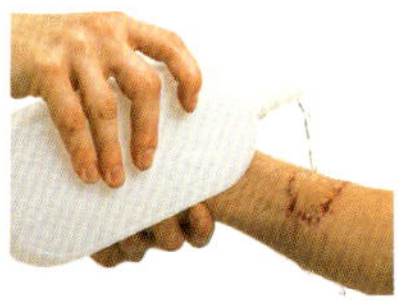

der Biss
bite
咬伤

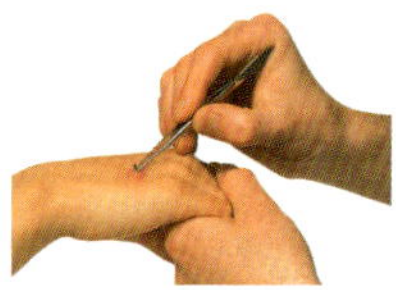

der Stich
sting
蜇伤

der Unfall
accident
事故

der Notfall
emergency
紧急情况

die Wunde
wound
伤口

die Blutung
haemorrhage
大出血

die Blase
blister
水泡

der elektrische Schlag
electric shock
电击

die Kopfverletzung
head injury
头部损伤

die Vergiftung
poisoning
中毒

die Gehirnerschütterung
concussion
脑震荡

Wird er/sie es gut überstehen?
Will he/she be all right?
他/她没事吧?

Rufen Sie bitte einen Krankenwagen.
Please call an ambulance.
请叫救护车。

Wo haben Sie Schmerzen?
Where does it hurt?
哪里疼?

die erste Hilfe • first aid • 急救

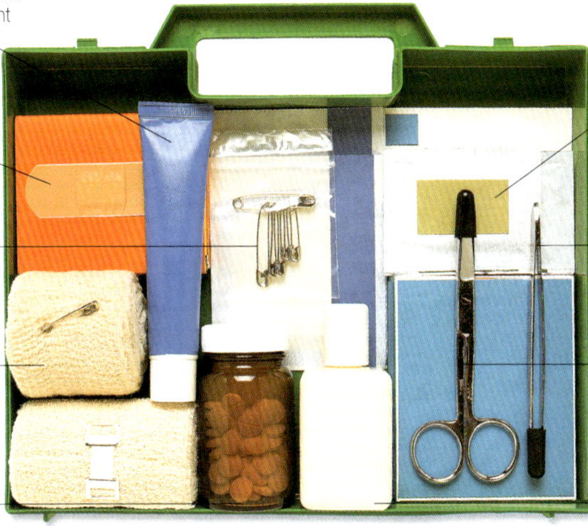

der Erste-Hilfe-Kasten • first aid box • 急救箱

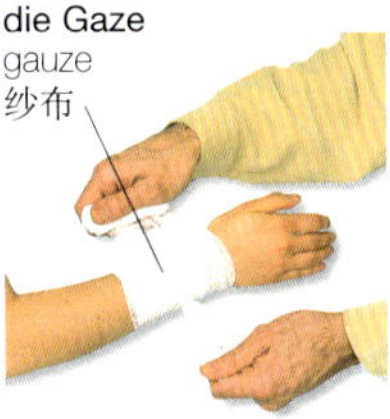

der Verband
dressing
包扎

die Schiene • splint • 医用夹板

das Leukoplast
adhesive tape
橡皮膏

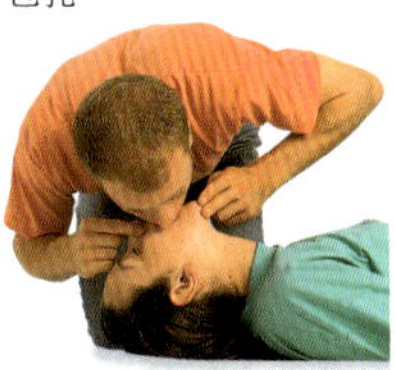

die Wiederbelebung
resuscitation
复苏术

der Schock shock 休克	der Puls pulse 脉搏	ersticken choke (v) 窒息	Können Sie mir helfen? Can you help me? 您能帮帮我吗?
bewusstlos unconscious 不省人事	die Atmung breathing 呼吸	steril sterile 无菌	Beherrschen Sie die erste Hilfe? Do you know first aid? 您会急救吗?

das Krankenhaus • hospital • 医院

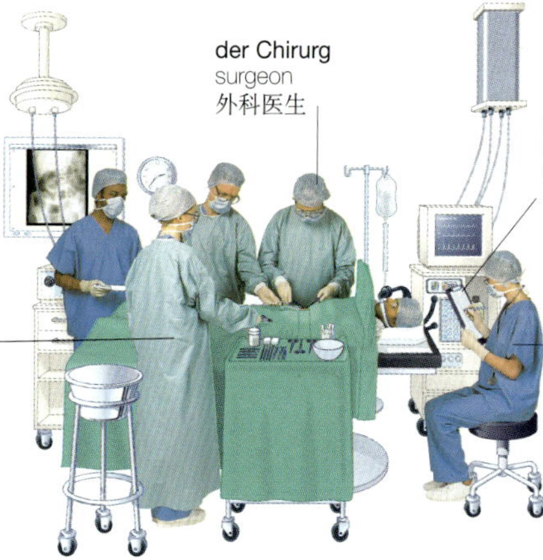

der Operationssaal • operating theatre • 手术室

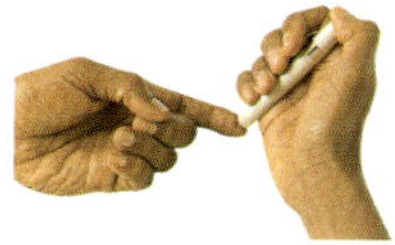

die Blutuntersuchung
blood test
验血

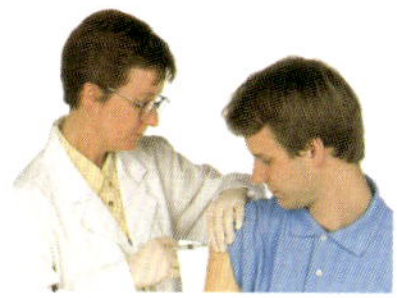

die Spritze
injection
注射

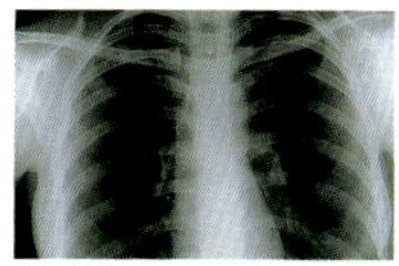

die Röntgenaufnahme
x-ray
X光

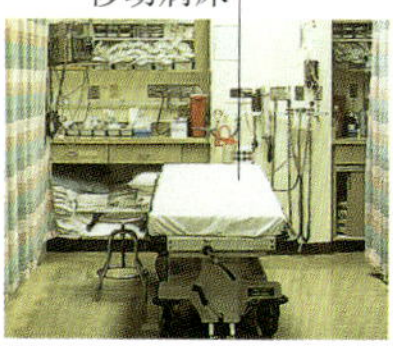

die Notaufnahme
emergency room
急诊室

die Krankenhausstation
ward
病房

der Rollstuhl
wheelchair
轮椅

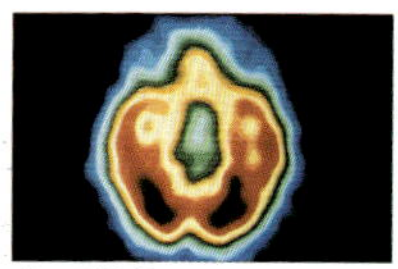

der CT-Scan
scan
CT扫描

die Operation operation 手术	entlassen discharged 出院	die Besuchszeiten visiting hours 探视时间	die Entbindungsstation maternity ward 产科病房	die Intensivstation intensive care unit 加护病房
aufgenommen admitted 收治的	die Klinik clinic 诊所	die Kinderstation children's ward 儿童病房	das Privatzimmer private room 单人病房	der ambulante Patient outpatient 门诊病人

die Abteilungen • departments • 科室

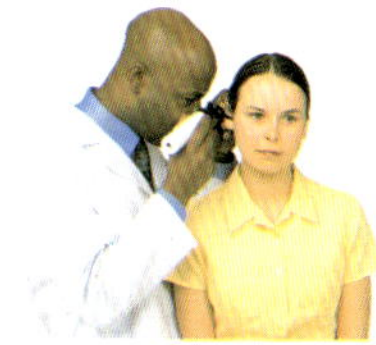

die HNO-Abteilung
ENT
耳鼻喉科

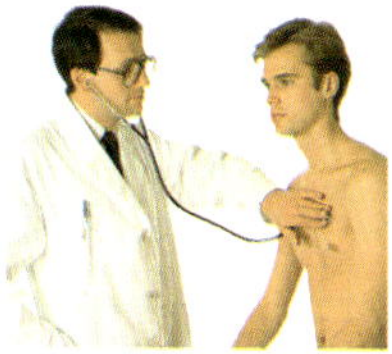

die Kardiologie
cardiology
心脏病科

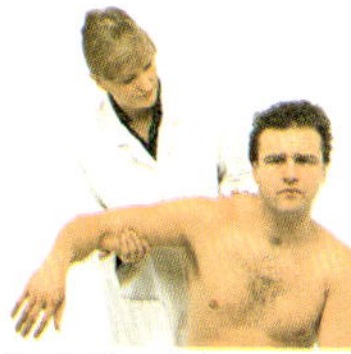

die Orthopädie
orthopaedy
整形外科

die Gynäkologie
gynaecology
妇科

die Physiotherapie
physiotherapy
理疗科

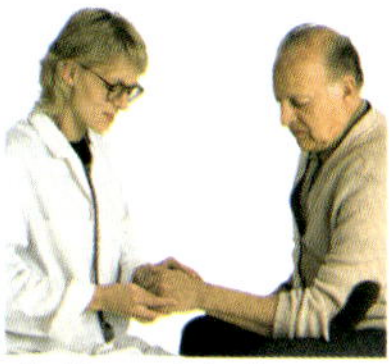

die Dermatologie
dermatology
皮肤科

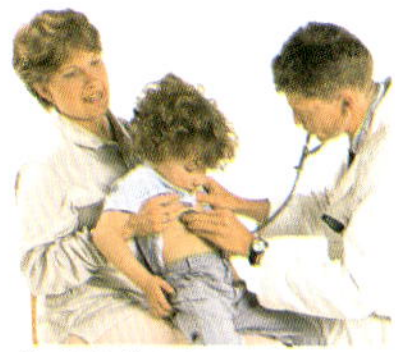

die Pädiatrie
paediatrics
儿科

die Radiologie
radiology
放射科

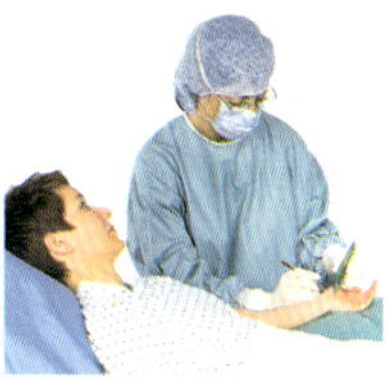

die Chirurgie
surgery
外科

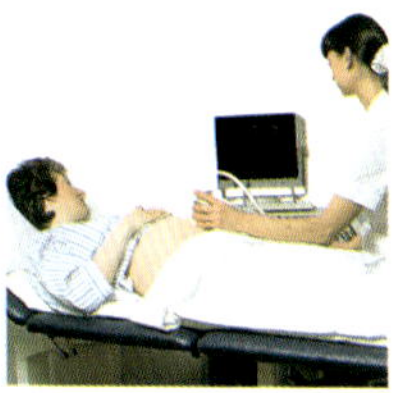

die Entbindungsstation
maternity
产科

die Psychiatrie
psychiatry
精神科

die Ophthalmologie
ophthalmology
眼科

die Neurologie
neurology
神经科

die Onkologie
oncology
肿瘤科

die Urologie
urology
泌尿科

die Endokrinologie
endocrinology
内分泌科

die plastische Chirurgie
plastic surgery
矫形外科

die Überweisung
referral
转诊

die Pathologie
pathology
病理科

die Untersuchung
test
检查

das Ergebnis
result
结果

der Facharzt
consultant
专科医生

der Zahnarzt • dentist • 牙医

der Zahn • tooth • 牙齿

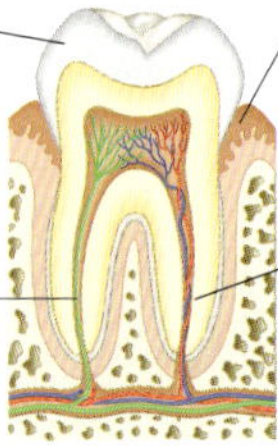

der Zahnschmelz
enamel
釉质

das Zahnfleisch
gum
牙龈

der Nerv
nerve
神经

die Zahnwurzel
root
牙根

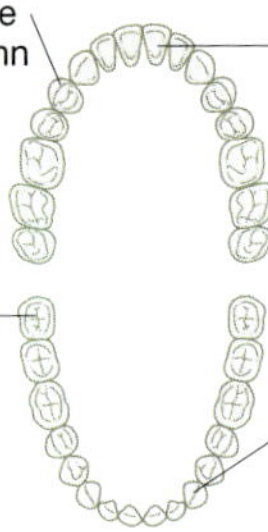

der vordere Backenzahn
premolar
前臼齿

der Schneidezahn
incisor
门牙

der Backenzahn
molar
臼齿

der Eckzahn
canine
犬齿

der Zahnbelag plaque 牙菌斑	der Bohrer drill 牙钻
die Karies decay 龋齿	die Zahnseide dental floss 牙线
die Zahnfüllung filling 填充物	die Extraktion extraction 拔牙
die Zahnschmerzen toothache 牙痛	die Krone crown 齿冠

der Check-up • check-up • 检查

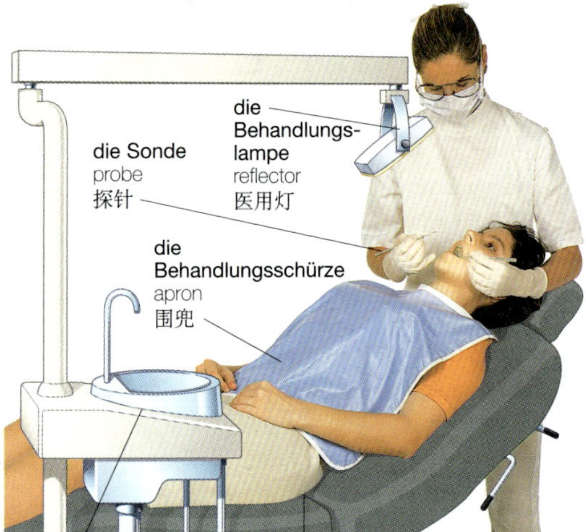

das Speibecken
basin
漱口池

der Patientenstuhl
dentist's chair
牙科椅

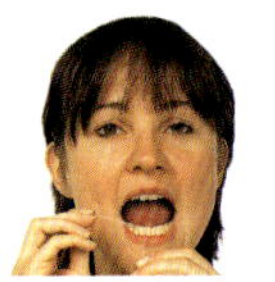

mit Zahnseide reinigen
floss (v)
用牙线洁齿

bürsten
brush (v)
刷牙

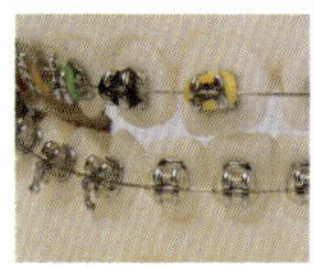

die Zahnspange
brace
畸齿矫正器

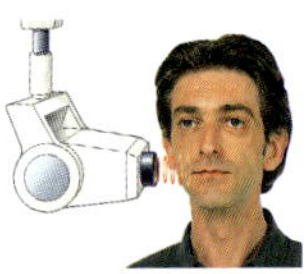

die Röntgenaufnahme
dental x-ray
口腔X光

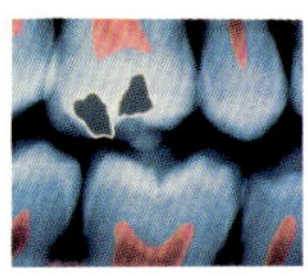

das Röntgenbild
x-ray film
牙片

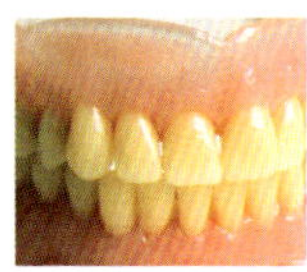

die Zahnprothese
dentures
假牙

der Augenoptiker • optician • 配镜师

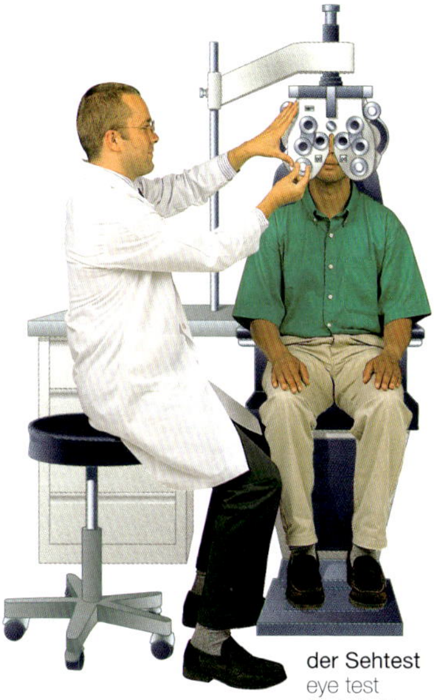

der Sehtest
eye test
视力检查

das Futteral
case
眼镜盒

das Glas
lens
镜片

die Brille
glasses
眼镜

das Brillengestell
frame
镜架

die Sonnenbrille
sunglasses
太阳镜

das Reinigungsmittel
cleaning fluid
清洁液

das Desinfektionsmittel
disinfectant solution
消毒液

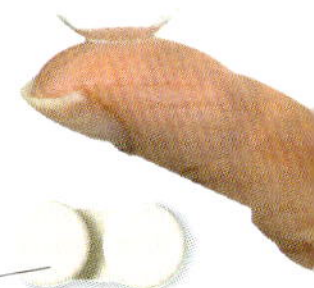

der Kontaktlinsenbehälter
lens case
隐形眼镜盒

die Kontaktlinsen
contact lenses
隐形眼镜

das Auge • eye • 眼睛

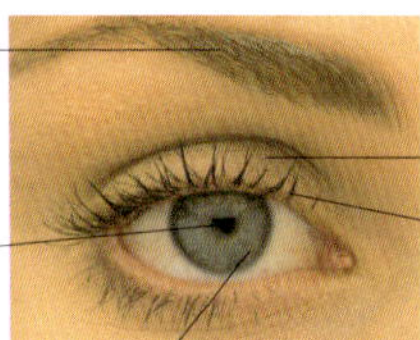

die Augenbraue
eyebrow
眉毛

die Pupille
pupil
瞳孔

das Lid
eyelid
眼睑

die Wimper
eyelash
睫毛

die Iris
iris
虹膜

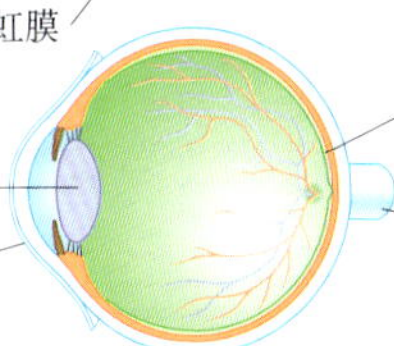

die Linse
lens
晶状体

die Hornhaut
cornea
角膜

die Netzhaut
retina
视网膜

der Sehnerv
optic nerve
视神经

die Sehkraft vision 视力	der Astigmatismus astigmatism 散光
die Dioptrie diopter 屈光度	die Weitsichtigkeit long sight 远视
die Träne tear 眼泪	die Kurzsichtigkeit short sight 近视
der graue Star cataract 白内障	Bifokal- bifocal 双光的

die Schwangerschaft • pregnancy • 怀孕

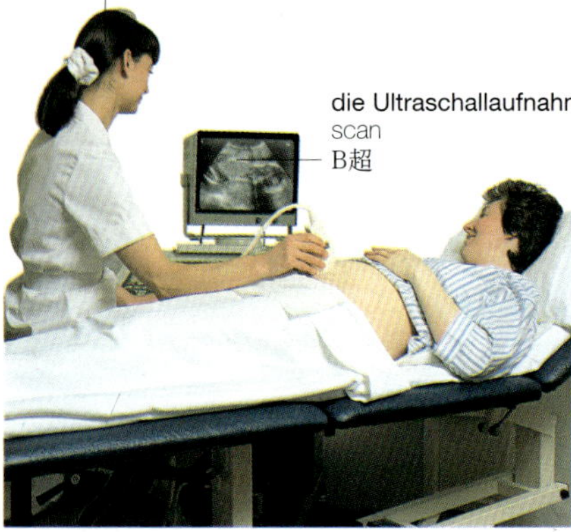

der Ultraschall • ultrasound • 超声波（检查）

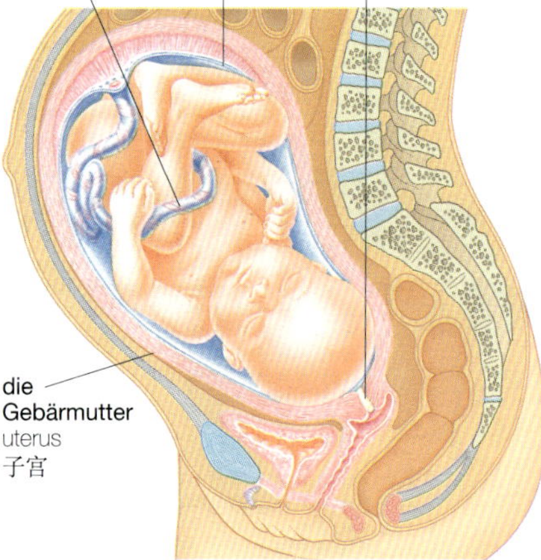

der Fetus • foetus • 胎儿

der Eisprung ovulation 排卵	vorgeburtlich antenatal 出生前	das Fruchtwasser amniotic fluid 羊水	die Erweiterung dilation 扩张术	die Naht stitches 缝合	Steiß- breech 逆产
schwanger pregnant 怀孕的	der Embryo embryo 胚胎	die Amniozentese amniocentesis 羊水穿刺诊断	der Kaiserschnitt caesarean section 剖腹产	die Geburt birth 出生	vorzeitig premature 早产的
die Empfängnis conception 怀孕	die Gebärmutter womb 子宫	das Fruchtwasser geht ab break waters (v) 破羊水	die Periduralanästhesie epidural 硬膜外麻醉	die Entbindung delivery 分娩	der Gynäkologe gynaecologist 妇科医生
schwanger expectant 待产的	das Trimester trimester 怀孕三个月	die Wehe contraction 宫缩	der Dammschnitt episiotomy 外阴切开术	die Fehlgeburt miscarriage 流产	der Geburtshelfer obstetrician 产科医生

die Geburt • childbirth • 分娩

die Tropfinfusion
drip
输液

die Hebamme
midwife
助产士

der Katheter
catheter
导管

der Monitor
monitor
监护仪

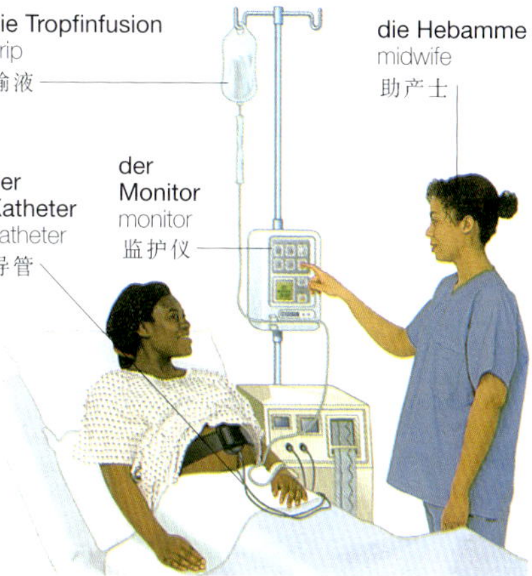

die Geburt einleiten • induce labour (v) • 引产

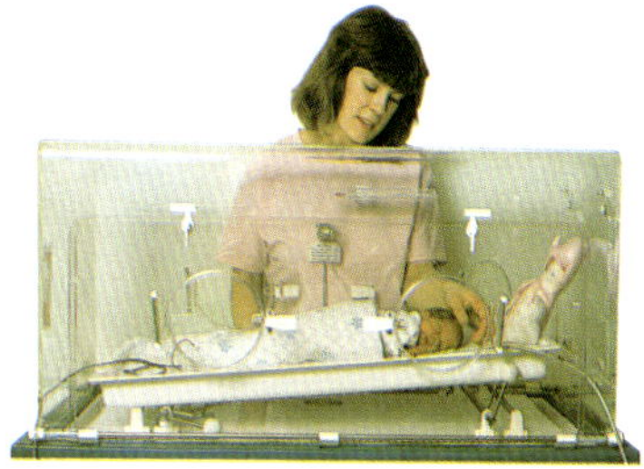

der Brutkasten • incubator • 育婴箱

die Waage
scales
婴儿秤

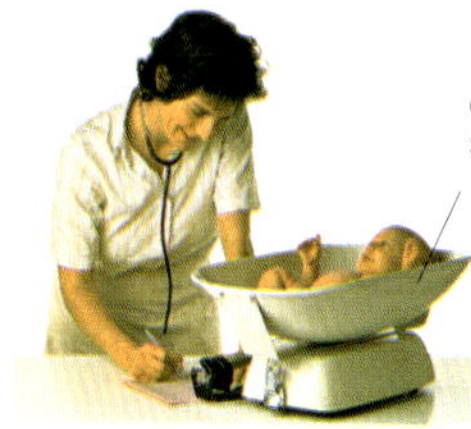

das Geburtsgewicht • birth weight • 出生时体重

die Geburtszange
forceps
产钳

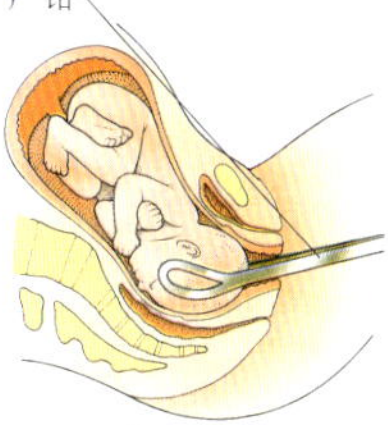

die Saugglocke
ventouse cup
吸杯

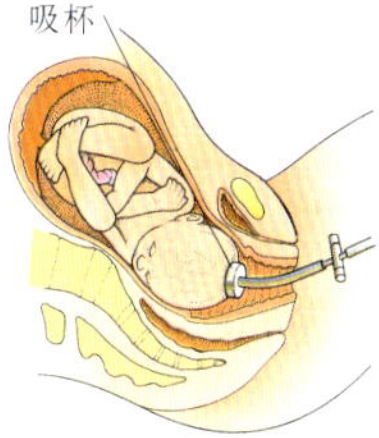

die assistierte Entbindung
assisted delivery
助产

das Erkennungsetikett
identity tag
身份标签

das Neugeborene • newborn baby • 新生儿

das Stillen • nursing • 哺乳

die Brustpumpe
breast pump
吸乳器

der Stillbüstenhalter
nursing bra
哺乳胸罩

stillen
breastfeed (v)
喂母乳

die Einlagen
les coussinets
乳垫

die Alternativtherapien • alternative therapy • 替代疗法

der Lehrer
teacher
辅导教师

das Yoga • yoga • 瑜伽

die Matte
mat
垫子

die Massage
massage
按摩

das Shiatsu
shiatsu
指压按摩

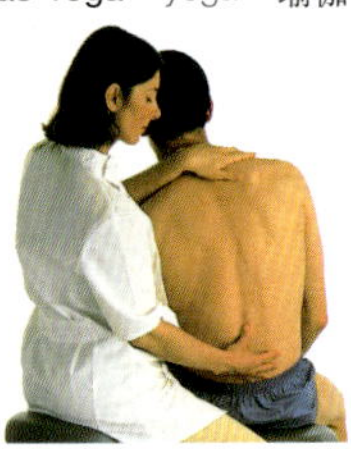

die Chiropraktik
chiropractic
脊柱按摩法

die Osteopathie
osteopathy
整骨疗法

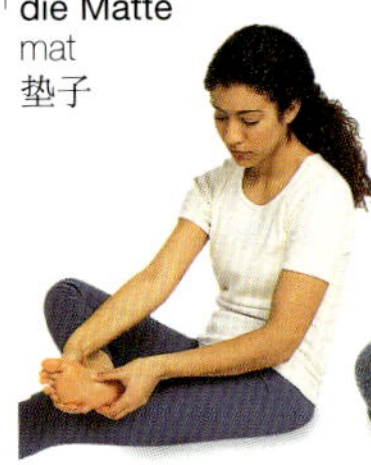

die Reflexzonenmassage
reflexology
足底反射疗法

die Meditation
meditation
冥想

der Berater
counsellor
顾问

die Gruppentherapie • group therapy • 集体治疗

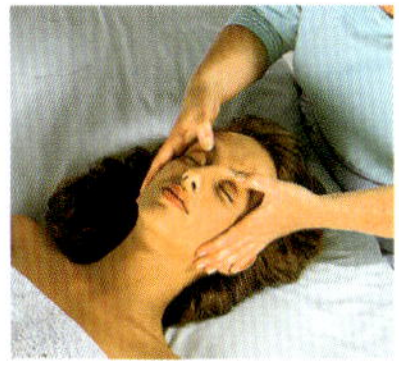

das Reiki
reiki
灵气疗法

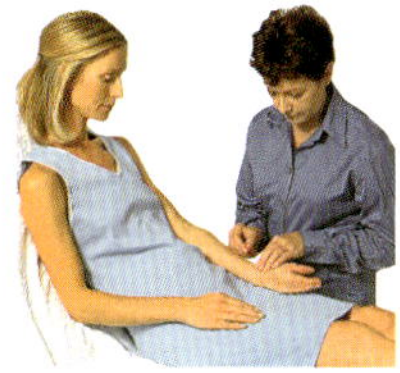

die Akupunktur
acupuncture
针灸

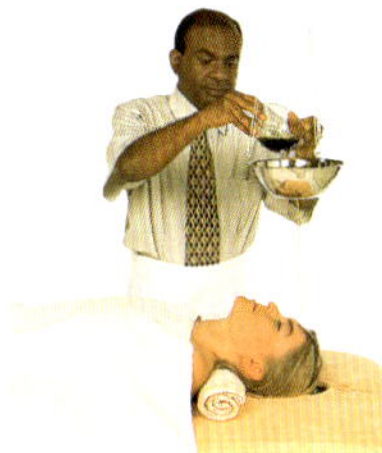

das Ayurveda
ayurveda
印度草药疗法

die Hypnotherapie
hypnotherapy
催眠疗法

die Kräuterheilkunde
herbalism
草药学

die ätherischen Öle
essential oils
精油

die Aromatherapie
aromatherapy
芳香疗法

die Homöopathie
homeopathy
顺势疗法

die Akupressur
acupressure
指压疗法

die Therapeutin
therapist
治疗师

die Psychotherapie
psychotherapy
精神疗法

die Kristalltherapie crystal healing 水晶疗法	die Naturheilkunde naturopathy 自然疗法	die Entspannung relaxation 放松	das Heilkraut herb 药草
die Wasserbehandlung hydrotherapy 水疗	das Feng Shui feng shui 风水	der Stress stress 压力	die Ergänzung supplement 营养品

das Haus

home

家居

das Haus • house • 房屋

Einzel(haus) detached 独立式	Reihen(haus) terraced 连排式	die Garage garage 车库	das Stockwerk floor 楼层	die Alarmanlage burglar alarm 防盗警报	mieten rent (v) 租用
Doppel(haus) semidetached 半独立式	der Bungalow bungalow 平房	das Zimmer room 房间	der Hof courtyard 庭院	der Briefkasten letterbox 信箱	die Miete rent 房租
das dreistöckige Haus townhouse 独栋住宅	das Kellergeschoss basement 地下室	der Dachboden attic 阁楼	die Haustürlampe porch light 门廊灯	der Vermieter landlord 房东	der Mieter tenant 房客

der Eingang • entrance • 入口

das Geländer
hand rail
扶手

der Treppenabsatz
landing
楼梯平台

das Treppengeländer
banister
楼梯栏杆

die Treppe
staircase
楼梯

die Diele • hallway • 门厅

die Türklingel
doorbell
门铃

der Fußabtreter
doormat
门垫

der Türklopfer
door knocker
门环

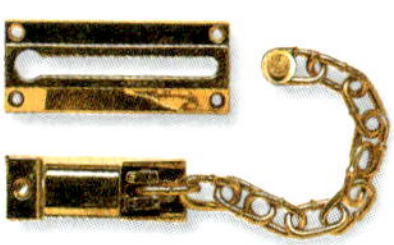

die Türkette
door chain
门链

der Schlüssel
key
钥匙

das Schloss
lock
锁

der Türriegel
bolt
门闩

die Wohnung • flat • 公寓

der Balkon
balcony
阳台

der Wohnblock
block of flats
公寓楼

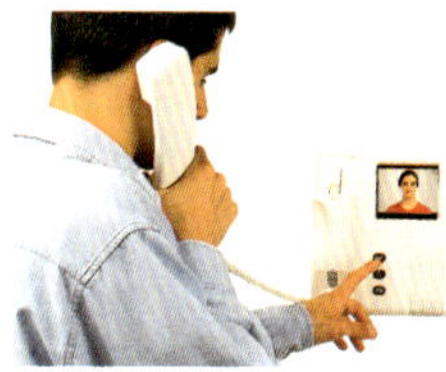

die Sprechanlage
intercom
对讲器

der Fahrstuhl
lift
电梯

die Hausanschlüsse • internal systems • 室内系统

der Heizkörper • radiator • 暖气片

der Heizofen
heater
电暖器

der Flügel
blade
扇叶

der Ventilator
fan
风扇

der Heizlüfter
convector heater
对流式电暖器

die Elektrizität • electricity • 电

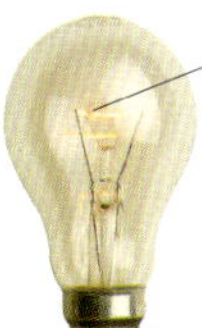

der Glühfaden
filament
灯丝

die Bajonettfassung
bayonet fitting
灯泡接口

die Birne • light bulb • 灯泡

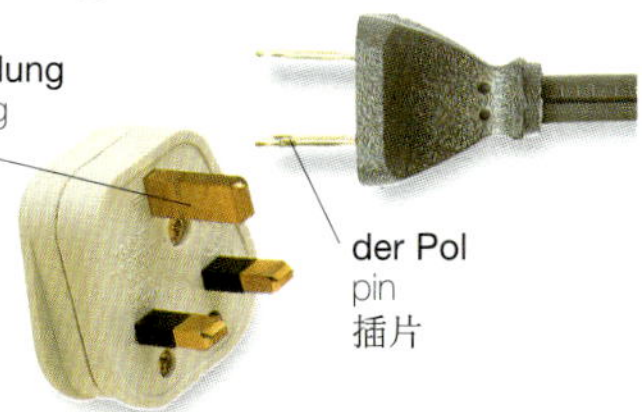

die Erdung
earthing
接地

der Pol
pin
插片

der Stecker • plug • 插头

neutral
neutral
零线

geladen
live
火线

die Leitung • wires • 电线

die Spannung voltage 电压	die Sicherung fuse 保险丝	die Steckdose socket 插座	der Gleichstrom direct current 直流电	der Transformator transformer 变压器
das Ampère amp 安培	der Generator generator 发电机	der Schalter switch 开关	der Stromzähler electricity meter 电表	das Stromnetz mains supply 供电系统
der Strom power 电力	der Sicherungs-kasten fuse box 保险盒	der Wechselstrom alternating current 交流电	der Stromausfall power cut 停电	

die Installation • plumbing • 管道装置

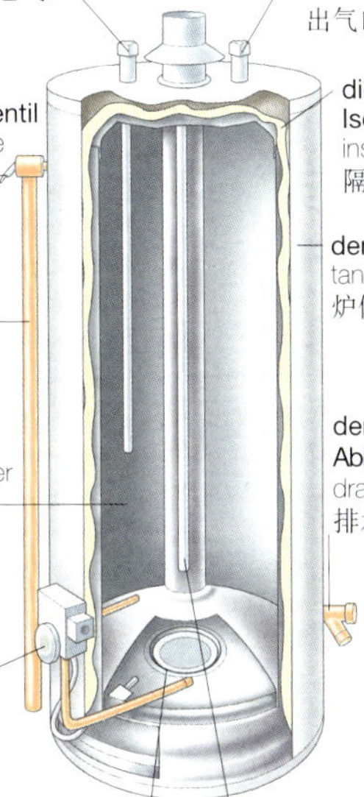

der Boiler • boiler • 锅炉

die Spüle • sink • 洗涤槽

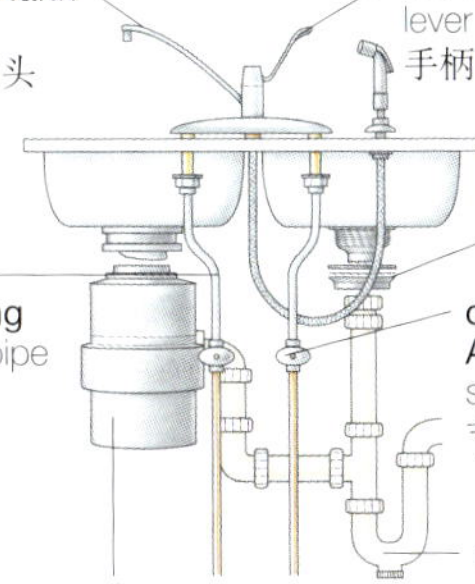

das WC • water closet • 抽水马桶

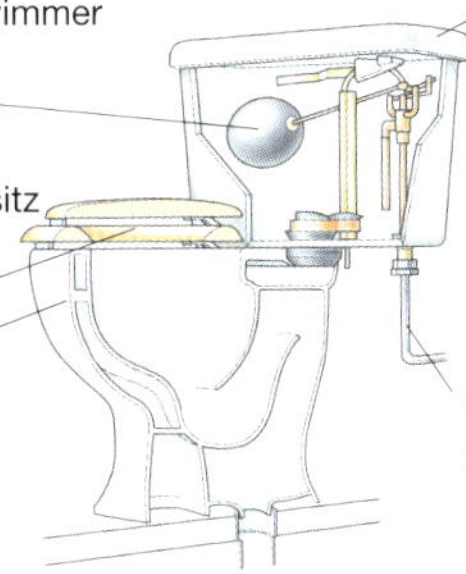

die Abfallentsorgung • waste disposal • 垃圾处理

der Recyclingbehälter
recycling bin
垃圾回收箱

der Abfalleimer
rubbish bin
垃圾桶

die Abfallsortiereinheit
sorting unit
分类箱

der Bio-Abfall
organic waste
有机废物

das Wohnzimmer • living room • 起居室

das Gemälde
painting
画

der Bilderrahmen
frame
画框

die Lampe
lamp
灯

die Wandlampe
wall light
壁灯

die Uhr
clock
钟表

die Decke
ceiling
天花板

die Vitrine
cabinet
储物柜

das Sofa
sofa
沙发

das Sofakissen
cushion
靠垫

der Couchtisch
coffee table
茶几

der Fußboden
floor
地板

der Spiegel
mirror
镜子

die Vase
vase
花瓶

der Kaminsims
mantelpiece
壁炉台

der Kamin
fireplace
壁炉

das Kamingitter
screen
挡火板

die Kerze
candle
蜡烛

der Vorhang
curtain
窗帘

die Gardine
net curtain
窗幔

die Jalousie
venetian blind
百叶窗

das Rollo
roller blind
卷帘

der Stuck
moulding
装饰脚线

der Sessel
armchair
扶手椅

das Bücherregal
bookshelf
书架

die Bettcouch
sofabed
沙发床

der Teppich
rug
地毯

das Arbeitszimmer • study • 书房

das Esszimmer • dining room • 餐厅

die Tischdecke tablecloth 桌布	die Gastgeberin hostess 女主人	die Portion portion 一份	den Tisch decken lay the table (v) 摆桌子	das Frühstück breakfast 早餐	Könnte ich bitte noch ein bisschen haben? Can I have some more, please? 请再给我加一些，好吗？
das Set place mat 餐具垫	der Gast guest 客人	hungrig hungry 饿	servieren serve (v) 上菜	das Mittagessen lunch 午餐	Ich bin satt, danke. I've had enough, thank you. 我吃饱了，谢谢。
das Essen meal 饭菜	der Gastgeber host 主人	satt full 饱	essen eat (v) 吃	das Abendessen dinner 晚餐	Das war lecker. That was delicious. 很好吃。

das Geschirr und das Besteck • crockery and cutlery • 餐具

der Teelöffel
teaspoon
茶匙

der Becher
mug
马克杯

die Kaffeetasse
coffee cup
咖啡杯

die Teetasse
teacup
茶杯

der Teller
plate
盘子

die Schüssel
bowl
碗

das Weinglas
wine glass
酒杯

das Wasserglas
tumbler
平底玻璃杯

die Cafetière
cafetière
咖啡壶

die Teekanne
teapot
茶壶

das Kännchen
jug
带柄水壶

der Eierbecher
egg cup
蛋杯

die Glaswaren
glassware
玻璃器皿

der Serviettenring
napkin ring
餐巾套环

der Beilagenteller
side plate
甜点盘

der Essteller
dinner plate
正餐用盘

der Suppenteller
soup bowl
汤盆

der Suppenlöffel
soup spoon
汤匙

die Serviette
napkin
餐巾

die Gabel
fork
餐叉

der Löffel
spoon
餐匙

das Messer
knife
餐刀

das Gedeck • place setting • 餐具摆放

die Küche • kitchen • 厨房

das Küchenregal
shelves
搁架

der Spritzschutz
splashback
防溅挡板

der Wasserhahn
tap
水龙头

das Spülbecken
sink
洗涤槽

die Schublade
drawer
抽屉

der Dunstabzug
extractor
抽油烟机

das Glaskeramikkochfeld
ceramic hob
陶瓷炉台

die Arbeitsfläche
worktop
操作台

der Backofen
oven
烤箱

der Küchenschrank
cabinet
橱柜

die Küchengeräte • appliances • 厨房电器

die Mikrowelle
microwave oven
微波炉

der Elektrokessel
kettle
电水壶

der Toaster
toaster
烤面包机

die Mixerschüssel
mixing bowl
搅拌容器

das Messer
blade
刀片

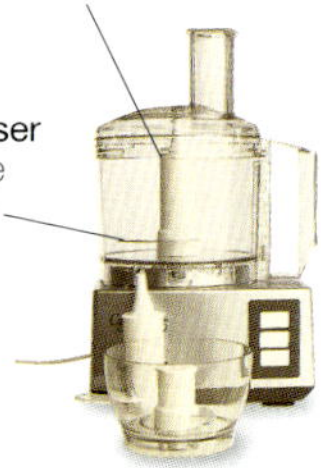

die Küchenmaschine
food processor
食品加工器

der Deckel
lid
盖子

der Mixer
blender
搅拌器

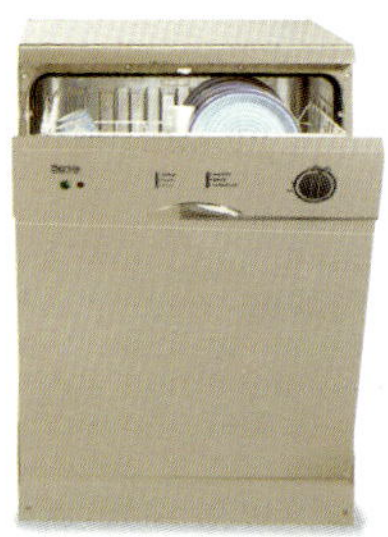

die Spülmaschine
dishwasher
洗碗机

das Eisfach
ice maker
制冰室

das Gefrierfach
freezer
冷冻室

der Kühlschrank
refrigerator
冷藏室

der Rost
shelf
搁板

das Gemüsefach
crisper
蔬菜保鲜格

der Gefrier-Kühlschrank • fridge-freezer • 冷冻冷藏箱

das Kochfeld hob 炉盘	einfrieren freeze (v) 冷冻
das Abtropfbrett draining board 餐具沥水架	auftauen defrost (v) 解冻
der Brenner burner 火炉	dämpfen steam (v) 蒸
der Mülleimer rubbish bin 垃圾桶	anbraten sauté (v) 炒

das Kochen • cooking • 烹饪

schälen
peel (v)
削皮

schneiden
slice (v)
切片

reiben
grate (v)
擦碎

gießen
pour (v)
注水

verrühren
mix (v)
搅拌

schlagen
whisk (v)
搅打

kochen
boil (v)
煮沸

braten
fry (v)
煎

ausrollen
roll (v)
擀

rühren
stir (v)
搅动

köcheln lassen
simmer (v)
文火烧，煨，炖

pochieren
poach (v)
沸水煮

backen
bake (v)
烘制

braten
roast (v)
烤制

grillen
grill (v)
烧烤

die Küchengeräte • kitchenware • 厨具

das Hackbrett
chopping board
案板

das Brotmesser
bread knife
面包刀

das Küchenmesser
kitchen knife
厨刀

das Hackmesser
cleaver
切肉刀

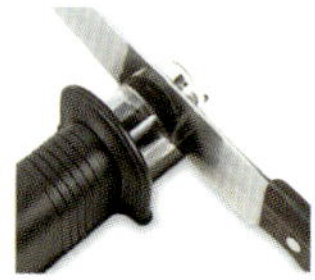

der Messerschärfer
knife sharpener
磨刀器

der Fleischklopfer
meat tenderizer
松肉槌

der Spieß
skewer
串肉扦

der Schäler
peeler
削皮刀

der Apfelstecher
apple corer
苹果去核器

die Reibe
grater
礤床

der Stößel
pestle
研杵

der Mörser
mortar
研钵

der Kartoffelstampfe
masher
捣泥器

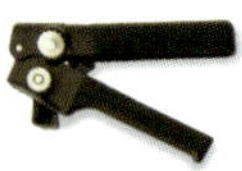

der Dosenöffner
can opener
开罐器

der Flaschenöffner
bottle opener
开瓶器

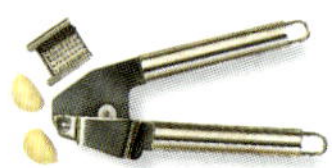

die Knoblauchpresse
garlic press
压蒜器

der Servierlöffel
serving spoon
分餐匙

der Pfannenwender
fish slice
煎鱼铲

das Sieb
colander
滤锅

der Spachtel
spatula
刮铲

der Holzlöffel
wooden spoon
木勺

der Schaumlöffel
slotted spoon
漏勺

der Schöpflöffel
ladle
长柄勺

die Tranchiergabel
carving fork
切肉叉

der Portionierer
scoop
深口圆匙

der Schneebesen
whisk
打蛋器

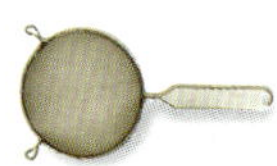

das Sieb
sieve
滤网

der Deckel
lid
锅盖

kunststoffbeschichtet
non-stick
不粘的

die Bratpfanne
frying pan
煎锅

der Kochtopf
saucepan
长柄深平底锅

das Grillblech
grill pan
烤架盘

der Wok
wok
炒锅

der Schmortopf
earthenware dish
陶制炖锅

Glas-
glass
玻璃

feuerfest
ovenproof
耐热

die Rührschüssel
mixing bowl
搅拌碗

die Souffléform
soufflé dish
雪花酥模子

die Auflaufform
gratin dish
烘烤菜肴盘

das Auflaufförmchen
ramekin
干酪蛋糕模

die Kasserolle
casserole dish
砂锅

das Kuchenbacken • baking cakes • 蛋糕制作

die Haushaltswaage
scales
秤

der Messbecher
measuring jug
量壶

die Kuchenform
cake tin
蛋糕烤模

die Pastetenform
pie tin
馅饼烤模

die Obstkuchenform
flan tin
水果蛋糕烤模

der Backpinsel
pastry brush
面粉刷

das Nudelholz
rolling pin
擀面杖

der Spritzbeutel
piping bag
蛋糕裱花袋

die Törtchenform
muffin tray
松饼烤盘

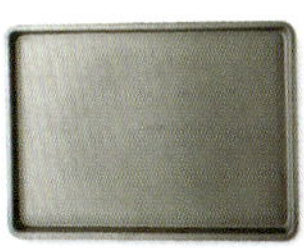

das Kuchenblech
baking tray
烤盘

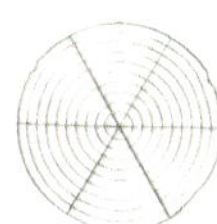

das Abkühlgitter
cooling rack
冷却架

der Topfhandschuh
oven glove
烤箱手套

die Schürze
apron
围裙

das Schlafzimmer • bedroom • 卧室

der Kleiderschrank
wardrobe
衣橱

die Nachttischlampe
bedside lamp
床头灯

das Kopfende
headboard
床头板

der Nachttisch
bedside table
床头柜

die Kommode
chest of drawers
五斗橱

die Schublade
drawer
抽屉

das Bett
bed
床

die Matratze
mattress
床垫

die Tagesdecke
bedspread
床罩

das Kopfkiss
pillow
枕头

die Wärmflasche
hot-water bottle
暖水袋

der Radiowecker
clock radio
时钟收音机

der Wecker
alarm clock
闹钟

die Papiertaschentuch-schachtel
box of tissues
纸巾盒

der Kleiderbügel
coat hanger
衣架

die Bettwäsche • bed linen • 床上用品

das Einzelbett single bed 单人床	das Fußende footboard 床脚板	die Schlaflosigkeit insomnia 失眠	aufwachen wake up (v) 醒来	den Wecker stellen set the alarm (v) 设定闹钟
das Doppelbett double bed 双人床	die Sprungfeder spring 弹簧	ins Bett gehen go to bed (v) 上床睡觉	aufstehen get up (v) 起床	schnarchen snore (v) 打鼾
die Heizdecke electric blanket 电热毯	der Teppich carpet 地毯	einschlafen go to sleep (v) 入睡	das Bett machen make the bed (v) 整理床铺	der Einbauschrank built-in wardrobe 内嵌式衣橱

das Badezimmer • bathroom • 浴室

der Handtuchhalter
towel rail
毛巾架

die Duschtür
shower
淋浴隔门

der Kaltwasserhahn
cold tap
冷水龙头

der Heißwasserhahn
hot tap
热水龙头

der Duschkopf
shower head
淋浴喷头

das Waschbecken
washbasin
洗手池

die Dusche
shower
淋浴

der Stöpsel
plug
塞子

der Abfluss
drain
地漏

der Toilettensitz
toilet seat
马桶座

die Badewanne
bathtub
浴缸

die Toilette
toilet
抽水马桶

die Toilettenbürste
toilet brush
马桶刷

das Bidet
bidet
坐浴盆

die Hausapotheke medicine cabinet 家用药箱	die Badematte bath mat 浴室防滑垫
die Rolle Toilettenpapier toilet roll 卫生纸	der Duschvorhang shower curtain 淋浴隔帘
duschen take a shower (v) 洗淋浴	baden take a bath (v) 洗澡

die Zahnpflege • dental hygiene • 口腔卫生

die Zahnbürste
toothbrush
牙刷

die Zahnpasta
toothpaste
牙膏

das Mundwasser
mouthwash
漱口液

die Zahnseide
dental floss
牙线

der Luffaschwamm
loofah
丝瓜络

der Schwamm
sponge
海绵

der Bimsstein
pumice stone
浮石

die Rückenbürste
back brush
背刷

das Deo
deodorant
除臭剂

die Seifenschale
soap dish
肥皂盒

die Seife
soap
肥皂

die Gesichtscreme
face cream
面霜

das Duschgel
shower gel
沐浴乳

das Schaumbad
bubble bath
泡泡浴液

der Bademantel
bathrobe
浴袍

das Handtuch
hand towel
擦手巾

das Badetuch
bath towel
浴巾

die Handtücher
towels
毛巾

die Körperlotion
body lotion
润肤露

der Körperpuder
talcum powder
爽身粉

das Rasieren • shaving • 剃须

der Elektrorasierer
electric razor
电动剃须刀

der Rasierschaum
shaving foam
剃须泡沫

der Einwegrasierer
disposable razor
一次性剃须刀

die Rasierklinge
razor blade
剃刀刀片

das Rasierwasser
aftershave
须后水

das Kinderzimmer • nursery • 育婴室

die Säuglingspflege • baby care • 婴儿护理

der Schwamm
sponge
海绵

die Babywanne
baby bath
婴儿浴盆

die Wundsalbe
nappy rash cream
尿疹膏

das Erfrischungstuch
wet wipe
湿纸巾

das Töpfchen
potty
婴儿便盆

die Wickelmatte
changing mat
换衣垫

das Schlafen • sleeping • 睡眠

das Mobile
mobile
活动玩具

die Gitterstäbe
bars
栏杆

der Kopfschutz
bumper
护围

die Matratze
mattress
床垫

das Kinderbett • cot • 婴儿床

das Laken
sheet
床单

die Decke
blanket
毯子

die Flauschdecke
fleece
羊毛毯

das Bettzeug
bedding
被褥

die Rassel
rattle
拨浪鼓

das Körbchen
moses basket
婴儿睡篮

das Spielen • playing • 游戏

die Puppe
doll
娃娃

das Kuscheltier
soft toy
长毛绒玩具

das Puppenhaus
doll's house
娃娃屋

das Spielhaus
playhouse
玩具屋

der Teddy
teddy bear
长毛绒玩具熊

das Spielzeug
toy
玩具

der Spielzeugkorb
toy basket
玩具篮

der Ball
ball
球

der Laufstall
playpen
游戏围栏

die Sicherheit • safety • 安全

die Kindersicherung
child lock
儿童安全锁

die Babysprechanlage
baby monitor
婴儿监视器

das Treppengitter
stair gate
楼梯门栏

das Essen • eating • 饮食

der Kinderstuhl
high chair
(小孩吃饭时坐的)高脚椅

der Sauger
teat
奶嘴

der Babybecher
drinking cup
婴儿杯

die Babyflasche
bottle
奶瓶

das Ausgehen • going out • 外出

der Sportwagen
pushchair
折叠式婴儿车

das Verdeck
hood
遮阳篷

der Kinderwagen
pram
卧式婴儿车

das Tragebettchen
carrycot
手提式婴儿床

die Windel
nappy
尿布

die Babytasche
changing bag
婴儿衣物袋

die Babytrageschlinge
baby sling
婴儿吊带

der Allzweckraum • utility room • 洗衣间

die Wäsche • laundry • 洗涤

die schmutzige Wäsche
dirty washing
脏衣物

der Wäschekorb
laundry basket
洗衣篮

die Waschmaschine
washing machine
洗衣机

der Waschautomat mit Trockner
washer-dryer
洗衣干衣一体机

der Trockner
tumble dryer
滚筒式烘干机

die saubere Wäsche
clean clothes
干净衣物

der Wäschekorb
linen basket
衣物篮

die Wäscheleine
clothes line
晾衣绳

die Wäscheklammer
clothes peg
衣服夹

trocknen • dry (v) • 晾干

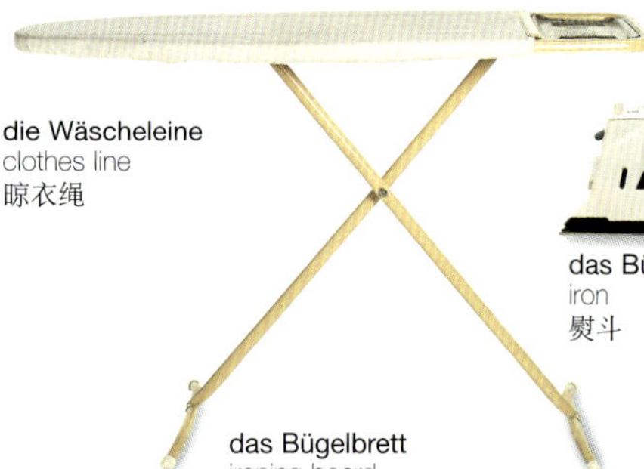

das Bügelbrett
ironing board
熨衣板

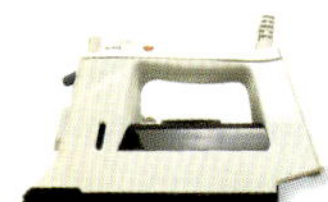

das Bügeleisen
iron
熨斗

füllen load (v) 装入	schleudern spin (v) 甩干	bügeln iron (v) 熨烫	Wie benutze ich die Waschmaschine? How do I operate the washing machine? 洗衣机怎么用？
spülen rinse (v) 漂洗	die Wäscheschleuder spin dryer 甩干机	der Weichspüler fabric conditioner 织物柔顺剂	Welches Programm nehme ich für farbige/weiße Wäsche? What is the setting for coloureds/whites? 如何设定洗涤彩色/白色衣物？

die Reinigungsartikel • cleaning equipment • 清洁用具

der Saugschlauch
suction hose
吸力软管

der Staubsauger
vacuum cleaner
吸尘器

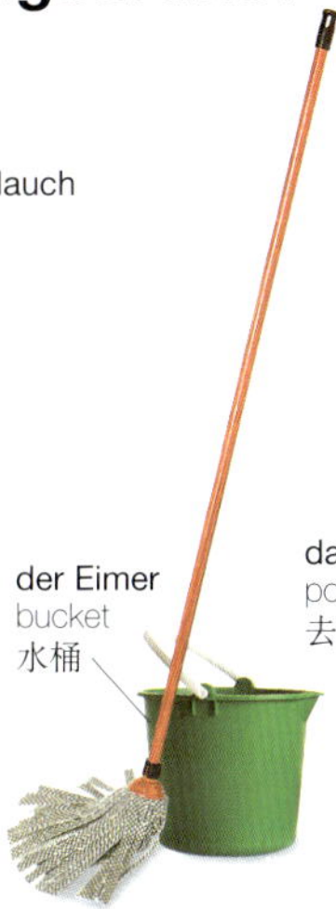

der Eimer
bucket
水桶

der Mopp
mop
拖把

der Handfeger
brush
短柄扫帚

die Müllschaufel
dust pan
簸箕

das Reinigungsmittel
bleach
漂白剂

das Pulver
powder
去污粉

die Flüssigkeit
liquid
洗涤液

das Waschmittel
detergent
清洁剂

das Staubtuch
duster
抹布

die Politur
polish
上光剂

die Tätigkeiten • activities • 扫除

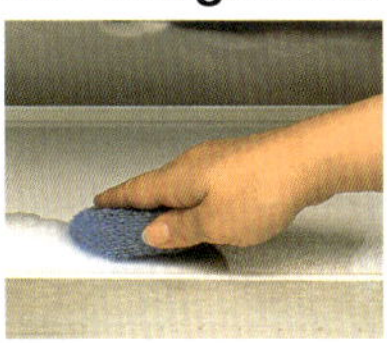

putzen
clean (v)
擦

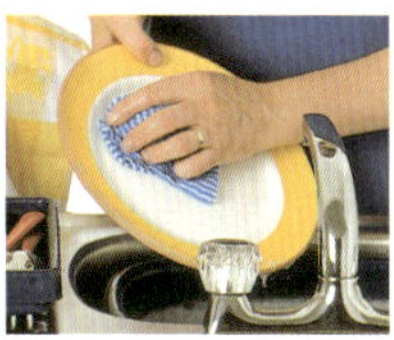

spülen
wash (v)
洗

wischen
wipe (v)
擦拭

schrubben
scrub (v)
刷洗

kratzen
scrape (v)
刮除

der Besen
broom
长柄扫帚

fegen
sweep (v)
清扫

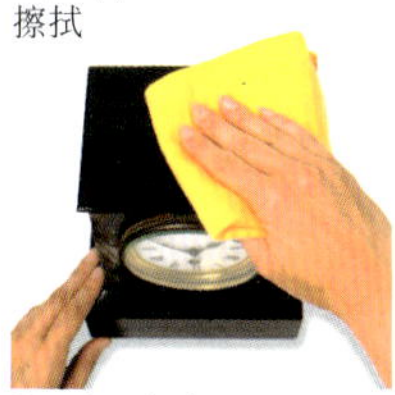

Staub wischen
dust (v)
除尘

polieren
polish (v)
上光

die Heimwerkstatt • workshop • 工作间

die Stichsäge
jigsaw
镂花锯

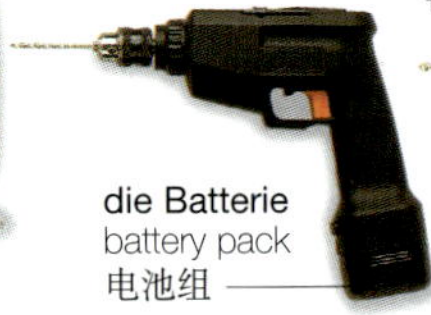

die Batterie
battery pack
电池组

der Bohrer mit Batteriebetrieb
rechargeable drill
充电式电钻

das Bohrfutter
chuck
钻夹头

der Bohrer
drill bit
钻头

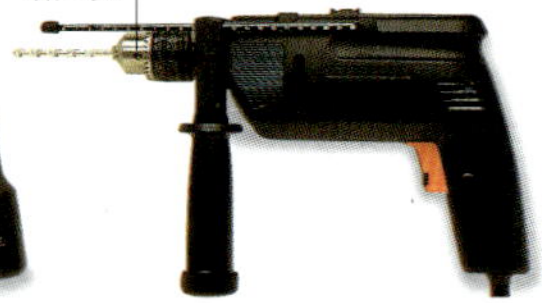

der Elektrobohrer
electric drill
电钻

die Leimpistole
glue gun
胶枪

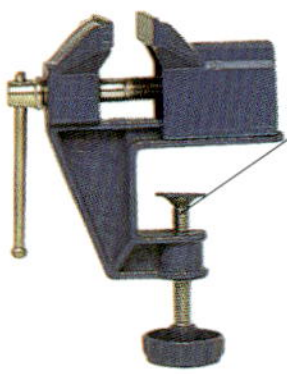

die Zwinge
clamp
夹钳

der Schraubstock
vice
台钳

die Schleifmaschine
sander
打磨机

das Blatt
blade
刃

die Kreissäge
circular saw
圆锯

die Werkbank
workbench
工作台

der Holzleim
wood glue
木材胶

der Grundhobel
router
槽刨

die Holzspäne
wood shavings
刨花

das Werkzeuggestell
tool rack
工具架

die Bohrwinde
bit brace
手摇曲柄钻

die Verlängerungsschnur
extension lead
电源箱延长线

die Fertigkeiten • techniques • 技艺

schneiden
cut (v)
切割

sägen
saw (v)
锯

bohren
drill (v)
钻孔

hämmern
hammer (v)
钉

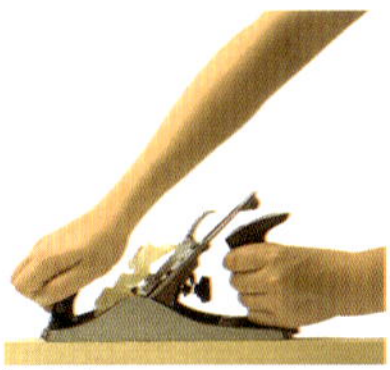

hobeln
plane (v)
刨

drechseln
turn (v)
车削

schnitzen
carve (v)
雕刻

der Lötzinn
solder
焊锡

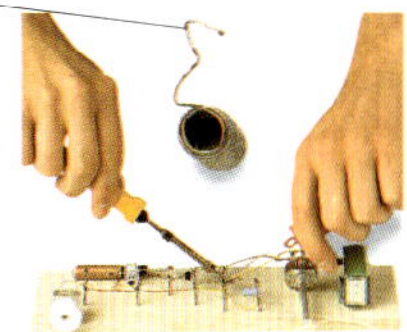

löten
solder (v)
焊接

die Materialien • materials • 材料

die MDF-Platte
MDF
层压板

das Sperrholz
plywood
胶合板

das Spanholz
chipboard
刨花板

die Hartfaserplatte
hardboard
硬质纤维板

das Weichholz
softwood
软木

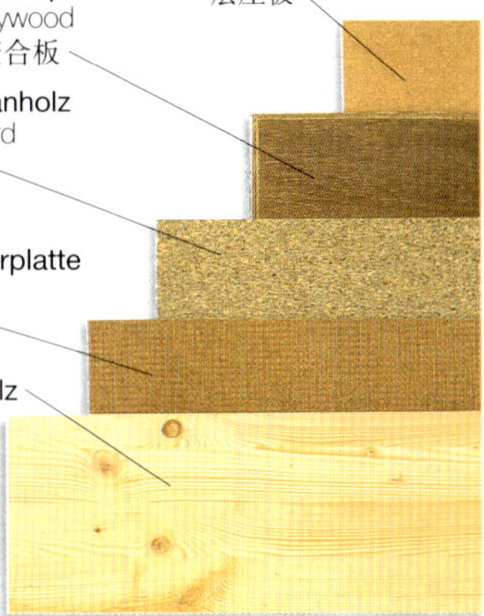

das Hartholz
hardwood
硬木

der Lack
varnish
清漆

die Beize
woodstain
木材染色剂

das Holz • wood • 木头

der Draht
wire
金属线

das Kabel • cable • 电缆

der rostfreie Stahl
stainless steel
不锈钢

galvanisiert
galvanised
电镀

das Metal • metal • 金属

der Werkzeugkasten • toolbox • 工具箱

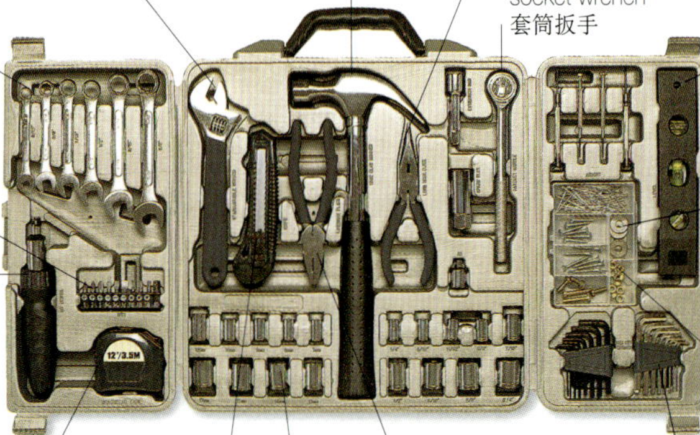

der Schraubenschlüssel
spanner
扳手

der verstellbare Schraubenschlüssel
adjustable spanner
可调扳手

der Hammer
hammer
锤子

die Flachzange
needle-nose pliers
尖嘴钳

der Steckschlüssel
socket wrench
套筒扳手

die Schraubenziehereinsätze
screwdriver bits
螺丝刀头

die Wasserwaage
spirit level
水平仪

der Schraubenzieher
screwdriver
螺丝刀

der Dichtungsring
washer
垫圈

die Mutter
nut
螺母

das Metermaß
tape measure
卷尺

der Schneider
knife
工具刀

die Tülle
socket
套筒

die Kombinationszange
bull-nose pliers
钢丝钳

der Schlüssel
key
扳手

die Bohrer • drill bits • 钻头

der Kreuzschlitzschraubenzieher
phillips screwdriver
螺丝刀

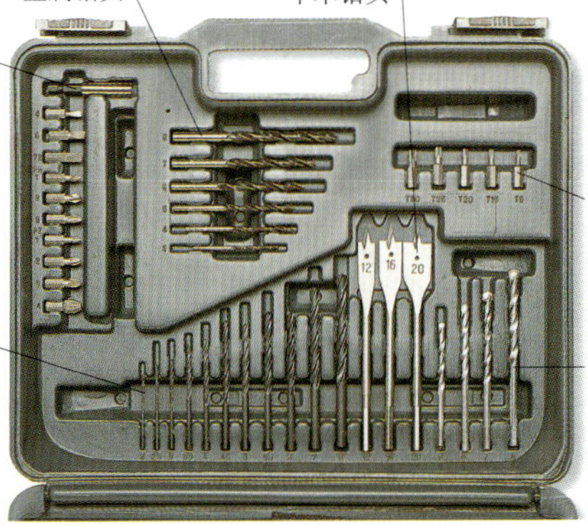

der Metallbohrer
metal bit
金属钻头

der Flachholzbohrer
flat wood bit
平木钻头

die Reibahle
reamer
钻孔器

der Sicherheitsbohrer
security bit
安全钻头

die Holzbohrer
carpentry bits
木工钻头

der Mauerwerkbohrer
masonry bit
石工钻头

der Nagelkopf
head
钉子头

der Nagel
nail
钉子

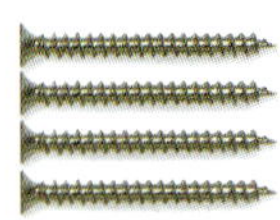

die Schraube
screw
螺丝钉

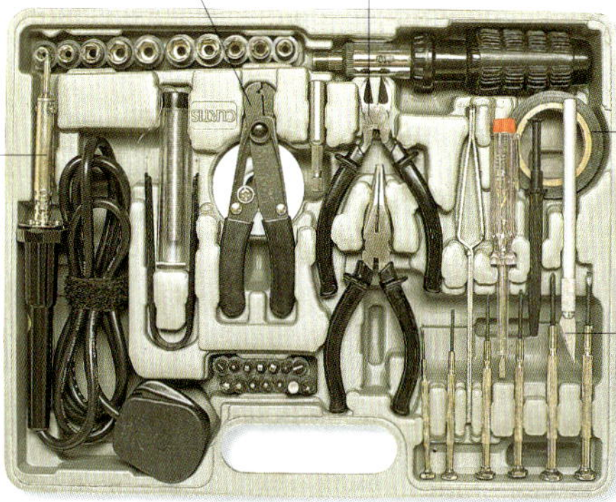

die Entisolierzange
wire strippers
剥皮钳

der Drahtschneider
wire cutters
铁丝剪

der Lötkolben
soldering iron
烙铁

das Isolierband
insulating tape
绝缘胶带

das Skalpell
scalpel
切割刀

die Schweifsäge
fretsaw
线锯

der Lötzinn
solder
焊锡

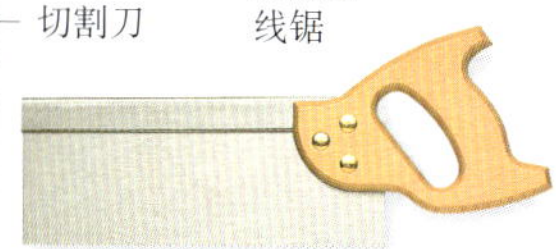

die Profilsäge
tenon saw
开榫锯

die Schutzbrille
safety goggles
护目镜

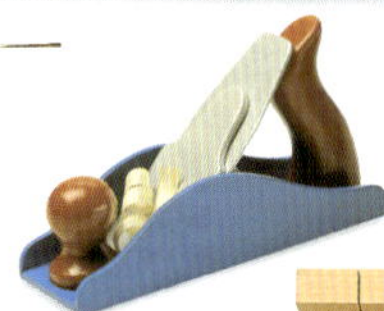

der Hobel
plane
刨子

der Fuchsschwanz
handsaw
手锯

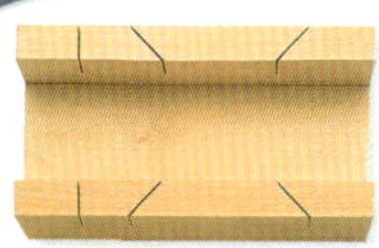

die Gehrungslade
mitre block
斜锯架

die Metallsäge
hacksaw
钢锯

der Handbohrer
hand drill
手摇钻

die Stahlwolle
wire wool
钢丝绒

das Schmirgelpapier
sandpaper
砂纸

die Rohrzange
wrench
扳钳

der Meißel
chisel
凿子

die Feile
file
锉刀

der Wetzstahl
sharpening stone
磨刀石

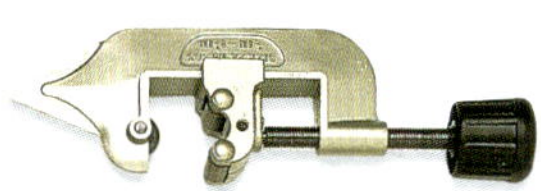

der Rohrabschneider
pipe cutter
切管机

der Sauger
plunger
搋子

das Tapezieren • decorating • 装修

die Tapezierschere
scissors
剪刀

das Tapeziermesser
craft knife
工艺刀

das Senkblei
plumb line
铅锤线

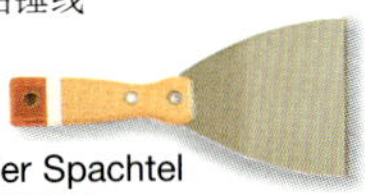

der Spachtel
scraper
刮刀

der Tapezierer
decorator
裱糊匠

die Tapete
wallpaper
壁纸

die Trittleiter
stepladder
折梯

die Tapezierbürste
wallpaper brush
裱糊刷

der Tapeziertisch
pasting table
裱糊台

die Kleisterbürste
pasting brush
上浆刷

der Tapetenkleister
wallpaper paste
壁纸黏合剂

der Eimer
bucket
桶

tapezieren • wallpaper (v) • 贴壁纸

abziehen
strip (v)
铲掉

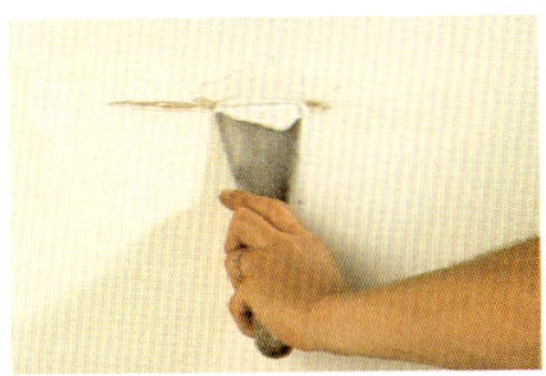

spachteln
fill (v)
抹

schmirgeln
sand (v)
用砂纸打磨

verputzen
plaster (v)
粉刷

anbringen
hang (v)
贴(墙纸)

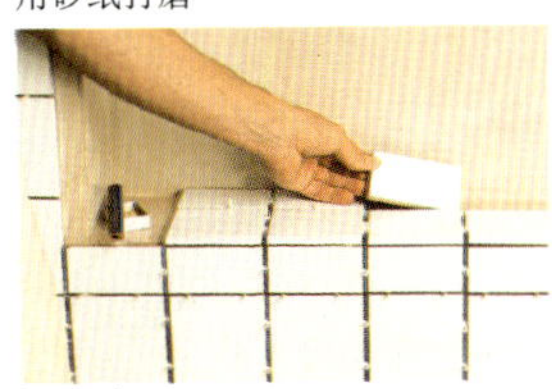

kacheln
tile (v)
铺砖

der Roller
roller
油漆滚筒

die Streichbürste
brush
刷子

der Farbtopf
paint tin
油漆桶

der Overall
overalls
工装裤

das Abdecktuch
dustsheet
防尘布

anstreichen • paint (v) • 刷漆

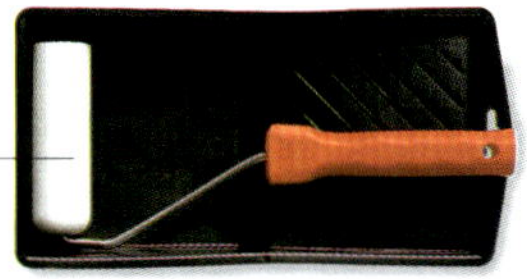

die Wanne
paint tray
油漆盘

die Farbe
paint
油漆

der Schwamm
sponge
海绵

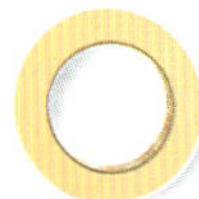

das Abdeckband
masking tape
遮蔽胶带

das Schmirgelpapier
sandpaper
砂纸

die Spachtelmasse
filler
填料

das terpentin
turpentine
松节油

das Verdünnungsmittel
white spirit
稀释剂

der Gips plaster 石膏	Glanz- gloss 有光泽	das Reliefpapier embossed paper 压花纸	die Grundierung undercoat 内涂层	das Lösungsmittel solvent 溶剂
der Lack varnish 清漆	matt mat 无光泽	die Grundfarbe primer 底漆	der Fugenkitt grout 薄胶浆	der Deckanstrich top coat 外涂层
die Emulsionsfarbe emulsion 无光漆	die Schablone stencil 花样模板	das Einsatzpapier lining paper 衬纸	der Schutzanstrich preservative 防腐剂	das Versiegelungsmittel sealant 密封剂

der Garten • garden • 花园

die Gartentypen • garden styles • 花园风格

der Patio • patio garden • 内院

der Dachgarten
roof garden
屋顶花园

der Steingarten
rock garden
岩石园

der architektonische Garten • formal garden • 法式花园

der Hof • courtyard • 庭院

der Bauerngarten
cottage garden
乡间花园

der Kräutergarten
herb garden
草药花园

der Wassergarten
water garden
水景花园

die Gartenornamente • garden features • 花园装饰

die Blumenampel
hanging basket
吊篮

das Spalier
trellis
花格屏

die Pergola
pergola
藤架

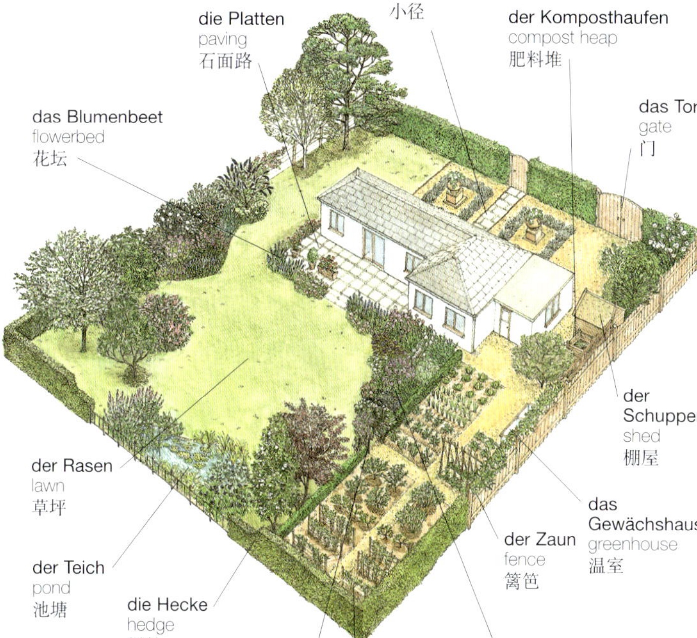

die Planken
decking
铺面

der Springbrunnen • fountain • 喷泉

der Boden • soil • 土壤

die Erde
topsoil
表层土

der Sand
sand
沙土

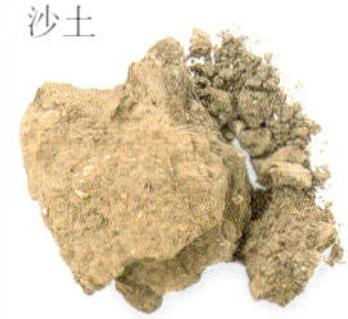
der Kalk
chalk
石灰石

der Schlick
silt
淤泥

der Lehm
clay
黏土

die Gartenpflanzen • garden plants • 花园植物

die Pflanzenarten • types of plants • 植物种类

einjährig
annual
一年生(植物)

zweijährig
biennial
二年生(植物)

mehrjährig
perennial
多年生(植物)

die Zwiebel
bulb
球茎植物

der Farn
fern
蕨类植物

die Binse
rush
灯心草

der Bambus
bamboo
竹子

das Unkraut
weeds
杂草

das Kraut
herb
药草

die Wasserpflanze
water plant
水生植物

der Baum
tree
树

die Palme
palm
棕榈

der Nadelbaum
conifer
针叶树

immergrün
evergreen
常绿(植物)

der Laubbaum
deciduous
落叶(植物)

der Formschnitt
topiary
灌木修剪

die Alpenpflanze
alpine
高山植物

die Fettpflanze
succulent
肉质植物

der Kaktus
cactus
仙人掌

die Gartengeräte • garden tools • 园艺工具

die Komposterde
compost
堆肥

die Samen
seeds
种子

die Knochenasche
bone meal
骨粉

der Kies
gravel
碎石

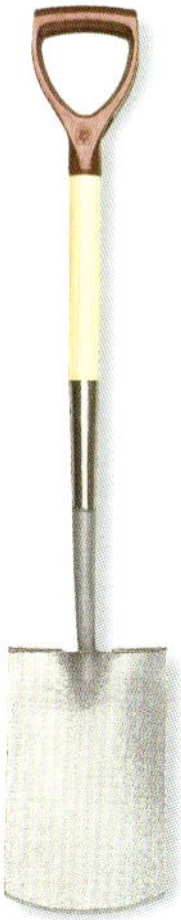

der Spaten
spade
铲

die Gabel
fork
叉

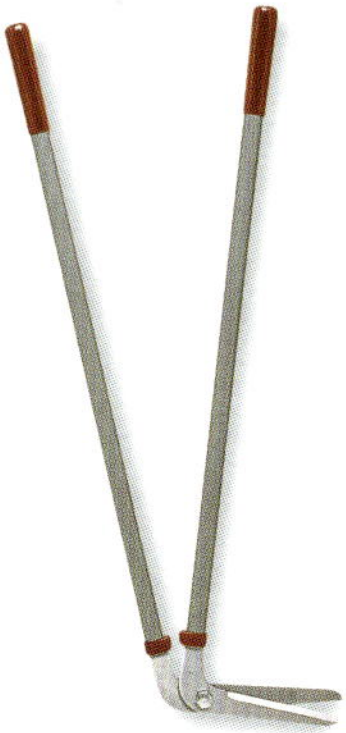

die Schere
long-handled shears
长柄修篱剪

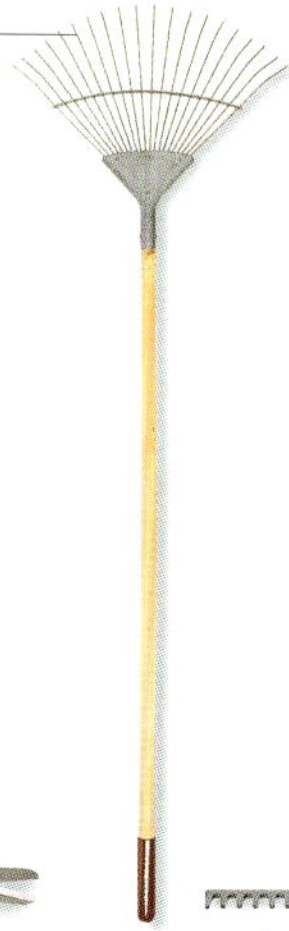

der Laubrechen
lawn rake
搂草耙

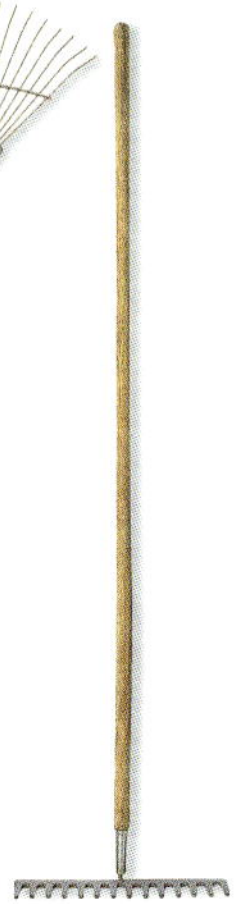

der Rechen
rake
耙子

die Hacke
hoe
锄头

der Gartenkorb
trug
浅底篮

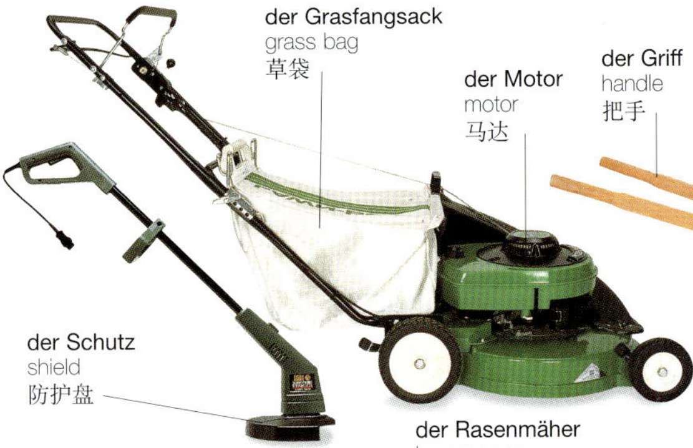

der Grasfangsack
grass bag
草袋

der Motor
motor
马达

der Rasenmäher
lawnmower
剪草机

der Schutz
shield
防护盘

der Schneider • trimmer • 剪草器

der Griff
handle
把手

der Ständer
stand
支架

der Schubkarren
wheelbarrow
独轮手推车

die Handgabel
hand fork
手叉

die Rosenschere
secateurs
修枝剪

die Gartenhandschuhe
gardening gloves
园艺手套

die Pflanzschaufel
trowel
移植铲

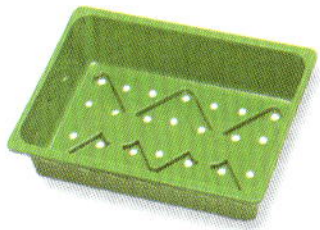

der Setzkasten
seed tray
育苗盘

der Zwirn
twine
合股线

die Pflanzenschildchen
labels
签条

die Befestigungen
twist ties
捆绑细丝

die Ringbefestigungen
ring ties
固枝环

die Gartenstöcke
canes
支撑杆

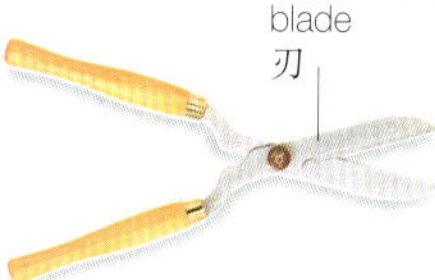

das Messer
blade
刃

die Heckenschere
shears
修篱剪

die Handsäge
hand saw
手锯

das Pestizid
pesticide
杀虫剂

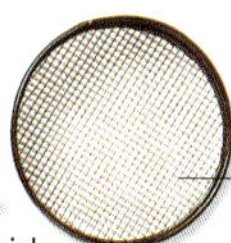

das Sieb
sieve
筛子

der Blumentopf
plant pot
花盆

die Gummistiefel
rubber boots
橡胶靴

das Gießen • watering • 浇灌

die Gießkanne
watering can
喷壶

die Brause
rose
喷头

die Gartenspritze
spray gun
喷雾器

der Rasensprenger
sprinkler
喷灌器

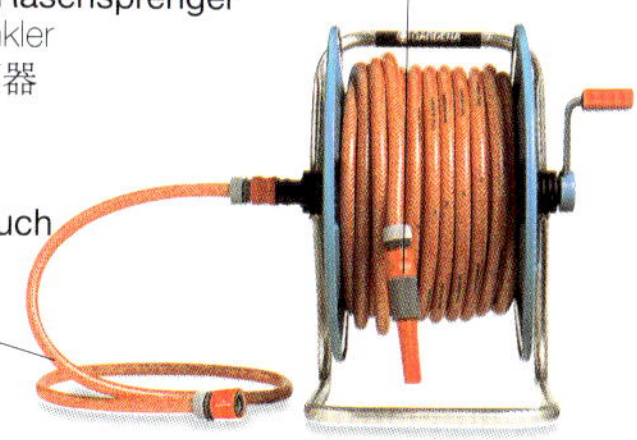

die Düse
nozzle
喷嘴

der Gartenschlauch
hosepipe
橡胶软管

der Schlauchwagen • hose reel • 水管车

die Gartenarbeit • gardening • 园艺

mähen • mow (v) • 割草

mit Rasen bedecken
turf (v)
铺草皮

stechen
spike (v)
钉

harken
rake (v)
耙

stutzen
trim (v)
修枝

graben
dig (v)
挖

säen
sow (v)
播种

mit Kopfdünger düngen
top dress (v)
土表施肥

gießen
water (v)
浇水

ziehen
train (v)
整枝

köpfen
deadhead (v)
摘除枯花

sprühen
spray (v)
喷水

hochbinden
stake (v)
用杆支撑

pfropfen
graft (v)
嫁接

vermehren
propagate (v)
插技

beschneiden
prune (v)
修剪

umpflanzen
transplant (v)
移植

jäten
weed (v)
清除杂草

mulchen
mulch (v)
加护盖物

ernten
harvest (v)
收获

züchten cultivate (v) 栽培	gestalten landscape (v) 园艺设计	düngen fertilize (v) 施肥	sieben sieve (v) 筛	biodynamisch organic 有机(栽培)的	die Entwässerung drainage 排水	der Dünger fertilizer 肥料
hegen tend (v) 护理	eintopfen pot up (v) 把…种于盆内	pflücken pick (v) 采摘	auflockern aerate (v) 松土	der Untergrund subsoil 底土	der Unkrautvernichter weedkiller 除草剂	der Sämling seedling 秧苗

JKL
5
TUV
8
7
0

die Dienstleistungen

services

服务

die Notdienste • emergency services • 急救

der Krankenwagen • ambulance • 救护车

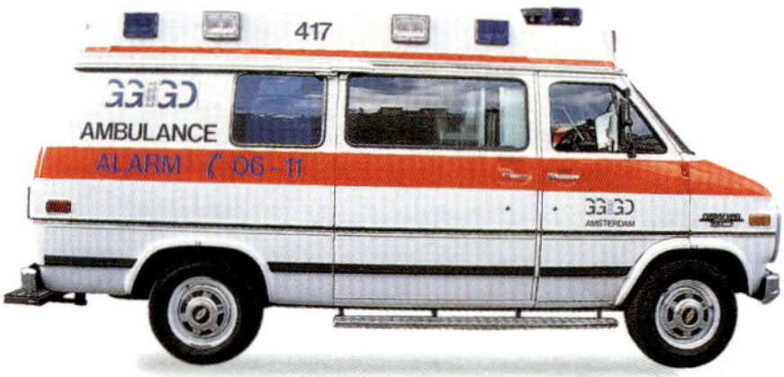

der Krankenwagen • ambulance • 救护车

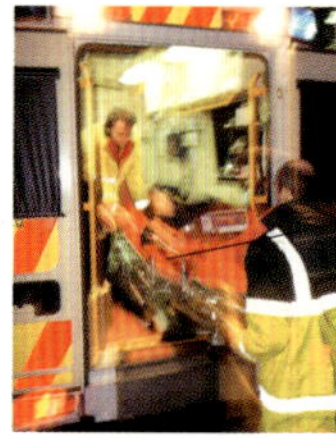

die Tragbahre
stretcher
担架

der Rettungssanitäter • paramedic • 急救人员

die Polizei • police • 警察

die Kennmarke
badge
警徽

die Uniform
uniform
制服

die Sirene
siren
警笛

das Licht
lights
警灯

das Polizeiauto • police car • 警车

die Polizeiwache
police station
警察局

der Gummiknüppel
truncheon
警棍

die Pistole
gun
手枪

die Handschellen
handcuffs
手铐

der Polizist • police officer • 警官

der Inspektor inspector 探员	der Einbruchdiebstahl burglary 入室盗窃	die Beschwerde complaint 起诉	die Festnahme arrest 逮捕
der Kriminalbeamte detective 侦探	die Körperverletzung assault 人身攻击	die Ermittlung investigation 调查	die Polizeizelle police cell 单人牢房
das Verbrechen crime 罪行	der Fingerabdruck fingerprint 指纹	der Verdächtige suspect 嫌疑犯	die Anklage charge 控告

die Feuerwehr • fire brigade • 消防队

der Rauch
smoke
烟

der Auslegerkorb
cradle
吊篮

der Ausleger
boom
悬臂

der Brand • fire • 火灾

der Schutzhelm
helmet
头盔

der Schlauch
hose
水龙

der Wasserstrahl
water jet
水柱

die Feuerwehrleute
fire fighters
消防队员

die Feuerwache
fire station
消防站

die Feuertreppe
fire escape
消防通道

die Leiter
ladder
消防梯

die Fahrerkabine
cab
驾驶室

das Löschfahrzeug • fire engine • 消防车

der Rauchmelder
smoke alarm
烟雾报警器

der Feuermelder
fire alarm
火灾警报器

das Beil
axe
消防斧

der Feuerlöscher
fire extinguisher
灭火器

der Hydrant
hydrant
消防栓

Die Polizei/die Feuerwehr/einen Krankenwagen, bitte.
I need the police/fire brigade/ambulance.
我需要警察/消防队/救护车。

Es brennt in …
There's a fire at …
在···有火情。

Es ist ein Unfall passiert.
There's been an accident.
发生了事故。

Rufen Sie die Polizei!
Call the police!
报警!

die Bank • bank • 银行

der Kunde
customer
客户

der Schalter
window
窗口

der Kassierer
cashier
出纳员

die Broschüren
leaflets
宣传页

der Schalter
counter
柜台

die Einzahlungsscheine
paying-in slips
存款单

der Filialleiter
bank manager
银行经理

die EC-Karte
debit card
银行卡

die Kreditkarte
credit card
信用卡

der Abschnitt
stub
支票存根

die Kontonummer
account number
账号

die Unterschrift
signature
签名

der Betrag
amount
金额

das Scheckheft
chequebook
支票簿

der Scheck
cheque
支票

die Steuer tax 税	**die Hypothek** mortgage 抵押贷款	**die Zahlung** payment 付款	**einzahlen** pay in (v) 存入	**das Girokonto** current account 活期存款账户
das Darlehen loan 贷款	**der Zinssatz** interest rate 利率	**der Einzugsauftrag** direct debit 直接借记	**die Bankgebühr** bank charge 银行手续费	**das Sparkonto** savings account 储蓄账户
die Spareinlagen savings 储蓄	**die Kontoüberziehung** overdraft 透支	**das Abhebungsformular** withdrawal slip 取款单	**die Banküberweisung** bank transfer 银行转账	**der PIN-Kode** pin number 密码

die Münze
coin
硬币

der Schein
note
纸币

das Geld • money • 货币

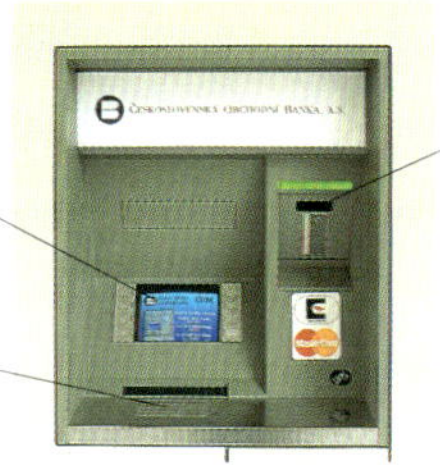

der Bildschirm
screen
屏幕

das Tastenfeld
key pad
按键区

der Kartenschlitz
card slot
插卡口

der Geldautomat • cash machine • 提款机

die ausländische Währung • foreign currency • 外币

die Wechselstube
bureau de change
外币兑换处

der Reisescheck
traveller's cheque
旅行支票

der Wechselkurs
exchange rate
汇率

die Geldwirtschaft • finance • 金融

die Finanzberaterin
financial advisor
金融顾问

der Aktienpreis
share price
股票价格

der Börsenmakler
stockbroker
股票经纪人

die Börse
stock exchange
证券交易所

einlösen cash (v) 兑现	die Aktien shares 股份
der Nennwert denomination 货币面额	die Gewinnanteile dividends 股息
die Provision commission 佣金	der Wirtschaftsprüfer accountant 会计师
die Kapitalanlage investment 投资	das Portefeuille portfolio 有价证券组合
die Wertpapiere stocks 证券	die Stammaktie equity 股权

Könnte ich das bitte wechseln?
Can I change this please?
我能兑换吗?

Wie ist der heutige Wechselkurs?
What's today's exchange rate?
今天的汇率是多少?

die Kommunikation • communications • 通讯

der Postbeamte
postal worker
邮局职员

der Schalter
window
窗口

die Waage
scales
秤

der Schalter
counter
柜台

die Post • post office • 邮局

der Briefträger
postman
邮递员

der Poststempel
postmark
邮戳

die Briefmarke
stamp
邮票

die Adresse
address
地址

die Postleitzahl
postal code
邮政编码

der Umschlag • envelope • 信封

der Brief letter 信	der Absender return address 寄信人地址	die Zustellung delivery 递送	zerbrechlich fragile 易损坏	nicht falten do not bend (v) 勿折
per Luftpost by airmail 航空邮件	die Unterschrift signature 签名	die Postgebühr postage 邮资	der Postsack mailbag 邮袋	oben this way up 此面向上
das Einschreiben registered post 挂号邮件	die Leerung collection （从邮筒中）取信	die Postanweisung postal order 汇票	das Telegramm mailbag 邮袋	das Fax fax 传真

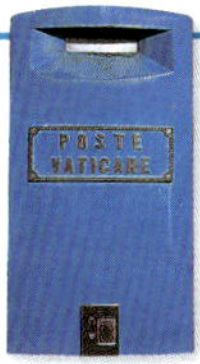

der Briefkasten
postbox
邮筒

der Hausbriefkasten
letterbox
信箱

das Paket
parcel
包裹

der Kurierdienst
courier
速递

das Telefon • telephone • 电话

der Apparat
handset
话机

die Feststation
base station
机座

der Anrufbeantworter
answering machine
答录机

das schnurlose Telefon • cordless phone • 无绳电话

das Fernsehtelefon
video phone
可视电话

die Telefonzelle
telephone box
电话亭

das Tastenfeld
keypad
按键区

das Handy • mobile phone • 移动电话

der Hörer
receiver
听筒

die Münzrückgabe
coin return
退币口

der Münzfernsprecher
coin phone
投币电话

das Kartentelefon
card phone
磁卡电话

abheben
answer (v)
接听电话

wählen
dial (v)
拨号

das R-Gespräch
reverse charge call
对方付费电话

die Auskunft
directory enquiries
电话号码查询台

die SMS
text message
短询息

die Sprachmitteilung
voice message
语音讯息

besetzt
engaged/busy
占线

unterbrochen
disconnected
断线

die Vermittlung
operator
接线员

Können Sie mir die Nummer für ... geben?
Can you give me the number for...?
你能告诉我···的号码吗?

Was ist die Vorwahl für ...?
What is the dialling code for ...?
···的拨叫号码是多少?

das Hotel • hotel • 旅馆

die Empfangshalle • lobby • 大厅

der Gast
guest
客人

der Zimmerschlüssel
room key
房间钥匙

die Nachrichten
messages
留言

das Fach
pigeonhole
分类架

die Empfangsdame
receptionist
接待员

das Gästebuch
register
登记簿

der Schalter
counter
柜台

der Empfang • reception • 接待总台

das Gepäck
luggage
行李

der Kofferkuli
trolley
行李车

der Hoteldiener • porter • 搬运工

der Fahrstuhl • lift • 电梯

die Zimmernummer
room number
房间号码

die Zimmer • rooms • 房间

das Einzelzimmer
single room
单人间

das Doppelzimmer
double room
双人间

das Zweibettzimmer
twin room
标准间

das Privatbadezimmer
private bathroom
专用浴室

die Dienstleistungen • services • 服务

die Zimmerreinigung
maid service
客房清洁服务

der Wäschedienst
laundry service
洗衣服务

das Frühstückstablett
breakfast tray
早餐盘

der Zimmerservice • room service • 房间送餐服务

die Minibar
mini bar
(旅馆房间内的)小冰箱

das Restaurant
restaurant
餐厅

der Fitnessraum
gym
健身房

das Schwimmbad
swimming pool
游泳池

die Vollpension
full board
供应三餐

die Halbpension
half board
半食宿

die Übernachtung mit Frühstück
bed and breakfast
提供住宿和早餐

Haben Sie ein Zimmer frei?
Do you have any vacancies?
有空房间吗?

Ich habe ein Zimmer reserviert.
I have a reservation.
我预定了房间。

Ich möchte ein Einzelzimmer.
I'd like a single room.
我想要一个单人间。

Ich möchte ein Zimmer für drei Nächte.
I'd like a room for three nights.
我要一个房间，住三天。

Was kostet das Zimmer pro Nacht?
What is the charge per night?
住一晚多少钱?

Wann muss ich das Zimmer räumen?
When do I have to vacate the room?
我什么时候得腾房?

der Einkauf

shopping

购物

das Einkaufszentrum • shopping centre • 购物中心

die Kinderabteilung
children's department
儿童用品部

die Gepäckabteilung
luggage department
箱包部

die Schuhabteilung
shoe department
鞋靴部

der Kundendienst
customer services
客户服务

die Anzeigetafel
store directory
购物指南

der Verkäufer
sales assistant
售货员

die Anprobe
changing rooms
更衣室

der Wickelraum
baby changing facilities
婴儿间

die Toiletten
toilets
卫生间

Was kostet das?
How much is this?
这个多少钱?

Kann ich das umtauschen?
May I exchange this?
我可以换一件吗?

das Kaufhaus • department store • 百货商店

die Herrenbekleidung
wear
男装

die Damenoberbekleidung
women's wear
女装

die Damenwäsche
lingerie
女用内衣

die Parfümerie
perfumery
香水店

die Schönheitspflege
beauty
美容用品

die Wäsche
linen
家用纺织品

die Möbel
home furnishings
家具

die Kurzwaren
haberdashery
缝纫用品

die Küchengeräte
kitchenware
厨房用品

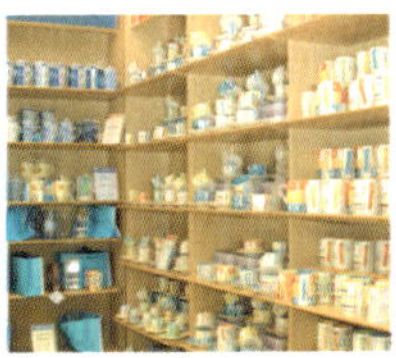

das Porzellan
china
瓷器

die Elektroartikel
electrical goods
电子产品

die Lampen
lighting
灯具

die Sportartikel
sports
体育用品

die Spielwaren
toys
玩具

die Scheibwaren
stationery
文具

die Lebensmittelabteilung
food
食品

der Supermarkt • supermarket • 超级市场

der Gang
aisle
过道

das Warenregal
shelf
货架

das Laufband
conveyer belt
传送带

der Kassierer
cashier
收银员

die Angebote
offers
促销海报

die Kasse • checkout • 收款台

der Kunde
customer
顾客

die Kasse
till
收款机

die Einkaufstasche
shopping bag
购物袋

780863 185779
der Strichkode
bar code
条形码

die Lebensmittel
groceries
食品杂货

der Einkaufswagen • trolley • 购物车

der Henkel
handle
提手

der Einkaufskorb • basket • 购物篮

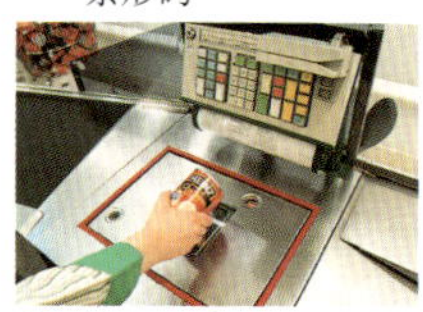

der Scanner
scanner
条形码扫描器

die Backwaren
bakery
面包糕点

die Milchprodukte
dairy
乳制品

die Getreideflocken
breakfast cereals
早餐麦片

die Konserven
tinned food
罐装食品

die Süßwaren
confectionery
甜食

das Gemüse
vegetables
蔬菜

das Obst
fruit
水果

das Fleisch und das Geflügel
meat and poultry
肉禽

der Fisch
fish
鱼

die Feinkost
deli
精品食品

die Gefrierware
frozen food
冷冻食品

die Fertiggerichte
convenience food
方便食品

die Getränke
drinks
饮料

die Haushaltswaren
household products
家庭日用品

die Toilettenartikel
toiletries
化妆品

die Babyprodukte
baby products
婴儿用品

die Elektroartikel
electrical goods
家用电器

das Tierfutter
pet food
宠物饲料

die Zeitschriften • magazines • 杂志

die Apotheke • chemist • 药店

die Zahnpflege
dental care
牙齿护理

die Monatshygiene
feminine hygiene
妇女卫生用品

die Deos
deodorants
除臭剂

die Vitamintabletten
vitamins
维生素

die Apotheke
dispensary
药剂室

der Apotheker
pharmacist
药剂师

der Hustenmedikament
cough medicine
止咳药

Kräuterheilmittel
herbal remedies
草药

die Hautpflege
skin care
皮肤护理

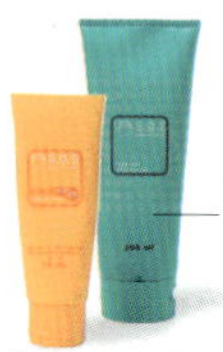

die After-Sun-Lotion
aftersun
晒后护肤液

die Sonnenschutzcreme
sunscreen
防晒霜

der Sonnenblock
sunblock
防晒液

das Insektenschutzmittel
insect repellent
驱虫剂

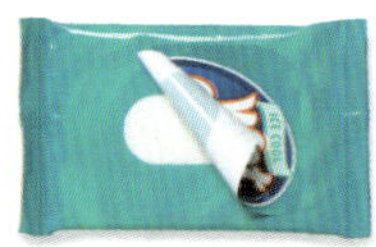

das Reinigungstuch
wet wipe
湿纸巾

Papiertaschentuch
tissue
纸巾

die Damenbinde
sanitary towel
卫生巾

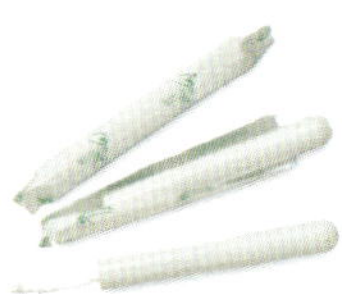

der Tampon
tampon
卫生棉条

die Slipeinlage
panty liner
卫生护垫

der Messlöffel
measuring spoon
量匙

die Gebrauchsanweisung
instructions
使用说明

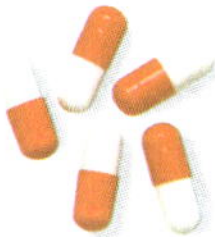

die Kapsel
capsule
胶囊

die Pille
pill
药片

der Saft
syrup
糖浆

der Inhalierstift
inhaler
气雾剂

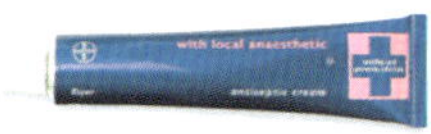

die Creme
cream
霜剂

die Salbe
ointment
软膏

das Gel
gel
凝胶

das Zäpfchen
suppository
栓剂

der Tropfer
dropper
滴管

die Tropfen
drops
滴剂

die Nadel
needle
针头

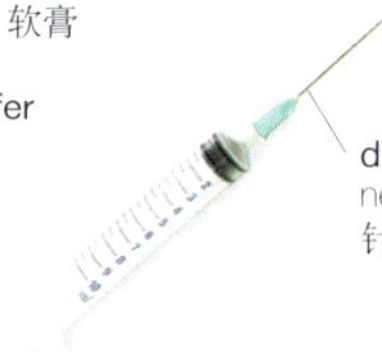

die Spritze
syringe
注射器

der Spray
spray
喷雾器

der Puder
powder
散剂

das Eisen iron 铁	das Multivitaminmittel multivitamins 多种维生素制剂	Wegwerf- disposable 一次性的	das Medikament medicine 药	das Schmerzmittel painkiller 止痛药
das Kalzium calcium 钙	die Nebenwirkungen side-effects 副作用	löslich soluble 可溶解的	der Durchfall diarrhoea 腹泻	das Beruhigungsmittel sedative 镇静剂
das Magnesium magnesium 镁	das Verfallsdatum expiry date 有效期限	die Dosierung dosage 剂量	die Halspastille throat lozenge 润喉片	die Schlaftablette sleeping pill 安眠药
das Insulin insulin 胰岛素	die Reisekrankheitstabletten travel sickness pills 晕车药	die Verordnung medication 医嘱，药方	das Abführmittel laxative 泻药	der Entzündungshemmer anti-inflammatory 消炎药

das Blumengeschäft • florist • 花店

die Blumen
flowers
花

die Lilie
lily
百合

die Akazie
acacia
洋槐

die Nelke
carnation
康乃馨

die Topfpflanze
pot plant
盆栽植物

die Gladiole
gladiolus
剑兰

die Iris
iris
鸢尾

die Margerite
daisy
雏菊

die Chrysantheme
chrysanthemum
菊花

das Schleierkraut
gypsophila
满天星

die Levkoje
stocks
紫罗兰

die Gerbera
gerbera
非洲菊

die Blätter
foliage
叶簇

die Rose
rose
玫瑰

die Freesie
freesia
小苍兰

die Orchidee
orchid
兰花

die Blumenvase
vase
花瓶

die Pfingstrose
peony
牡丹

der Strauß
bunch
（花）束

der Stengel
stem
茎

die Osterglocke • daffodil • 黄水仙

die Knospe
bud
花苞

das Einwickelpapier
wrapping
包装纸

die Tulpe • tulip • 郁金香

die Blumenarrangements • arrangements • 花艺

das Band
ribbon
缎带

das Bukett
bouquet
花束

die Trockenblumen
dried flowers
干花

das Duftsträußchen • pot-pourri • 盆花

der Kranz • wreath • 花冠

die Blumengirlande
garland
花环

Ich möchte einen Strauß ..., bitte.
Can I have a bunch of... please.
我想买一束···

Können Sie die Blumen bitte einwickeln?
Can I have them wrapped?
能帮我包一下吗？

Kann ich eine Nachricht mitschicken?
Can I attach a message?
我能附上留言吗？

Wie lange halten sie?
How long will these last?
这些花能开多久？

Duften sie?
Are they fragrant?
这些花香吗？

Können Sie die Blumen an ... schicken?
Can you send them to ...?
能不能将它们送到···？

der Zeitungshändler • newsagent • 报刊亭

die Zigaretten
cigarettes
香烟

das Päckchen Zigaretten
packet of cigarettes
烟盒

die Streichhölzer
matches
火柴

die Lottoscheine
lottery tickets
彩票，奖券

die Briefmarken
stamps
邮票

die Postkarte
postcard
明信片

das Comicheft
comic
连环画

die Zeitschrift
magazine
杂志

die Zeitung
newspaper
报纸

das Rauchen • smoking • 吸烟

der Tabak • tobacco • 烟草

das Feuerzeug
lighter
打火机

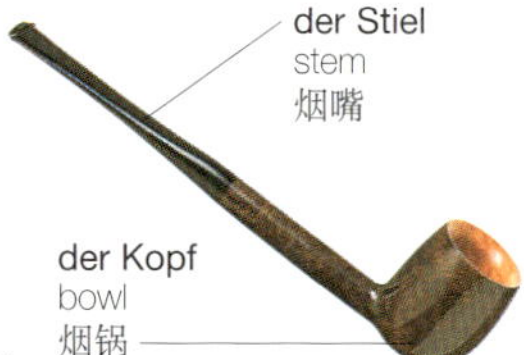

der Stiel
stem
烟嘴

der Kopf
bowl
烟锅

die Pfeife • pipe • 烟斗

die Zigarre • cigar • 雪茄

der Konditor • confectioner • 糖果店

die Schachtel Pralinen
box of chocolates
巧克力盒

die Nascherei
snack bar
零食

die Chips
crisps
薯片

das Süßwarengeschäft • sweet shop • 甜食店

die Milchschokolade milk chocolate 牛奶巧克力	der Karamell caramel 焦糖
die bittere Schokolade plain chocolate 黑巧克力	der Trüffel truffle 巧克力球
die weiße Schokolade white chocolate 白巧克力	der Keks biscuit 饼干
die bunte Mischung pick and mix 杂拌糖果	die Bonbons boiled sweets 糖果

die Süßwaren • confectionery • 糖果

die Praline
chocolate
夹心巧克力

die Tafel Schokolade
chocolate bar
块状巧克力板

die Bonbons
sweets
糖果

der Lutscher
lollipop
棒棒糖

das Toffee
toffee
太妃糖

der Nugat
nougat
牛轧糖

das Marshmallow
marshmallow
棉花软糖

das Pfefferminz
mint
薄荷糖

der Kaugummi
chewing gum
口香糖

der Geleebonbon
jellybean
软心豆粒糖

der Fruchtgummi
fruit gum
果味橡皮糖

die Lakritze
licorice
甘草糖

andere Geschäfte • other shops • 其他店铺

die Bäckerei
baker's
面包店

die Konditorei
cake shop
糕点店

die Metzgerei
butcher's
肉铺

das Fischgeschäft
fishmonger's
水产店

der Gemüseladen
greengrocer's
蔬菜水果店

das Lebensmittelgeschäft
grocer's
食品杂货店

das Schuhgeschäft
shoe shop
鞋店

die Eisenwarenhandlung
hardware shop
五金店

der Antiquitätenladen
antiques shop
古董店

der Geschenkartikelladen
gift shop
礼品店

das Reisebüro
travel agent's
旅行社

das Juweliergeschäft
jeweller's
首饰店

der Buchladen
book shop
书店

das Plattengeschäft
record shop
音像店

die Weinhandlung
off licence
酒类专卖店

die Tierhandlung
pet shop
宠物商店

das Möbelgeschäft
furniture shop
家具店

die Boutique
boutique
时装店

das Gartencenter
garden centre
园艺用品店

das Fotogeschäft
camera shop
照相器材店

die Reinigung
dry cleaner's
干洗店

das Reformhaus
health food shop
绿色食品店

der Waschsalon
launderette
投币式自动洗衣店

die Kunsthandlung
art shop
艺术品店

der Immobilienmakler
estate agent's
房地产商

der Gebrauchtwarenhändler
second-hand shop
旧货商店

die Schneiderei
tailor's
裁缝店

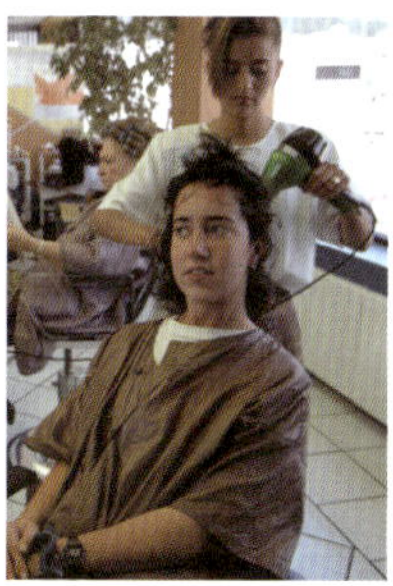

der Frisiersalon
hairdresser's
美发厅

der Markt • market • 市场

die Nahrungsmittel

food

食物

das Fleisch • meat • 肉

das Rindfleisch beef 牛肉	das Wild venison 野味肉	die Zunge tongue 牛舌	aus Freilandhaltung free range 放养的	das rote Fleisch red meat 红肉（指牛肉、猪肉和羊肉）
das Kalbfleisch veal 小牛肉	das Kaninchen rabbit 兔肉	gepökelt cured 腌制的	biologisch kontrolliert organic 有机(饲养)的	das magere Fleisch lean meat 瘦肉
das Schweinefleisch pork 猪肉	die Innereien offal 下水	geräuchert smoked 熏制的	das weiße Fleisch white meat 白肉(指家禽肉、鱼肉等)	das gekochte Fleisch cooked meat 熟肉

die Fleischsorten • cuts • 肉品切割

das Geflügel • poultry • 禽肉

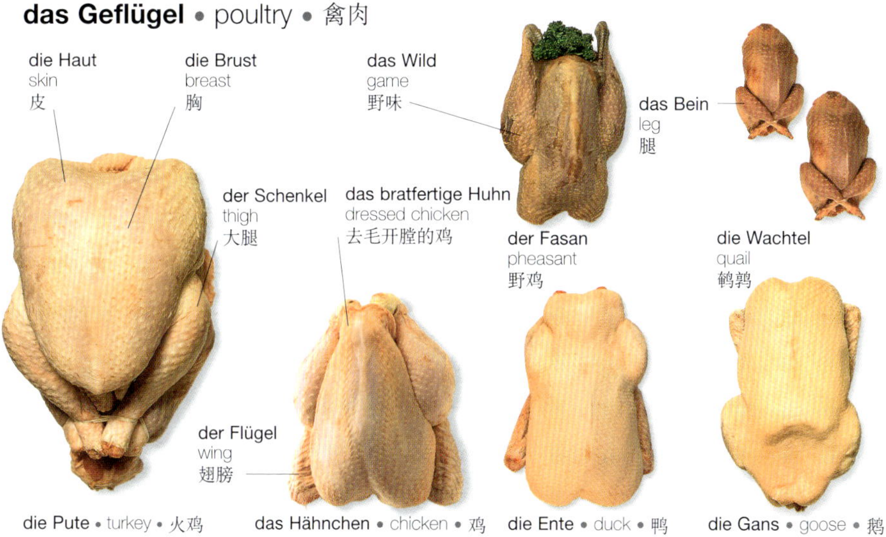

der Fisch • fish • 鱼

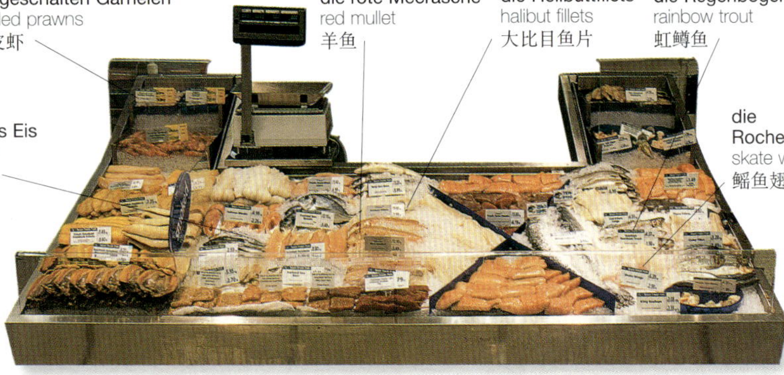

die geschälten Garnelen
peeled prawns
去皮虾

die rote Meeräsche
red mullet
羊鱼

die Heilbuttfilets
halibut fillets
大比目鱼片

die Regenbogenforelle
rainbow trout
虹鳟鱼

das Eis
ice
冰

die Rochenflügel
skate wings
鳐鱼翅

das Fischgeschäft • fishmonger's • 水产店

die Quappe
monkfish
鮟鱇鱼

die Makrele
mackerel
鲭鱼

die Forelle
trout
鳟鱼

der Schwertfisch
swordfish
剑鱼

die Seezunge
Dover sole
鳎鱼

die Rotzunge
lemon sole
黄盖鲽

der Schellfisch
haddock
黑线鳕

die Sardine
sardine
沙丁鱼

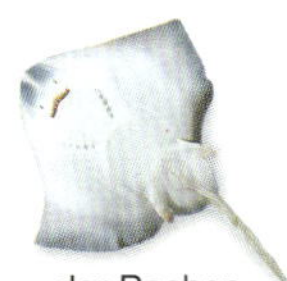

der Rochen
skate
鳐鱼

der Weißfisch
whiting
牙鳕

der Seebarsch
sea bass
海鲈

der Lachs
salmon
鲑鱼

der Kabeljau
cod
鳕鱼

der Seebrassen
sea bream
鲷鱼

der Tunfisch
tuna
金枪鱼

die Meeresfrüchte • seafood • 海鲜

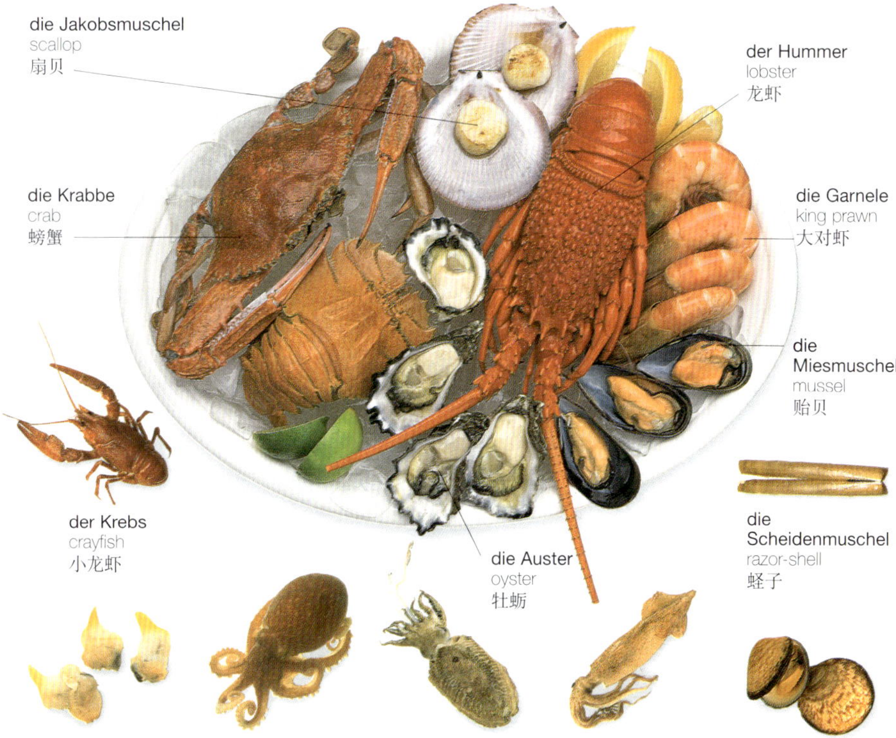

die Herzmuschel
cockle
鸟蛤

der Seepolyp
octopus
章鱼

die Sepie
cuttlefish
乌贼

der Tintenfisch
squid
鱿鱼

die Venusmuschel
clam
蛤蜊

tiefgefroren frozen 冷冻的	gesalzen salted 盐渍的	zubereitet cleaned 处理干净的	entschuppt descaled 去鳞的	enthäutet skinned 去皮的	die Lende loin 腰肉	die Gräte bone 骨头	das Filet fillet 去骨鱼片
frisch fresh 新鲜	geräuchert smoked 熏制的	filetiert filleted 切片的	entgrätet boned 去骨的	die Schuppe scale 鳞片	der Schwanz tail 尾部	die Schnitte steak 鱼片	

das Gemüse 1 • vegetables 1 • 蔬菜1

die dicke Bohne
broad bean
蚕豆

die Stangenbohne
runner bean
红花菜豆

der Samen
seed
种子

die grüne Bohne
French bean
四季豆

die grüne Erbse
garden pea
豌豆

der Mais
sweetcorn
玉米

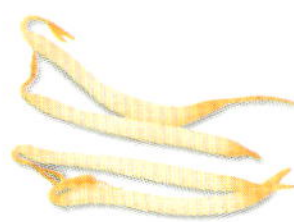

die Sojabohnensprosse
bean sprout
豆芽

der Bambus
bamboo shoot
竹笋

die Schote
pod
豆荚

die Okra
okra
羊角豆

der Stangensellerie
celery
芹菜

der Chicorée
chicory
菊苣

der Fenchel
fennel
茴香

die Palmherzen
palm hearts
棕榈芯

das Blatt leaf 叶	das Röschen floret 小花	die Spitze tip 尖	biodynamisch organic 有机（栽培）的
der Strunk stalk 菜梗	der Kern kernel 果仁	das Herz heart 芯	die Plastiktüte plastic bag 塑料袋

Verkaufen Sie Biogemüse?
Do you sell organic vegetables?
您卖有机蔬菜吗?

Werden sie in dieser Gegend angebaut?
Are these grown locally?
这些是当地产的吗?

die Rauke
rocket
芝麻菜

die Brunnenkresse
watercress
豆瓣菜

der Radicchio
radicchio
红球菊苣

der Rosenkohl
brussel sprout
抱子甘蓝

der Mangold
swiss chard
甜叶菜

der Grünkohl
kale
羽衣甘蓝

der Garten-Sauerampfer
sorrel
酸模

die Endivie
endive
苦苣

der Löwenzahn
dandelion
蒲公英

der Spinat
spinach
菠菜

der Kohlrabi
kohlrabi
球茎甘蓝

der Chinakohl
pak-choi
油菜

der Salat
lettuce
莴苣

der Brokkoli
broccoli
西兰花

der Kohl
cabbage
卷心菜

der Frühkohl
spring greens
嫩圆白菜

das Gemüse 2 • vegetables 2 • 蔬菜2

die Kirschtomate cherry tomato 樱桃番茄	der Sellerie celeriac 块根芹	tiefgefroren frozen 冷冻的	bitter bitter 苦
die Karotte carrot 胡萝卜	die Tarowurzel taro root 芋头	roh raw 生	fest firm 硬
die Brotfrucht breadfruit 面包果	der Maniok cassava 木薯	scharf hot (spicy) 辣	das Fleisch flesh 果肉
die neue Kartoffel new potato 嫩马铃薯	die Wasserkastanie water chestnut 荸荠	süß sweet 甜	die Wurzel root 根

Könnte ich bitte ein Kilo Kartoffeln haben?
Can I have one kilo of potatoes please?
请给我一公斤马铃薯，可以吗？

Was kostet ein Kilo?
What's the price per kilo?
每公斤多少钱？

Wie heißen diese?
What are those called?
那些叫什么？

die Süßkartoffel
sweet potato
红薯

die Jamswurzel
yam
山药

die Rote Bete
beetroot
甜菜

die Kohlrübe
swede
芜菁甘蓝

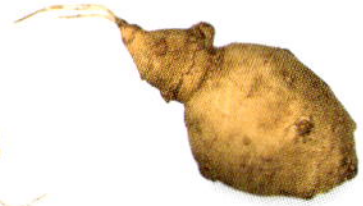
der Topinambur
Jerusalem artichoke
菊芋

der Meerrettich
horseradish
辣根菜

die Pastinake
parsnip
欧洲防风根

der Ingwer
ginger
姜

die Aubergine
aubergine
茄子

die Tomate
tomato
番茄

die Frühlingszwiebel
spring onion
葱

der Lauch
leek
韭葱

die Schalotte
shallot
葱头

die Zehe
clove
蒜瓣儿

der Knoblauch
garlic
大蒜

die Trüffel
truffle
块菌

der Pilz
mushroom
蘑菇

die Gurke
cucumber
黄瓜

die Zucchini
courgette
密生西葫芦

der Butternusskürbis
butternut squash
冬南瓜

der Eichelkürbis
acorn squash
橡果

der Kürbis
pumpkin
南瓜

das Obst 1 • fruit 1 • 水果1

die Zitrusfrüchte • citrus fruit • 柑橘类水果

die Orange
orange
橘子

die Klementine
clementine
细皮小柑橘

die Tangelo
ugli fruit
牙买加丑橘

die weiße Haut
pith
海绵层

die Grapefruit
grapefruit
葡萄柚

die Mandarine
tangerine
柑橘

die Rippe
segment
橘瓣儿

die Satsuma
satsuma
无核蜜橘

die Schale
zest
外皮

die Limone
lime
酸橙

die Zitrone
lemon
柠檬

die Kumquat
kumquat
金橘

das Steinobst • stoned fruit • 有核水果

der Pfirsich
peach
桃

die Nektarine
nectarine
油桃

die Aprikose
apricot
杏

die Pflaume
plum
李子

die Kirsche
cherry
樱桃

der Apfel • apple • 苹果

die Birne • pear • 梨

der Obstkorb • basket of fruit • 果篮

das Beerenobst und die Melonen • berries and melons • 浆果和甜瓜

die Erdbeere
strawberry
草莓

die Himbeere
raspberry
覆盆子

die Melone
melon
甜瓜

die Weintrauben
grapes
葡萄

die Brombeere
blackberry
黑莓

die Johannisbeere
redcurrant
红醋栗

die Preiselbeere
cranberry
蔓越橘

die schwarze Johannisbeere
blackcurrant
黑醋栗

die weiße Johannisbeere
white currant
白醋栗

die Schale
rind
瓜皮

der Kern
seed
瓜籽

das Fruchtfleisch
flesh
瓜瓤

die Wassermelone • watermelon • 西瓜

die Heidelbeere
blueberry
蓝莓

die Loganbeere
loganberry
罗甘莓

die Stachelbeere
gooseberry
醋栗

saftig juicy 多汁	sauer sour 酸	knackig crisp 脆	kernlos seedless 无核	Sind sie reif? Are they ripe? 它们熟了吗?
die Faser fibre 纤维	frisch fresh 新鲜	faul rotten 烂	der Saft juice 汁液	Könnte ich eine probieren? Can I try one? 我可以尝一个吗?
süß sweet 甜	der Rhabarber rhubarb 大黄	das Fruchtmark pulp 果肉	das Kerngehäuse core 核	Wie lange halten sie sich? How long will they keep? 它们能放多久?

das Obst 2 • fruit 2 • 水果2

die Quitte
quince
榅桲

die Passionsfrucht
passion fruit
西番莲果

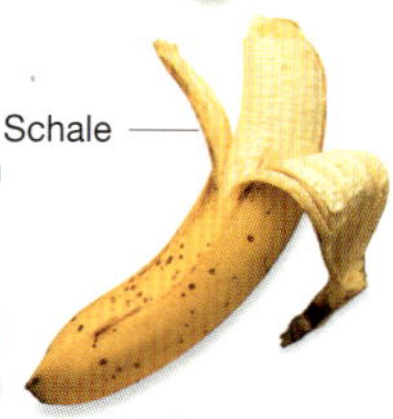

die Banane
banana
香蕉

die Guave
guava
番石榴

der Granatapfel
pomegranate
石榴

die Persimone
persimmon
柿子

die Feijoa
feijoa
费约果

die Kaktusfeige
prickly pear
仙人掌果

die Sternfrucht
starfruit
杨桃

die Mangostane
mangosteen
山竹果

die Nüsse und das Dörrobst • nuts and dried fruit • 坚果和干果

die Piniennuss
pine nut
松子

die Pistazie
pistachio
开心果

die Cashewnuss
cashewnut
腰果

die Erdnuss
peanut
花生

die Haselnuss
hazelnut
松子

die Paranuss
brazilnut
巴西果

die Pecannuss
pecan
美洲山核桃

die Mandel
almond
杏仁

die Walnuss
walnut
核桃

die Esskastanie
chestnut
栗子

die Macadamianuss
macadamia
澳洲坚果

die Feige
fig
无花果

die Dattel
date
椰枣

die Backpflaume
prune
梅干

die Sultanine
sultana
无核葡萄干

die Rosine
raisin
葡萄干

die Korinthe
currant
无核小葡萄干

die Schale
shell
壳

das Fruchtfleisch
flesh
果肉

die Kokosnuss
coconut
椰子

grün green 未熟的	hart hard 硬	der Kern kernel 果仁	gesalzen salted 盐渍的	geröstet roasted 烘烤的	die Südfrüchte tropical fruit 热带水果	geschält shelled 去壳的
reif ripe 成熟的	weich soft 软	getrocknet desiccated 脱水的	roh raw 生	Saison- seasonal 应季的	die kandierten Früchte candied fruit 蜜饯	ganz whole 完整

die Getreidearten und die Hülsenfrüchte • grains and pulses • 谷物及豆类

das Getreide • grains • 谷物

der Weizen
wheat
小麦

der Hafer
oats
燕麦

die Gerste
barley
大麦

die Hirse
millet
小米

der Mais
corn
玉米

die Reismelde
quinoa
奎奴亚藜

trocken dry 干燥	**frisch** fresh 新鲜	**Vollkorn** wholegrain 整粒
die Hülse husk 外壳	**aromatisch** fragrance 香	**Langkorn** long-grain 长粒
der Kern kernel 谷粒	**einweichen** soak (v) 浸泡	**Rundkorn** short-grain 圆粒
der Samen seed 种子	**die Getreideflocken** cereal 谷类食品	**leicht zu kochen** easy cook 易烹调的

der Reis • rice • 米

der weiße Reis
white rice
白米

der Naturreis
brown rice
糙米

der Wasserreis
wild rice
菰米

der Milchreis
pudding rice
布丁米

die verarbeiteten Getreidearten • processed grains • 加工过的谷物

der Kuskus
couscous
蒸粗麦粉

der Weizenschrot
cracked wheat
碎粒小麦

der Grieß
semolina
粗粒小麦粉

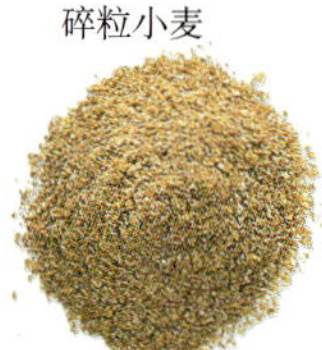
die Kleie
bran
麦麸

die Bohnen und die Erbsen • beans and peas • 豆类

die Mondbohnen
butter beans
棉豆

die weißen Bohnen
haricot beans
菜豆

die roten Bohnen
red kidney beans
红芸豆

die Adzukibohnen
aduki beans
赤豆

die Saubohnen
broad beans
蚕豆

die Sojabohnen
soya beans
黄豆

die Teparybohnen
black-eyed beans
黑眼豆

die Pintobohnen
pinto beans
斑豆

die Mungbohnen
mung beans
绿豆

die französischen Bohnen
flageolet beans
小(粒)菜豆

die braunen Linsen
brown lentils
褐色小扁豆

die roten Linsen
red lentils
红豆

die grünen Erbsen
green peas
青豆

die Kichererbsen
chick peas
鹰嘴豆

die getrockneten Erbsen
split peas
半粒豆

die Körner • seeds • 种子

der Kürbiskern
pumpkin seed
南瓜籽

das Senfkorn
mustard seed
芥菜籽

der Kümmel
caraway
葛缕子籽

das Sesamkorn
sesame seed
芝麻籽

der Sonnenblumenkern • sunflower seed • 向日葵籽

die Kräuter und Gewürze • herbs and spices • 香草和香辛料

die Gewürze • spices • 香辛料

die Vanille
vanilla
香子兰

die Muskatnuss
nutmeg
肉豆蔻

die Muskatblüte
mace
肉豆蔻衣

die Kurkuma
turmeric
姜黄根

der Kreuzkümmel
cumin
枯茗，小茴香

die Kräutermischung
bouquet garni
香料包

der Piment
allspice
多香果

das Pfefferkorn
peppercorn
胡椒粒

der Bockshornklee
fenugreek
葫芦巴

der Chili
chilli
辣椒末

der Safran
saffron
藏红花

der Kardamom
cardamom
小豆蔻

das Currypulver
curry powder
咖喱粉

der Paprika
paprika
辣椒粉

der Knoblauch
garlic
大蒜

die Kräuter • herbs • 香草

die Stangen
sticks
桂皮

der Zimt
cinnamon
肉桂

das Zitronengras
lemon grass
柠檬草

die Gewürznelke
cloves
丁香

der Sternanis
star anise
八角，大料

der Ingwer
ginger
姜

der Fenchel
fennel
茴香

die Fenchelsamen
fennel seeds
茴香籽

das Lorbeerblatt
bay leaf
月桂叶

die Petersilie
parsley
欧芹

der Schnittlauch
chives
细香葱

die Minze
mint
薄荷

der Thymian
thyme
百里香

der Salbei
sage
鼠尾草

der Estragon
tarragon
龙蒿

der Majoran
marjoram
墨角兰

das Basilikum
basil
罗勒

der Oregano
oregano
牛至

der Koriander
coriander
香菜

der Dill
dill
莳萝

der Rosmarin
rosemary
迷迭香

die Nahrungsmittel in Flaschen • bottled foods • 瓶装食品

das Walnussöl
walnut oil
核桃油

das Traubenkernöl
grapeseed oil
葡萄籽油

der Korken
cork
软木塞

das Sonnenblumenöl
sunflower oil
葵花籽油

das Mandelöl
almond oil
杏仁油

das Sesamöl
sesame seed oil
芝麻油

das Haselnussöl
hazelnut oil
榛仁油

das Olivenöl
olive oil
橄榄油

die Kräuter
herbs
香草

das aromatische Öl
flavoured oil
香油

die Öle • oils • 油

der süße Aufstrich • sweet spreads • 甜酱

das Glas
jar
广口瓶

die Honigwabe
honeycomb
蜜脾

der feste Honig
set honey
固体蜂蜜

der Zitronenaufstrich
lemon curd
柠檬酱

die Himbeerkonfitüre
raspberry jam
覆盆子酱

die Orangenmarmelade
marmalade
橘子酱

der flüssige Honig
clear honey
液体蜂蜜

der Ahornsirup
maple syrup
枫糖浆

die Würzen • condiments and spreads • 调味品

die Majonäse
mayonnaise
蛋黄酱

der Apfelweinessig
cider vinegar
苹果醋

der Gewürzessig
balsamic vinegar
香脂醋

der Malzessig
malt vinegar
麦芽醋

der Weinessig
wine vinegar
酒醋

die Flasche
bottle
瓶

der Ketchup
ketchup
番茄酱

der englische Senf
English mustard
英式芥末酱

der französische Senf
French mustard
法式芥末酱

das Chutney
chutney
酸辣酱

die Soße
sauce
调味汁

der grobe Senf
wholegrain mustard
颗粒芥末酱

der Essig • vinegar • 醋

die Erdnussbutter
peanut butter
花生酱

der Schokoladenaufstrich
chocolate spread
巧克力酱

das Einmachglas
sealed jar
密封瓶

das eingemachte Obst
preserved fruit
罐装水果

das Pflanzenöl
vegetable oil
植物油

das Rapsöl
rapeseed oil
菜籽油

das Maiskeimöl
corn oil
玉米油

das kaltgepresste Öl
cold-pressed oil
冷榨油

das Erdnussöl
groundnut oil
花生油

die Milchprodukte • dairy produce • 乳制品

der Käse • cheese • 奶酪

die Rinde
rind
奶酪皮

der mittelharte Käse
semi-hard cheese
半硬奶酪

der halbfeste Käse
semi-soft cheese
半软奶酪

der Blauschimmelkäse
blue cheese
蓝纹奶酪

der Weichkäse
soft cheese
软奶酪

der geriebene Käse
grated cheese
碎奶酪

der Hartkäse
hard cheese
硬奶酪

der Rahmkäse
cream cheese
奶油干酪

der Hüttenkäse
cottage cheese
白干酪

der Frischkäse • fresh cheese • 鲜奶酪

die Milch • milk • 奶

die Vollmilch
whole milk
纯牛奶

die Halbfettmilch
semi-skimmed milk
半脱脂牛奶

die Magermilch
skimmed milk
脱脂牛奶

die Kuhmilch • cow's milk • 牛奶

die Milchtüte
milk carton
奶盒

die Ziegenmilch
goat's milk
山羊奶

die Kondensmilch
condensed milk
炼乳

die Butter
butter
黄油

die Margarine
margarine
人造黄油

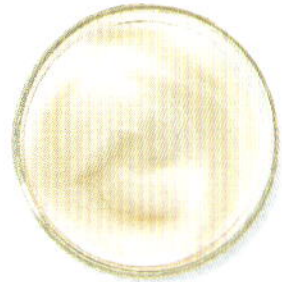
die Sahne
cream
奶油

die fettarme Sahne
single cream
脱脂奶油

die Schlagsahne
double cream
高脂肪奶油

die Schlagsahne
whipped cream
掼奶油

die saure Sahne
sour cream
酸奶油

der Joghurt
yoghurt
酸奶

das Eis
ice-cream
冰激凌

die Eier • eggs • 蛋

das Eigelb
yolk
蛋黄

das Eiweiß
egg white
蛋白

die Eierschale
shell
蛋壳

der Eierbecher
egg cup
蛋杯

das gekochte Ei • boiled egg • 煮鸡蛋

das Hühnerei
hen's egg
鸡蛋

das Entenei
duck egg
鸭蛋

das Gänseei
goose egg
鹅蛋

das Wachtelei
quail egg
鹌鹑蛋

pasteurisiert pasteurized 已经过巴氏消毒	fettfrei fat free 不含脂肪	gesalzen salted 盐渍的	die Schafmilch sheep's milk 绵羊奶	die Laktose lactose 乳糖	der Milchshake milkshake 奶昔
unpasteurisiert unpasteurized 未经过巴氏消毒	das Milchpulver powdered milk 奶粉	ungesalzen unsalted 无盐的	die Buttermilch buttermilk 酪乳	homogenisiert homogenised 均质	der gefrorene Joghurt frozen yoghurt 冻酸奶

das Brot und das Mehl • breads and flours • 面包和面粉

die Bäckerei • bakery • 面包店

Brot backen • making bread • 制作面包

das Weizenmehl
white flour
精白面粉

das Roggenmehl
brown flour
黑麦面粉

das Vollkornmehl
wholemeal flour
全麦面粉

die Hefe
yeast
酵母

sieben • sift (v) • 筛撒

verrühren • mix (v) • 搅拌

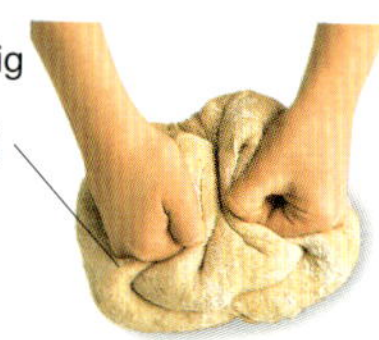

kneten • knead (v) • 和面

backen • bake (v) • 烘制

das Weißbrot
white bread
白面包

das Graubrot
brown bread
黑面包

das Vollkornbrot
wholemeal bread
全麦面包

das Mehrkornbrot
granary bread
麸皮面包

das Maisbrot
corn bread
玉米面包

das Sodabrot
soda bread
苏打面包

das Sauerteigbrot
sourdough bread
酸面包

das Fladenbrot
flatbread
薄干脆饼

das Hefebrötchen
bagel
硬面包圈，百吉饼

das weiche Brötchen
bap
软面包片

das Brötchen
roll
小面包

das Rosinenbrot
fruit bread
葡萄干面包

das Körnerbrot
seeded bread
撒籽面包

der Naan
naan bread
印度式面包

das Pitabrot
pitta bread
皮塔饼

das Knäckebrot
crispbread
薄脆饼干

das angereicherte Mehl strong flour 高筋面粉	das Paniermehl breadcrumbs 面包屑	gehen lassen prove (v) 发酵	aufgehen rise (v) 发起	der Brotschneider slicer 切片机
das Mehl mit Backpulver self-raising flour 自发粉	das Mehl ohne Backpulver plain flour 中筋面粉	glasieren glaze (v) 浇糖	die Flöte flute 细长形面包	der Bäcker baker 面包师

Kuchen und Nachspeisen • cakes and desserts • 糕点

das Gebäck • cakes • 蛋糕

die Konditorcreme crème patisserie 奶油蛋糕	das Teilchen bun 小圆蛋糕	der Teig pastry 面团	der Milchreis rice pudding 米饭布丁
die Schokoladentorte chocolate cake 巧克力蛋糕	der Vanillepudding custard 香草布丁	das Stück slice 切片	die Feier celebration 庆祝会

Könnte ich bitte ein Stück haben?
May I have a slice please?
我可以吃一片吗?

das Schokoladenstückchen
chocolate chip
巧克力脆片

die Löffelbiskuits
sponge fingers
指形饼干

der Florentiner
florentine
果仁巧克力脆饼

das Trifle
trifle
蜜饯布丁

die Kekse • biscuits • 饼干

die Mousse
mousse
奶油冻，慕思

das Sorbett
sorbet
果汁冰糕

die Sahnetorte
cream pie
奶油蛋糕

der Karamellpudding
crème caramel
焦糖布丁

die festlichen Kuchen • celebration cakes • 庆祝蛋糕

der obere Kuchenteil
top tier
顶层

das Band
ribbon
缎带

der untere Kuchenteil
bottom tier
底层

der Zuckerguss
icing
糖霜

das Marzipan
marzipan
杏仁糊

die Hochzeitstorte • wedding cake • 婚庆蛋糕

die Dekoration
decoration
装饰

die Geburtstagskerzen
birthday candles
生日蜡烛

ausblasen
blow out (v)
吹熄

der Geburtstagskuchen • birthday cake • 生日蛋糕

die Feinkost • delicatessen • 精美食品

die pikante Wurst
spicy sausage
辣香肠

das Öl
oil
油

der Essig
vinegar
醋

die Salami
salami
萨拉米香肠

die Pepperoniwurst
pepperoni
意大利辣香肠

die Quiche
flan
果酱饼

das frische Fleisch
uncooked meat
生肉

die Theke
counter
柜台

die Pastete
pâté
肉酱

der Mozzarella
mozzarella
莫泽雷勒干酪

der Brie
brie
布里干酪

der Ziegenkäse
goat's cheese
山羊奶酪

der Cheddar
cheddar
切达干酪

der Parmesan
parmesan
帕尔马干酪

der Camembert
camembert
卡门贝干酪

die Rinde
rind
外皮

der Edamer
edam
伊丹奶酪

der Manchego
manchego
蒙切格干酪

die Sandwichtheke • sandwich counter • 三明治柜台

der Räucherfisch
smoked fish
熏鱼

die Kapern
capers
马槟榔

der Prosciutto
prosciutto
意大利熏火腿

die Chorizo
chorizo
蒜味腊肠

die gefüllte Olive
stuffed olive
填馅橄榄

in Öl • in oil • 油渍

in Lake • in brine • 卤制

mariniert • marinated • 醋渍的

gepökelt • salted • 盐渍的

geräuchert • smoked • 熏制的

getrocknet • cured • 风干的

Nehmen Sie bitte eine Nummer.
Take a number please.
请拿个号。

Kann ich bitte etwas davon probieren?
Can I try some of that please?
我能尝尝吗？

Ich hätte gerne sechs Scheiben davon, bitte.
May I have six slices of that please?
请来六片。

die Getränke • drinks • 饮料

das Wasser • water • 水

das Flaschenwasser
bottled water
瓶装水

mit Kohlensäure
sparkling
碳酸（饮料）

das Leitungswasser
tap water
自来水

ohne Kohlensäure
still
非碳酸（饮料）

das Mineralwasser • mineral water • 矿泉水

das Tonicwater
tonic water
奎宁水

das Sodawasser
soda water
苏打水

die heißen Getränke • hot drinks • 热饮

der Teebeutel
teabag
茶包

die Teeblätter
loose leaf tea
茶叶

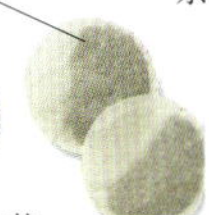

der Tee • tea • 茶

die Bohnen
beans
咖啡豆

der gemahlene Kaffee
ground coffee
咖啡末

der Kaffee • coffee • 咖啡

die heiße Schokolade
hot chocolate
热巧克力

das Malzgetränk
malted drink
麦芽饮料

die alkoholfreien Getränke • soft drinks • 软饮料(不含酒精的饮料)

der Tomatensaft
tomato juice
番茄汁

der Strohhalm
straw
吸管

der Traubensaft
grape juice
葡萄汁

die Limonade
lemonade
柠檬水

die Orangeade
orangeade
橘子水

die Cola
cola
可乐

die alkoholischen Getränke • alcoholic drinks • 含酒精的饮料

der Gin
gin
杜松子酒

die Dose
can
罐

das Bier
beer
啤酒

der Apfelwein
cider
苹果酒

das halbdunkle Bier
bitter
苦啤酒

der Stout
stout
浓烈黑啤酒

der Wodka
vodka
伏特加酒

der Whisky
whisky
威士忌

der Rum
rum
朗姆酒

der Weinbrand
brandy
白兰地

der Portwein
port
波尔图葡萄酒

trocken
dry
无糖分的

der Sherry
sherry
雪利酒

der Campari
campari
堪培利酒

der Likör
liqueur
利口酒

der Tequila
tequila
龙舌兰酒

der Champagner
champagne
香槟酒

rosé
rosé
玫瑰红(葡萄酒)

weiß
white
白(葡萄酒)

rot
red
红(葡萄酒)

der Wein • wine • 葡萄酒

auswärts essen

eating out

外出就餐

das Café • café • 咖啡馆

die Markise
awning
遮阳篷

die Speisekarte
menu
菜单

das Straßencafé • pavement café • 路边咖啡座

der Sonnenschirm
umbrella
遮阳伞

das Terrassencafé • terrace café • 露天咖啡座

der Kellner
waiter
侍者

die Kaffeemaschine
coffee machine
咖啡机

der Tisch
table
桌子

die Snackbar • snack bar • 快餐店

der Kaffee • coffee • 咖啡

der Kaffee mit Milch
white coffee
牛奶咖啡

der schwarze Kaffee
black coffee
黑咖啡

das Kakaopulver
cocoa powder
可可粉

der Schaum
froth
泡沫

der Filterkaffee
filter coffee
过滤式咖啡

der Espresso
espresso
意式浓缩咖啡

der Cappuccino
cappuccino
卡布奇诺咖啡

der Eiskaffee
iced coffee
冰咖啡

der Tee • tea • 茶

der Kräutertee
herbal tea
药茶

der Kamillentee • camomile tea • 菊花茶

der grüne Tee
green tea
绿茶

der Tee mit Milch
tea with milk
奶茶

der schwarze Tee
black tea
红茶

der Tee mit Zitrone
tea with lemon
柠檬茶

der Pfefferminztee
mint tea
薄荷茶

der Eistee
iced tea
冰茶

die Säfte und Milchshakes • juices and milkshakes • 果汁和奶昔

der Schokoladenmilchshake
chocolate milkshake
巧克力奶昔

der Erdbeermilchshake
strawberry milkshake
草莓奶昔

der Orangensaft
orange juice
橘子汁

der Apfelsaft
apple juice
苹果汁

der Ananassaft
pineapple juice
菠萝汁

der Tomatensaft
tomato juice
番茄汁

der Kaffeemilchshake
coffee milkshake
咖啡奶昔

das Essen • food • 食物

das Graubrot
brown bread
黑面包

die Kugel
scoop
一勺量

der getoastete Sandwich
toasted sandwich
烤三明治

der Salat
salad
沙拉

das Eis
ice cream
冰激凌

das Gebäck
pastry
油酥点心

die Bar • bar • 酒吧

der Korkenzieher • corkscrew • 拔塞钻

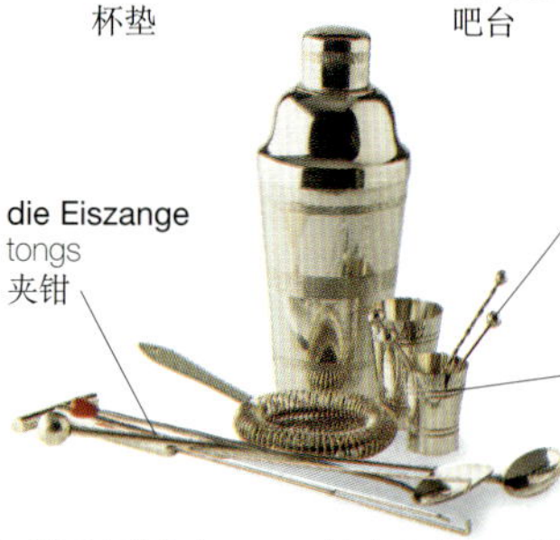

der Cocktailshaker • cocktail shaker • 鸡尾酒调制器

der Gin Tonic
gin and tonic
奎宁杜松子酒

der Krug
pitcher
水罐

der Scotch mit Wasser
scotch and water
加水威士忌

der Eiswürfel
ice cube
冰块

der Rum mit Cola
rum and coke
加可乐朗姆酒

der Wodka mit Orangensaft
vodka and orange
加橙汁伏特加酒

der Martini
martini
马提尼酒

der Cocktail
cocktail
鸡尾酒

der Wein
wine
葡萄酒

das Bier
beer
啤酒

ein Schuss
a shot
一小杯

einfach
single
单份

doppelt
double
双份

das Maß
measure
量杯

ohne Eis
without ice
不加冰

Eis und Zitrone
ice and lemon
冰和柠檬

mit Eis
with ice
加冰

die Knabbereien • bar snacks • 酒吧小吃

die Kartoffelchips • crisps • 炸薯片

die Mandeln
almonds
杏仁

die Cashewnüsse
cashewnuts
腰果

die Erdnüsse
peanuts
花生

die Nüsse • nuts • 坚果

die Oliven • olives • 橄榄

das Restaurant • restaurant • 餐馆

der Nicht-raucherbereich
non-smoking section
禁烟区

die Serviette
napkin
餐巾

der Hilfskoch
commis chef
助厨

das Gedeck
table setting
餐具摆放

der Küchenchef
chef
主厨

die Küche • kitchen • 厨房

das Glas
glass
玻璃杯

das Tablett
tray
托盘

der Kellner • waiter • 侍者

das Abendmenü evening menu 晚餐菜单	die Spezialitäten specials 特色菜	der Preis price 价格	das Trinkgeld tip 小费	das Buffet buffet 自助餐	der Kunde customer 客人
die Weinkarte wine list 酒单	à la carte à la carte 按菜单点菜	die Quittung receipt 收据	ohne Bedienung service not included 不含服务费	die Bar bar 酒吧	das Salz salt 盐
das Mittagsmenü lunch menu 午餐菜单	der Dessertwagen sweet trolley 甜食小车	die Rechnung bill 账单	Bedienung inbegriffen service included 含服务费	der Raucherbereich smoking section 吸烟区	der Pfeffer pepper 胡椒粉

die Speisekarte • menu • 菜单

die Kinderportion
child's meal
儿童套餐

bestellen • order (v) • 点菜

bezahlen • pay (v) • 付账

die Gänge • courses • 菜肴

der Aperitif
apéritif
开胃酒

die Vorspeise
starter
开胃菜

die Suppe
soup
汤

das Hauptgericht
main course
主菜

die Beilage
side order
配菜

die Gabel
fork
餐叉

der Kaffeelöffel
coffee spoon
咖啡匙

der Nachtisch • dessert • 餐后甜点

der Kaffee • coffee • 咖啡

Einen Tisch für zwei Personen, bitte
A table for two please.
要一张两人桌。

Die Speisekarte/Weinkarte, bitte.
Can I see the menu/wine list please?
能让我看看菜单/酒单吗?

Haben Sie ein Tagesmenü?
Is there a fixed price menu?
有固定价格的套餐吗?

Haben Sie vegetarische Gerichte?
Do you have any vegetarian dishes?
有素菜吗?

Könnte ich bitte die Rechnung/eine Quittung haben?
Could I have the bill/a receipt please?
请给我账单/收据。

Können wir getrennt zahlen?
Can we pay separately?
我们能分开结账吗?

Wo sind die Toiletten, bitte?
Where are the toilets, please?
请问卫生间在哪儿?

der Schnellimbiss • fast food • 快餐

der Hamburger mit Pommes frites • burger meal • 汉堡套餐

die Lieferung ins Haus
home delivery
送餐

der Imbissstand
street stall
食品摊

die Pizzeria
pizza parlour
比萨饼店

die Imbissstube
burger bar
快餐店

die Speisekarte
menu
菜单

hier essen
eat-in
店内用餐

zum Mitnehmen
take-away
外带

aufwärmen
re-heat (v)
重新加热

der Tomatenketchup
tomato sauce
番茄酱

Ich möchte das mitnehmen.
Can I have that to go please?
我带走吃。

Liefern Sie ins Haus?
Do you deliver?
你们提供送餐服务吗?

der Hamburger
hamburger
汉堡包

das Brötchen
bun
小圆面包

der Chickenburger
chicken burger
鸡肉汉堡包

der vegetarische Hamburger
veggie burger
蔬菜汉堡

der Senf
mustard
芥末

die Wurst
sausage
香肠

das Hot Dog
hot dog
热狗

der Sandwich
sandwich
三明治

der Klubsandwich
club sandwich
总汇三明治

das belegte Brot
open sandwich
单片三明治

die Füllung
filling
馅

das gefüllte Fladenbrot
wrap
菜卷

die Soße
sauce
酱

der Kebab
kebab
烤肉串

die Hähnchenstückchen
chicken nuggets
鸡块

salzig
savoury
咸味的

süß
sweet
甜味的

die Crêpes
crêpes
薄饼卷

der Pizzabelag
topping
装饰配料

der Bratfisch mit Pommes frites
fish and chips
炸鱼和薯条

die Rippen
ribs
肋排

das gebratene Hähnchen
fried chicken
炸鸡

die Pizza
pizza
比萨饼

das Frühstück • breakfast • 早餐

das Frühstücksbuffet • breakfast buffet • 自助早餐

der Frühstückstisch • breakfast table • 早餐桌

die Getränke • drinks • 饮料

die Brioche
brioche
奶油糕点

das Brot
bread
面包

das englische Frühstück • English breakfast • 英式早餐

die Räucherheringe
kippers
熏鲱鱼

das in Ei gebratene Brot
french toast
法式吐司

das gekochte Ei
boiled egg
煮鸡蛋

das Rührei
scrambled eggs
炒鸡蛋

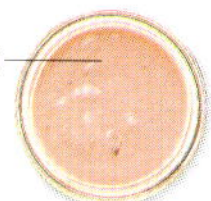

die Pfannkuchen
pancakes
薄煎饼

die Waffeln
waffles
华夫饼

der Porridge
porridge
麦片粥

das Obst
fresh fruit
鲜果

die Hauptmahlzeit • dinner • 正餐

die Suppe
soup
汤

die Brühe
broth
肉汤

der Eintopf
stew
炖菜

das Curry
curry
咖喱

der Braten
roast
烤肉

die Pastete
pie
馅饼

das Soufflé
soufflé
蛋奶酥

der Schaschlik
kebab
烤肉串

die Fleischklöße
meatballs
肉丸

das Omelett
omelette
煎蛋饼

die Nudeln
noodles
面条

das Schnellbratgericht
stir fry
炒菜

die Nudeln
pasta
意大利面食

der Reis
rice
米饭

der gemischte Salat
mixed salad
什锦沙拉

der grüne Salat
green salad
蔬菜沙拉

die Salatsoße
dressing
酸醋调味汁

die Zubereitung • techniques • 烹调手法

gefüllt
stuffed
装馅

in Soße
in sauce
浇汁

gegrillt
grilled
烤制

mariniert
marinated
醋渍

pochiert
poached
水煮

püriert
mashed
捣成糊状

gebacken
baked
烘制

kurzgebraten
pan fried
煎制

gebraten
fried
炒制

eingelegt
pickled
腌渍

geräuchert
smoked
熏制

frittiert
deep fried
油炸

in Saft
in syrup
枫糖浸泡

angemacht
dressed
调味

gedämpft
steamed
清蒸

getrocknet
cured
风干

das Lernen

study

学习

die Schule • school • 学校

das Klassenzimmer • classroom • 教室

der Schuljunge • schoolboy
男生

das Schulmädchen
schoolgirl
女生

die Literatur literature 文学	die Kunst art 艺术	die Physik physics 物理
die Sprachen languages 语言	die Musik music 音乐	die Chemie chemistry 化学
die Erdkunde geography 地理	die Mathematik maths 数学	die Biologie biology 生物学
die Geschichte history 历史	die Naturwissenschaft science 自然科学	der Sport physical education 体育

die Aktivitäten • activities • 学习活动

lesen
read (v)
读

schreiben
write (v)
写

buchstabieren
spell (v)
拼写

zeichnen
draw (v)
画

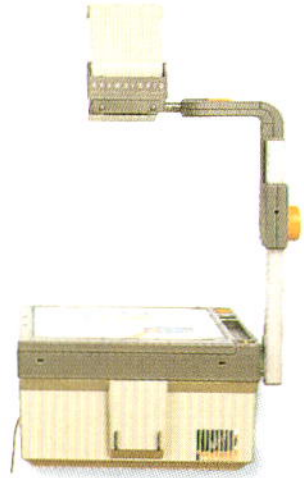

der Overheadprojektor
overhead projector
幻灯机

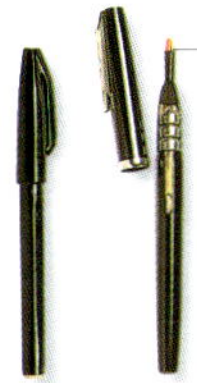

die Feder
nib
笔尖

der Füller
pen
钢笔

der Buntstift
colouring pencil
彩色铅笔

der Spitzer
pencil sharpener
转笔刀

der Bleistift
pencil
铅笔

der Radiergummi
rubber
橡皮

das Heft
notebook
笔记本

das Schulbuch • textbook • 教科书

das Federmäppchen
pencil case
笔袋

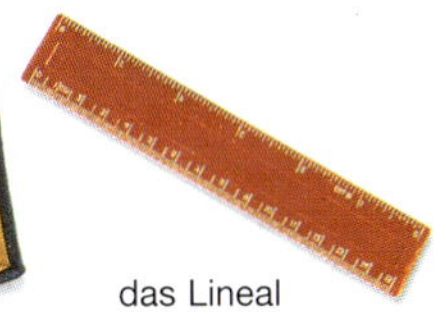

das Lineal
ruler
尺子

fragen • question (v) • 提问

antworten • answer (v) • 回答

diskutieren • discuss (v) • 讨论

lernen • learn (v) • 学习

der Schulleiter
head teacher
校长

die Antwort
answer
答案

die Note
grade
评分

die Stunde
lesson
课

der Aufsatz
essay
作文

die Klasse
year
年级

die Frage
question
问题

die Prüfung
examination
考试

das Lexikon
encyclopedia
百科全书

Notizen machen
take notes (v)
记笔记

die Hausaufgabe
homework
作业

das Wörterbuch
dictionary
字典

die Mathematik • maths • 数学

die Formen • shapes • 平面图形

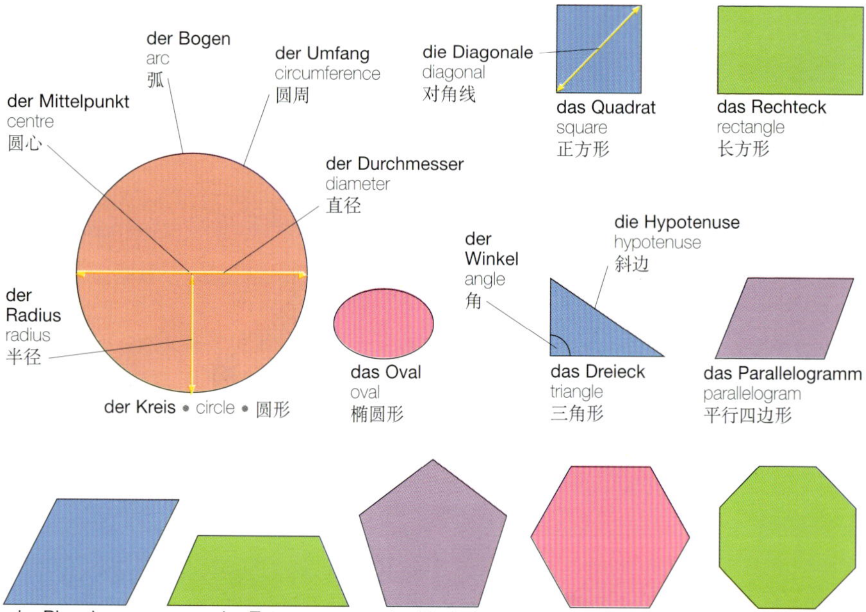

die Körper • solids • 立体

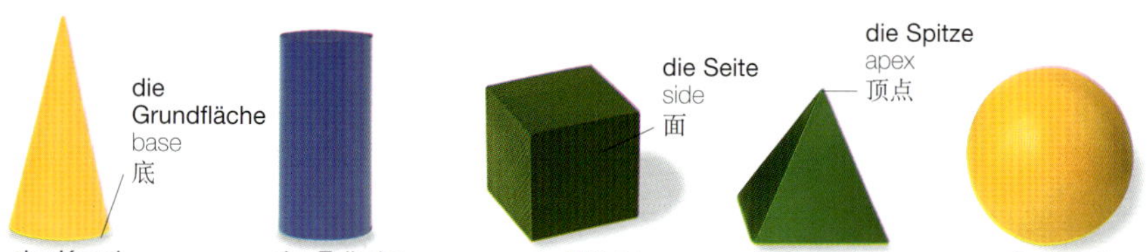

die Linien • lines • 线

gerade
straight
平直

parallel
parallel
平行

senkrecht
perpendicular
垂直

gekrümmt
curved
弯曲

die Maße • measurements • 度量

das Volumen
volume
体积

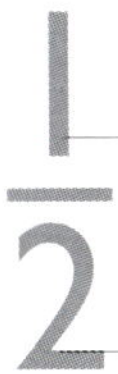

der Zähler
numerator
分子

der Nenner
denominator
分母

der Bruch
fraction
分数

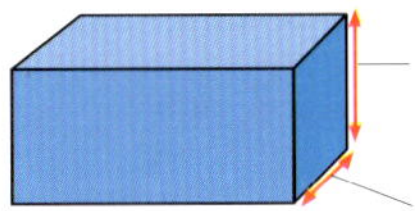

die Höhe
height
高

die Tiefe
depth
纵深

die Abmessungen
dimensions
尺寸

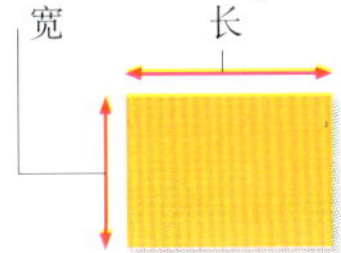

die Breite
width
宽

die Länge
length
长

die Fläche
• area • 面积

die Ausrüstung • equipment • 学习用具

das Zeichendreieck
set square
三角板

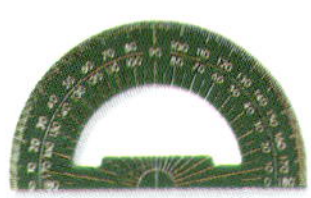

der Winkelmesser
protractor
量角器

das Lineal
ruler
直尺

der Zirkel
compass
圆规

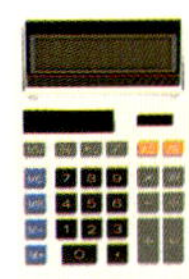

der Taschenrechner
calculator
计算器

die Geometrie geometry 几何	plus plus 正	mal times 倍	gleich equals 等于	addieren add (v) 加	multiplizieren multiply (v) 乘	die Gleichung equation 等式
die Arithmetik arithmetic 算术	minus minus 负	geteilt durch divided by 除以	zählen count (v) 计数	subtrahieren subtract (v) 减	dividieren divide (v) 除	der Prozentsatz percentage 百分比

die Wissenschaft • science • 科学

das Labor
laboratory
实验室

die Laborwaage
scales
天平

das Gewicht
weight
砝码

die Federwaage
spring balance
弹簧秤

der Tiegel
crucible
坩埚

der Bunsenbrenner
bunsen burner
本生灯

der Dreifuß
tripod
三脚架

die Glasflasche
glass bottle
玻璃瓶

das Stativ
clamp stand
夹钳座

der Trichter
funnel
漏斗

die Klammer
clamp
夹钳

der Stöpsel
stopper
瓶塞

der Kolben
flask
烧瓶

der Versuch • experiment • 实验

das Reagenzglas
test tube
试管

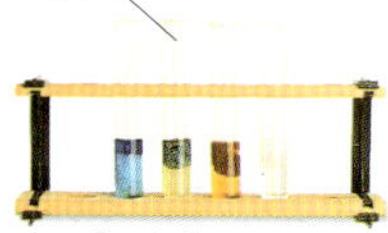

das Gestell
rack
试管架

der Zeitmesser
timer
计时器

die Petrischale
petri dish
培养皿

das Thermometer
thermometer
温度计

die Spritze
syringe
注射器

die Pinzette
tweezers
镊子

das Skalpell
scalpel
解剖刀

der Tropfer
dropper
滴管

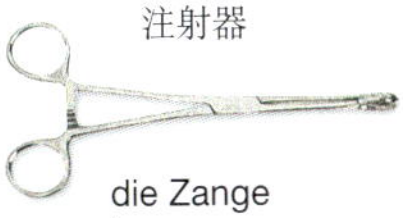

die Zange
forceps
医用钳

die Greifzange
tongs
钳子

der Spatel
spatula
刮刀

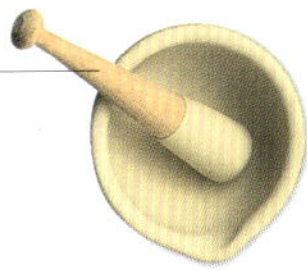

die Keule
pestle
研杵

der Mörser
mortar
研钵

das Filterpapier
filter paper
滤纸

die Schutzbrille
safety goggles
护目镜

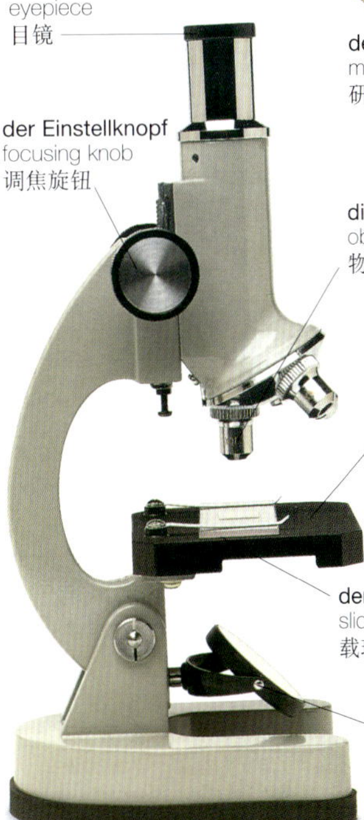

das Okular
eyepiece
目镜

der Einstellknopf
focusing knob
调焦旋钮

die Objektivlinse
objective lens
物镜

der Tisch
stage
载物台

der Objektträger
slide
载玻片

der Spiegel
mirror
反射镜

das Mikroskop • microscope • 显微镜

die Pipette
pipette
吸管

das Glasstäbchen
glass rod
玻璃棒

das Becherglas
beaker
烧杯

der Magnet
magnet
磁铁

die Krokodilklemme
crocodile clip
鳄鱼夹

die negative Elektrode
negative electrode
负极

die positive Elektrode
positive electrode
正极

die Batterie • battery • 电池

die Hochschule • college • 高等院校

der Campus • campus • 校园

der Leserausweis library card 借书证	die Auskunft enquiries 问询处	verlängern renew (v) 续借
der Lesesaal reading room 阅览室	ausleihen borrow (v) 借入	das Buch book 书
die Literaturliste reading list 推荐书目	vorbestellen reserve (v) 预订	der Titel title 书名
das Rückgabedatum return date 还书日期	die Ausleihe loan 借出	der Gang aisle 走廊

die Bibliothek • library • 图书馆

der Student
undergraduate
大学生

der Dozent
lecturer
讲师(大学)

der Hörsaal
lecture theatre
阶梯教室

die Graduierte
graduate
毕业生

die Robe
robe
学位袍

die Graduierungsfeier
graduation ceremony
毕业典礼

die Fachhochschulen • schools • 高等专科学校

das Modell
model
模特

die Kunsthochschule
art college
美术学院

die Musikhochschule
music school
音乐学院

die Tanzakademie
dance academy
舞蹈学院

das Stipendium scholarship 奖学金	die Forschung research 研究	die Examensarbeit dissertation （学位）论文	die Medizin medicine 医学	die Rechtswissenschaft law 法律
postgradual postgraduate 研究生阶段的	der Magister masters 硕士学位	der Fachbereich department 系	die Zoologie zoology 动物学	die Politologie politics 政治学
das Diplom diploma 文凭	die Promotion doctorate 博士学位	der Maschinenbau engineering 工程学	die Physik physics 物理学	die Literatur literature 文学
der akademische Grad degree 学位	die Dissertation thesis 论文	die Kunstgeschichte history of art 艺术史	die Philosophie philosophy 哲学	die Wirtschaftswissenschaft economics 经济学

die Arbeit

work

工作

das Büro 1 • office 1 • 办公室 1

der Computer
computer
计算机

der Bildschirm
monitor
显示器

der Stifthalter
desktop organizer
笔筒

der Ordner
file
文件夹

die Ablage für Eingänge
in-tray
收件篮

die Ablage für Ausgänge
out-tray
发件篮

die Tastatur
keyboard
键盘

das Telefon
telephone
电话

der Schreibtisch
desk
办公桌

das Notizbuch
notebook
笔记本

das Schild
label
标签

der Papierkorb
wastebasket
废纸篓

der Drehstuhl
swivel chair
转椅

das Schreibtischschränkchen
drawer unit
组合抽屉

die Schublade
drawer
抽屉

der Aktenschrank
filing cabinet
文件柜

die Büroausstattung • office equipment • 办公设备

der Papierbehälter
paper tray
纸盒

die Papierführung
paper guide
送纸器

das Fax
fax
传真

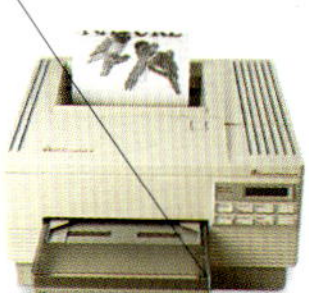

der Drucker • printer • 打印机

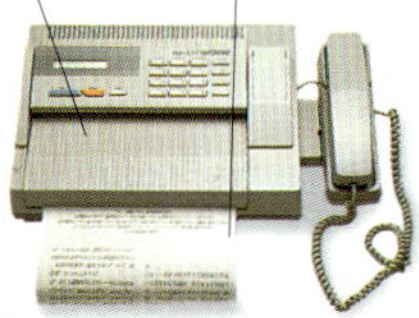

das Faxgerät • fax machine • 传真机

drucken
print (v)
打印

vergrößern
enlarge (v)
放大

kopieren
copy (v)
复印

verkleinern
reduce (v)
缩小

Ich möchte fotokopieren.
I need to make some copies.
我要复印。

der Bürobedarf • office supplies • 办公用品

der Empfehlungszettel
compliments slip
礼帖

der Geschäftsbogen
letterhead
印有笺头的信纸

der Briefumschlag
envelope
信封

der Aktenordner
box file
文件盒

der Kartenreiter
tab
标签

der Teiler
divider
分隔页

das Klemmbrett
clipboard
带纸夹的笔记板

der Notizblock
note pad
便笺

der Hängeordner
hanging file
悬挂式文件夹

der Fächerordner
concertina file
格式文件夹

der Leitz-Ordner
lever arch file
盒式文件夹

der Terminkalender
personal organizer
备忘录

die Klammern
staples
订书钉

der Hefter
stapler
订书机

der Tesafilm
sticky tape
透明胶带

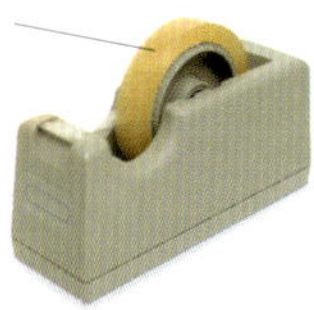

der Tesafilmhalter
tape dispenser
胶带架

der Locher
hole punch
打孔器

das Stempelkissen
ink pad
印台

der Stempel
rubber stamp
图章

das Gummiband
rubber band
皮筋

die Papierklammer
bulldog clip
强力纸夹

die Büroklammer
paper clip
曲别针

der Reißnagel
drawing pin
图钉

die Pinnward • notice board • 公告栏

das Büro 2 • office 2 • 办公室 2

die Sitzung • meeting • 会议

der Sitzungsraum
meeting room
会议室

teilnehmen
attend (v)
参加

die Tagesordnung
agenda
议程

den Vorsitz führen
chair (v)
主持

Um wieviel Uhr ist die Sitzung?
What time is the meeting?
什么时候开会？

Was sind Ihre Geschäftszeiten?
What are your office hours?
您几点上下班？

die Präsentation • presentation • 介绍

das Geschäft • business • 商务

das Arbeitsessen • business lunch • 工作午餐

die Geschäftsreise • business trip • 商务旅行

der Terminkalender • diary • 日志

das Geschäftsabkommen • business deal • 商业交易

die Firma company 公司	das Personal staff 员工	die Buchhaltung accounts department 会计部	die Rechtsabteilung legal department 法律事务部
die Zentrale head office 总部，总公司	die Lohnliste payroll 工资单	die Marketingabteilung marketing department 市场部	die Kundendienstabteilung customer service department 客户服务部
die Zweigstelle branch 分部，分公司	das Gehalt salary 薪水	die Verkaufsabteilung sales department 销售部	die Personalabteilung personnel department 人力资源部

der Computer • computer • 计算机

die Hardware • hardware • 硬件

die Diskette • disk • 软盘

der Laptop • laptop • 笔记本电脑

das RAM RAM 随机存储器	die Software software 软件	der Server server 服务器
die Bytes bytes 字节	das Programm program 程序	der Port port 端口
das System system 系统	das Netzwerk network 网络	der Prozessor processor 处理器
der Speicher memory 存储器	die Anwendung application 应用程序	das Stromkabel power cable 电源线

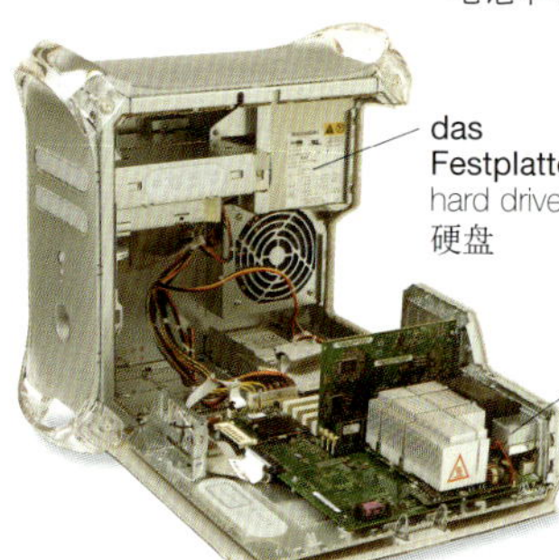

das Desktop • desktop • 桌面

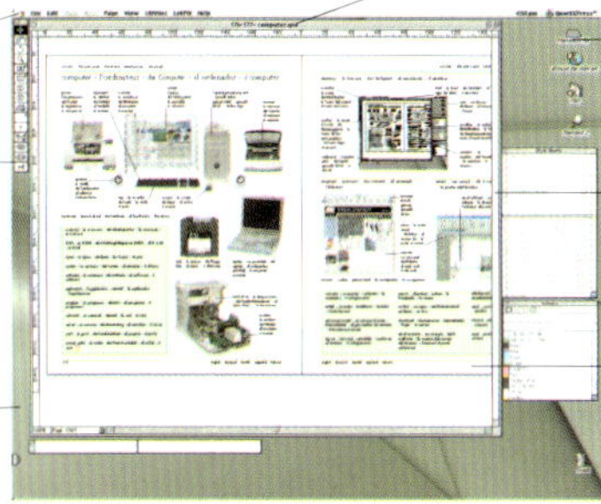

der Menübalken
menubar
菜单栏

die Werkzeugleiste
toolbar
工具栏

die Tapete
wallpaper
桌面背景

die Schriftart • font • 字体

das Symbol
icon
图标

der Scrollbalken
scrollbar
滚动条

das Fenster
window
视窗

die Datei
file
文件

der Ordner
folder
文件夹

der Papierkorb
trash
回收站

das Internet • internet • 互联网

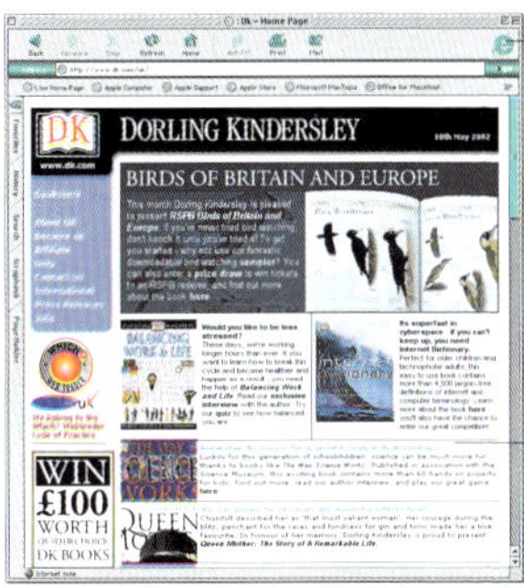

der Browser
browser
浏览器

die Inbox
inbox
收件箱

die Web-Site
website
网站

browsen • browse (v) • 浏览

die E-Mail • email • 电子邮件

die E-Mail-Adresse
• email address • 电子邮件地址

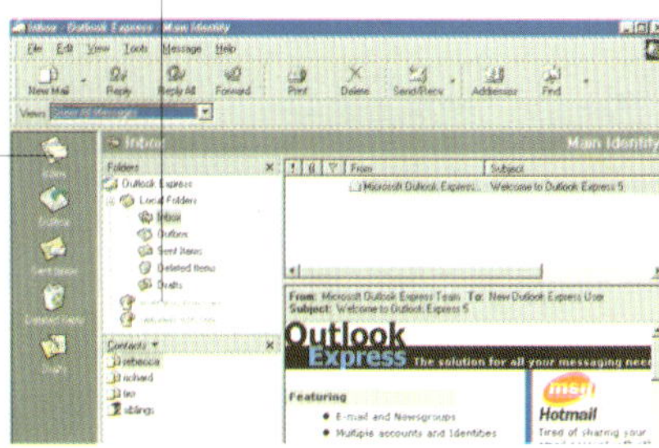

verbinden connect (v) 连接	der Serviceprovider service provider 服务商	einloggen log on (v) 登录	herunterladen download (v) 下载	senden send (v) 发送	sichern save (v) 保存
installieren instal (v) 安装	das E-Mail-Konto email account 电子邮件账户	online on-line 在线	der Anhang attachment 附件	erhalten receive (v) 接收	suchen search (v) 搜索

die Medien • media • 媒体

das Fernsehstudio • television studio • 电视演播室

der Moderator
presenter
节目主持人

die Beleuchtung
light
照明

die Studioeinrichtung
set
布景

die Kamera
camera
摄像机

der Kamerakran
camera crane
摄像机升降器

der Kameramann
cameraman
摄像师

der Kanal
channel
频道

die Nachrichten
news
新闻

die Presse
press
新闻媒体

senden
broadcast (v)
播放

live
live
直播

der Zeichentrickfilm
cartoon
动画片

die Programmgestaltung
programming
节目编排

der Dokumentarfilm
documentary
纪录片

die Fernsehserie
television series
电视连续剧

die Spielshow
game show
游戏节目

vorher aufgezeichnet
prerecorded
录播

die Seifenoper
soap
肥皂剧

der Interviewer
interviewer
采访记者

die Reporterin
reporter
记者

der Teleprompter
autocue
自动提示机

die Nachrichtensprecherin
newsreader
新闻播音员

die Schauspieler
actors
演员

der Mikrophongalgen
sound boom
录音吊杆

die Klappe
clapper board
场记板

das Set
film set
电影布景

das Radio • radio • 无线电广播

das Tonstudio • recording studio • 录音室

der DJ
DJ
流行音乐节目主持人

die Kurzwelle
short wave
短波

die Sendung
broadcast
广播

die Mittelwelle
medium wave
中波

die Wellenlänge
wavelength
波长

die Frequenz
frequency
频率

die Langwelle
long wave
长波

die Lautstärke
volume
音量

die Rundfunkstation
radio station
广播电台

einstellen
tune (v)
调音

das Recht • law • 法律

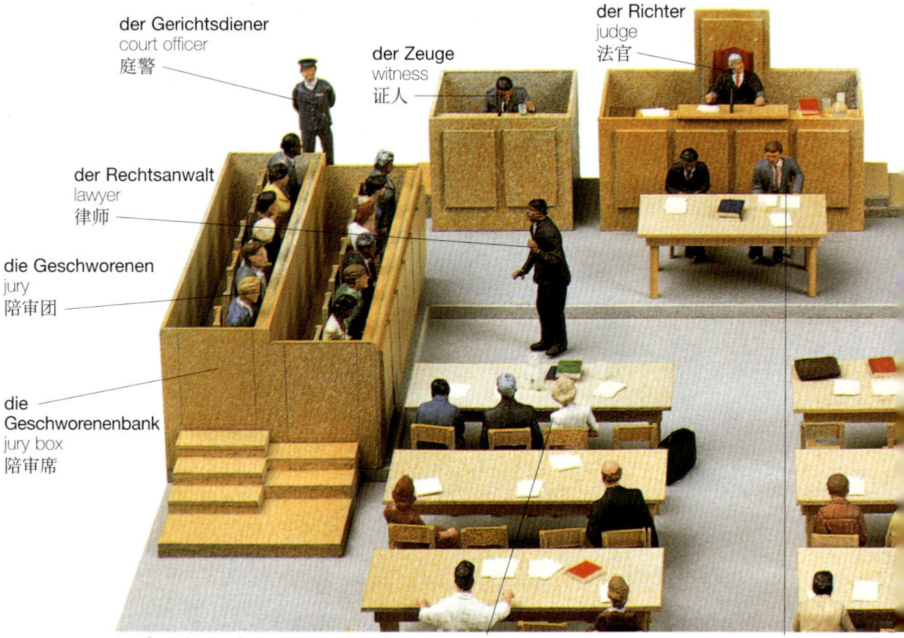

der Gerichtssaal • courtroom • 法庭

das Anwaltsbüro lawyer's office 律师事务所	die Vorladung summons 传讯	die Verfügung writ 传票	der Rechtsfall court case 诉讼案件
die Rechtsberatung legal advice 法律咨询	die Aussage statement 陈辞	der Gerichtstermin court date 开庭日	die Anklage charge 控告
der Klient client 诉讼委托人	der Haftbefehl warrant 逮捕令	das Plädoyer plea 抗辩	der Angeklagte accused 被告

der Gerichtsstenograf
stenographer
速记员

der Angeklagte
defendant
被告人

die Verteidigung
defence
答辩

der Verdächtige
suspect
嫌疑犯

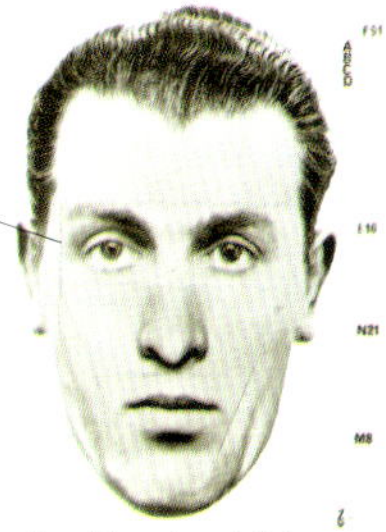

das Phantombild
photofit
拼凑人像

der Straftäter
criminal
罪犯

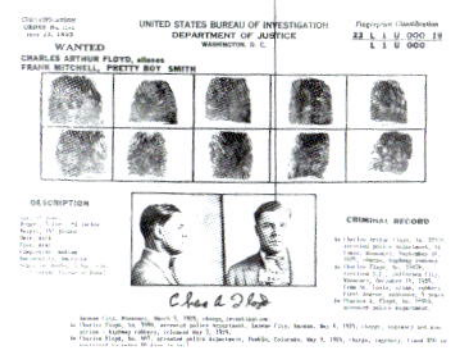

das Strafregister
criminal record
犯罪记录

der Gefängniswärter
prison guard
狱警

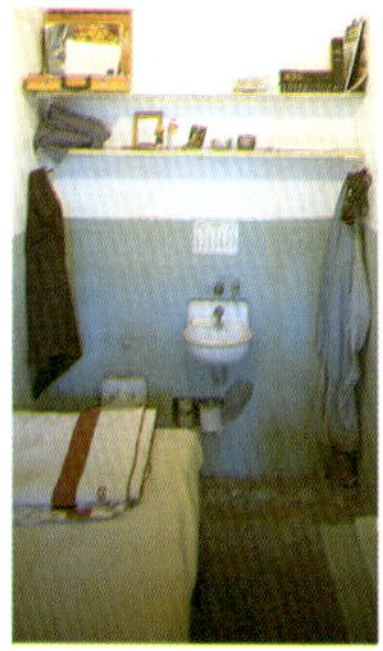

die Gefängniszelle
cell
单人牢房

das Gefängnis
prison
监狱

das Beweismittel evidence 证据	schuldig guilty 有罪	die Kaution bail 保释金
das Urteil verdict 判决	freigesprochen acquitted 无罪释放	die Berufung appeal 上诉
unschuldig innocent 无罪	das Strafmaß sentence 判刑	die Haftentlassung auf Bewährung parole 假释

Ich möchte mit einem Anwalt sprechen.
I want to see a lawyer.
我要见律师。

Wo ist das Gericht?
Where is the courthouse?
法院在哪儿？

Kann ich die Kaution leisten?
Can I post bail?
我可以保释吗？

der Bauernhof 1 • farm 1 • 农场 1

der Bauer
farmer
农民

der Traktor • tractor • 拖拉机

der Mähdrescher • combine harvester • 联合收割机

die landwirtschaftlichen Betriebe • types of farm • 农场类型

die Feldfrucht
crop
庄稼

der Ackerbaubetrieb
arable farm
种植园

der Betrieb für Milchproduktion
dairy farm
乳牛场

die Herde
flock
羊群

die Schaffarm
sheep farm
牧羊场

die Hühnerfarm
poultry farm
养鸡场

die Schweinefarm
pig farm
养猪场

die Fischzucht
fish farm
养鱼场

der Obstanbau
fruit farm
果园

der Weinstock
vine
葡萄树

der Weinberg
vineyard
葡萄园

die Tätigkeiten • actions • 农活

die Furche
furrow
犁

pflügen
plough (v)
犁地

säen
sow (v)
播种

melken
milk (v)
挤奶

füttern
feed (v)
饲养

bewässern • water (v) • 灌溉

ernten • harvest (v) • 收获

das Herbizid herbicide 除草剂	die Herde herd 牧群	der Trog trough 饲料槽
das Pestizid pesticide 杀虫剂	der Silo silo 地窖	pflanzen plant (v) 种植

der Bauernhof 2 • farm 2 • 农场 2

die Feldfrüchte • crops • 农作物

der Weizen
wheat
小麦

der Mais
corn
玉米

die Gerste
barley
大麦

der Raps
rapeseed
油菜籽

die Sonnenblume
sunflower
向日葵

der Ballen
bale
捆包

das Heu
hay
干草

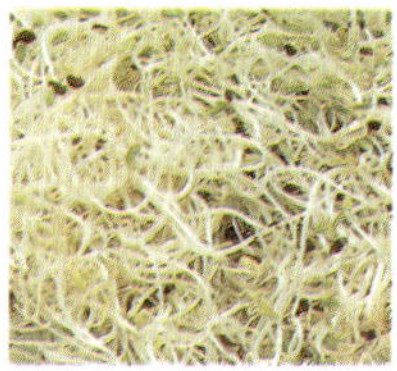

die Luzerne
alfalfa
紫花苜蓿

der Tabak
tobacco
烟草

der Reis
rice
水稻

der Tee
tea
茶

der Kaffee
coffee
咖啡

der Flachs
flax
亚麻

das Zuckerrohr
sugarcane
甘蔗

die Baumwolle
cotton
棉花

die Vogelscheuche
scarecrow
稻草人

das Vieh • livestock • 家畜

das Ferkel
piglet
小猪

das Schwein
pig
猪

das Kalb
calf
牛犊

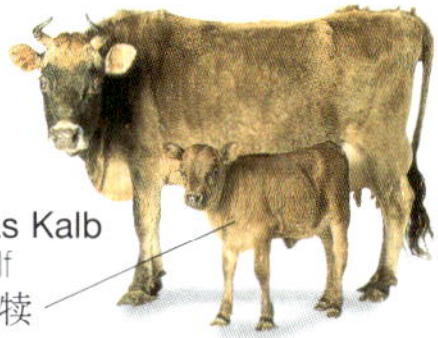

die Kuh
cow
母牛

der Stier
bull
公牛

das Schaf
sheep
绵羊

das Lamm
lamb
羊羔

das Zicklein
kid
小山羊

die Ziege
goat
山羊

das Fohlen
foal
马驹

das Pferd
horse
马

der Esel
donkey
驴

das Küken
chick
小鸡

das Huhn
chicken
鸡

der Hahn
cockerel
公鸡

der Truthahn
turkey
火鸡

das Entenküken
duckling
小鸭

die Ente
duck
鸭

der Stall
stable
厩

der Pferch
pen
家畜圈

der Hühnerstall
chicken coop
鸡舍

der Schweinestall
pigsty
猪圈

der Bau • construction • 建筑

das Gerüst
scaffolding
脚手架

die Palette
pallet
木托板

die Leiter
ladder
梯子

das Fenster
window
窗户

der Dachsparren
rafter
椽子

die Baustelle • building site • 建筑工地

der Gabelstapler
fork-lift truck
叉车

der Sturz
lintel
过梁

die Mauer
wall
墙

der Träger
girder
大梁

der Schutzhelm
hard hat
安全帽

bauen
build (v)
建造

der Werkzeuggürtel
toolbelt
工具腰带

der Balken
beam
梁

der Bauarbeiter
builder
建筑工人

der Zement
cement
水泥

die Betonmischmaschine
cement mixer
水泥搅拌器

das Material • materials • 建筑材料

der Ziegelstein
brick
砖

das Bauholz
timber
木材

der Dachziegel
roof tile
瓦片

der Betonblock
concrete block
混凝土块

die Werkzeuge • tools • 工具

der Mörtel
mortar
灰浆

die Kelle
trowel
抹刀

die Wasserwaage
spirit level
水准仪

der Vorschlaghammer
sledgehammer
大锤

der Stiel
handle
柄

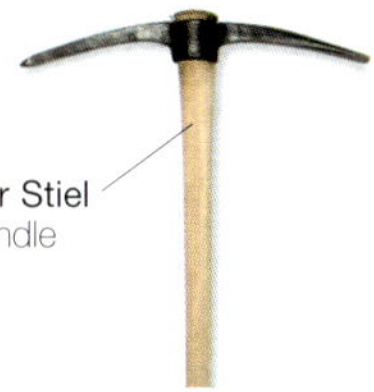
die Spitzhacke
pickaxe
丁字镐

die Schaufel
shovel
铁锹

Maschinen • machinery • (工程)机械

die Walze
roller
压路机

der Kipper
dumper truck
翻斗卡车

die Stütze
support
支座

der Haken
hook
吊钩

der Kran • crane • 起重机

die Straßenarbeiten • roadworks • 道路施工

der Asphalt
tarmac
柏油路面

der Leitkegel
cone
锥形隔离墩

der Pressluftbohrer
pneumatic drill
风钻

der Neubelag
resurfacing
重铺路面

der Bagger
mechanical digger
挖掘机

die Berufe 1 • occupations 1 • 职业1

der Schreiner
carpenter
木匠

der Elektriker
electrician
电工

der Klempner
plumber
水暖工

der Bauhandwerker
builder
建筑工人

der Gärtner
gardener
园丁

der Staubsauger
vacuum cleaner
吸尘器

der Gebäudereiniger
cleaner
清洁工

der Mechaniker
mechanic
机械师

der Metzger
butcher
屠户

die Schere
scissors
剪刀

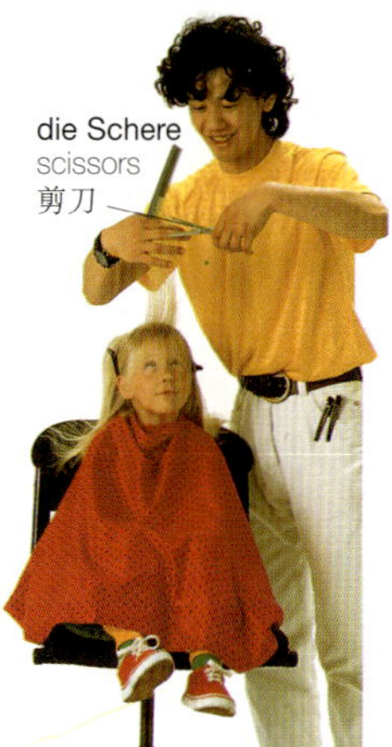

die Fischhändlerin
fishmonger
鱼贩

der Gemüsehändler
greengrocer
蔬菜水果商

die Floristin
florist
花商

der Friseur
hairdresser
美发师

der Friseur
barber
理发师

der Juwelier
jeweller
珠宝匠

die Verkäuferin
shop assistant
售货员

die Immobilienmaklerin
estate agent
房地产商

der Optiker
optician
配镜师

die Maske
mask
口罩

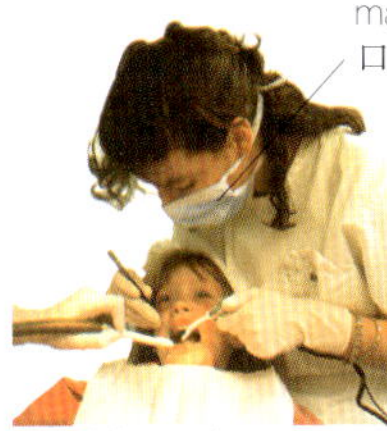
die Zahnärztin
dentist
牙医

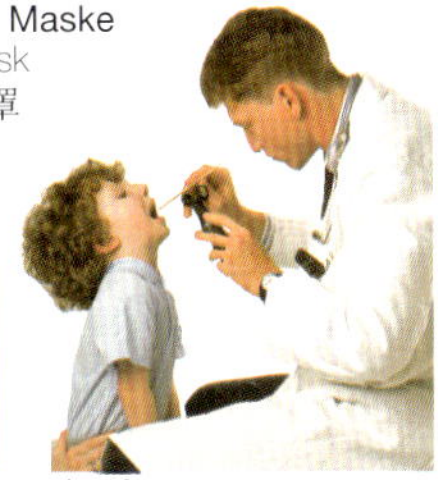
der Arzt
doctor
医生

die Apothekerin
pharmacist
药剂师

die Krankenschwester
nurse
护士

die Tierärztin
vet
兽医

der Bauer
farmer
农民

der Fischer
fisherman
渔民

das Maschinengewehr
machine-gun
机枪

der Soldat
• soldier • 士兵

die Uniform
uniform
制服

der Polizist
• policeman • 警察

das Abzeichen
identity badge
徽章

der Wächter
security guard
保安

der Seemann
sailor
水手

der Feuerwehrmann
fireman
消防队员

die Berufe 2 • occupations 2 • 职业2

der Rechtsanwalt
lawyer
律师

der Wirtschaftsprüfer
accountant
会计师

das Modell
model
模型

der Architekt
architect
建筑师

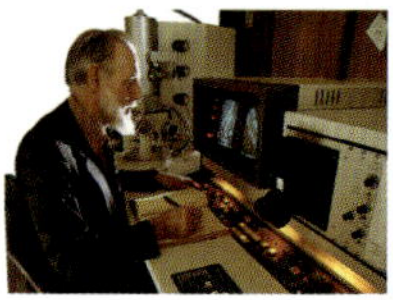

der Wissenschaftler
scientist
科学家

die Lehrerin
teacher
老师

der Bibliothekar
librarian
图书管理员

die Empfangsdame
receptionist
接待员

die Posttasche
mailbag
邮袋

der Briefträger
postman
邮递员

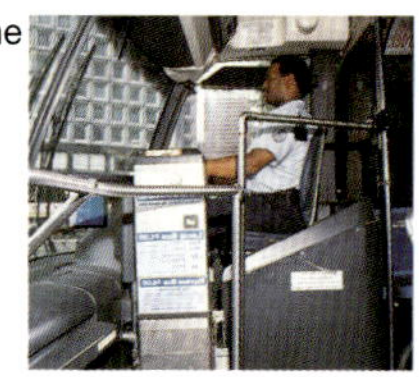

der Busfahrer
bus driver
公共汽车司机

der Lastwagenfahrer
lorry driver
卡车司机

der Taxifahrer
taxi driver
出租车司机

der Pilot
pilot
飞行员

die Flugbegleiterin
air stewardess
空中小姐

die Reisebürokauffrau
travel agent
旅行代理

die Kochmütze
chef's hat
厨师帽

der Koch
chef
厨师

der Musiker
musician
音乐家

das Ballettröckchen
tutu
芭蕾舞裙

die Tänzerin
dancer
舞蹈演员

der Schauspieler
actor
演员

die Sängerin
singer
歌手

die Kellnerin
waitress
女侍者

der Barkeeper
barman
酒保

der Sportler
sportsman
运动员

der Bildhauer
sculptor
雕塑家

die Malerin
painter
画家

der Fotograf
photographer
摄影师

der Nachrichtensprecher
newsreader
新闻播音员

die Notizen
notes
笔记

der Journalist
journalist
新闻记者

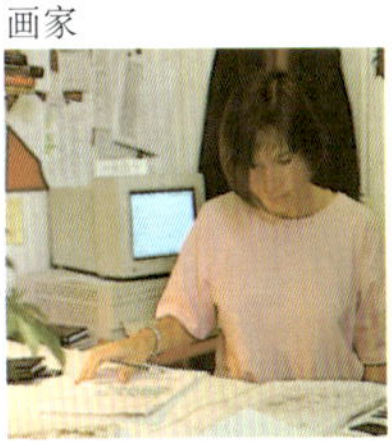

die Redakteurin
editor
编辑

die Designerin
designer
制图员

die Damenschneiderin
seamstress
女缝纫师

der Schneider
tailor
裁缝

der Verkehr

transport

交通运输

die Straßen • roads • 道路

die Autobahn
motorway
高速公路

die Mautstelle
toll booth
收费站

die Straßenmarkierungen
road markings
路面标志

die Zufahrtsstraße
slip road
主路入口

Einbahn-
one-way
单行

die Verkehrsinsel
divider
隔离带

die Kreuzung
junction
交汇处

die rechte Spur
inside lane
内车道

die mittlere Spur
middle lane
中央车道

die Überholspur
outside lane
外车道

die Ausfahrts
exit ramp
出口

der Verkehr
traffic
交通

die Überführung
flyover
立交桥

der Seitenstreifen
hard shoulder
硬质路肩

die Verkehrsampel
traffic light
交通信号灯

der Lastwagen
lorry
载重汽车

der Mittelstreifen
central reservation
中央分车带

die Unterführung
underpass
高架桥下通道

der Fußgängerüberweg
pedestrian crossing
人行横道

die Notrufsäule
emergency phone
求救电话

der Behindertenparkplatz
disabled parking
残疾人停车处

der Verkehrsstau • traffic jam • 交通堵塞

die Landkarte
map
地图

der Verkehrspolizist
traffic policeman
交通警察

die Parkuhr
parking meter
停车计时收费器

parken park (v) 停车	abschleppen tow away (v) 拖走	die Schnellstraße dual carriageway (有中央分隔带的)复式车道
überholen overtake (v) 超车	die Umleitung diversion 绕行道路	der Kreisverkehr roundabout 道路交叉处的环行路
rückwärts fahren reverse (v) 倒车	die Leitplanke crash barrier 防撞护栏	Ist dies die Straße nach ...? Is this the road to ...? 这是去…的路吗?
fahren drive (v) 驾驶	die Straßenbaustelle roadworks 道路施工	Wo kann ich parken? Where can I park? 哪里可以停车?

die Verkehrsschilder • road signs • 交通标志

keine Einfahrt
no entry
禁行

die Geschwindigkeitsbegrenzung
speed limit
限速

Gefahr
hazard
危险

Halten verboten
no stopping
禁止停车

rechts abbiegen verboten
no right turn
禁止右转

der Bus • bus • 公共汽车

der Fahrersitz
driver's seat
驾驶席

der Haltegriff
handrail
扶手

die Automatiktür
automatic door
自动门

das Vorderrad
front wheel
前轮

das Gepäckfach
luggage hold
行李舱

die Tür • door • 车门

der Reisebus • coach • 长途汽车

die Bustypen • types of buses • 公共汽车种类

die Liniennummer
route number
公交线路号

der Fahrer
driver
司机

der Doppeldecker
double-decker bus
双层公共汽车

die Straßenbahn
tram
有轨电车

der Obus • trolley bus • 无轨电车

der Schulbus • school bus • 校车

das Hinterrad
rear wheel
后轮

das Fenster
window
窗户

der Fahrschein
bus ticket
公共汽车票

der Halteknopf
stop button
停车按钮

die Klingel
bell
铃

der Busbahnhof
bus station
公共汽车总站

die Bushaltestelle
bus stop
公共汽车站

der Fahrpreis fare 车费	der Rollstuhlzugang wheelchair access 轮椅通道
der Fahrplan timetable 时刻表	das Wartehäuschen bus shelter 公共汽车候车亭
Halten Sie am ...? Do you stop at ...? 您们在...停吗?	Welcher Bus fährt nach ...? Which bus goes to ...? 哪路车去...?

der Kleinbus • minibus • 小型公共汽车

der Touristenbus • tourist bus • 游览车

der Zubringer • shuttle bus • 班车

das Auto 1 • car 1 • 汽车 1

das Äußere • exterior • 外部

der Dachgepäckträger
roofrack
车顶行李架

die Hecktür
tailgate
尾部车门

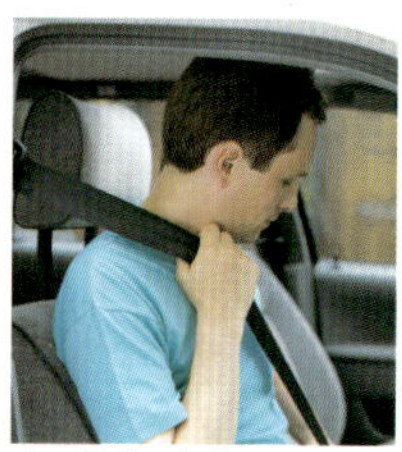

der Sicherheitsgurt
seat belt
安全带

der Kindersitz
child seat
儿童座椅

die Wagentypen • types • 种类

der Kleinwagen
small car
微型车

die Fließhecklimousine
hatchback
揭背式轿车，两厢车

die Limousine
saloon
家庭轿车，三厢车

der Kombiwagen
estate
客货两用车

das Kabriolett
convertible
敞篷车

das Sportkabriolett
sports car
跑车

die Großraumlimousine
people carrier
六座厢式车

der Geländewagen
four-wheel drive
四轮驱动(车)

das Vorkriegsmodell • vintage • 老式汽车

die verlängerte Limousine • limousine • 大型高级轿车

die Tankstelle • petrol station • 加油站

die Zapfsäule
petrol pump
汽油泵

der Benzinpreis
price
价格

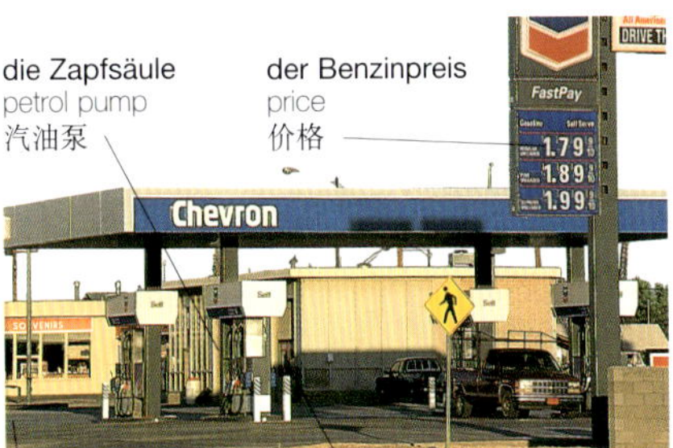

der Tankstellenplatz
forecourt
加油处

das Druckluftgerät
air supply
轮胎充气机

das Benzin petrol 汽油	verbleit leaded 含铅	die Autowaschanlage car wash 自动洗车站
bleifrei unleaded 无铅	das Öl oil 油	das Frostschutzmittel antifreeze 防冻液
die Werkstatt garage 汽车修理站	der Diesel diesel 柴油	die Scheibenwaschanlage screenwash (清洗挡风玻璃用的)喷水器

Voll tanken, bitte.
Fill the tank, please.
请加满油。

das Auto 2 • car 2 • 汽车 2

die Innenausstattung • interior • 内部

zweitürig two-door 双门	**viertürig** four-door 四门	**die Zündung** ignition 点火	**die Bremse** brake 刹车	**das Gaspedal** accelerator 加速器，油门
dreitürig three-door 三门	**mit Handschaltung** manual 手动	**mit Automatik** automatic 自动	**die Kupplung** clutch 离合器	**die Klimaanlage** air conditioning 空调

Wie komme ich nach ...?
Can you tell me the way to ...?
您能告诉我去···的路吗?

Wo ist hier ein Parkplatz?
Where is the car park?
停车场在哪里?

Kann ich hier parken?
Can I park here?
这儿可以停车吗?

die Armaturen • controls • 操作装置

das Lenkrad
steering wheel
方向盘

die Hupe
horn
喇叭

das Armaturenbrett
dashboard
仪表盘

die Warnlichter
hazard lights
警示灯

das GPS-System
satellite navigation
卫星导航仪

die Linkssteuerung • left-hand drive • 左侧驾驶

die Temperaturanzeige
temperature gauge
温度计

der Drehzahlmesser
rev counter
转速表

der Tachometer
speedometer
车速表

die Kraftstoffanzeige
fuel gauge
油量表

die Autostereoanlage
car stereo
汽车音响

der Heizungsregler
heater controls
暖风开关

der Schalthebel
gearstick
变速杆

der Lichtschalter
lights switch
车灯开关

der Kilometerzähler
odometer
里程表

der Airbag
air bag
安全气囊

die Rechtssteuerung • right-hand drive • 右侧驾驶

das Auto 3 • car 3 • 汽车 3

die Mechanik • mechanics • 机械构造

der Scheibenputzmittelbehälter
screen wash reservoir
挡风玻璃清洗剂容器

der Ölmessstab
dipstick
量油计

der Luftfilter
air filter
空气过滤器

der Bremsflüssigkeitsbehälter
brake fluid reservoir
制动液容器

die Batterie
battery
电池

die Karosserie
bodywork
车身

der Kühlmittelbehälter
coolant reservoir
冷却剂容器

der Zylinderkopf
cylinder head
汽缸盖

das Rohr
pipe
水管

das Schiebedach
sunroof
天窗

der Kühler
radiator
散热器

der Ventilator
fan
风扇

der Motor
engine
发动机，引擎

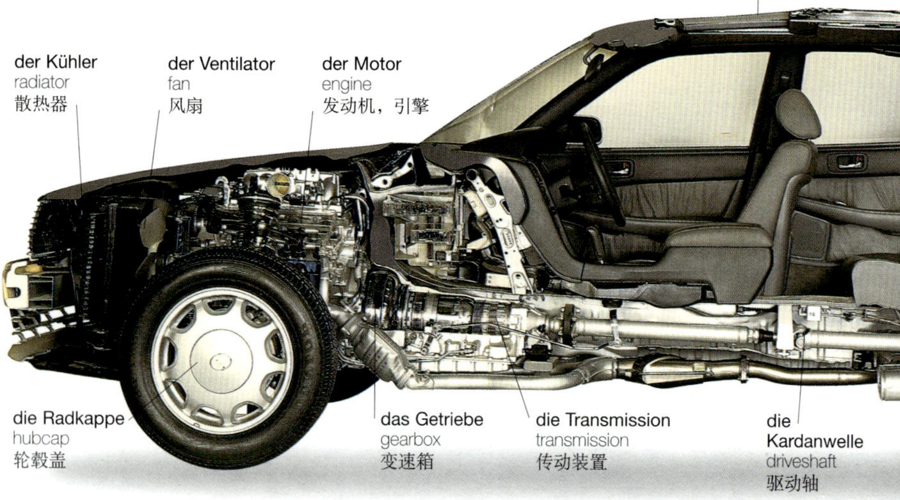

die Radkappe
hubcap
轮毂盖

das Getriebe
gearbox
变速箱

die Transmission
transmission
传动装置

die Kardanwelle
driveshaft
驱动轴

die Reifenpanne • puncture • 爆胎

ein Rad wechseln • change a wheel (v) • 更换轮胎

der Autounfall
car accident
车祸

die Panne
breakdown
故障

die Versicherung
insurance
保险

der Abschleppwagen
tow truck
拖车

der Mechaniker
mechanic
机械师

der Reifendruck
tyre pressure
胎压

der Sicherungskasten
fuse box
保险盒

die Zündkerze
spark plug
火花塞

der Keilriemen
fan belt
风扇皮带

der Benzintank
petrol tank
油箱

der Nockenriemen
cam belt
轮轴皮带

der Turbolader
turbocharger
涡轮增压器

der Verteiler
distributor
配电器

die Einstellung
timing
点火定时

das Chassis
chassis
底盘

die Handbremse
handbrake
手刹车

die Lichtmaschine
alternator
交流发电机

Ich habe eine Panne.
I've broken down.
我的车坏了。

Mein Auto springt nicht an.
My car won't start.
我的车发动不起来。

das Motorrad • motorbike • 摩托车

die Steuerung • controls • 操作装置

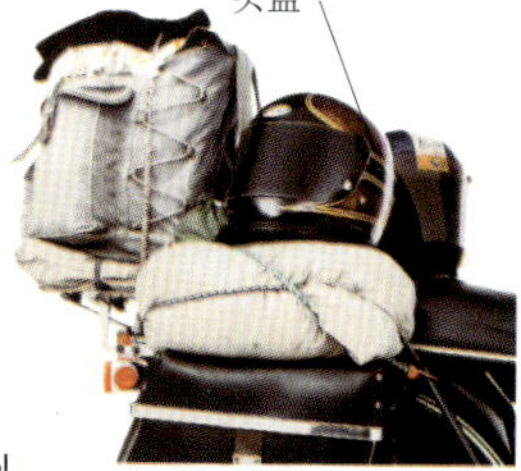

die Kleidung • clothing • 服装

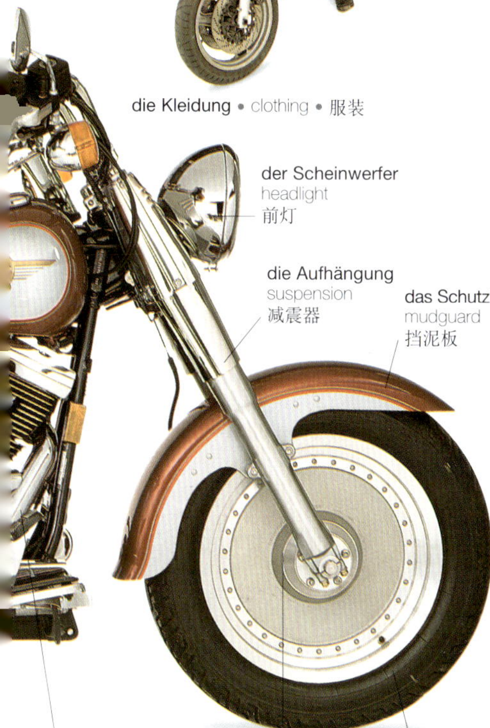

die Typen • types • 种类

die Rennmaschine • racing bike • 赛车

der Tourer • tourer • 旅行摩托

das Geländemotorrad • dirt bike • 越野摩托

der Roller • scooter • 小轮摩托

das Fahrrad • bicycle • 自行车

das Tandem
tandem
双座自行车

das Rennrad
racing bike
赛车

das Mountainbike
mountain bike
山地车

der Sattel
saddle
车座

die Sattelstütze
seat post
座杆

die Wasserflasche
water bottle
水瓶

der Rahmen
frame
车架

die Felgenbremse
brake
刹车

die Nabe
hub
轮毂

die Gänge
gears
齿轮

das Peda
pedal
脚蹬

die Felge
rim
轮圈

der Reifen
tyre
轮胎

die Fahrradkette
chain
车链

das Zahnrad
cog
链盘

das Tourenfahrrad
touring bike
旅行车

der Fahrradhelm
helmet
头盔

das Straßenrad
road bike
公路车

der Fahrradweg • cycle lane • 自行车道

die Stange
crossbar
横梁

die Lenkstange
handlebar
车把

der Schalthebel
gear lever
变速杆

der Bremsgriff
brake lever
车闸

die Gabel
fork
前叉

die Speiche
spoke
辐条

das Rad
wheel
车轮

das Reifenprofil
tread
胎面

das Ventil
valve
气门

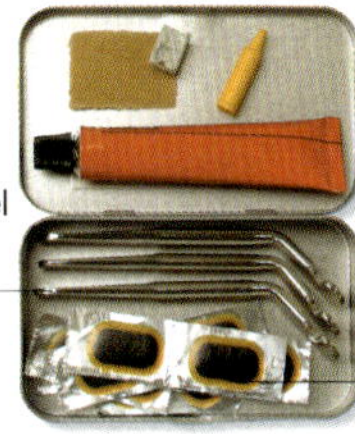

der Reifenschlüssel
tyre lever
轮胎撬杆

der Flicken
patch
补胎片

der Reparaturkasten
repair kit
修理工具箱

die Luftpumpe
pump
气筒

der Schlüssel
key
钥匙

das Fahrradschloss
lock
车锁

der Schlauch
inner tube
内胎

der Kindersitz
child seat
儿童座椅

das Rücklicht rear light 尾灯	die Stützräder stabilisers 稳定轮	das Kabel cable 绳索	der Korb basket 车筐	der Riemen toe strap 趾带	bremsen brake (v) 刹车
die Fahrradlampe lamp 车灯	der Fahrradständer kickstand 支架	die Bremsbacke brake block 刹车片	die Reifenpanne puncture 爆胎	der Rennbügel toe clip 踏脚套	schalten change gear (v) 变速
der Rückstrahler reflector 反光镜	der Fahrradständer bike rack (汽车顶上的）自行车支架	das Kettenzahnrad sprocket 扣链齿	der Dynamo dynamo 发电机	treten pedal (v) 蹬踏	Rad fahren cycle (v) 骑车

der Zug • train • 列车

der Wagen
carriage
客车厢

der Bahnsteig
platform
站台

der Kofferkuli
trolley
手推车

die Gleisnummer
platform number
站台号

der Pendler
commuter
旅客

der Bahnhof • train station • 火车站

die Zugtypen • types of train • 列车种类

die Dampflokomotive
steam train
蒸汽机车

die Lokomotive
engine
火车头

der Führerstand
driver's cab
驾驶室

die Schiene
rail
铁轨

die Diesellokomotive • diesel train • 柴油机车

die Elektrolokomotive
electric train
电力机车

der Hochgeschwindigkeitszug
high-speed train
高速列车

die Einschienenbahn
monorail
单轨列车

die U-Bahn
underground train
地铁

die Straßenbahn
tram
有轨电车

der Güterzug
freight train
货车

die Gepäckablage
luggage rack
行李架

das Zugfenster
window
车窗

die Tür
door
门

das Abteil • compartment • 车厢隔间

das Gleis
track
轨道

der Sitz
seat
座位

die Eingangssperre • ticket barrier • 检票口

der Speisewagen • dining car • 餐车

die Fahrkarte
ticket
车票

der Lautsprecher
public address system
扩音器

der Fahrplan
timetable
列车时刻表

die Bahnhofshalle • concourse • 车站大厅

das Schlafabteil
sleeping compartment
卧铺车厢

das Bahnnetz rail network 铁路网	der U-Bahnplan underground map 地铁线路图	der Fahrkartenschalter ticket office 售票处	die stromführende Schiene live rail 接触轨
der Intercity inter-city train 城际列车	die Verspätung delay 晚点	der Schaffner ticket inspector 检票员	das Signal signal 信号
die Stoßzeit rush hour 上下班高峰期	der Fahrpreis fare 车费	umsteigen change (v) 换乘	der Nothebel emergency lever 紧急刹车闸

das Flugzeug • aircraft • 飞机

das Verkehrsflugzeug • airliner • 班机

der Bug
nose
机头

das Cockpit
cockpit
驾驶舱

das Triebwerk
engine
引擎

der Rumpf
fuselage
机身

die Tragfläche
wing
机翼

das Heck
tail
尾翼

das Seitenruder
rudder
方向舵

das Bugfahrwerk
nosewheel
前起落架

der Ausgang
exit
舱门

das Hauptfahrwerk
landing gear
起落架

das Querruder
aileron
副翼

das Seitenleitwerk
fin
垂直尾翼

das Höhenleitwerk
tailplane
水平尾翼

die Kabine • cabin • 机舱

der Notausgang
emergency exit
紧急出口

die Flugbegleiterin
flight attendant
空乘人员

das Gepäckfach
overhead locker
头顶锁柜

die Luftdüse
air vent
通风口

das Fenster
window
窗户

der Sitz
seat
座位

die Leselampe
reading light
阅读灯

die Reihe
row
排

die Armlehne
armrest
扶手

der Gang
aisle
走廊

der Klapptisch
tray-table
搁板

die Rückenlehne
seat back
椅背

der Heißluftballon
hot-air balloon
热气球

das Ultraleichtflugzeug
microlight
动力滑翔机

das Segelflugzeug
glider
滑翔机

der Doppeldecker
biplane
双翼飞机

der Propeller
propeller
螺旋桨

das Leichtflugzeug
light aircraft
轻型飞机

das Wasserflugzeug
sea plane
水上飞机

der Privatjet
private jet
私人喷气式飞机

das Überschallflugzeug • supersonic jet • 超音速飞机

das Rotorblatt
rotor blade
旋翼

der Hubschrauber
helicopter
直升飞机

das Bombenflugzeug
bomber
轰炸机

die Rakete
missile
导弹

das Jagdflugzeug
fighter plane
战斗机

der Pilot pilot 飞行员	starten take off (v) 起飞	landen land (v) 着陆	die Economyclass economy class 经济舱	das Handgepäck hand luggage 手提行李
der Kopilot co-pilot 副驾驶员	fliegen fly (v) 飞行	die Höhe altitude 高度	die Businessclass business class 商务舱	der Sicherheitsgurt seat belt 安全带

der Flughafen • airport • 机场

das Verkehrsflugzeug • airliner • 班机

das Gepäckband carousel 行李传送带	die Flugnummer flight number 航班号	die Start- und Landebahn runway 跑道	der Urlaub holiday 假日
der Auslandsflug international flight 国际航线	die Passkontrolle immigration 入境检查	die Sicherheitsvorkehrungen security 安全措施	einen Flug buchen book a flight (v) 订机票
der Inlandsflug domestic flight 国内航线	der Zoll customs 海关	die Gepäckröntgenmaschine X-ray machine x光行李检查机	einchecken check in (v) 办理登机手续
die Flugverbindung connection 联运	das Übergepäck excess baggage 超重行李	der Urlaubsprospekt holiday brochure 假日指南	der Kontrollturm control tower 控制塔

das Handgepäck
hand luggage
手提行李

das Gepäck
luggage
(大件)行李

der Kofferkuli
trolley
行李推车

der Abfertigungsschalter
check-in desk
办理登机手续处

das Visum
visa
签证

der Pass • passport • 护照

die Passkontrolle
passport control
护照检查处

die Bordkarte
boarding pass
登机牌

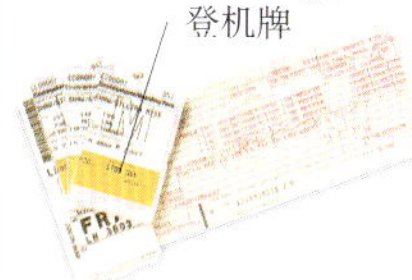

das Flugticket
ticket
机票

die Gatenummer
gate number
登机门号

die Abflughalle
departure lounge
候机大厅

der Abflug
departures
出发

das Reiseziel
destination
目的地

die Ankunft
arrivals
抵达

die Fluginformationsanzeige
information screen
信息屏

der Duty-free-Shop
duty-free shop
免税商店

die Gepäckausgabe
baggage reclaim
领取行李处

der Taxistand
taxi rank
出租车站

der Autoverleih
car hire
租车处

das Schiff • ship • 船

der Ozeandampfer • ocean liner • 远洋客轮

die Kommandobrücke
bridge
驾驶台

der Maschinenraum
engine room
轮机舱

die Kabine
cabin
客舱

die Kombüse
galley
船上厨房

das Dock dock 船坞	die Ankerwinde windlass 卷扬机
der Hafen port 港口	der Kapitän captain 船长
die Landungsbrücke gangway 舷梯	das Rennboot speedboat 快艇
der Anker anchor 锚	das Ruderboot rowing boat 划桨船
der Poller bollard 岸边缆桩	das Kanu canoe 独木舟

andere Schiffe • other ships • 其他船型

die Fähre
ferry
渡轮

der Außenbordmotor
outboard motor
舷外马达

das Schlauchboot
inflatable dinghy
充气式橡皮艇

das Tragflügelboot
hydrofoil
水翼艇

die Jacht
yacht
游艇

der Katamaran
catamaran
双体船

der Schleppdampfer
tug boat
拖船

das Luftkissenboot
hovercraft
气垫船

das Containerschiff
container ship
集装箱船

die Takelung
rigging
帆缆

das Segelboot
sailboat
帆船

der Frachtraum
hold
货舱

das Frachtschiff
freighter
货船

der Öltanker
oil tanker
油轮

der Flugzeugträger
aircraft carrier
航空母舰

das Kriegsschiff
battleship
战舰

der Kommandoturm
conning tower
指挥塔

das U-Boot
submarine
潜水艇

der Hafen • port • 港口

das Warenlager
warehouse
仓库

der Kran
crane
起重机

der Gabelstapler
fork-lift truck
叉车

die Zufahrtsstraße
access road
出入港通道

das Zollamt
customs house
海关

der Container
container
集装箱

das Dock
dock
船坞

der Kai
quay
码头

die Fracht
cargo
货物

der Containerhafen • container port • 集装箱港口

der Fährterminal
ferry terminal
渡船码头

der Fahrkartenschalter
ticket office
售票处

die Fähre
ferry
渡船

der Passagier
passenger
乘客

der Passagierhafen • passenger port • 客运码头

das Netz
net
渔网

das Fischerboot
fishing boat
渔船

die Verankerung
mooring
缆绳

der Fischereihafen • fishing port • 渔港

die Marina • marina • 小船停靠区

der Hafen • harbour • 港口

der Pier
pier
栈桥

der Landungssteg
jetty
防波堤

die Werft
shipyard
船厂

die Laterne
lamp
塔灯

der Leuchtturm
lighthouse
灯塔

die Boje
buoy
浮标

die Küstenwache coastguard 海岸警卫队	festmachen moor (v) 停泊	an Bord gehen board (v) 上船
der Hafenmeister harbour master 港务局长	anlegen dock (v) 进入船坞	von Bord gehen disembark (v) 离船登岸
das Trockendock dry dock 干船坞	den Anker werfen drop anchor (v) 抛锚	auslaufen set sail (v) 起航

ULTRA
3
DUNLOP
DDH
4
DUNLOP
MOLITOR
TOUR
EDITION
1
ProStaff
4
BANFF SPRINGS
GOLF CLUB
TOP-FLITE
HOT XL
4
ProStaff
4
RAM TOUR
1
MAXFLI
TOP-FLITE
STRATA
3
DISTANCE

der Sport

sports

体育运动

der Football • American football • 美式橄榄球

der Torpfosten
goalpost
门柱

die Seitenlinie
sideline
边线

der Linienrichter
line judge
边裁

die Torlinie
goal line
球门线

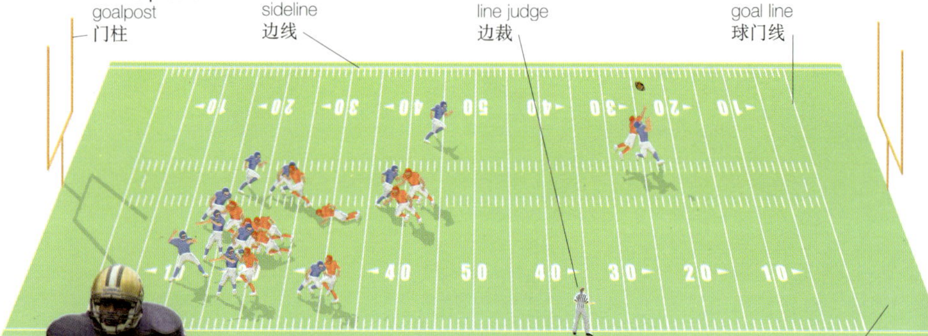

das Spielfeld • football field • 美式橄榄球球场

die Endzone
end zone
球门区

der Football
football
橄榄球

das Polster
pads
护膝

der Helm
helmet
头盔

der Stiefel
boot
球鞋

der Footballspieler
football player
球员

angreifen
tackle (v)
擒抱

den Ball abgeben
pass (v)
传球

fangen
catch (v)
接球

die Auszeit time out 暂停	die Mannschaft team 球队	die Verteidigung defence 防守	der Cheerleader cheerleader 啦啦队长	Wie ist der Stand? What is the score? 几比几?
das unsichere Fangen des Balls fumble 漏接	der Angriff attack 进攻	der Spielstand score 分数	der Touchdown touchdown 触地得分	Wer gewinnt? Who is winning? 谁领先?

das Rugby • rugby • 英式橄榄球

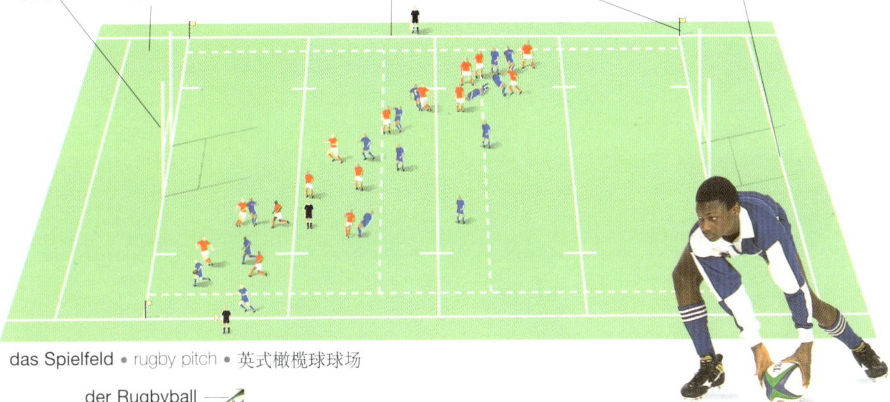

das Spielfeld • rugby pitch • 英式橄榄球球场

lancer • throw (v) • 抛球

kicken
kick (v)
踢球

den Ball abgeben
pass (v)
传球

angreifen
tackle (v)
擒抱

der Versuch
try
持球触地得分

das offene Gedränge • ruck • 密集争球

das Gedränge • scrum • 并列争球

der Fußball • soccer • 足球

der Fußball
football
足球

der Dress
football strip
足球球衣

der Fußballspieler
footballer
足球球员

der Torwart
goalkeeper
守门员

der Stürmer
forward
前锋

der Schiedsrichter
referee
主裁判

der Mittelkreis
centre circle
中圈

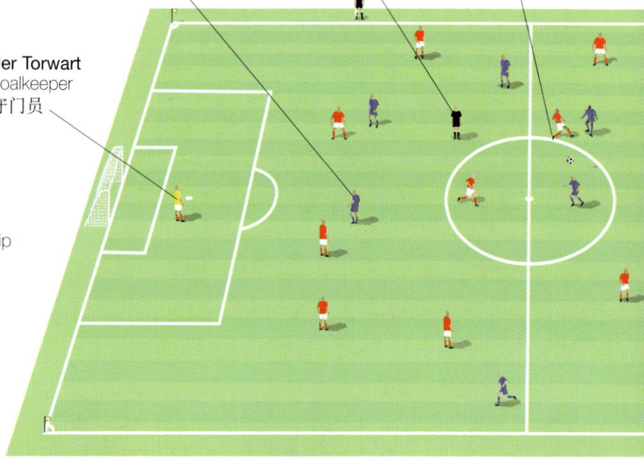

das Fußballfeld • football pitch • 足球场

der Torpfosten
goalpost
门柱

das Tornetz
net
球网

die Querlatte
crossbar
球门横梁

das Tor • goal • 球门

dribbeln
dribble (v)
带球

köpfen
head (v)
头球

die Mauer
wall
人墙

der Freistoß • free kick • 任意球

der Strafraum
penalty area
罚球区

die Torlinie
goal line
球门线

der Torraum
goal area
球门区

das Tor
goal
球门

der Verteidiger
defender
防守队员

der Linienrichter
assistant referee
助理裁判

die Eckfahne
corner flag
角旗

der Einwurf
throw-in
掷界外球

kicken
kick (v)
踢球

der Fußballschuh
boot
球鞋

den Ball abgeben
pass (v)
传球

schießen
shoot (v)
射门

halten
save (v)
救球

angreifen
tackle (v)
铲球

das Stadion stadium 体育场	das Foul foul 犯规	die gelbe Karte yellow card 黄牌	die Liga league 联赛	die Verlängerung extra time 加时
der Elfmeter penalty 罚点球	der Eckball corner 角球	das Abseits off-side 越位	die Halbzeit half time 半场	der Ersatzspieler substitute 替补队员
ein Tor schießen score a goal (v) 进球得分	die rote Karte red card 红牌	der Platzverweis send off 罚出场外	das Unentschieden draw 平局	die Auswechslung substitution 换人

das Hockey • hockey • 曲棍类运动

das Eishockey • ice hockey • 冰球

die Eisfläche • ice hockey rink • 冰球场

der Eishockeyspieler • ice hockey player • 冰球球员

das Hockey • field hockey • 曲棍球

Schlittschuh laufen
skate (v)
滑行

schlagen
hit (v)
击球

das Kricket • cricket • 板球

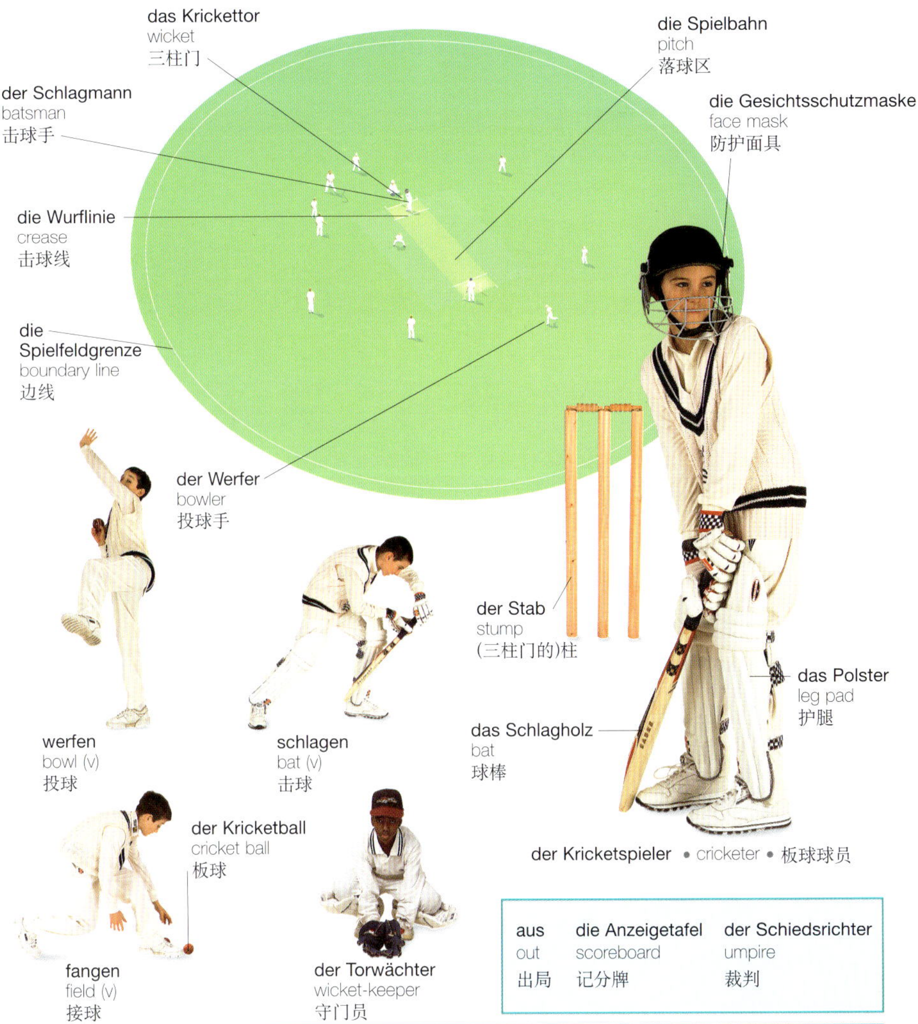

aus out 出局	die Anzeigetafel scoreboard 记分牌	der Schiedsrichter umpire 裁判

der Basketball • basketball • 篮球

das Spielfeld • court • 球场

der Basketballspieler • basketball player • 篮球球员

der Pass pass 传球	der Einwurf throw-in 掷界外球
das Foul foul 犯规	der Schiedsrichterball jump ball 跳球
der Rebound rebound 篮板球	aus out of bounds 出界

die Aktionen • actions • 动作

werfen
throw (v)
掷球

fangen
catch (v)
接球

schießen
shoot (v)
投篮

springen
jump (v)
跳投

decken
mark (v)
盯人

blocken
block (v)
阻挡

springen lassen
bounce (v)
运球

einen Dunk spielen
dunk (v)
灌篮

der Volleyball • volleyball • 排球

blocken
block (v)
拦网

das Netz
net
球网

baggern
dig (v)
垫球

der Schiedsrichter
referee
裁判

der Knieschützer
knee support
护膝

das Spielfeld • court • 球场

der Baseball • baseball • 棒球

das Spielfeld • field • 球场

die Keule
bat
球棒

das linke Feld
left field
左外野

das Innenfeld
infield
内野

das Mittelfeld
centre field
中外野

der Helm
helmet
头盔

der Malspieler
baseman
守垒员

die Werferplatte
pitcher's mound
投球区土墩

das Schlagmal
home plate
本垒

der Schlagmann • batter • 击球手

das Inning inning 击球局	aus out 出局	der Schlagfehler strike 好球
der Lauf run 得分	in Sicherheit safe 安全上垒	der ungültige Schlag foul ball 界外球

der Baseball
ball
棒球

der Handschuh
mitt
棒球手套

die Schutzmaske
mask
防护面具

das Außenfeld
outfield
外野

das rechte Feld
right field
右外野

die Foullinie
foul line
边线

das Team
team
球队

die Spielerbank
dugout
队员席

der Fänger
catcher
接球手

der Werfer
pitcher
投球手

die Aktionen • actions • 动作

werfen • throw (v) • 投球

fangen • catch (v) • 接球

rennen • run (v) • 跑垒

als Fänger spielen • field(v) • 守球

rutschen
slide (v)
滑垒

hinterherlaufen • tag (v) • 触杀

werfen
pitch (v)
投球

schlagen
bat (v)
击球

der Schiedsrichter
umpire
裁判

spielen • play (v) • 比赛

das Tennis • tennis • 网球

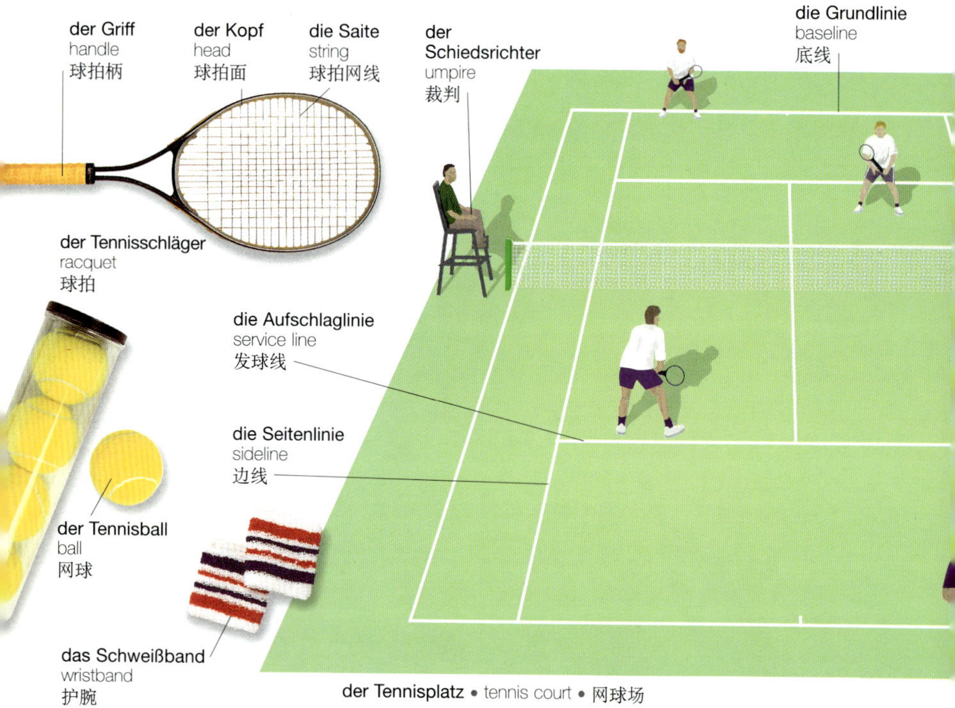

der Tennisplatz • tennis court • 网球场

das Einzel singles 单打	der Satz set 盘，局	der Einstand deuce 平分	der Fehler fault 发球失误	der Slice slice 削球	der Spin spin （球在空中）旋转
das Doppel doubles 双打	das Match match 比赛	der Vorteil advantage 发球方占先	das Ass ace 发球得分	Netz! let! 触网！	der Linienrichter linesman 边裁
das Spiel game 比赛	der Tiebreak tiebreak 抢七局	null love 零分	der Stoppball dropshot 近网短球	der Ballwechsel rally 回合	die Meisterschaft championship 锦标赛

der Tennisspieler • player • 网球手

die Schläge • strokes • 击球动作

der Aufschlag
serve
发球

der Volley
volley
拦击球

der Return
return
回球

der Lob
lob
吊高球

die Vorhand
forehand
正手

die Rückhand
backhand
反手

die Schlägerspiele • racquet games • 拍类运动

das Badminton • badminton • 羽毛球(运动)

das Tischtennis • table tennis • 乒乓球

das Squash • squash • 壁球

der Racquetball • racquetball • 短拍壁球

das Golf • golf • 高尔夫球

der Golfplatz • golf course • 高尔夫球场

die Golfspielerin • golfer • 高尔夫球员

das Klubhaus • clubhouse • 会所

die Ausrüstung • equipment • 球具

der Golfball
golf ball
高尔夫球

der Aufsatz
tee
球座

der Schirm
umbrella
伞

die Golftasche
golf bag
高尔夫球袋

der Caddie
golf trolley
高尔夫球车

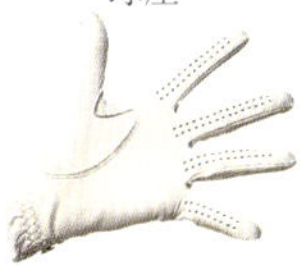

der Handschuh
glove
手套

die Spikes
spikes
鞋钉

der Golfschuh
golf shoe
高尔夫球鞋

die Aktionen • actions • 动作

vom Abschlag spielen
tee-off (v)
开球

driven
drive (v)
远打

einlochen
putt (v)
轻击

chippen
chip (v)
切击

die Golfschläger • golf clubs • 高尔夫球杆

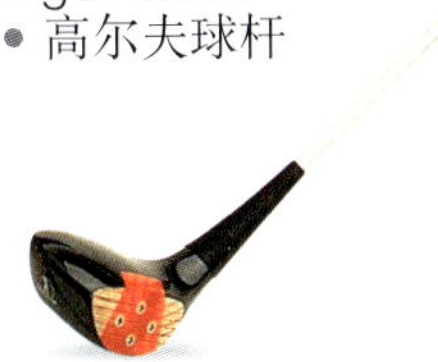

das Holz
wood
木杆

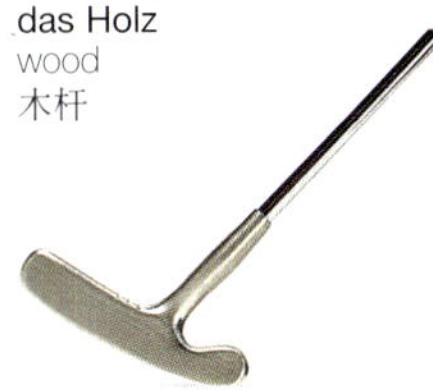

der Putter
putter
推杆

das Eisen
iron
铁杆

das Wedge
wedge
挖起杆

das Par par 标准杆数	das Überpar over par 高于标准杆数	das Golfturnier tournament 巡回赛	der Caddie caddy 球童	der Schlag stroke 击球	die Spielbahn line of play 打球线
das Unterpar under par 低于标准杆数	das Hole-in-One hole in one 一杆入洞	das Golfhandicap handicap 差点	die Zuschauer spectators 观众	der Übungsschwung practice swing 练习挥杆	der Durchschwung backswing 向后挥杆

die Leichtathletik • athletics • 田径运动

die Bahn
lane
分道

die Rennbahn
track
跑道

die Ziellinie
finishing line
终点线

die Startlinie
starting line
起跑线

das Feld • field • 运动场

der Startblock
starting blocks
起跑器

der Sprinter
sprinter
短跑选手

das Diskuswerfen
discus
铁饼

die Leichtathletin
athlete
田径选手

das Kugelstoßen
shotput
铅球

das Speerwerfen
javelin
标枪

das Rennen race 赛跑	der Rekord record 纪录	das Fotofinish photo finish 终点摄影记录	der Stabhochsprung pole vault 撑杆跳
die Zeit time 时间	einen Rekord brechen break a record (v) 打破纪录	der Marathon marathon 马拉松	die persönliche Bestleistung personal best 个人最好成绩

die Stoppuhr
stopwatch
秒表

der Stab
baton
接力棒

der Staffellauf
relay race
接力

die Latte
crossbar
横杆

der Hochsprung
high jump
跳高

der Weitsprung
long jump
跳远

der Hürdenlauf
hurdles
跨栏

das Turnen • gymnastics • 体操

das Pferd
horse
跳马

der Sprung
vault
跳马(项目)

der Salto
somersault
空翻

das Sprungbrett
springboard
跳板

die Turnerin
gymnast
体操选手

der Schwebebalken • beam • 平衡木

die Matte
mat
垫子

das Bodenturnen
floor exercises
自由体操

die Bodenakrobatik
tumble
翻筋斗

das Gymnastikband
ribbon
丝带

die rhythmische Gymnastik
rhythmic gymnastics
艺术体操

das Reck horizontal bar 单杠	der Stufenbarren asymmetric bars 高低杠	die Ringe rings 吊环	die Medaillen medals 奖牌	das Silber silver 银牌
der Barren parallel bars 双杠	das Seitpferd pommel horse 鞍马	das Siegerpodium podium 领奖台	das Gold gold 金牌	die Bronze bronze 铜牌

der Kampfsport • combat sports • 格斗运动

der Gegner
opponent
对手

der Kopfschutz
guard
护盔

der Handschuh
glove
手套

der Gürtel
belt
腰带

das Taekwondo • tae-kwon-do • 跆拳道

das Karate
karate
空手道

das Judo
judo
柔道

das Aikido • aikido • 合气道

die Maske
mask
防护面具

der Säbel
sword
竹剑

das Kendo • kendo • 剑道

das Kung-Fu • kung fu • 中国武术

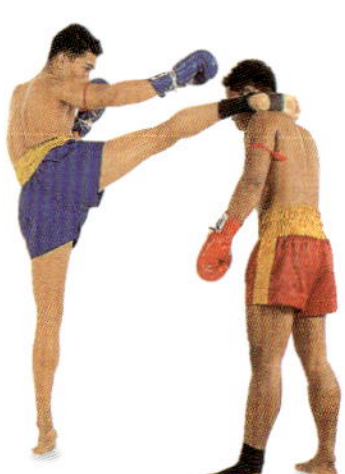

das Kickboxen
• kickboxing • 泰拳

das Ringen • wrestling • 摔跤

das Boxen • boxing • 拳击

die Techniken • actions • 动作

das Fallen
fall
摔倒

der Griff
hold
抓握

der Wurf
throw
摔

das Fesseln
pin
压倒

der Seitfußstoß
kick
侧踢

der Stoß
punch
出拳

der Angriff
strike
击打

der Sprung
jump
跳踢

der Block
block
挡

der Hieb
chop
劈

der Boxring boxing ring 拳击台	die Runde round 回合	die Faust fist 拳头	der schwarze Gürtel black belt 黑带	das Capoeira capoeira 卡波卫勒舞
die Boxhandschuhe boxing gloves 拳击手套	der Kampf bout 拳击比赛	der Knockout knock out 击倒(对手)	die Selbstverteidigung self defence 自卫	das Sumo sumo wrestling 相扑
der Mundschutz mouth guard 护齿	das Sparren sparring 拳击练习	der Sandsack punch bag 沙袋	die Kampfsportarten martial arts 武术	das Tai Chi tai-chi 太极拳

der Schwimmsport • swimming • 游泳

die Ausrüstung • equipment • 泳具

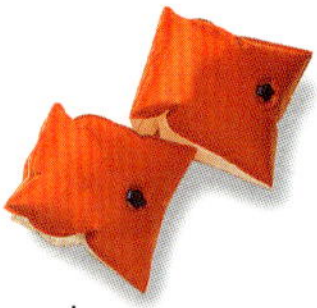

der Schwimmflügel
armband
臂漂

die Schwimmbrille
goggles
游泳镜

die Nasenklemme
nose clip
鼻夹

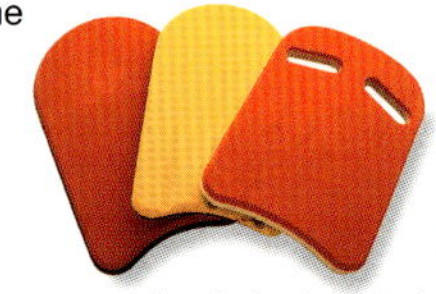

das Schwimmfloß
float
浮板

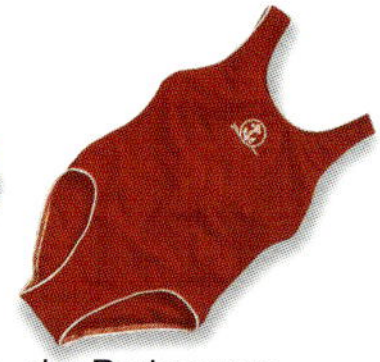

der Badeanzug
swimsuit
游泳衣

die Bahn
lane
泳道

das Wasser
water
池水

der Startblock
starting block
出发台

das Schwimmbecken • swimming pool • 游泳池

die Badekappe
cap
泳帽

die Badehose
trunks
泳裤

der Schwimmer • swimmer • 游泳选手

das Sprungbrett
springboard
跳板

der Springer
diver
跳水选手

springen • dive (v) • 跳水

schwimmen • swim (v) • 游泳

die Kehre • turn • 转身

die Schwimmstile • styles • 泳姿

das Kraulen
front crawl
自由泳

das Brustschwimmen
breaststroke
蛙泳

der Zug
stroke
划水

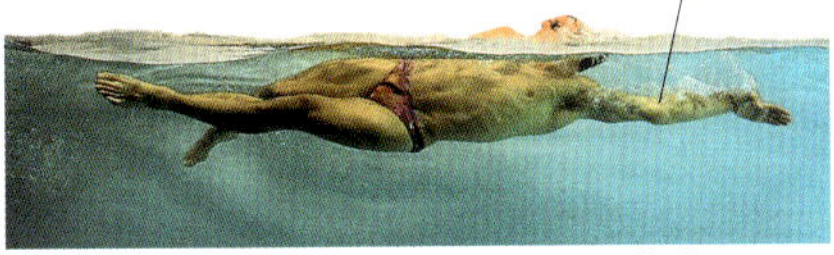

das Rückenschwimmen • backstroke • 仰泳

der Stoß
kick
打水

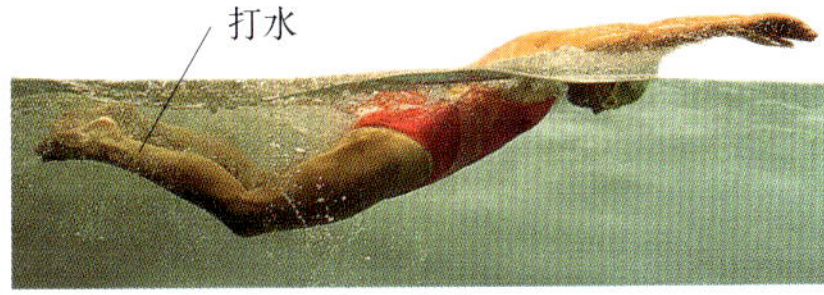

der Butterfly • butterfly • 蝶泳

das Tauchen • scuba diving • 水肺潜水

die Druckluftflasche
air cylinder
氧气瓶

der Taucheranzug
wetsuit
潜水服

der Schnorchel
snorkel
水下呼吸管

die Tauchermaske
mask
潜水面罩

die Schwimmflosse
flipper
脚蹼

der Bleigürtel
weight belt
负重腰带

der Lungenautomat
regulator
呼吸调节器

der Sprung dive 跳水	Wasser treten tread water (v) 踩水	das tiefe Ende deep end 深水区	der Wasserball water polo 水球	das flache Ende shallow end 浅水区	der Krampf cramp 抽筋
der Turmsprung high dive 高台跳水	der Startsprung racing dive 出发跳水	die Schließfächer lockers 锁柜	der Bademeister lifeguard 救生员	das Synchronschwimmen synchronized swimming 花样游泳	ertrinken drown (v) 溺水

der Segelsport • sailing • 帆船运动

der Kompass
compass
指南针

der Anker
anchor
锚

navigieren • navigate (v) • 航行

die Segeljacht • yacht • 帆船

die Sicherheit • safety • 救生器具

die Leuchtrakete
flare
照明弹

der Rettungsring
lifebuoy
救生圈

die Schwimmweste
life jacket
救生衣

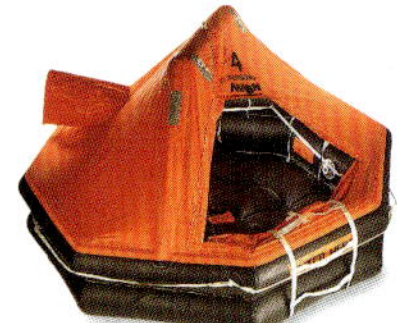

das Rettungsboot
life raft
救生筏

der Wassersport • watersports • 水上运动

der Ruderer
rower
桨手

das Ruder
oar
桨

rudern • row (v) • 划船

das Kajak
kayak
皮筏

das Paddel
paddle
双叶桨

der Kanusport • canoeing • 独木舟

das Segel
sail
帆

der Windsurfer
windsurfer
帆板运动员

das Surfbrett
board
帆板

die Fußschlaufe
footstrap
套脚带

das Windsurfing • windsurfing • 帆板运动

das Surfbrett
surfboard
冲浪板

das Wellenreiten
surfing
冲浪

der Wasserski
ski
滑水橇

das Wasserski
waterskiing
滑水

der Schnellbootsport
speed boating
快艇

das Rafting
rafting
漂流

der Wassermotorradsport
jet skiing
水上摩托

der Surfer surfer 冲浪运动员	die Crew crew 艇员	der Wind wind 风	die Brandung surf 浪花	die Schot sheet 帆脚索	das Schwert centreboard 稳向板
der Wasserskifahrer waterskier 滑水者	aufkreuzen tack (v) 抢风航行	die Welle wave 波浪	das Wildwasser rapids 激流	das Ruder rudder 舵	kentern capsize (v) (船)倾覆

der Reitsport • horse riding • 马上运动

das Hufeisen
horseshoe
马蹄铁

der Damensattel
side-saddle
横座鞍

das Zaumzeug • bridle • 马勒

die Reitgerte • riding crop • 马鞭

die Veranstaltungen • events • 赛事

das Pferderennen
horse race
赛马（比赛）

das Jagdrennen
steeplechase
障碍赛

das Trabrennen
harness race
轻驾车赛

das Rodeo
rodeo
牛仔竞技表演

das Springreiten
showjumping
越障碍赛

das Zweispännerrennen
carriage race
双套马车赛

das Trekking
trekking
长途旅行

das Dressurreiten
dressage
花式骑术

das Polo
polo
马球

der Schritt walk 慢步	der Kanter canter 慢跑	der Sprung jump 跳跃	das Halfter halter 笼头	die Koppel paddock 围场	das Flachrennen flat race 无障碍赛马
der Trab trot 小跑	der Galopp gallop 疾驰	der Stallbursche groom 马夫	der Pferdestall stable 马厩	der Turnierplatz arena 竞技场	die Rennbahn racecourse 赛马场

der Angelsport • fishing • 钓鱼

das Gewicht • weight • 铅坠

das Öhr
eye
钩眼

der Widerhaken
barb
倒钩

der Angelhaken
fishhook
鱼钩

der Köder
bait
饵

der Kescher
landing net
抄网

die Pose • float • 浮标

die Fliege
fly
假蝇

der Köderhaken
lure
人造饵

der Spinnerkasten
tackle box
钓具箱

der Setzkescher • keep net • 活鱼笼

die Schnur
line
渔线

die Angelrute
fishing rod
渔竿

die Rolle
reel
渔线轮

die Watstiefel
waders
防水裤

der Angler • angler • 钓鱼者

die Fischfangarten • types of fishing • 垂钓种类

das Süßwasserangeln
freshwater fishing
淡水垂钓

das Fliegenangeln
fly fishing
假蝇垂钓

das Brandungsangeln
surfcasting
激浪投钓

das Sportangeln
sport fishing
休闲垂钓

die Hochseefischerei
deep sea fishing
深海垂钓

die Aktivitäten • activities • 活动

auswerfen
cast (v)
撒网

fangen
catch (v)
捕捉

einholen
reel in (v)
收线

mit dem Netz fangen
net (v)
网捕

loslassen
release (v)
放生

ködern
bait (v)
装饵

die Angelgeräte
tackle
钓具

die Regenhaut
waterproofs
雨衣

der Angelschein
fishing permit
钓鱼许可证

der Fischkorb
creel
鱼篓

anbeißen
bite (v)
咬钩

die Rolle
spool
线轴

die Stake
pole
杆

die Seefischerei
marine fishing
海洋捕捞

das Speerfischen
spearfishing
渔叉捕鱼

der Skisport • skiing • 滑雪

die Disziplinen • events • 项目

der Abfahrtslauf
downhill skiing
高山速降

der Slalom
slalom
小回转

der Skisprung
ski jump
跳台滑雪

der Langlauf
cross-country skiing
越野滑雪

der Wintersport • winter sports • 冬季运动

das Eisklettern
ice climbing
攀冰

das Eislaufen
ice-skating
溜冰

der Eiskunstlauf
figure skating
花样滑冰

das Snowboarding
snowboarding
单板滑雪

der Bobsport
bobsleigh
长橇滑雪

das Rennrodeln
luge
小型橇

das Schneemobil
snowmobile
机动雪橇

das Schlittenfahren
sledding
乘橇滑行

die alpine Kombination
alpine skiing
高山滑雪

der Riesenslalom
giant slalom
大回转

abseits der Piste
off-piste
雪道外

das Curling
curling
冰上溜石

das Hundeschlittenfahren
dog sledding
狗拉雪橇

das Eisschnelllauf
speed skating
速滑

das Biathlon
biathlon
冬季两项（滑雪和射击）

die Lawine
avalanche
雪崩

die anderen Sportarten • other sports • 其他运动

das Segelflugzeug
glider
滑翔机

das Segelfliegen • gliding • 滑翔

der Drachen
hang-glider
悬挂式滑翔机

das Drachenfliegen
hang-gliding
悬挂滑翔

das Seil
rope
绳索

das Klettern
rock climbing
攀岩

der Fallschirm
parachute
降落伞

das Fallschirmspringen
parachuting
跳伞

das Gleitschirmfliegen
paragliding
滑翔伞

das Fallschirmspringen
skydiving
特技跳伞

das Abseilen
abseiling
悬绳下降

das Bungeejumping
bungee jumping
蹦极

das Rallyefahren
rally driving
汽车拉力赛

der Rennfahrer
racing driver
赛车手

der Rennsport
motor racing
赛车

das Motocross
motorcross
摩托车越野赛

das Motorradrennen
motorbike racing
摩托车赛

das Skateboard
skateboard
滑板

das Skateboardfahren
skateboarding
滑板（运动）

der Rollschuh
rollerskate
旱冰鞋

das Rollschuhfahren
roller skating
滑旱冰

der Lacrosseschläger
stick
球棒

das Lacrosse
lacrosse
长曲棍球

die Maske
mask
面具

das Florett
foil
花剑

das Fechten
fencing
击剑

der Kegel • pin • 保龄球瓶

die Bowlingkugel
bowling ball
保龄球

das Bowling
bowling
保龄球运动

der Bogen
bow
弓

der Pfeil
arrow
箭

der Köcher
quiver
箭袋

das Bogenschießen
archery
射箭

die Zielscheibe
target
靶

das Scheibenschießen
target shooting
射击

das Poolbillard
pool
美式台球

das Snooker
snooker
斯诺克台球

die Fitness • fitness • 健身

das Trainingsrad
exercise bike
健身车

das Fitnessgerät • gym machine • 健身器械

die Bank • bench • 长椅

die Gewichte
free weights
力量训练器

die Stange
bar
横杠

das Fitnesscenter • gym • 健身房

die Rudermaschine
rowing machine
划船机

das Laufband
treadmill
跑步机

die Langlaufmaschine
cross trainer
椭圆机

die private Fitnesstrainerin
personal trainer
私人教练

die Tretmaschine
step machine
踏步机

das Schwimmbecken
swimming pool
游泳池

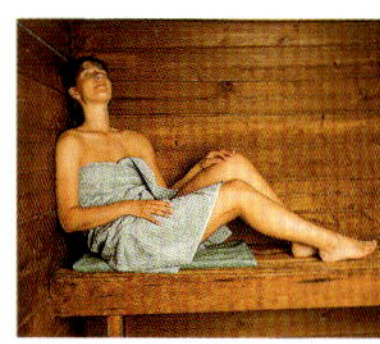

die Sauna
sauna
桑拿浴

die Übungen • exercises • 锻炼

das Strecken
stretch
伸展腿

der Ausfall
lunge
弓箭步压腿

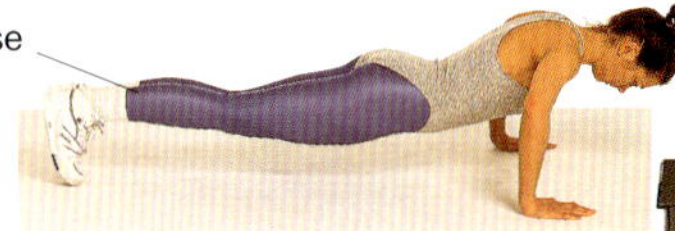

die Strumpfhose
tights
紧身衣

der Liegestütz
press-up
俯卧撑

die Kniebeuge
squat
蹲起

das Rumpfheben
sit-up
仰卧起坐

die Hantel
dumb bell
哑铃

die Bizepsübung
bicep curl
二头肌训练

der Beinstütz
leg press
蹬腿

die Brustübung
chest press
扩胸

die Trainingsschuhe
trainers
运动鞋

die Gewichthantel
weight bar
杠铃横杆

das Krafttraining
weight training
重量训练

das Hemd
vest
背心

das Jogging
jogging
慢跑

das Aerobic
aerobics
有氧运动

trainieren train (v) 训练	beugen flex (v) 弯曲（四肢）	ausstrecken extend (v) 伸展	die Pilates-Übungen Pilates 普拉提	das Zirkeltraining circuit training 循环训练法
sich aufwärmen warm up (v) 热身	auf der Stelle joggen jog on the spot (v) 原地跑	hochziehen pull up (v) 引体向上	die Boxgymnastik boxercise 搏击操	das Seilspringen skipping 跳绳

die Freizeit

leisure

休闲

das Theater • theatre • 剧院

die Bühne • stage • 舞台

die Bestuhlung • seating • 座位安排

das Theaterstück play 戏剧	der Regisseur director 导演	die Premiere first night 首演
die Besetzung cast 角色分配	der Prospekt backdrop 背景幕布	die Pause interval 幕间休息
der Schauspieler actor 男演员	das Rollenheft script 剧本	das Programm programme 节目
die Schauspielerin actress 女演员	der Producer producer 制片人	der Orchestergraben orchestra pit 乐池

das Konzert
concert
音乐会

das Musical
musical
音乐剧

das Theaterkostüm
costume
戏装

das Ballet
ballet
芭蕾舞

die Oper
opera
歌剧

der Platzanweiser
usher
引座员

die klassische Musik
classical music
古典音乐

die Noten
musical score
乐谱

die Tonspur
soundtrack
声带

applaudieren
applaud (v)
鼓掌喝彩

die Zugabe
encore
（要求演出者）再来一次

Ich möchte zwei Karten für die Aufführung heute Abend.
I'd like two tickets for tonight's performance.
我想要两张今晚演出的票。

Um wie viel Uhr beginnt die Aufführung?
What time does it start?
演出什么时候开始？

das Kino • cinema • 电影院

das Popcorn
popcorn
爆米花

die Kasse
box office
售票处

das Foyer
lobby
大厅

das Plakat
poster
海报

der Kinosaal
cinema hall
电影放映厅

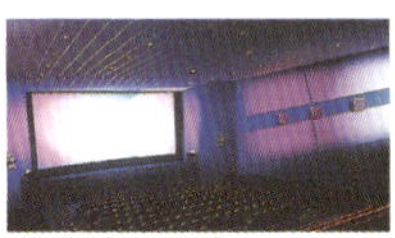

die Leinwand
screen
银幕

die Komödie
comedy
喜剧片

der Thriller
thriller
惊险片

der Horrorfilm
horror film
恐怖片

der Western
western
西部片

der Liebesfilm
romance
爱情片

der Science-Fiction-Film
science fiction film
科幻片

der Abenteuerfilm
adventure
冒险片

der Zeichentrickfilm
animated film
动画片

das Orchester • orchestra • 乐队

die Saiteninstrumente • strings • 弦乐器

die Harfe
harp
竖琴

der Dirigent
conductor
指挥

der Kontrabass
double bass
低音提琴

die Geige
violin
小提琴

das Podium
podium
指挥台

die Bratsche
viola
中提琴

das Cello
cello
大提琴

die Noten
score
乐谱

das Klavier • piano • 钢琴

der Violinschlüsse
treble clef
高音谱号

die Note
note
音符

das Liniensystem
staff
五线谱

der Bassschlüssel
bass clef
低音谱号

die Notation • notation • 记谱法

die Ouvertüre overture 序曲	die Sonate sonata 奏鸣曲	die Tonhöhe pitch 音高	das Kreuz sharp 升号	der Taktstrich bar 小节线	die Tonleiter scale 音阶
die Symphonie symphony 交响乐	die Musikinstrumente instruments 乐器	das Pausenzeichen rest 休止符	das B flat 降号	das Auflösungszeichen natural 本位号	der Taktstock baton 指挥棒

die Holzblasinstrumente • woodwind • 木管乐器

die Pikkoloflöte
piccolo
短笛

die Querflöte
flute
长笛

die Oboe
oboe
双簧管

das Englischhorn
cor anglais
英国管

die Klarinette
clarinet
单簧管

die Bassklarinette
bass clarinet
低音单簧管

das Fagott
bassoon
巴松管

das Kontrafagott
double bassoon
倍低音管

das Saxophon
saxophone
萨克斯管

die Schlaginstrumente • percussion • 打击乐器

die Kesselpauke
kettledrum
定音鼓

der Gong
gong
锣

die Bongos
bongos
邦戈鼓

die kleine Trommel
snare drum
小军鼓

das Becken
cymbals
钹

das Tamburin
tambourine
铃鼓

das Vibraphon • vibraphone • 颤音琴

der Triangel
triangle
三角铁

die Maracas
maracas
沙锤

die Blechblasinstrumente • brass • 铜管乐器

die Trompete
trumpet
小号

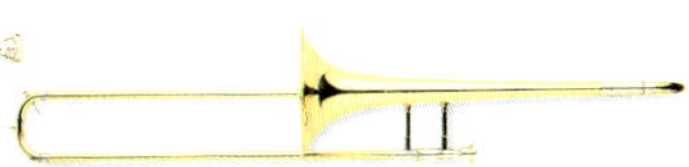
die Posaune
trombone
长号

das Horn
French horn
圆号

die Tuba
tuba
大号

das Konzert • concert • 音乐会

das Rockkonzert • rock concert • 摇滚音乐会

die Instrumente • instruments • 乐器

die Bassgitarre • bass guitar • 低音吉他

das Keyboard • keyboard • 电子琴

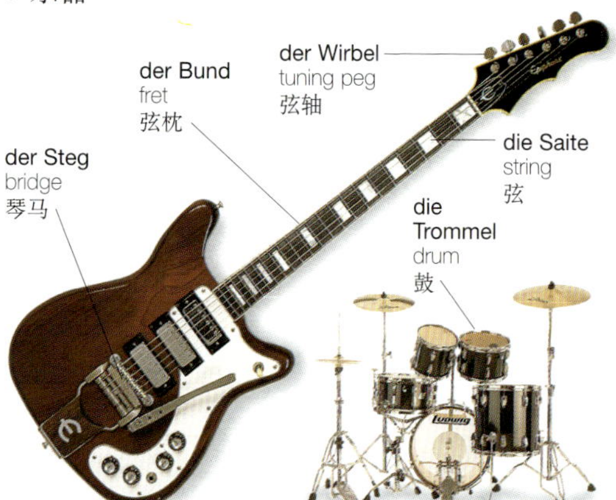

die elektrische Gitarre • electric guitar • 电吉他

das Schlagzeug • drum kit • 架子鼓

die Musikstile • musical styles • 音乐风格

der Jazz • jazz • 爵士乐

der Blues • blues • 蓝调音乐

die Punkmusik • punk • 朋克音乐

der Folk • folk music• 民间音乐

der Pop • pop • 流行音乐

die Tanzmusik • dance • 舞曲

der Rap • rap • 说唱音乐

das Heavymetal • heavy metal • 重金属摇滚

die klassische Musik • classical music • 古典音乐

das Lied	der Text	die Melodie	der Beat	der Reggae	die Countrymusic	der Scheinwerfer
song	lyrics	melody	beat	reggae	country	spotlight
歌曲	歌词	旋律	节拍	雷盖音乐	乡村音乐	聚光灯

die Besichtigungstour • sightseeing • 观光

der Tourist
tourist
游客

die Touristenattraktion • tourist attraction • 游览胜地

die Route
itinerary
旅行路线

mit offenem Oberdeck
open-top
敞篷

der Stadtrundfahrtbus • tour bus • 观光巴士

die Fremdenführerin
tour guide
导游

die Figur • statuette • 小雕像

die Führung
guided tour
团体旅游

die Andenken
souvenirs
纪念品

geöffnet open 开门	der Film film 胶卷	der Camcorder camcorder 便携式摄像机	links left 左
geschlossen closed 关门	die Batterien batteries 电池	die Kamera camera 照相机	rechts right 右
das Eintrittsgeld entrance fee 入场费	der Reiseführer guide book 旅行指南	die Richtungsangaben directions （行路的）指引	geradeaus straight on 直行

Wo ist …?
Where is …?
…在哪里？

Ich habe mich verlaufen.
I'm lost.
我迷路了。

Können Sie mir sagen, wie ich nach … komme?
Can you tell me the way to …?
你能告诉我到…的路吗？

die Sehenswürdigkeiten • attractions • 名胜

das Gemälde
painting
绘画

das Ausstellungsstück
exhibit
展品

die Kunstgalerie
art gallery
艺术馆

das Monument
monument
纪念碑

die Ausstellung
exhibition
展览

das Museum
museum
博物馆

die berühmte Ruine
famous ruin
古迹

das historische Gebäude
historic building
历史建筑

das Kasino
casino
赌场

der Park
gardens
庭园

der Nationalpark
national park
国家公园

die Information • information • 游览信息

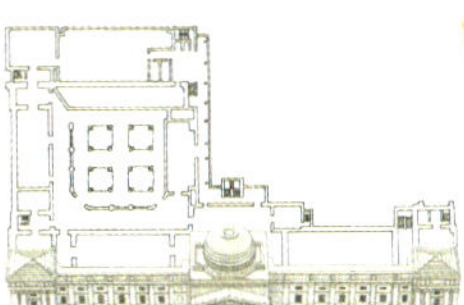

der Grundriss
floor plan
平面图

der Stadtplan
map
地图

die Zeiten
times
日程

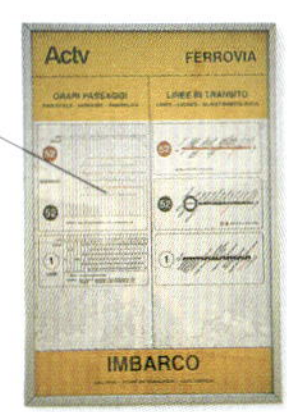

der Fahrplan
timetable
时刻表

die Touristeninformation
tourist information
旅游问询处

die Aktivitäten im Freien • outdoor activities • 户外活动

der Fußweg
footpath
小道

die Sonnenuhr
sundial
日晷

das Café
café
咖啡馆

der Park • park • 公园

das Gras
grass
草坪

die Bank
bench
长椅

die Gartenanlagen
formal gardens
法式花园

die Berg-und-Tal-bahn
roller coaster
过山车

der Jahrmarkt
fairground
游乐园

der Vergnügungspark
theme park
主题公园

der Safaripark
safari park
野生动物园

der Zoo
zoo
动物园

die Aktivitäten • activites • 活动

das Radfahren
cycling
骑自行车

das Jogging
jogging
慢跑

das Skateboardfahren
skateboarding
滑板

das Inlinerfahren
rollerblading
滚轴溜冰

das Vogelbeobachten
bird watching
观鸟

der Reitweg
bridle path
骑马专用道

das Reiten
horse riding
骑马

das Wandern
hiking
远足

der Picknickkorb
hamper
野餐篮

das Picknick
picnic
野餐

der Spielplatz • playground • 游乐场

der Sandkasten
sandpit
沙箱

das Planschbecken
paddling pool
儿童戏水池

die Schaukel
swings
秋千

die Wippe • seesaw • 跷跷板

die Rutsche • slide • 滑梯

das Klettergerüst
• climbing frame • 攀登架

der Strand • beach • 海滩

das Hotel
hotel
旅馆

der Sonnenschirm
beach umbrella
遮阳伞

das Strandhäuschen
beach hut
海滩小屋

der Sand
sand
沙

die Welle
wave
海浪

das Meer
sea
海

die Strandtasche
beach bag
海滨游泳袋

der Bikini
bikini
比基尼泳装

sonnenbaden • sunbathe (v) • 晒日光浴

der Rettungsschwimmer
lifeguard
救生员

der Rettungsturm
lifeguard tower
救生瞭望塔

der Windschutz
windbreak
防风屏

die Promenade
promenade
海滨步道

der Liegestuhl
deck chair
轻便折叠躺椅

die Sonnenbrille
sunglasses
太阳镜

der Sonnenhut
sunhat
遮阳帽

die Sonnenmilch
suntan lotion
防晒乳

der Sonnenblock
sunblock
防晒液

der Wasserball
beach ball
浮水气球

der Schwimmreifen
rubber ring
游泳圈

das Strandtuch
beach towel
海滩浴巾

der Badeanzug
swimsuit
游泳衣

der Spaten
spade
铲子

der Eimer
bucket
桶

die Sandburg
sandcastle
沙堡

die Muschel
shell
贝壳

das Camping • camping • 露营

der Campingplatz • campsite • 露营地

zelten camp (v) 露营	der Zeltplatz pitch 宿营地	die Picknickbank picnic bench 野餐长椅	die Holzkohle charcoal 木炭
Zeltplätze frei pitches available 自由宿营地	die Zeltstange tent pole 帐篷杆	die Hängematte hammock 吊床	der Feueranzünder firelighter 引火物
voll full 满	das Faltbett camp bed 折叠床	das Wohnmobil camper van 野营车	ein Feuer machen light a fire (v) 点火
die Campingplatzverwaltung site manager's office 营地管理处	ein Zelt aufschlagen pitch a tent (v) 支帐篷	der Anhänger trailer 拖车	das Lagerfeuer campfire 营火

das Gestänge
frame
支架

der Zeltboden
ground sheet
铺地防潮布

der Rucksack
backpack
背包

die Thermosflasche
vacuum flask
保温瓶

die Wasserflasche
water bottle
水瓶

das Zelt • tent • 帐篷

der Insektenspray
insect repellent
驱虫剂

die Taschenlampe
torch
营地灯

das Moskitonetz
mosquito net
蚊帐

die Thermowäsche
thermals
保暖内衣

der Schlafsack
sleeping bag
睡袋

die Wanderschuhe
walking boots
徒步靴

die Regenhaut
waterproofs
雨衣

der Gasbrenner
camping stove
野营炉

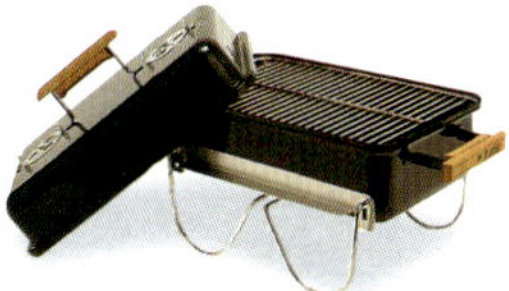

der Grill
barbecue
烧烤架

die Schlafmatte
sleeping mat
睡垫

die Luftmatratze • air mattress • 充气床垫

die Privatunterhaltung • home entertainment • 家庭娱乐

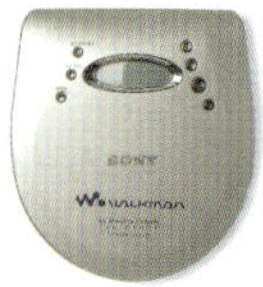

der Discman
personal CD player
便携式CD播放机

der Minidiskrekorder
mini disk recorder
MD录放机

der MP3-Spieler
MP3 player
MP3播放机

die DVD-Platte
DVD disk
DVD光盘

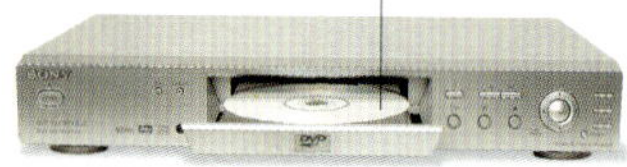

der DVD-Spieler
DVD player
DVD播放机

der Plattenspieler
record player
电唱机

der CD-Spieler
CD player
CD播放机

das Radio
radio
收音机

der Verstärker
amplifier
功率放大器

die Kopfhörer
headphones
耳机

das Rack
stand
搁架

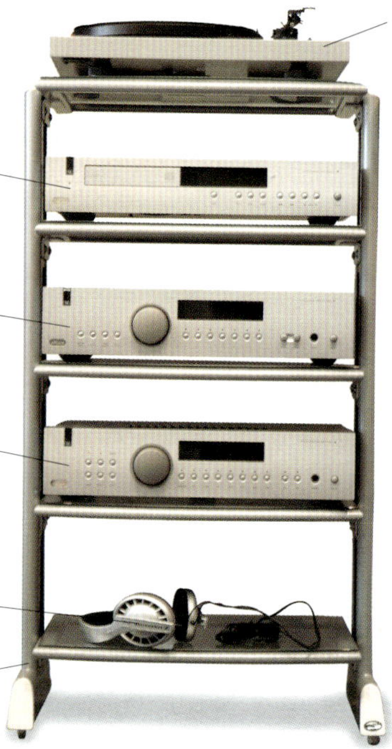

die Hi-Fi-Anlage • hi-fi system • 高保真音响系统

die Box
(loud) speaker
音箱

der Ständer
speaker stand
音箱架

die Videokassette
video tape
录像带

der Videorekorder
video recorder
录像机

der Bildschirm
screen
显示屏

die Okularmuschel
eyecup
接目杯

der Camcorder
camcorder
便携式摄像机

die Satellitenschüssel
satellite dish
圆盘式卫星电视天线

der Breitbildfernseher
widescreen television
宽屏电视

das Pult
console
控制台

der Steuerhebel
controller
操纵手柄

das Videospiel • video game • 视频游戏

der Vorlauf
fast forward
快进

die Pause
pause
暂停

die Aufnahme
record
录制

die Lautstärke
volume
音量

der Rücklauf
rewind
倒带

das Abspielen
play
播放

der Stop
stop
停止

die Fernbedienung • remote control • 遥控器

die CD-Platte compact disc 激光唱盘	der Spielfilm feature film 故事片	das Kabelfernsehen cable television 有线电视	digital digital 数字式	stereo stereo 立体声
die Kassette cassette tape 盒式录音带	die Werbung advertisement 广告	das Programm programme 节目	fernsehen watch television (v) 看电视	das Radio einstellen tune the radio (v) 调收音机
der Kassettenrekorder cassette player 盒式磁带录音机	der Pay-Kanal pay per view channel 收费频道	den Kanal wechseln change channel (v) 换频道	den Fernseher einschalten turn the television on (v) 开电视	den Fernseher abschalten turn the television off (v) 关电视

die Fotografie • photography • 摄影

der Zähler
frame counter
曝光记数器

der Blitz
flash
闪光灯

der Blendenregler
aperture dial
光圈调节环

der Auslöser
shutter release
快门键

die Zeiteinstellscheibe
shutter-speed dial
快门速度调节钮

die Linse
lens
镜头

die Spiegelreflexkamera • SLR camera • 单镜头反光照相机

der Filter
filter
滤镜

die Schutzkappe
lens cap
镜头盖

der Elektronenblitz
flash gun
闪光灯

der Belichtungsmesser
lightmeter
测光仪

das Zoom
zoom lens
变焦镜头

das Stativ
tripod
三脚架

die Fotoapparattypen • types of camera • 相机种类

die Digitalkamera
digital camera
数码相机

die Kamera für APS-Film
APS camera
一次成像全自动相机

die Sofortbildkamera
instant camera
立拍立现相机

die Einwegkamera
disposable camera
一次性相机

fotografieren • photograph (v) • 照相

die Filmspule
film spool
胶卷

der Film
film
胶片

einstellen
focus (v)
调焦

entwickeln
develop (v)
冲洗

das Negativ
negative
底片

quer
landscape
全景照

hoch
portrait
人像照

das Foto • photograph • 相片

das Fotoalbum
photo album
相册

der Fotorahmen
photo frame
相框

die Probleme • problems • 问题

unterbelichtet
underexposed
曝光不足

überbelichtet
overexposed
曝光过度

unscharf
out of focus
失焦

die Rotfärbung der Augen
red eye
红眼

der Bildsucher
viewfinder
取景器

der Abzug
print
样片

die Kameratasche
camera case
相机盒

matt
mat
无光泽

die Belichtung
exposure
曝光

Hochglanz-
gloss
有光泽

die Dunkelkammer
darkroom
暗室

die Vergrößerung
enlargement
放大

Könnten Sie diesen Film entwickeln lassen?
I'd like this film processed.
请冲洗这个胶卷。

die Spiele • games • 游戏

das Schach • chess • 国际象棋

das Damespiel • draughts • 国际跳棋

das Scrabble • scrabble • 拼字游戏

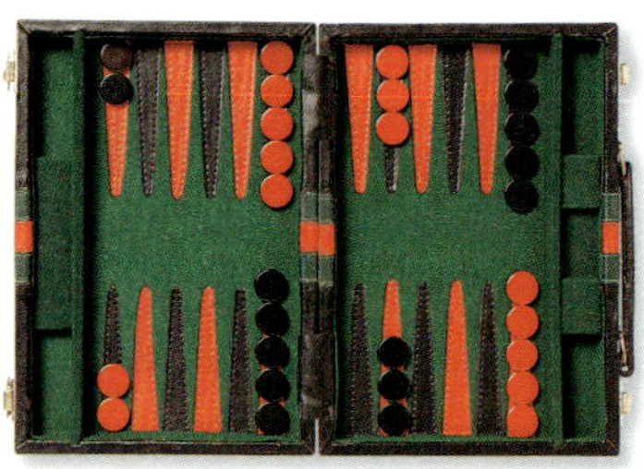

das Backgammon • backgammon • 西洋双陆棋

die Brettspiele • board games • 棋盘游戏

das Briefmarkensammeln
stamp collecting
集邮

das Puzzle
jigsaw puzzle
拼图

das Domino
dominoes
多米诺骨牌

die Dartscheibe
dartboard
靶盘

das Bull's Eye
bullseye
靶心

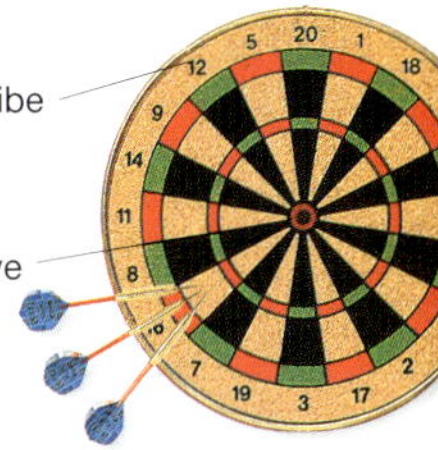

das Darts
darts
飞镖

der Joker
joker
王牌

der Bube
jack
J

die Dame
queen
Q

der König
king
K

das Ass • ace • A

das Karo
diamond
方块

das Pik
spade
黑桃

das Herz
heart
红桃

das Kreuz
club
梅花

die Karten • cards • 纸牌

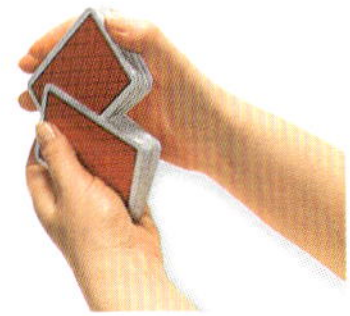

mischen • shuffle (v) • 洗牌

geben • deal (v) • 发牌

der Zug move 走棋	gewinnen win (v) 赢	der Verlierer loser 输家	das Bridge bridge 桥牌	der Punkt point 点	Wer ist dran? Whose turn is it? 该谁了？
spielen play (v) 玩	der Gewinner winner 赢家	das Spiel game 游戏	das Poker poker 扑克牌	die Farbe suit 同花	Du bist dran. It's your move. 该你了。
der Spieler player 玩家	verlieren lose (v) 输	die Wette bet 赌注	das Kartenspiel pack of cards 一副牌	das Spielergebnis score 得分	Würfle. Roll the dice. 掷骰子

das Kunsthandwerk 1 • arts and crafts 1 • 工艺美术 1

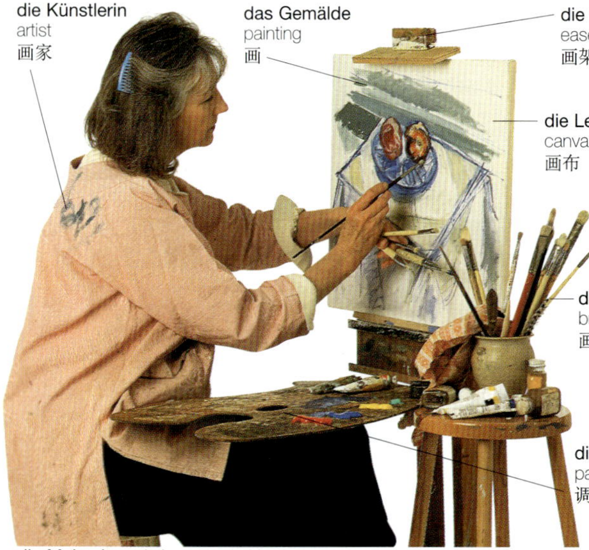

die Malerei • painting • (用颜料等)绘画

die Farben • colours • 颜色

rot • red • 红色

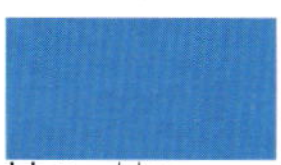
blau • blue • 蓝色

gelb • yellow • 黄色

grün • green • 绿色

orange • orange • 橘色

lila • purple • 紫色

weiß • white • 白色

schwarz • black • 黑色

grau • grey • 灰色

rosa • pink • 粉红色

braun • brown • 褐色

indigoblau • indigo • 靛青色

die Farben • paints • 颜料

die Ölfarben
oil paints
油画颜料

die Aquarellfarbe
watercolour paint
水彩画颜料

die Pastellstifte
pastels
彩色蜡笔

die Acrylfarbe
acrylic paint
丙烯颜料

die Plakatfarbe
poster paint
广告颜料

andere Kunstfertigkeiten • other crafts • 其他工艺

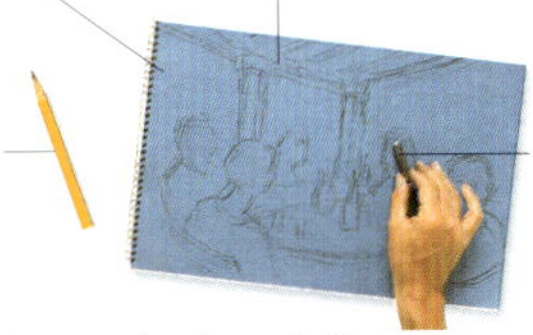

das Zeichnen • drawing • 素描

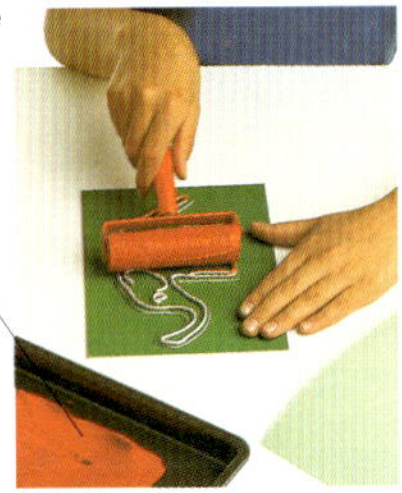

das Drucken
printing
印刷

das Gravieren
engraving
版画

die Bildhauerei
sculpting
雕刻

die Holzarbeit
woodworking
木工

die Töpferei • pottery • 陶艺

die Collage • collage • 拼贴

die Juwelierarbeit
jewellery making
珠宝制作

das Papiermaché
papier-mâché
纸板制型

das Origami
origami
折纸

der Modellbau
model making
模型制作

das Kunsthandwerk 2 • arts and crafts 2 • 工艺美术 2

der Fadenleiter
thread guide
导线器

der Spuler
thread reel
绕线轴

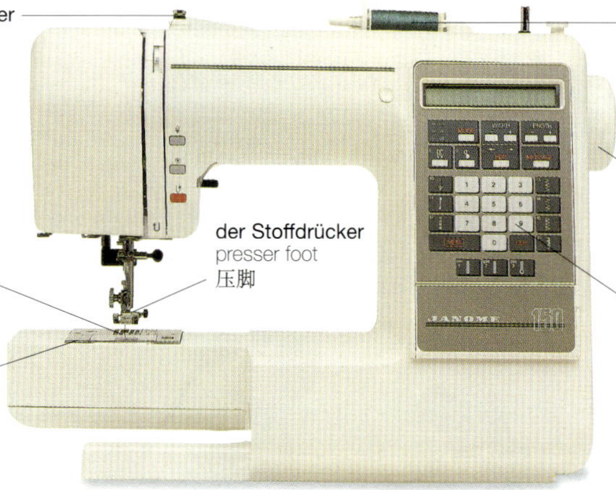

das Handrad
balance wheel
手轮

die Nadel
needle
针

der Stoffdrücker
presser foot
压脚

der Stichwähler
stitch selector
针脚选择器

die Stichplatte
needle plate
针板

die Nähmaschine • sewing machine • 缝纫机

die Schere
scissors
剪刀

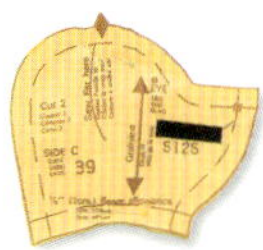

das Schnittmuster
pattern
纸样

das Nadelkissen
pincushion
针垫

die Stecknadel
pin
大头针

der Nähkorb • sewing basket • 针线筐

das Zentimetermaß
tape measure
卷尺

der Stoff
material
布料

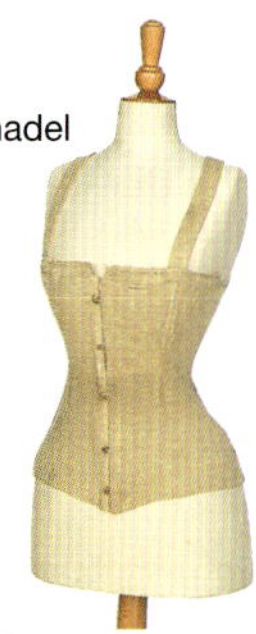

die Spule
bobbin
线轴

das Garn
thread
线

die Öse
eye
领钩环

der Haken
hook
领钩

der Fingerhut
thimble
顶针

die Schneiderkreide
tailor's chalk
划粉

die Schneiderpuppe
tailor's dummy
人体模型

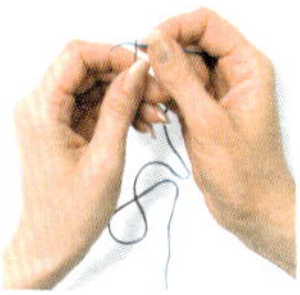

einfädeln
thread (v)
穿针

der Stich
stitch
针脚

nähen
sew (v)
缝

stopfen
darn (v)
织补

heften
tack (v)
粗缝

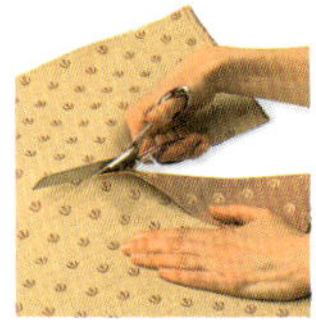

schneiden
cut (v)
剪裁

die Tapisserie
needlepoint
绒绣

die Stickerei
embroidery
刺绣

der Häkelhaken
crochet hook
钩针

das Häkeln
crochet
钩织

das Makramee
macramé
流苏花边

das Patchwork
patchwork
拼缝

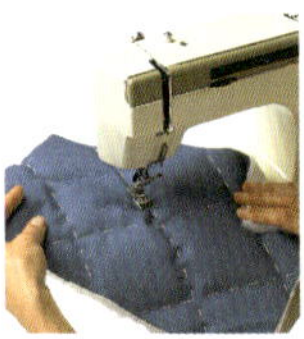

das Wattieren
quilting
绗缝

der Klöppel
lace bobbin
线轴

die Spitzenklöppelei
lace-making
织边

der Webstuhl
loom
织布机

die Weberei
weaving
纺织

die Stricknadel
knitting needle
编织针

das Stricken • knitting • 编织

die Wolle
wool
毛线

der Strang • skein • 线束

auftrennen unpick (v) 拆开	das Nylon nylon 尼龙
der Stoff fabric 布匹	die Seide silk 丝绸
die Baumwolle cotton 棉布	der Modedesigner designer 设计师
das Leinen linen 亚麻布	die Mode fashion 时尚
das Polyester polyester 聚酯	der Reißverschluss zip 拉链

die Umwelt

environment

环境

der Weltraum • space • 宇宙空间

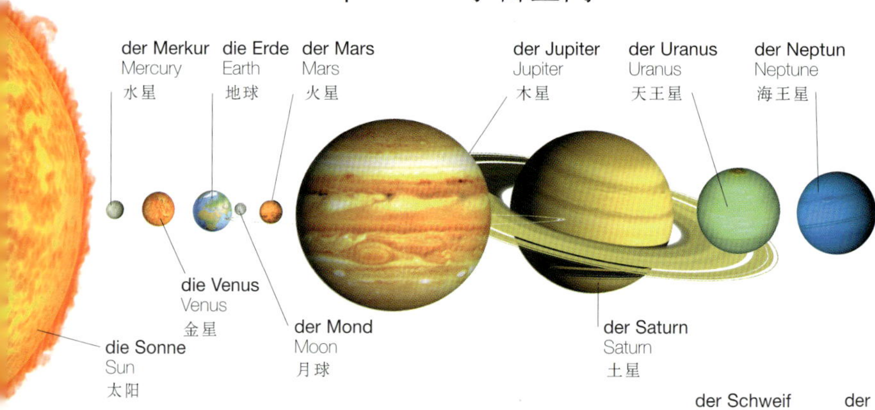

das Sonnensystem • solar system • 太阳系

die Galaxie
galaxy
星系

der Nebelfleck
nebula
星云

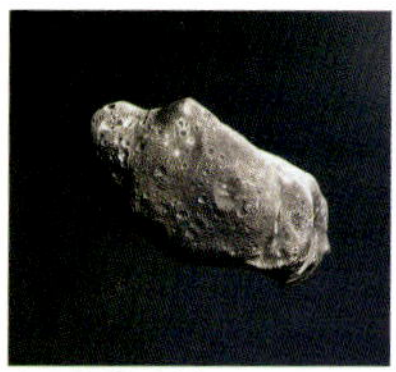

der Asteroid
asteroid
小行星

der Komet
comet
彗星

der Planet planet 行星	das Universum universe 宇宙	der Vollmond full moon 满月
der Meteor meteor 流星	die Umlaufbahn orbit 轨道	der Neumond new moon 新月
die Schwerkraft gravity 重力	das schwarze Loch black hole 黑洞	die Mondsichel crescent moon 弦月

die Finsternis • eclipse • (日、月)食

die Raumforschung • space exploration • 太空探索

die Raumfähre
space shuttle
航天飞机

der Booster
booster
推进器

die Abschussrampe
launch pad
发射架

der Abschuss • launch • 发射

der Raumanzug
space suit
太空服

der Astronaut
astronaut
宇航员

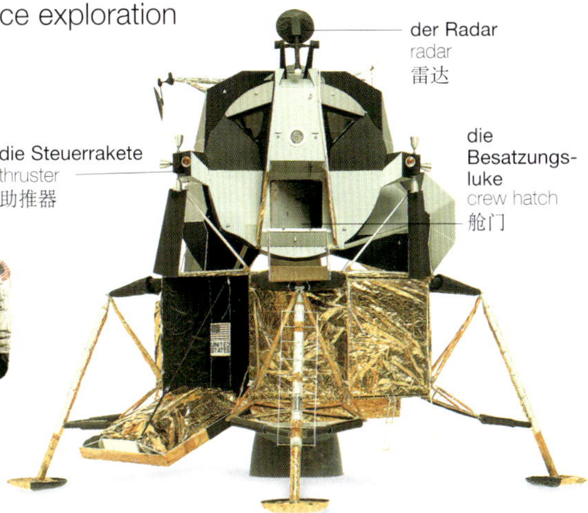

der Radar
radar
雷达

die Steuerrakete
thruster
助推器

die Besatzungsluke
crew hatch
舱门

die Mondfähre • lunar module • 登月舱

der Satellit • satellite • 人造卫星

die Raumstation • space station • 空间站

die Astronomie • astronomy • 天文学

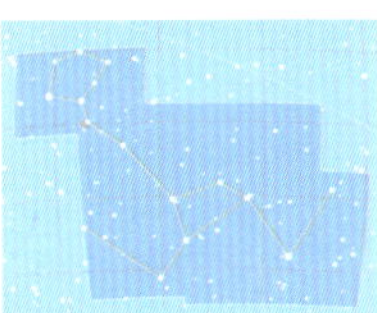

das Sternbild
constellation
星座

das Fernglas
binoculars
双筒望远镜

das Teleskop
telescope
天文望远镜

das Stativ
tripod
三脚架

die Erde • Earth • 地球

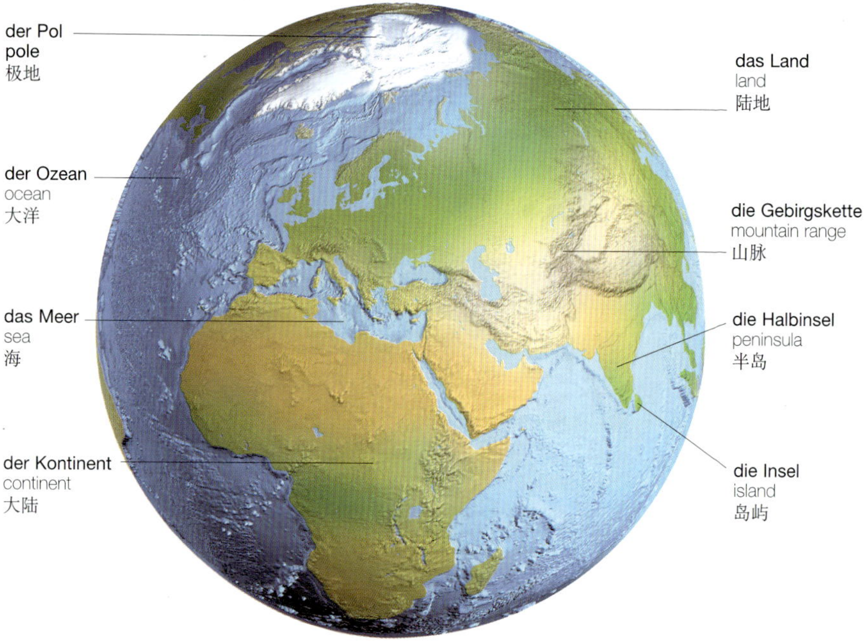

der Planet • planet • 行星

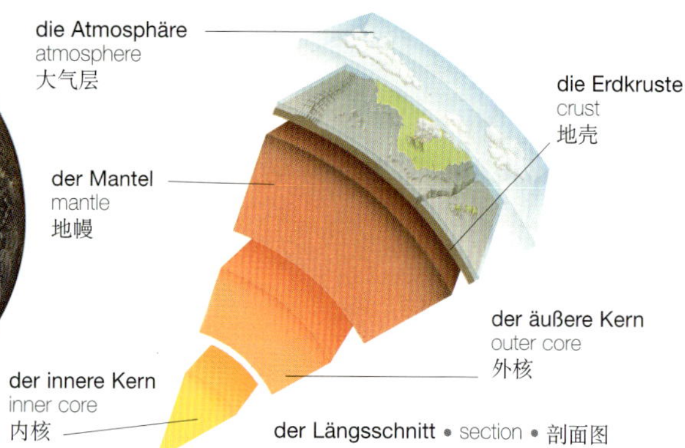

der Längsschnitt • section • 剖面图

die Erdzonen • zones • 地带

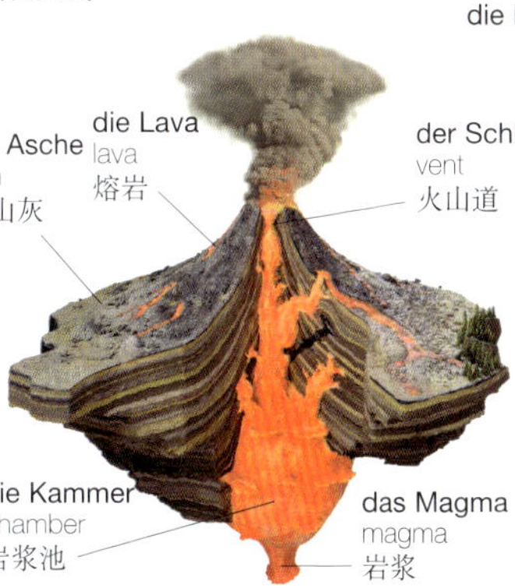

der Vulkan • volcano • 火山

der Krater • crater • 火山口

das Erdbeben
earthquake
地震

die Platte
plate
板块

ausbrechen
erupt (v)
喷发

das Beben
tremor
震动

die Landschaft • landscape • 地貌

der Berg
mountain
山

der Hang
slope
山坡

das Ufer
bank
河岸

der Fluss
river
河流

die Stromschnellen
rapids
急流

die Felsen
rocks
岩石

der Gletscher • glacier • 冰河

das Tal • valley • 山谷

der Hügel
hill
丘陵

das Plateau
plateau
高原

die Schlucht
gorge
峡谷

die Höhle
cave
岩洞

die Ebene • plain • 平原

die Wüste • desert • 沙漠

der Wald • forest • 森林

der Wald • wood • 树林

der Regenwald
• rainforest • 雨林

der Sumpf • swamp
• 沼泽

die Wiese label
• meadow • 草场

das Grasland
• grassland• 草原

der Wasserfall • waterfall
• 瀑布

der Bach • stream
• 溪流

der See • lake • 湖

der Geysir • geyser
• 间歇喷泉

die Küste • coast
• 海岸

die Klippe • cliff • 悬崖

das Korallenriff
• coral reef • 珊瑚礁

die Flussmündung
• estuary • 河口

das Wetter • weather • 天气

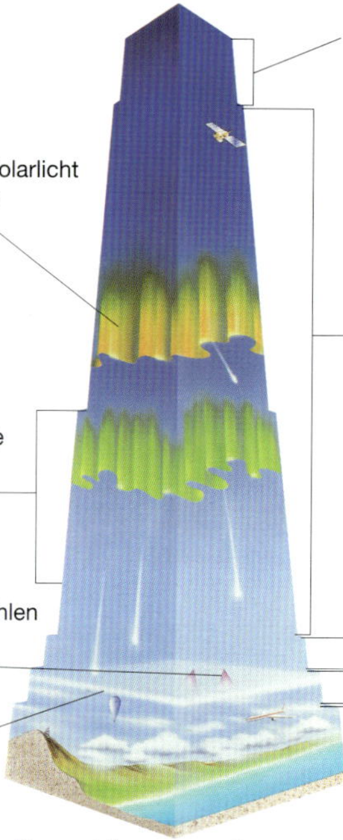

die Atmosphäre • atmosphere • 大气层

der Sonnenschein • sunshine • 阳光

der Wind • wind • 风

der Schneeregen sleet 雨夹雪	der Schauer shower 阵雨	heiß hot 热	trocken dry 干燥	windig windy 多风	Mir ist heiß/kalt. I'm hot/cold. 我热/冷。
der Hagel hail 冰雹	sonnig sunny 阳光明媚	kalt cold 冷	nass wet 潮湿	der Sturm gale 狂风	Es regnet. It's raining. 正在下雨。
der Donner thunder 雷	bewölkt cloudy 多云	warm warm 温暖	feucht humid 湿润	die Temperatur temperature 温度	Es sind … Grad. It's … degrees. …度。

die Wolke • cloud • 云

der Regen • rain • 雨

das Gewitter • storm • 暴风雨

der feine Nebel • mist • 霭

der dichte Nebel • fog • 雾

der Regenbogen • rainbow • 彩虹

der Schnee • snow • 雪

der Raureif • frost • 霜

das Eis • ice • 冰

der Frost • freeze • 结冰

der Hurrikan • hurricane • 飓风

der Tornado • tornado • 龙卷风

der Monsun • monsoon • 季风

die Überschwemmung • flood • 洪水

das Gestein • rocks • 岩石

eruptiv • igneous • 火成岩

der Granit
granite
花岗岩

der Obsidian
obsidian
黑曜岩

der Basalt
basalt
玄武岩

der Bimsstein
pumice
浮石

sedimentär • sedimentary • 沉积岩

der Sandstein
sandstone
砂岩

der Kalkstein
limestone
石灰岩

die Kreide
chalk
白垩

der Feuerstein
flint
燧石

das Konglomerat
conglomerate
砾岩

die Kohle
coal
煤

metamorph • metamorphic • 变质岩

der Schiefer
slate
板岩

der Schiefer
schist
页岩

der Gneis
gneiss
片麻岩

der Marmor
marble
大理石

die Schmucksteine • gems • 宝石

der Rubin
ruby
红宝石

der Aquamarin
aquamarine
海蓝宝石

der Amethyst
amethyst
紫水晶

der Diamant
diamond
钻石

der Jade
jade
玉石

der Jett
jet
黑玉

der Smaragd
emerald
绿宝石

der Opal
opal
蛋白石

der Saphir
sapphire
蓝宝石

der Mondstein
moonstone
月长石

der Granat
garnet
石榴石

der Topas
topaz
黄玉

der Turmalin
tourmaline
电气石

die Mineralien • minerals • 矿物

der Quarz
quartz
石英

der Glimmer
mica
云母

der Schwefel
sulphur
硫磺

der Hämatit
hematite
赤铁矿

der Kalzit
calcite
方解石

der Malachit
malachite
孔雀石

der Türkis
turquoise
绿松石

der Onyx
onyx
缟玛瑙

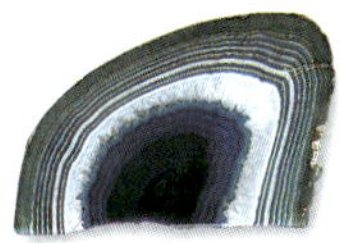
der Achat
agate
玛瑙

der Graphit
graphite
石墨

die Metalle • metals • 金属

das Gold
gold
金

das Silber
silver
银

das Platin
platinum
铂

das Nickel
nickel
镍

das Eisen
iron
铁

das Kupfer
copper
铜

das Zinn
tin
锡

das Aluminium
aluminium
铝

das Quecksilber
mercury
汞

das Zink
zinc
锌

die Tiere 1 • animals 1 • 动物1

die Säugetiere • mammals • 哺乳动物

das Kaninchen
rabbit
兔子

der Hamster
hamster
仓鼠

die Schnurrhaare
whiskers
胡须

die Maus
mouse
小家鼠

der Schwanz
tail
尾

die Ratte
rat
老鼠

der Igel
hedgehog
刺猬

das Eichhörnchen
squirrel
松鼠

die Fledermaus
bat
蝙蝠

der Waschbär
raccoon
浣熊

der Fuchs
fox
狐狸

der Wolf
wolf
狼

der Welpe
puppy
小狗

der Hund
dog
狗

das Kätzchen
kitten
小猫

die Katze
cat
猫

der Otter
otter
水獭

das Junge
pup
小海豹

die Robbe
seal
海豹

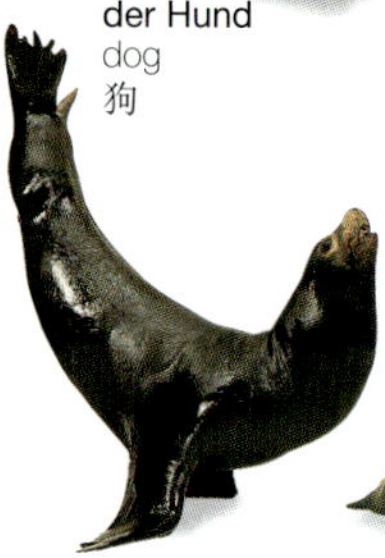

der Seelöwe
sea lion
海狮

die Flosse
flipper
鳍状肢

das Walross
walrus
海象

das Atemloch
blowhole
喷水孔

der Wal
whale
鲸

der Delphin
dolphin
海豚

das Geweih
antler
鹿角

der Hirsch
deer
鹿

die Mähne
mane
鬃毛

der Huf
hoof
蹄

das Zebra
zebra
斑马

die Giraffe
giraffe
长颈鹿

der Höcker
hump
驼峰

das Kamel
camel
骆驼

das Nilpferd
hippopotamus
河马

der Rüssel
trunk
象鼻

der Stoßzahn
tusk
长牙

der Elefant
elephant
象

das Horn
horn
角

das Nashorn
rhinoceros
犀牛

der Tiger
tiger
虎

die Mähne
mane
鬃毛

der Löwe
lion
狮子

der Affe
monkey
猴子

der Gorilla
gorilla
大猩猩

der Koalabär
koala
树袋熊

der Beutel
pouch
育儿袋

das Känguru
kangaroo
袋鼠

die Klaue
claw
爪

der Bär
bear
熊

der Eisbär
polar bear
北极熊

der Pandabär
panda
熊猫

die Tiere 2 • animals 2 • 动物2

die Vögel • birds • 鸟

der Kanarienvogel
canary
金丝雀

der Spatz
sparrow
麻雀

der Kolibri
hummingbird
蜂鸟

der Schwanz
tail
尾

die Schwalbe
swallow
燕子

die Krähe
crow
乌鸦

die Taube
pigeon
鸽子

der Specht
woodpecker
啄木鸟

der Falke
falcon
隼

die Eule
owl
猫头鹰

die Möwe
gull
海鸥

der Adler
eagle
鹰

der Pelikan
pelican
鹈鹕

der Flamingo
flamingo
火烈鸟

der Storch
stork
鹳

der Kranich
crane
鹤

der Pinguin
penguin
企鹅

der Strauß
ostrich
鸵鸟

die Gans
goose
鹅

der Schwan
swan
天鹅

der Pfau
peacock
孔雀

der Fasan
pheasant
雉

der Truthahn
turkey
火鸡

der Kakadu
cockatoo
美冠鹦鹉

der Schnabel
bill
喙

die Feder
feather
羽毛

der Flügel
wing
翅膀

die Kralle
claw
爪

der Papagei
parrot
鹦鹉

die Reptilien • reptiles • 爬行动物

die Schuppen
scales
鳞

der Alligator
alligator
短吻鳄

die Eidechse
lizard
蜥蜴

der Leguan
iguana
鬣蜥

der Panzer
shell
龟壳

die Wasserschildkröte
turtle
海龟

die Schildkröte
tortoise
龟

die Schlange
snake
蛇

die Schnauze
snout
吻

das Krokodil
crocodile
鳄鱼

die Tiere 3 • animals 3 • 动物3

die Amphibien • amphibians • 两栖动物

der Frosch
frog
蛙

die Kröte
toad
蟾蜍

die Kaulquappe
tadpole
蝌蚪

der Salamander
salamander
蝾螈

die Fische • fish • 鱼类

der Aal
eel
鳗鱼

der Haifisch
shark
鲨鱼

das Seepferd
sea horse
海马

der Glattrochen
skate
鳐鱼

der Rochen
ray
虹鱼

der Goldfisch
goldfish
金鱼

die Rückenflosse
dorsal fin
背鳍

die Kieme
gill
鳃

der Schwertfisch • swordfish • 剑鱼

die Brustflosse
pectoral fin
胸鳍

der Schwanz
tail
尾

die Schuppe
scale
鳞

der Koikarpfen • koi carp • 鲤鱼

die Wirbellosen • invertebrates • 无脊椎动物

die Ameise
ant
蚂蚁

die Termite
termite
白蚁

die Biene
bee
蜜蜂

die Wespe
wasp
黄蜂

der Käfer
beetle
甲壳虫

der Kakerlak
cockroach
蟑螂

die Motte
moth
蛾

der Fühler
antenna
触角

der Schmetterling
butterfly
蝴蝶

der Kokon
cocoon
茧

die Raupe
caterpillar
毛虫

die Grille
cricket
蟋蟀

die Heuschrecke
grasshopper
蚱蜢

die Gottesanbeterin
praying mantis
螳螂

der Stachel
sting
蜇针

der Skorpion
scorpion
蝎子

der Tausendfüßer
centipede
蜈蚣

die Libelle
dragonfly
蜻蜓

die Fliege
fly
苍蝇

die Stechmücke
mosquito
蚊子

der Marienkäfer
ladybird
瓢虫

die Spinne
spider
蜘蛛

die Wegschnecke
slug
蛞蝓

die Schnecke
snail
蜗牛

der Wurm
worm
蚯蚓

der Seestern
starfish
海星

die Muschel
mussel
贻贝

der Krebs
crab
螃蟹

der Hummer
lobster
龙虾

der Seepolyp
octopus
章鱼

der Tintenfisch
squid
鱿鱼

die Qualle
jellyfish
水母

die Pflanzen • plants • 植物

der Baum • tree • 树

die Eiche • oak • 橡树

die Weide
willow
柳树

die Pappel
poplar
白杨

der Eukalyptus
eucalyptus
桉树

die Lärche
larch
落叶松

die Buche
beech
山毛榉

die Birke
birch
桦树

die Kiefer
pine
松树

die Zeder
cedar
雪松

der Ahorn
maple
枫树

die Ulme
elm
榆树

die Linde
lime
椴树

die Stechpalme
holly
冬青树

die Palme
palm
棕榈树

die blühende Pflanze • flowering plant • 显花植物

der Hahnenfuß
buttercup
毛茛

das Gänseblümchen
daisy
雏菊

die Distel
thistle
蓟

der Löwenzahn
dandelion
蒲公英

das Heidekraut
heather
石南花

der Klatschmohn
poppy
罂粟

der Fingerhut
foxglove
毛地黄

das Geißblatt
honeysuckle
忍冬

die Sonnenblume
sunflower
向日葵

der Klee
clover
苜蓿

die Sternhyazinthen
bluebells
野风信子

die Schlüsselblume
primrose
樱草

die Lupinen
lupins
羽扇豆

die Nessel
nettle
荨麻

die Stadt • town • 城镇

die Straße
street
街道

die Bordkante
kerb
路沿

die Straßenecke
street corner
街角

der Laden
shop
商店

die Kreuzung
intersection
十字路口

die Einbahnstraße
one-way system
单行道

der Bürgersteig
pavement
人行道

das Bürogebäude
office block
办公楼

der Wohnblock
apartment block
公寓楼

die Gasse
alley
小巷

der Parkplatz
car park
停车场

das Straßenschild
street sign
路标

der Poller
bollard
安全岛护栏

die Straßenlaterne
street light
路灯

die Gebäude • buildings • 建筑物

das Rathaus
town hall
市政厅

die Bibliothek
library
图书馆

das Kino
cinema
电影院

das Theater
theatre
剧院

die Universität
university
大学

der Wolkenkratzer
skyscraper
摩天大楼

die Schule
school
学校

die Wohngegend • areas • 区域

das Industriegebiet
industrial estate
工业区

die Stadt
city
市区

der Vorort
suburb
郊区

das Dorf
village
村庄

die Fußgängerzone pedestrian zone 步行区	die Seitenstraße side street 小街	der Kanalschacht manhole 检修井	der Rinnstein gutter 排水沟	die Kirche church 教堂
die Allee avenue 林阴道	der Platz square 广场	die Bushaltestelle bus stop 公共汽车站	die Fabrik factory 工厂	der Kanal drain 下水道

die Architektur • architecture • 建筑

die Gebäude und Strukturen • buildings and structures • 建筑与结构

der Wolkenkratzer
skyscraper
摩天大楼

die Burg
castle
城堡

die Kirche
church
教堂

die Moschee
mosque
清真寺

der Tempel
temple
寺庙

die Synagoge
synagogue
犹太教会堂

der Staudamm
dam
水坝

die Brücke
bridge
桥梁

die Kathedrale • cathedral • 大教堂

die Baustile • styles • 建筑风格

gotisch
gothic
哥特式

der Architrav
architrave
柱顶楣梁

Renaissance-
Renaissance
文艺复兴时期风格

barock
baroque
巴洛克式

der Chor
choir
圣坛

Rokoko
rococo
洛可可式

der Bogen
arch
拱

der Fries
frieze
檐壁

der Strebepfeiler
buttress
扶墙

das Giebeldreieck
pediment
三角楣

klassizistisch
neoclassical
新古典主义风格

der Jugendstil
art nouveau
新艺术风格

Art-déco
art deco
装饰艺术风格

die Information

reference

日常便览

die Uhrzeit • time • 时间

der Minutenzeiger
minute hand
分针

der Stundenzeiger
hour hand
时针

die Uhr • clock • 钟表

die Sekunde second 秒	jetzt now 现在	eine Viertelstunde a quarter of an hour 一刻钟
die Minute minute 分钟	später later 以后	zwanzig Minuten twenty minutes 二十分钟
die Stunde hour 小时	eine halbe Stunde half an hour 半小时	vierzig Minuten forty minutes 四十分钟

Wie spät ist es?
What time is it?
几点了?

Es ist drei Uhr.
It's three o'clock.
三点了。

fünf nach eins
five past one
一点五分

zehn nach eins
ten past one
一点十分

Viertel nach eins
quarter past one
一点十五分

zwanzig nach eins
twenty past one
一点二十分

der Sekundenzeiger
second hand
秒针

fünf vor halb zwei
twenty five past one
一点二十五分

ein Uhr dreißig
one thirty
一点半

fünf nach halb zwei
twenty five to two
一点三十五分

zwanzig vor zwei
twenty to two
一点四十分

Viertel vor zwei
quarter to two
一点四十五分

zehn vor zwei
ten to two
一点五十分

fünf vor zwei
five to two
一点五十五分

zwei Uhr
two o'clock
两点钟

die Nacht und der Tag • night and day • 昼夜

die Mitternacht
midnight
午夜

der Sonnenaufgang
sunrise
日出

die Morgendämmerung
dawn
拂晓

der Morgen
morning
早晨

der Sonnenuntergang
sunset
日落

der Mittag
midday
正午

die Abenddämmerung
dusk
黄昏

der Abend
evening
傍晚

der Nachmittag
afternoon
下午

früh early 早	Du bist früh. You're early. 你来早了。	Sei bitte pünktlich. Please be on time. 请准时些。	Wann ist es zu Ende? What time does it finish? 几点结束?
pünktlich on time 准时	Du hast dich verspätet. You're late. 你迟到了。	Bis später. I'll see you later. 再见。	Wie lange dauert es? How long will it last? 会持续多久?
spät late 迟	Ich werde bald dort sein. I'll be there soon. 我马上就到。	Wann fängt es an? What time does it start? 几点开始?	Es ist schon spät. It's getting late. 天晚了。

der Kalender • calendar • 日历

der Monat
month
月

das Jahr
year
年

Januar
January
一月

2010

der Tag
day
日

Montag
Monday
星期一

Dienstag
Tuesday
星期二

Mittwoch
Wednesday
星期三

Donnerstag
Thursday
星期四

Freitag
Friday
星期五

Samstag
Saturday
星期六

Sonntag
Sunday
星期日

der Werktag
work day
工作日

die Woche
week
星期

1	2	3	4	5	6	7
8	9	10	11	12	13	14
15	16	17	18	19	20	21

das Datum
date
日期

gestern
yesterday
昨天

heute
today
今天

morgen
tomorrow
明天

das Wochenende
weekend
周末

Januar January 一月	März March 三月	Mai May 五月	Juli July 七月	September September 九月	November November 十一月
Februar February 二月	April April 四月	Juni June 六月	August August 八月	Oktober October 十月	Dezember December 十二月

die Jahre • years • 年

1900 neunzehnhundert • nineteen hundred • 一九〇〇年

1901 neunzehnhunderteins • nineteen hundred and one • 一九〇一年

1910 neunzehnhundertzehn • nineteen ten • 一九一〇年

2000 zweitausend • two thousand • 二〇〇〇年

2001 zweitausendeins • two thousand and one • 二〇〇一年

die Jahreszeiten • seasons • 季节

der Frühling
spring
春天

der Sommer
summer
夏天

der Herbst
autumn
秋天

der Winter
winter
冬天

das Jahrhundert • century • 世纪

das Jahrzehnt • decade • 十年

das Jahrtausend • millennium • 千年

vierzehn Tage • fortnight • 两周

diese Woche • this week • 本周

letzte Woche • last week • 上周

nächste Woche • next week • 下周

vorgestern • the day before yesterday • 前天

übermorgen • the day after tomorrow • 后天

wöchentlich • weekly • 每周

monatlich • monthly • 每月

jährlich • annual • 每年

Welches Datum haben wir heute?
What's the date today?
今天几号?

Heute ist der siebte Februar zweitausendzwei.
It's February seventh, two thousand and two.
今天是二〇〇二年二月七日。

die Zahlen • numbers • 数字

0 null • zero • 零
1 eins • one • 一
2 zwei • two • 二
3 drei • three • 三
4 vier • four • 四
5 fünf • five • 五
6 sechs • six • 六
7 sieben • seven • 七
8 acht • eight • 八
9 neun • nine • 九
10 zehn • ten • 十
11 elf • eleven • 十一
12 zwölf • twelve • 十二
13 dreizehn • thirteen • 十三
14 vierzehn • fourteen • 十四
15 fünfzehn • fifteen • 十五
16 sechzehn • sixteen • 十六
17 siebzehn • seventeen • 十七
18 achtzehn • eighteen • 十八
19 neunzehn • nineteen • 十九
20 zwanzig • twenty • 二十
21 einundzwanzig • twenty-one • 二十一
22 zweiundzwanzig • twenty-two • 二十二
30 dreißig • thirty • 三十
40 vierzig • forty • 四十
50 fünfzig • fifty • 五十
60 sechzig • sixty • 六十
70 siebzig • seventy • 七十
80 achtzig • eighty • 八十
90 neunzig • ninety • 九十
100 hundert • one hundred • 一百
110 hundertzehn • one hundred and ten • 一百一十
200 zweihundert • two hundred • 二百
300 dreihundert • three hundred • 三百
400 vierhundert • four hundred • 四百
500 fünfhundert • five hundred • 五百
600 sechshundert • six hundred • 六百
700 siebenhundert • seven hundred • 七百
800 achthundert • eight hundred • 八百
900 neunhundert • nine hundred • 九百

1000 tausend • one thousand • 一千

10,000 zehntausend • ten thousand • 一万

20,000 zwanzigtausend • twenty thousand • 两万

50,000 fünfzigtausend • fifty thousand • 五万

55,500 fünfundfünfzigtausend-fünfhundert • fifty-five thousand five • 五万五千五百

100,000 hunderttausend • one hundred thousand • 十万

1,000,000 eine Million • one million • 一百万

1,000,000,000 eine Milliarde • one billion • 十亿

vierter • fourth • 第四

fünfter • fifth • 第五

sechster • sixth • 第六

siebter • seventh • 第七

achter • eighth • 第八

neunter • ninth • 第九

zehnter • tenth • 第十

elfter • eleventh • 第十一

zwölfter • twelfth • 第十二

dreizehnter • thirteenth • 第十三

vierzehnter • fourteenth • 第十四

fünfzehnter • fifteenth • 第十五

sechzehnter • sixteenth • 第十六

siebzehnter • seventeenth • 第十七

achtzehnter • eighteenth • 第十八

neunzehnter• nineteenth • 第十九

zwanzigster • twentieth • 第二十

einundzwanzigster • twenty-first • 第二十一

zweiundzwanzigster • twenty-second • 第二十二

dreiundzwanzigster • twenty-third • 第二十三

dreißigster • thirtieth • 第三十

vierzigster • fortieth • 第四十

fünfzigster • fiftieth • 第五十

sechzigster • sixtieth • 第六十

siebzigster • seventieth • 第七十

achtzigster • eightieth • 第八十

neunzigster • ninetieth • 第九十

hundertster • one hundredth • 第一百

die Maße und Gewichte • weights and measures • 度量衡

die Fläche • area • 面积

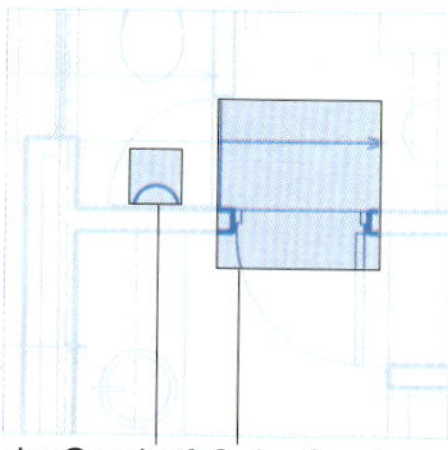

die Entfernung • distance • 距离

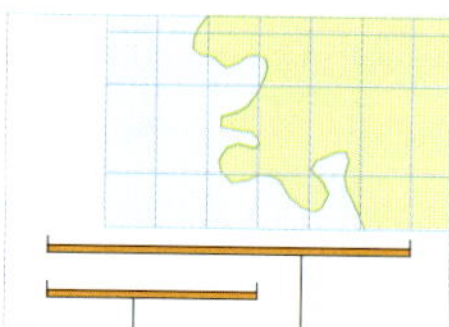

die Waage • scales • 磅秤

das Yard yard 码	die Tonne tonne 吨	messen measure (v) 测量
der Meter metre 米	das Milligramm milligram 毫克	wiegen weigh (v) 称重量

die Länge • length • 长度

das Fassungsvermögen • capacity • 容量

der halbe Liter
half-litre
半升

das Pint
pint
品脱

das Volumen
volume
容积

der Milliliter
millilitre
毫升

der Messbecher • measuring jug • 量壶

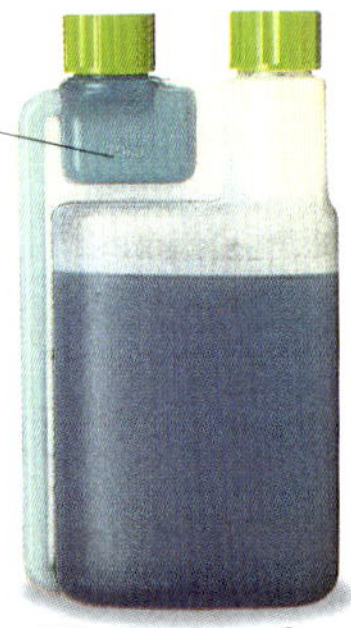

das Flüssigkeitsmaß
liquid measure
液体量器

die Gallone
gallon
加仑

das Quart
quart
夸脱

der Liter
litre
升

der Behälter • container • 容器

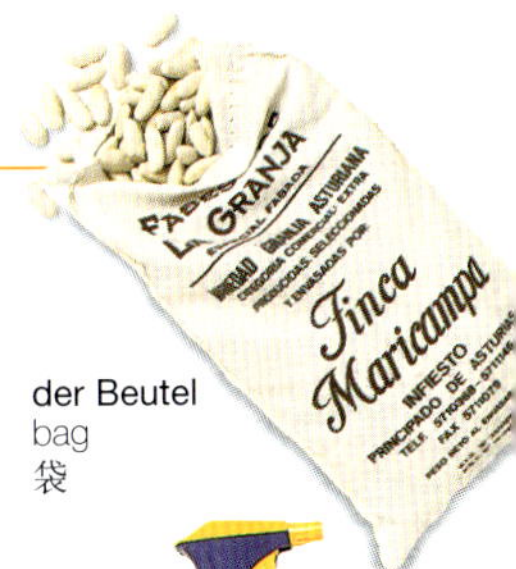

der Beutel
bag
袋

die Tüte
carton
硬纸盒

das Päckchen
packet
小包裹

die Flasche
bottle
瓶

die Spritze
liquid dispenser
喷水器

die Dose
tub
储物盒

das Glas
jar
广口瓶

die Dose
can
罐

die Dose
tin
罐头盒

das Stück
bar
块

die Tube
tube
软管

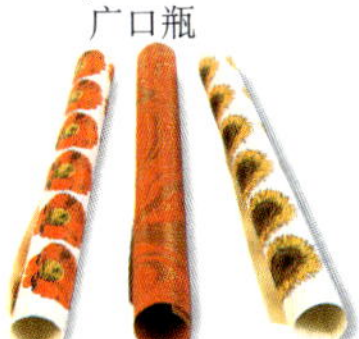

die Rolle
roll
卷

das Päckchen
pack
标准化包装盒

die Sprühdose
spray can
喷雾罐

die Weltkarte • world map • 世界地图

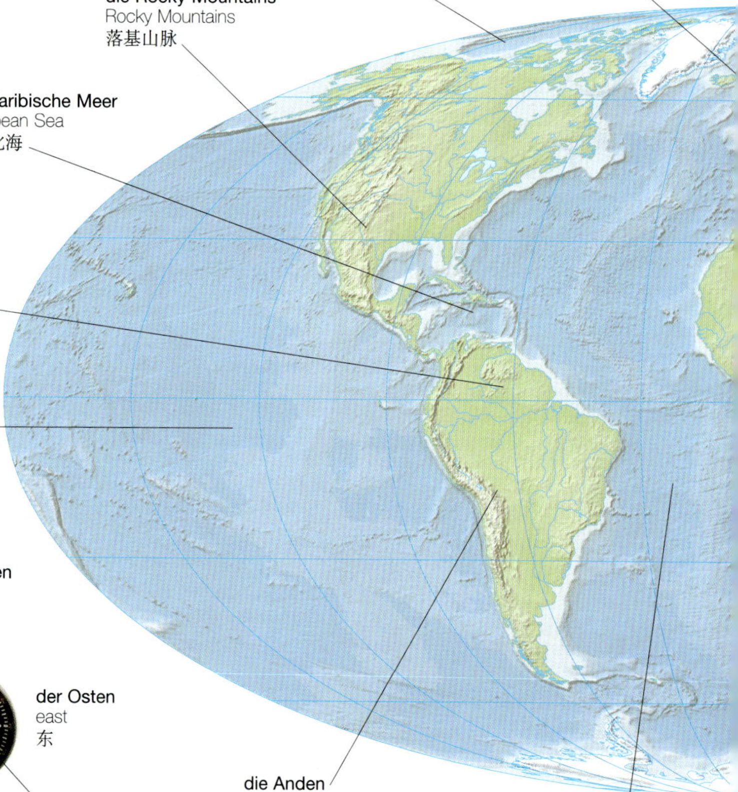

die Nordsee
North Sea
北海

das Nordpolarmeer
Arctic Ocean
北冰洋

die Rocky Mountains
Rocky Mountains
落基山脉

das Karibische Meer
Caribbean Sea
加勒比海

Amazonien
Amazonia
亚马孙平原

der Pazifische Ozean
Pacific Ocean
太平洋

die Anden
Andes
安第斯山脉

der Atlantische Ozean
Atlantic Ocean
大西洋

der Norden
north
北

der Westen
west
西

der Osten
east
东

der Kompass
compass
指南针

der Süden
south
南

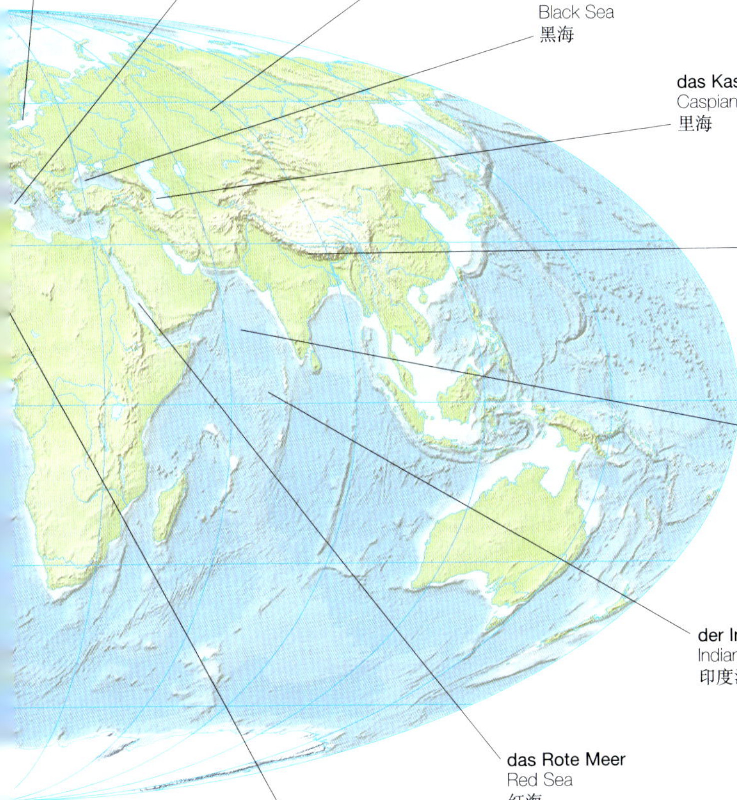
die Ostee
Baltic Sea
波罗的海
das Mittelmeer
Mediterranean Sea
地中海
Sibirien
Siberia
西伯利亚
das Schwarze Meer
Black Sea
黑海
das Kaspische Meer
Caspian Sea
里海
der Himalaja
Himalayas
喜马拉雅山脉
das Arabische Meer
Arabian Sea
阿拉伯海
der Indische Ozean
Indian Ocean
印度洋
das Rote Meer
Red Sea
红海
die Sahara
Sahara Desert
撒哈拉沙漠

Nordamerika • North America • 北美洲

1 **Alaska** • Alaska • 阿拉斯加
2 **Kanada** • Canada • 加拿大
3 **Grönland** • Greenland • 格陵兰
4 **die Vereinigten Staten** • United States of America • 美利坚合众国
5 **Mexiko** • Mexico • 墨西哥
6 **Guatemala** • Guatemala • 危地马拉
7 **Belize** • Belize • 伯利兹
8 **El Salvador** • El Salvador • 萨尔瓦多
9 **Honduras** • Honduras • 洪都拉斯
10 **Nicaragua** • Nicaragua • 尼加拉瓜
11 **Costa Rica** • Costa Rica • 哥斯达黎加
12 **Panama** • Panama • 巴拿马
13 **Kuba** • Cuba • 古巴
14 **die Bahamas** • Bahamas • 巴哈马
15 **Jamaika** • Jamaica • 牙买加
16 **Haiti**• Haiti • 海地
17 **die Dominikanische Republik** • Dominican Republic • 多米尼加
18 **Puerto Rico** • Puerto Rico • 波多黎各
19 **Barbados** • Barbados • 巴巴多斯
20 **Trinidad und Tobago** • Trinidad and Tobago • 特立尼达和多巴哥
21 **Saint Kitts und Nevis** • St. Kitts and Nevis • 圣基茨和尼维斯
22 **Antigua und Barbuda** • Antigua and Barbuda • 安提瓜和巴布达
23 **Dominica** • Dominica • 多米尼克
24 **Saint Lucia** • St Lucia • 圣卢西亚
25 **Saint Vinzent und die Grenadinen** • St Vincent and The Grenadines • 圣文森特和格林纳丁斯
26 **Grenada** • Grenada • 格林纳达

Südamerika • South America • 南美洲

1 Venezuela • Venezuela • 委内瑞拉
2 Kolumbien • Colombia • 哥伦比亚
3 Ecuador • Ecuador • 厄瓜多尔
4 Peru • Peru • 秘鲁
5 die Galapagosinseln • Galapagos Islands • 加拉帕戈斯群岛
6 Guyana • Guyana • 圭亚那
7 Suriname • Suriname • 苏里南
8 Französisch-Guayana • French Guiana • 法属圭亚那
9 Brasilien • Brazil • 巴西
10 Bolivien • Bolivia • 玻利维亚
11 Chile • Chile • 智利
12 Argentinien • Argentina • 阿根廷
13 Paraguay • Paraguay • 巴拉圭
14 Uruguay • Uruguay • 乌拉圭
15 die Falklandinseln • Falkland Islands • 马尔维纳斯群岛（福克兰群岛）（阿根廷、英国争议）

der Staat state 主权国家	die Kolonie colony 殖民地	die Zone zone 地域
das Land country 国家	die Provinz province 省	die Region region 地区
die Nation nation 民族	das Territorium territory 领土	der Bezirk district 行政区
der Kontinent continent 大陆	das Fürstentum principality 公国	die Hauptstadt capital 首都

Europa • Europe • 欧洲

1 **Island** • Iceland • 冰岛
2 **Irland** • Ireland • 爱尔兰
3 **das Vereinigte Königreich** • United Kingdom • 英国
4 **Portugal** • Portugal • 葡萄牙
5 **Spanien** • Spain • 西班牙
6 **die Balearen** • Balearic Islands • 巴利阿里群岛
7 **Andorra** • Andorra • 安道尔
8 **Frankreich** • France • 法国
9 **Belgien** • Belgium • 比利时
10 **die Niederlande** • Netherlands • 荷兰
11 **Luxemburg** • Luxembourg • 卢森堡
12 **Deutschland** • Germany • 德国
13 **Dänemark** • Denmark • 丹麦
14 **Norwegen** • Norway • 挪威
15 **Schweden** • Sweden • 瑞典
16 **Finnland** • Finland • 芬兰
17 **Estland** • Estonia • 爱沙尼亚
18 **Lettland** • Latvia • 拉脱维亚
19 **Litauen** • Lithuania • 立陶宛
20 **Kaliningrad** • Kaliningrad • 加里宁格勒
21 **Polen** • Poland • 波兰
22 **die Tschechische Republik** • Czech Republic • 捷克
23 **Österreich** • Austria • 奥地利
24 **Liechtenstein** • Liechtenstein • 列支敦士登
25 **die Schweiz** • Switzerland • 瑞士
26 **Italien** • Italy • 意大利
27 **Monaco** • Monaco • 摩纳哥
28 **Korsika** • Corsica • 科西嘉岛
29 **Sardinien** • Sardinia • 撒丁岛
30 **San Marino** • San Marino • 圣马力诺
31 **die Vatikanstadt** • Vatican City • 梵蒂冈
32 **Sizilien** • Sicily • 西西里岛(意)
33 **Malta** • Malta • 马耳他
34 **Slowenien** • Slovenia • 斯洛文尼亚
35 **Kroatien** • Croatia • 克罗地亚
36 **Ungarn** • Hungary • 匈牙利
37 **die Slowakei** • Slovakia • 斯洛伐克
38 **die Ukraine** • Ukraine • 乌克兰
39 **Weißrussland** • Belarus • 白俄罗斯
40 **Moldawien** • Moldova • 摩尔多瓦
41 **Rumänien** • Romania • 罗马尼亚
42 **Serbien** • serbia • 塞尔维亚
43 **Montenegro** • Montenegro • 黑山
44 **Bosnien und Herzegowina** • Bosnia and Herzogovina • 波斯尼亚和黑塞哥维那(波黑)
45 **Albanien** • Albania • 阿尔巴尼亚
46 **Mazedonien** • Macedonia • 马其顿
47 **Bulgarien** • Bulgaria • 保加利亚
48 **Griechenland** • Greece • 希腊
49 **die Russische Föderation** • Russian Fedeation • 俄罗斯联邦

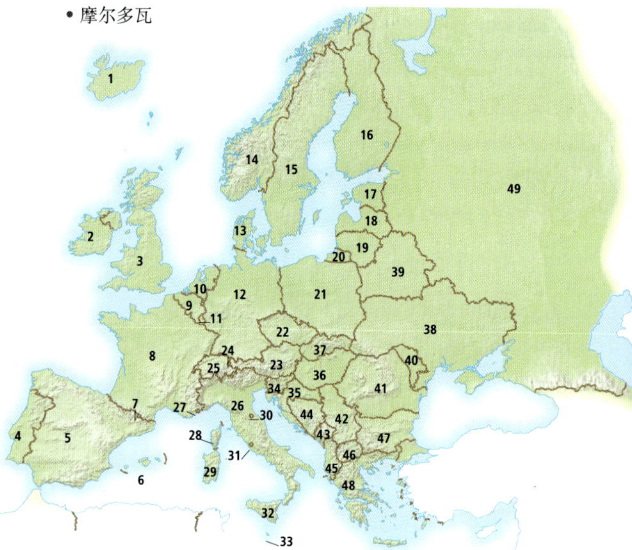

Afrika • Africa • 非洲

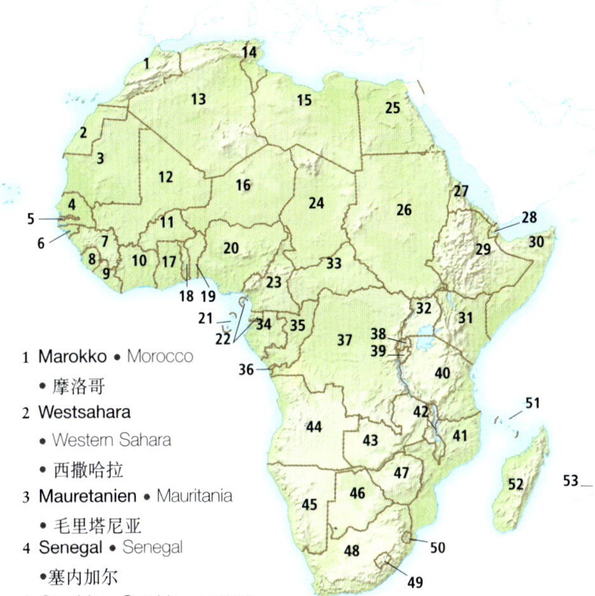

1 Marokko • Morocco • 摩洛哥

2 Westsahara • Western Sahara • 西撒哈拉

3 Mauretanien • Mauritania • 毛里塔尼亚

4 Senegal • Senegal •塞内加尔

5 Gambia • Gambia • 冈比亚

6 Guinea-Bissau • Guinea-Bissau • 几内亚比绍

7 Guinea • Guinea • 几内亚

8 Sierra Leone • Sierra Leone • 塞拉利昂

9 Liberia • Liberia • 利比里亚

10 Elfenbeinküste • Ivory Coast • 科特迪瓦

11 Burkina Faso • Burkina Faso • 布基纳法索

12 Mali • Mali • 马里

13 Algerien • Algeria • 阿尔及利亚

14 Tunesien • Tunisia • 突尼斯

15 Libyen • Libya • 利比亚

16 Niger • Niger • 尼日尔

17 Ghana • Ghana • 加纳

18 Togo • Togo • 多哥

19 Benin • Benin • 贝宁

20 Nigeria • Nigeria • 尼日利亚

21 São Tomé und Príncipe • São Tomé and Principe • 圣多美和普林西比

22 Äquatorialguinea • Equatorial Guinea • 赤道几内亚

23 Kamerun • Cameroon • 喀麦隆

24 Tschad • Chad • 乍得

25 Ägypten • Egypt • 埃及

26 der Sudan • Sudan • 苏丹

27 Eritrea • Eritrea • 厄立特里亚

28 Dschibuti • Djibouti • 吉布提

29 Äthiopien • Ethiopia • 埃塞俄比亚

30 Somalia • Somalia • 索马里

31 Kenia • Kenya • 肯尼亚

32 Uganda • Uganda • 乌干达

33 die Zentralafrikanische Republik • Central African Republic • 中非共和国

34 Gabun • Gabon • 加蓬

35 Kongo • Congo • 刚果

36 Kabinda • Cabinda • 卡奔达（安哥拉）

37 die Demokratische Republik Kongo• Democratic Republic of the Congo • 刚果民主共和国

38 Ruanda • Rwanda • 卢旺达

39 Burundi • Burundi • 布隆迪

40 Tansania • Tanzania • 坦桑尼亚

41 Mosambik • Mozambique • 莫桑比克

42 Malawi • Malawi • 马拉维

43 Sambia • Zambia • 赞比亚

44 Angola • Angola • 安哥拉

45 Namibia • Namibia • 纳米比亚

46 Botsuana • Botswana • 博茨瓦纳

47 Simbabwe • Zimbabwe • 津巴布韦

48 Südafrika • South Africa • 南非

49 Lesotho • Lesotho • 莱索托

50 Swasiland • Swaziland • 斯威士兰

51 die Komoren • Comoros • 科摩罗群岛

52 Madagaskar • Madagascar • 马达加斯加

53 Mauritius • Mauritius • 毛里求斯

Asien • Asia • 亚洲

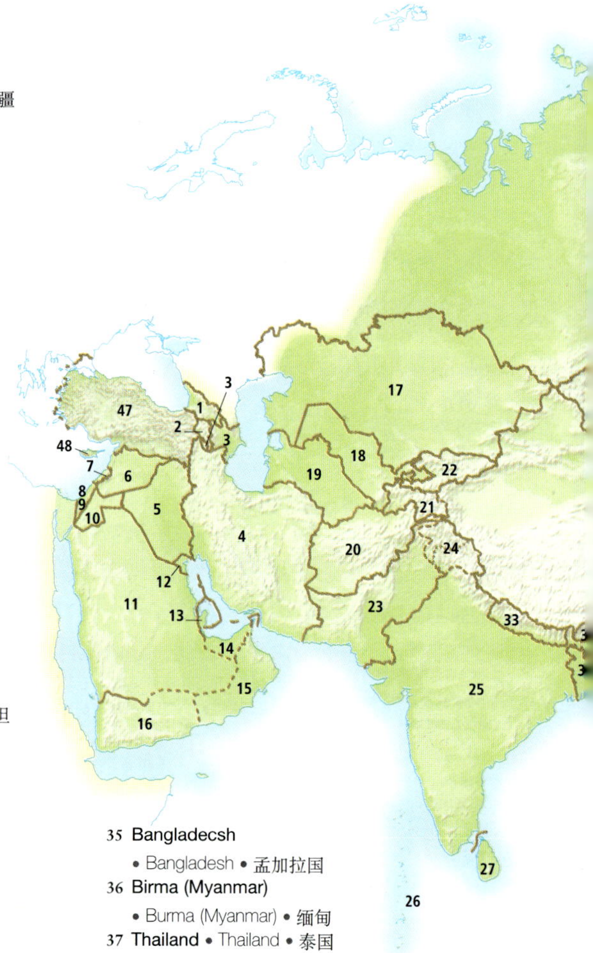

1 **Georgien** • Georgia • 格鲁吉亚
2 **Armenien** • Armenia • 亚美尼亚
3 **Aserbaidschan** • Azerbaijan • 阿塞拜疆
4 **der Iran** • Iran • 伊朗
5 **der Irak** • Iraq • 伊拉克
6 **Syrien** • Syria • 叙利亚
7 **der Libanon** • Lebanon • 黎巴嫩
8 **Palästina** • Palestine • 巴勒斯坦
9 **Israel** • Israel • 以色列
10 **Jordanien** • Jordan • 约旦
11 **Saudi-Arabien** • Saudi Arabia • 沙特阿拉伯
12 **Kuwait** • Kuwait • 科威特
13 **Katar** • Qatar • 卡塔尔
14 **Vereinigte Arabische Emirate** • United Arab Emirates • 阿拉伯联合酋长国
15 **Oman** • Oman • 阿曼
16 **der Jemen** • Yemen • 也门
17 **Kasachstan** • Kazakhstan • 哈萨克斯坦
18 **Usbekistan** • Uzbekistan • 乌兹别克斯坦
19 **Turkmenistan** • Turkmenistan • 土库曼斯坦
20 **Afghanistan** • Afghanistan • 阿富汗
21 **Tadschikistan** • Tajikistan • 塔吉克斯坦
22 **Kirgisistan** • Kyrgyzstan • 吉尔吉斯斯坦
23 **Pakistan** • Pakistan • 巴基斯坦
24 **Kashmir** • Kashmir • 克什米尔
25 **Indien** • India • 印度
26 **die Malediven** • Maldives • 马尔代夫
27 **Sri Lanka** • Sri Lanka • 斯里兰卡
28 **China** • China • 中国
29 **die Mongolei** • Mongolia • 蒙古
30 **Nordkorea** • North Korea • 朝鲜
31 **Südkorea** • South Korea • 韩国
32 **Japan** • Japan • 日本
33 **Nepal** • Nepal • 尼泊尔
34 **Bhutan** • Bhutan • 不丹
35 **Bangladecsh** • Bangladesh • 孟加拉国
36 **Birma (Myanmar)** • Burma (Myanmar) • 缅甸
37 **Thailand** • Thailand • 泰国
38 **Laos** • Laos • 老挝
39 **Vietnam** • Viet Nam • 越南
40 **Kambodscha** • Cambodia • 柬埔寨
41 **Malaysia** • Malaysia • 马来西亚
42 **Singapur** • Singapore • 新加坡

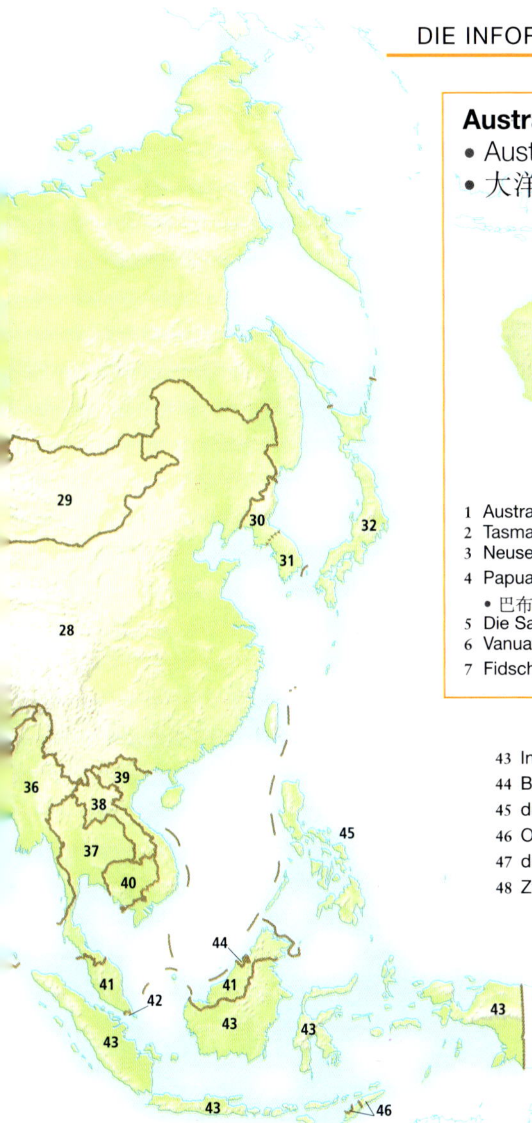

Australien und Ozeanien
• Australasia (Oceania)
• 大洋洲

1 **Australien** • Australia • 澳大利亚
2 **Tasmanien** • Tasmania • 塔斯马尼亚（岛）
3 **Neuseeland** • New Zealand • 新西兰
4 **Papua-Neuguinea** • Papua New Guinea • 巴布亚新几内亚
5 **Die Salomonen** • Solomon Islands • 所罗门群岛
6 **Vanuatu** • Vanuatu • 瓦努阿图
7 **Fidschi** • Fiji • 斐济

43 **Indonesien** • Indonesia • 印度尼西亚
44 **Brunei** • Brunei • 文莱
45 **die Philippinen** • Philippines • 菲律宾
46 **Ost-Timor** • East Timor • 东帝汶
47 **die Türkei** • Turkey • 土耳其
48 **Zypern** • Chypre • 塞浦路斯

本书中地图不包括所有国家和地区。

Partikeln und Antonyme • particles and antonyms • 小品词与反义词

zu,nach
to
到…去

von, aus
from
从…来

über
over
在…上方

unter
under
在…下方

vor
in front of
在…前面

hinter
behind
在…后面

auf
onto
在…上

in
into
到…里

in
in
在…里

aus
out
在…外

über
above
在…上面

unter
below
在…下面

innerhalb
inside
在…里面

außerhalb
outside
在…外面

hinauf
up
向上

hinunter
down
向下

an, bei
at
在…边上

jenseits
beyond
超出

durch
through
穿越

um
around
在…周围

auf
on top of
在…之上

neben
beside
在…旁边

zwischen
between
在…之间

gegenüber
opposite
在…对面

nahe
near
在…附近

weit
far
离…远

hier
here
这里

dort
there
那里

für
for
为…

zu
towards
向…方向

entlang
along
沿着…

über
across
越过

mit
with
连同

ohne
without
没有…

vor
before
在…之前

nach
after
在…之后

bis
by
不迟于…

bis
until
直到…

früh
early
早

spät
late
晚

jetzt
now
现在

später
later
今后

immer
always
总是

nie
never
从不

oft
often
经常

selten
rarely
很少

gestern
yesterday
昨天

morgen
tomorrow
明天

erste
first
第一个

letzte
last
最后一个

jede
every
每…

etwas
some
一些

gegen
about
大约

genau
exactly
准确

ein wenig
a little
一点

viel
a lot
很多

groß
large
大

klein
small
小

breit
wide
宽

schmal
narrow
窄

groß
tall
高大

kurz
short
矮小

hoch
high
高

niedrig
low
低

dick
thick
厚

dünn
thin
薄

leicht
light
轻

schwer
heavy
重

hart
hard
硬

weich
soft
软

nass
wet
潮湿

trocken
dry
干燥

gut
good
好

schlecht
bad
坏

schnell
fast
快

Langsam
slow
慢

richtig
correct
正确

falsch
wrong
错误

sauber
clean
干净

schmutzig
dirty
脏

schön
beautiful
美丽

hässlich
ugly
丑

teuer
expensive
贵

billig
cheap
便宜

leise
quiet
安静

laut
noisy
喧闹

heiß
hot
热

kalt
cold
冷

offen
open
开

geschlossen
closed
关

voll
full
满

leer
empty
空

neu
new
新

alt
old
旧

hell
light
明亮

dunkel
dark
黑暗

leicht
easy
容易

schwer
difficult
困难

frei
free
空闲

besetzt
occupied
忙碌

stark
strong
强壮

schwach
weak
虚弱

dick
fat
胖

dünn
thin
瘦

jung
young
年轻

alt
old
老

besser
better
更好

schlechter
worse
更差

schwarz
black
黑

weiß
white
白

interessant
interesting
有趣的

langweilig
boring
无聊的

krank
sick
生病的

wohl
well
健康的

der Anfang
beginning
开始

das Ende
end
结束

praktische Redewendungen • useful phrases • 常用语

wesentliche Redewendungen
essential phrases
基本用语

Ja
Yes
是

Nein
No
不

Vielleicht
Maybe
也许

Bitte
Please
请

Danke
Thank you
谢谢

Bitte sehr
You're welcome
不用谢

Entschuldigung
Excuse me
抱歉；打扰一下

Es tut mir Leid
I'm sorry
对不起

Nicht
Don't
不要

Okay
OK
好

In Ordnung
That's fine
很好

Das ist richtig
That's correct
正确

Das ist falsch
That's wrong
不对

Begrüßungen
• greetings
• 问候

Guten Tag
Hello
你好

Auf Wiedersehen
Goodbye
再见

Guten Morgen
Good morning
早上好

Guten Tag
Good afternoon
下午好

Guten Abend
Good evening
晚上好

Gute Nacht
Good night
晚安

Wie geht es Ihnen?
How are you?
你好吗？

Ich heiße …
My name is …
我叫…

Wie heißen Sie?
What is your name?
您怎么称呼？

Wie heißt er/sie?
Whis is his/her name?
他/她叫什么名字？

Darf ich … vorstellen
May I introduce …
我介绍一下 …

Das ist …
This is …
这是…

Angenehm
Pleased to meet you
很高兴见到你

Bis später
See you later
待会儿见

Schilder
• signs
• 标志

Touristen-Information
Tourist information
游客问询处

Eingang
Entrance
入口

Ausgang
Exit
出口

Notausgang
Emergency exit
紧急出口

Drücken
Push
推

Lebensgefahr
Danger
危险

Rauchen verboten
No smoking
禁止吸烟

Außer Betrieb
Out of order
故障

Öffnungszeiten
Opening times
开放时间

Eintritt frei
Free admission
免费入场

Sonderangebot
Special offer
特价品

Reduziert
Reduced
减价

Ausverkauft
Sale
售完

Bitte anklopfen
Knock before entering
进前敲门

Betreten des Rasens verboten
Keep off the grass
禁止践踏草坪

Hilfe
• help
• 求助

Können Sie mir helfen?
Can you help me?
你能帮帮我吗?

Ich verstehe nicht
I don't understand
我不懂

Ich weiß nicht
I don't know
我不知道

Sprechen Sie Englisch, Französisch …?
Do you speak English, French …?
你会说英语/法语…吗?

Ich spreche Englisch, Spanisch…
I speak English, Spanish…
我会说英语/西班牙语…

Sprechen Sie bitte langsamer
Please speak more slowly
请说得再慢些

Schreiben Sie es bitte für mich auf
Please write it down for me
请帮我写下来

Ich habe … verloren
I have lost …
我丢了…

Richtungsangaben
• directions
• 方向

Ich habe mich verlaufen
I am lost
我迷路了

Wo ist der/die/das …?
Where is the …?
…在哪里?

Wo ist der/die/das nächste ...?
Where is the nearest ...?
最近的…在哪里?

Wo sind die Toiletten?
Where are the toilets?
洗手间在哪儿?

Wie komme ich nach ...?
How do I get to ...?
我怎么去…?

Nach rechts
To the right
右转

Nach links
To the left
左转

Geradeaus
Straight ahead
向前直行

Wie weit ist ...?
How far is ...?
到…有多远?

Die Verkehrsschilder
• road signs
• 交通标志

Langsam fahren
Slow down
减速

Achtung
Caution
谨慎驾驶

Keine Zufahrt
No entry
禁入

Umleitung
Diversion
绕行

Rechts fahren
Keep to the right
靠右侧行驶

Autobahn
Motorway
高速公路

Parkverbot
No parking
禁止停车

Sackgasse
No through road
此路不通

Einbahnstraße
One-way street
单行道

Vorfahrt gewähren
Give way
优先行驶

Anlieger frei
Residents only
本区居民可以免费停车

Baustelle
Roadwork
道路施工

Gefährliche Kurve
Dangerous bend
危险弯道

Unterkunft
• accommodation
• 住宿

Haben Sie Zimmer frei?
Do you have any vacancies
你有空房间吗?

Ich habe ein Zimmer reserviert
I have a reservation
我订了房间

Wo ist der Speisesaal?
Where is the dining room?
餐厅在哪儿?

Wann gibt es Frühstück?
What time is breakfast?
几点吃早餐?

Ich bin um ... Uhr wieder da
I'll be back at ... o'clock
我…几点回来。

Ich reise morgen ab.
I'm leaving tomorrow
我明天离开

Essen und Trinken
• eating and drinking
• 饮食

Zum Wohl!
Cheers!
干杯!

Es ist köstlich/scheußlich
It's delicious/awful
好吃极了/难吃死了

Ich trinke/rauche nicht
I don't drink/smoke
我不喝酒/不抽烟

Ich esse kein Fleisch
I don't eat meat
我不吃肉

Nichts mehr, danke
No more for me, thank you
够了， 谢谢

Könnte ich noch etwas mehr haben?
May I have some more?
请再来点。

Wir möchten bitte zahlen.
May we have the bill?
我们要结账。

Ich hätte gerne eine Quittung.
Can I have a receipt?
请开张收据。

Nichtraucherbereich
No-smoking area
禁烟区

Die Gesundheit
• health
• 健康

Ich fühle mich nicht wohl
I don't feel well
我不舒服

Mir ist schlecht
I feel sick
我难受

Können Sie einen Arzt holen?
Can you get me a doctor?
你能给我请位医生吗?

Wird er/sie sich wieder erholen?
Will he/she be all right?
他/她会康复吗?

Es tut hier weh
It hurts here
这儿疼

Ich habe Fieber
I have a temperature
我发烧了

Ich bin im … monat schwanger
I'm … months pregnant
我怀孕了…个月了

Ich brauche ein Rezept für …
I need a prescription for …
我需要…的处方

Ich nehme normalerweise …
I normally take …
我通常服用…

Ich bin allergisch gegen …
I'm allergic to …
我对…过敏

deutsches Register • German index • 德语索引

A

à la carte 152
Aal m 294
Abdeckband n 83
Abdecktuch n 83
Abend m 305
Abenddämmerung f 305
Abendessen n 64
Abendkleid n 34
Abendmenü n 152
Abenteuerfilm m 255
Abfahrtslauf m 247
Abfalleimer m 61
Abfallentsorgung f 61
Abfallsortiereinheit f 61
Abfertigungsschalter m 213
Abflug m 213
Abflughalle f 213
Abfluss m 61, 72
Abflussrohr n 61
Abführmittel n 109
abheben 99
Abhebungsformular m 96
Abkühlgitter n 69
Ablage für Ausgänge f 172
Ablage für Eingänge f 172
Ablasshahn m 61
Ableger m 91
Abmessungen f 165
Absatz m 37
Abschlag m 232
abschleppen 195
Abschleppwagen m 203
Abschnitt m 96
Abschürfung f 46
Abschuss m 281
Abschussrampe f 281
Abseilen n 248
Abseits n 223
abseits der Piste 247
Absender m 98
Absperrhahn m 61
Abspielen n 269
Abteil n 209
Abteilungen f 49
Abtropfbrett n 67
Abzeichen n 189
abziehen 82
Abzug m 271
Accessoires n 36
Achat m 289
Achillessehne f 16
Achse f 205
Achselhöhle f 13
acht 308
Achteck n 164
achter 309
Achterdeck n 214
achthundert 308
achtzehn 308
achtzehnter 309
achtzig 308
achtzigster 309
Ackerbaubetrieb m 183
Ackerland n 182
Acrylfarbe f 274
Adamsapfel m 19
addieren 165
Adler m 292
Adresse f 98
Adzukibohnen f 131
Aerobic n 251
Affe m 291
Afghanistan 318
Afrika 317
After-Sun-Lotion f 108
Ägypten 317
Ahorn m 296
Ahornsirup m 134
Aikido n 236
Airbag m 201
akademische Grad m 169
Akazie f 110
Aktenordner m 173
Aktenschrank m 172
Aktentasche f 37
Aktien f 97
Aktienpreis m 97
Aktionen f 227, 229, 233
Aktivitäten f 162, 245, 263
Aktivitäten im Freien f 262
Akupressur f 55
Akupunktur f 55
Alarmanlage f 58
Alaska 314
Albanien 316
Algerien 317
alkoholfreie Getränk n 154
alkoholfreien Getränke n 144
alkoholischen Getränke n 145
Allee f 299
Allergie f 44
Alligator m 293
Allzweckraum m 76
Alpenpflanze f 87
alpine Kombination f 247
als Fänger spielen 229
alt 321
Alternativtherapien f 54
Aluminium n 289
Amazonien 312
ambulante Patient m 48
Ameise f 295
Amethyst m 288
Amniozentese f 52
Ampère n 60
Amphibien f 294
an Bord gehen 217
an, bei 320
Ananas f 128
Ananassaft m 149
Anästhesist m 48
Anbau m 58
anbeißen 245
anbraten 67
anbringen 82
Anden 312
Andenken n 260
andere Geschäfte n 114
andere Kunstfertigkeiten f 275
andere Schiffe n 215
andere Sportarten f 248
Andorra 316
Anfang m 321
Angebot n 174
Angebote n 106
Angeklagte m 180, 181
Angelgeräte n 245
Angelhaken m 244
Angelrute f 244
Angelschein m 245
Angelsport m 244
angemacht 159
angereicherte Mehl n 139
Angler m 244
Angola 317
angreifen 220, 223
Angriff m 220, 237
Angriffszone f 224
Anhang m 177
Anhänger m 36, 266
Anker m 214, 240
Ankerwinde f 214
Anklage f 94, 180
Ankunft f 213
anlegen 217
Anorak m 31, 33
Anprobe f 104
Anreden f 23
Anrufbeantworter m 99
Anspielkreis m 224
anstreichen 83
Antifalten- 41
Antigua und Barbuda 314
Antiquitätenladen m 114
Antiseptikum n 47
Antwort f 163
antworten 163
Anwaltsbüro n 180
Anwendung f 176
Anzeigetafel f 104, 225
Aperitif m 153
Apfel m 126
Apfelsaft m 149
Apfelstecher m 68
Apfelwein m 145
Apfelweinessig m 135
Apotheke f 108
Apotheker m 108
Apothekerin f 189
Apparat m 99
applaudieren 255
Aprikose f 126
April m 306
Aquamarin m 288
Aquarellfarbe f 274
Äquator m 283
Äquatorialguinea 317
Arabische Meer n 313
Arbeit f 172
Arbeitgeberin f 24
Arbeitnehmer m 24
Arbeitsessen n 175
Arbeitsfläche f 66
Arbeitszimmer n 63
Architekt m 190
architektonische Garten m 84
Architektur f 300
Architrav m 301
Argentinien 315
Arithmetik f 165
Arm m 13
Armaturen f 201
Armaturenbrett n 201
Armband n 36
Ärmel m 34
ärmellos 34
Armenien 318
Armlehne f 210
Armstütze f 200
Aromatherapie f 55
aromatisch 130
aromatische Öl n 134
Art-déco- 301
Arterie f 19
Artischocke f 124
Arzt m 45, 189
Aschbecher m 150
Asche f 283
Aserbaidschan 318
Asien 318
Asphalt m 187
Ass n 230, 273
Assistentin f 24
assistierte Entbindung f 53
Ast m 296
Asteroid m 280
Asthma n 44
Astigmatismus m 51
Astronaut m 281
Astronomie f 281
Atemloch n 290
ätherischen Öle n 55
Äthiopien 317
Atlantische Ozean m 312
Atmosphäre f 282, 286
Atmung f 47
Atmungssystem n 19
Atrium n 104
Aubergine f 125
auf 320
auf der Stelle joggen 251
aufgehen 139
aufgenommen 48
aufgeregt 25
Aufhängung f 203, 205
aufkreuzen 241
Auflaufform f 69
Auflaufförmchen n 69
auflockern 91
Auflösungszeichen n 256
Aufnahme f 269
Aufsatz m 163, 233
Aufschlag m 231
aufschlagen 231
Aufschlaglinie f 230
aufstehen 71
auftauen 67
auftrennen 277
aufwachen 71
aufwärmen 154
Auge n 14, 51
Augenbraue f 14, 51
Augenbrauenstift m 40
Augenoptiker m 51
August m 306
aus 225, 226, 228, 320
aus Freilandhaltung 118
ausblasen 141
ausbrechen 283

Ausfahrt f 194
Ausfall m 251
Ausgang m 210
Ausgehen n 75
Auskunft f 99, 168
Auskunft f 99
ausländische Währung f 97
Auslandsflug m 212
Auslass m 61
auslaufen 217
Ausleger m 95
Auslegerkorb m 95
Ausleihe f 168
Ausleihe m 168
ausleihen 168
Auslöser m 270
Auspuff m 203
Auspuffrohr n 204
Auspufftopf m 203
ausrollen 67
Ausrüstung f 165, 233, 238
Aussage f 180
Ausschnitt m 34
Außenbordmotor m 215
Außenfeld n 229
Außentür f 59
Äussere n 198
äussere Erscheinung f 30
äussere Kern m 282
außerhalb 320
ausspülen 38
Ausstellung f 261
Ausstellungsstück n 261
ausstrecken 251
Auster f 121
Australien 319
Australien und Ozeanien 319
Auswechslung f 223
auswerfen 245
Auszeit f 220
Auto n 198, 200
Autobahn f 194
Automatiktür f 196
Autostereoanlage f 201
Autotür f 198
Autounfall m 203
Autoverleih m 213
Autowaschanlage f 198
Avocado f 128
Ayurveda n 55

B

Baby n 23, 30
Babybecher m 75
Babyflasche f 75
Babyhandschuhe m 30
Babyprodukte n 107
Babyschuhe m 30
Babysprechanlage f 75
Babytasche f 75
Babytrageschlinge f 75
Babywanne f 74
Bach m 285
Backe f 14
backen 67, 138
Backenzahn m 50
Bäcker m 139
Bäckerei f 114, 138
Backgammon n 272
Backofen m 66
Backpflaume f 129
Backpinsel m 69
Backwaren f 107
Badeanzug m 238, 265
Badehose f 238
Badekappe f 238
Bademantel m 32, 73
Badematte f 72
Bademeister m 239
baden 72
Badetuch n 73
Badewanne f 72
Badezimmer n 72
Badminton n 231
Bagger m 187
baggern 227
Baguette n 138
Bahamas 314
Bahn f 234, 238
Bahnhof m 208
Bahnhofshalle f 209
Bahnnetz m 209
Bahnsteig m 208
Baiser n 140
Bajonettfassung f 60
Balearen 316
Balken m 186
Balkon m 59, 254
Ball m 75
Ballen m 15, 184
Ballett n 255
Ballettröckchen n 191
Balljunge m 231
Ballwechsel m 230
Bambus m 86
Bambusspross m 122
Banane f 128
Band n 27, 39, 47, 141
Bandage f 47
Bangladesch 318
Bank f 96, 250, 262
Bankgebühr f 96
Banküberweisung f 96
Bar f 150, 152
Bär m 291
Bar Mizwa f 26
Barbados 314
Barhocker m 150
Barkeeper m 150, 191
barock 301
Barren m 235
Basalt m 288
Baseball m 228
Basilikum n 133
Basketball m 226
Basketballspieler m 226
Bassgitarre 258
Bassgitarrist m 258
Bassklarinette f 257
Bassschlüssel m 256
Batterie f 78, 167, 202
Batterien f 260
Bau m 186
Bauarbeiter m 186
Bauch m 12
Bauchmuskeln m 16
Bauchspeicheldrüse f 18
bauen 186
Bauer m 182, 189, 272
Bauerngarten m 84
Bauernhaus n 182
Bauernhof m 182, 184
Bauhandwerker m 188
Bauholz n 187
Baum m 86, 240, 296
Baumwolle f 184, 277
Baustelle f 186
Baustile m 301
Beat m 259
Beben n 283
Becher m 65
Becherglas n 167
Becken n 17, 61, 257
Bedienung inbegriffen 152
Beere f 296
Befestigungen f 89
Befruchtung f 20
Begräbnis n 26
Behälter m 311
Behandlungslampe f 50
Behandlungsschürze f 50
Behindertenparkplatz m 195
Beil n 95
Beilage f 153
Beilagenteller m 65
Bein n 12, 64
Beinstütz m 251
Beize f 79
Bekannte m 24
belegt 321
belegte Brot n 155
Beleuchtung f 178
Belgien 316
Belichtung f 271
Belichtungsmesser m 270
Belize 314
Benin 317
Benzin n 199
Benzinpreis m 199
Benzintank m 203
Beraterin f 55
Berg m 284
Berg-und-Talbahn f 262
Bericht m 174
Berufe m 188, 190
Berufung f 181
Beruhigungsmittel n 109
berühmte Ruine f 261
Besatzungsluke f 281
beschneiden 91
Beschwerde f 94
Besen m 77
besetzt 99, 321
Besetzung f 254
Besichtigungstour f 260
besorgt 25
Besteck n 64
bestellen 153
Bestuhlung f 254
bestürzt 25
Besuchszeiten f 48
Betonblock m 187
Betonmischmaschine f 186
Betrag m 96
Betrieb für Milchproduktion m 183
Bett n 70
Bettcouch f 63
Bettdecke f 71
Bettlaken n 71
Bettwäsche f 71
Bettzeug n 74
beugen 251
Beutel m 291, 311
bewässern 183
Beweismittel n 181
bewölkt 286
bewusstlos 47
bezahlen 153
Beziehungen f 24
Bezirk m 315
Bhutan 318
Biathlon n 247
Bibliothek f 168, 299
Bibliothekar m 190
Bibliothekarin f 168
Bidet n 72
Biene f 295
Bier n 145, 151
Bifokal- 51
Bikini m 264
Bilderrahmen m 62
Bildhauer m 191
Bildhauerei f 275
Bildschirm m 97, 176, 269
Bildsucher m 271
Bimsstein m 73, 288
Binse f 86
Bio-Abfall m 61
biodynamisch 91, 122
Biologie f 162
biologisch kontrolliert 118
Birke f 296
Birma 318
Birne f 60, 127
bis 320
Biskuittörtchen n 140
Biss m 46
bitter 124
bittere Schokolade f 113
Bizeps m 16
Bizepsübung f 251
Blase f 46
Blatt n 78, 122, 296
Blätter n 110
Blätterteig m 140
blau 274
Blauschimmelkäse m 136
Blazer m 33
Blechblasinstrumente n 256
bleifrei 199
Bleigürtel m 239
Bleistift m 163, 275
Blendenregler m 270
Blinddarm m 18
Blinker m 198, 204
Blitz m 270, 287
Block m 237
blocken 227
blond 39
Blues m 259
blühende Pflanze f 297
Blumen f 110
Blumenampel f 84
Blumenarrangements n 111
Blumenbeet n 85, 90
Blumengeschäft n 110
Blumengirlande f 111
Blumenkohl m 124
Blumentopf m 89
Blumenvase f 111
Bluse f 34

Blutdruck m 44
Blutdruckmesser m 45
Blüte f 297
Blütenblatt n 297
Blutung f 46
Bluntuntersuchung f 48
Blutwurst f 157
Bob m 247
Bockshornklee m 132
Boden m 85
Bodenakrobatik f 235
Bodendecker f 87
Bodenturnen n 235
Bogen m 85, 164, 249, 300
Bogenschießen n 249
Bohnen f 131, 144
bohren 79
Bohrer m 50, 78, 80
Bohrer mit Batteriebetrieb m 78
Bohrfutter m 78
Bohrwinde f 78
Boiler m 61
Boje f 217
Bolivien 315
Bombenflugzeug n 211
Bonbons m 113
Bongos m 257
Booster m 281
Bordkante f 298
Bordkarte f 213
Börse f 97
Börsenmakler m 97
Bosnien und Herzegowina 316
Botsuana 317
Boutique f 115
Bowling n 249
Bowlingkugel f 249
Box f 268
Boxen n 236
Boxershorts 33
Boxgymnastik f 251
Boxhandschuhe m 237
Boxring m 237
Brand m 95
Brandteig m 140
Brandung f 241
Brandungsangeln n 245
Brandwunde f 46
Brasilien 315
Braten m 158
braten 67
Bratenblech n 69
bratfertige Huhn n 119
Bratfisch mit Pommes frites m 155
Bratpfanne f 69
Bratsche f 256
Brauenbürstchen n 40
braun 274
braunen Linsen f 131
Brause f 89
breit 321
Breitbildfernsehen n 269
Breite f 165
Breitengrad m 283
Bremsbacke f 207
Bremse f 200, 204
bremsen 207
Bremsflüssigkeitsbehälter m 202
Bremshebel m 207
Bremslicht n 204
Bremspedal n 205
Brenner m 67
Brettspiele n 272
Bridge n 273
Brie m 142
Brief m 98
Brieffreund m 24
Briefkasten m 58, 99
Briefmarke f 98
Briefmarken f 112
Briefmarkensammeln n 273
Brieftasche f 37
Briefträger m 98, 190
Briefumschlag m 173
Brille f 51
Brillengestell n 51
Brioche f 157
Brokkoli m 123
Brombeere f 127
Bronze f 235
Brosche f 36
Broschüre f 175
Broschüren n 96
Brot n 138, 157
Brot backen 138
Brötchen n 139, 143, 155
Brotfrucht f 124
Brotmesser n 68
Brotschneider m 139
browsen 177
Browser m 177
Bruch m 165
Brücke f 300
Bruder m 22
Brühe f 158
Brunei 319
brünett 39
Brunnenkresse f 123
Brust f 12, 119
Brustbein n 17
Brustflosse f 294
Brustkorb m 17
Brustmuskel m 16
Brustpumpe f 53
Brustschwimmen n 239
Brustübung f 251
Brustwarze f 12
Brustwirbel m 17
Brutkasten m 53
Bube m 273
Bubikopf m 39
Buch n 168
Buche f 296
Bücherregal n 63, 168
Buchhaltung f 175
Buchladen m 115
buchstabieren 162
Buffet n 152
Bug m 210, 215, 240
Bügelbrett n 76
Bügeleisen n 76
bügeln 76
Bugfahrwerk n 210
Buggy m 232
Bühne f 254, 258
Bühnenbild n 254
Bukett n 35, 111
Bulgarien 316
Bullauge n 214
Bull's eye n 273
Bund m 258
Bungalow m 58
Bungeejumping n 248
Bunker m 232
Bunsenbrenner m 166
bunte Mischung f 113
Buntstift m 163
Burg f 300
Bürgersteig m 298
Burggraben m 300
Burkina Faso 317
Büro n 24, 172, 174
Büroausstattung f 172
Bürobedarf m 173
Bürogebäude n 298
Büroklammer f 173
bürsten 38, 50
Burundi 317
Bus m 196
Busbahnhof m 197
Busfahrer m 190
Bushaltestelle f 197, 299
Businessclass f 211
Büstenhalter m 35
Bustier n 35
Bustypen m 196
Butter f 137, 156
Butterfly m 239
Buttermilch f 137
Butternusskürbis m 125
Bytes n 176

C

Caddie m 233
Café n 148, 262
Cafetière f 65
Camcorder m 260, 269
Camembert m 142
Campari m 145
Camping n 266
Campingplatz m 266
Campingplatzverwaltung f 266
Campus m 168
Capoeira n 237
Cappuccino m 148
Cashewnuss f 129
Cashewnüsse f 151
CD-Platte f 269
CD-Spieler m 268
Cello n 256
Champagner m 145
Chassis n 203
Check-up m 50
Cheddar m 142
Cheerleader m 220
Chef m 24
Chemie f 162
Chickenburger m 155
Chicorée m 122
Chile 315
Chili m 132
China 318
Chinakohl m 123
chippen 233
Chips m 113
Chiropraktik f 54
Chirurg m 48
Chirurgie f 48
Chor m 301
Chorizo f 143
Chrysantheme f 110
Chutney n 134
Cockpit n 210
Cocktail m 151
Cocktailrührer m 150
Cocktailshaker m 150
Cola f 144
Collage f 275
Comicheft n 112
Computer m 172, 176
Container m 216
Containerhafen m 216
Containerschiff n 215
Costa Rica 314
Couchtisch m 62
Countrymusic f 259
Cousin m 22
Creme f 109
Crêpes f 155
Crew f 241
Croissant n 156
Curling n 247
Curry n 158
Currypulver n 132

D

Dach n 58, 203
Dachboden m 58
Dachgarten m 84
Dachgepäckträger m 198
Dachrinne f 58
Dachsparren m 186
Dachvorsprung m 58
Dachziegel m 58, 187
Dame f 272, 273
Damenbinde f 108
Damenkleidung f 34
Damenoberbekleidung f 105
Damensattel m 242
Damenschneiderin f 191
Damenwäsche f 105
Damespiel n 272
Dammschnitt m 52
dämpfen 67
Dampflokomotive f 208
Dänemark 316
Darlehen n 96
Darts n 273
Dartscheibe f 273
das Bett machen 71
das Fruchtwasser geht ab 52
das Radio einstellen 269
Datei f 177
Dattel f 129
Datum n 306
Daumen m 15
Deck n 214
Deckanstrich m 83
Decke f 62, 71, 74
Deckel m 61, 66, 69
decken 227
Degen m 236
Dekoration f 141
Delphin m 290
Deltamuskel m 16
Demokratische Republik Kongo 317
den Anker werfen 217
den Ball abgeben 220, 223
den Fernseher abschalten 269
den Fernseher einschalten 269
den Kanal wechseln 269
den Tisch decken 64
den Vorsitz führen 174
den Wecker stellen 71
Deo n 73
Deos m 108
Dermatologie f 49
Designerin f 191
Desinfektionsmittel n 51
Desinfektionstuch n

47
Desktop n 177
Dessertwagen m 152
Deutschland 316
Dezember m 306
Diagonale f 164
Diamant m 288
Diaphragma n 21
dichte Nebel m 287
Dichtung f 61
Dichtungsring m 80
dick 321
Dickdarm m 18
dicke Bohne f 122
die Geburt einleiten 53
Diele f 59
Dienstag m 306
Diesel m 199
Diesellokomotive f 208
digital 269
Digitalkamera f 270
Dill m 133
Dioptrie f 51
Diplom n 169
Dirigent m 256
Discman m 269
Diskette f 176
Diskjockey m 179
Diskuswerfen n 234
diskutieren 163
Dissertation f 169
Distel f 297
Disziplinen f 247
dividieren 165
Diwali n 27
Dock n 214, 216
Dokumentarfilm m 178
Dominica 314
Dominikanische Republik 314
Domino n 273
Donner m 286
Donnerstag m 306
Doppel n 230
Doppel(haus) 58
Doppelbett n 71
Doppeldecker m 196, 211
doppelt 151
Doppelzimmer n 100
Dorf n 299
Dörrobst n 156
Dose f 145, 311
Dosengetränk n 154
Dosenöffner m 68
Dosierung f 109
Dozent m 169
Drachen m 248
Drachenfliegen n 248
Draht m 79
Drahtnetz n 167
Drahtschneider m 80
drechseln 79
Drehscheibe f 275
Drehstuhl m 172
Drehzahlmesser 201
drei 308
Dreieck n 164
Dreifuß m 166
dreihundert 308
Dreipunktlinie f 226
dreißig 308
dreißigster 309
dreistöckige Haus n 58
dreitürig 200
dreiundzwanzigster 309
dreizehn 308
dreizehnter 309
Dress m 222
Dressurreiten n 243
dribbeln 223
dritter 309
driven 233
Drucken n 275
drucken 172
Drucker m 172, 176
Druckfarbe f 275
Druckknopf m 30
Druckluftflasche f 239
Druckluftgerät n 199
Drüse f 19
Dschibuti 317
Duffelcoat m 31
Duftsträußchen n 111
düngen 91
Dünger m 91
dunkel 41, 321
Dunkelkammer f 271
dünn 321
Dünndarm m 18
Dunstabzug m 66
durch 320
Durchfall m 44, 109
Durchmesser m 164
Durchschwung m 233
Dusche f 72
Duschen f 266
duschen 72
Duschgel n 73
Duschkopf m 72
Duschtür f 72
Duschvorhang m 72
Düse f 89
Duty-free-Shop m 213
DVD-Platte f 269
DVD-Spieler m 268
Dynamo m 207

E

Eau de Toilette n 41
Ebene f 285
EC-Karte f 96
Eckball m 223
Eckfahne f 223
Eckzahn m 50
Eclair n 140
Economyclass f 211
Ecuador 315
Edamer m 142
Edelstein m 36
Ehefrau f 22
Ehemann m 22
Ei n 20
Eiche f 296
Eichelkürbis m 125
Eichhörnchen n 290
Eidechse f 293
Eier n 137
Eierbecher m 65, 137
Eierschale f 137
Eierstock m 20
Eigelb n 137, 157
Eileiter m 20
Eimer m 77, 82, 265
ein Baby bekommen 26
ein Feuer machen 266
ein Rad wechseln 203
ein Tor schießen 223
ein Zelt aufschlagen 266
Einbahn- 194
Einbahnstraße f 298
Einbauschrank m 71
Einbruchdiebstahl m 94
einchecken 212
eine halbe Stunde 304
eine Stelle bekommen 26
eine Viertelstunde 304
einen Dunk spielen m 227
einen Flug buchen 212
einen Rekord brechen 234
einfach 151
einfädeln 277
einfrieren 67
Eingang m 59
Eingangssperre f 209
eingelegt 159
eingemachte Obst n 134
einholen 245
einjährig 86
Einkauf m 104
Einkaufskorb m 106
Einkaufstasche f 106
Einkaufswagen m 106
Einkaufszentrum n 104
Einlagen f 53
einlochen 233
einloggen 177
einlösen 97
Einmachglas n 135
eins 308
Einsatzpapier n 83
Einschienenbahn f 208
einschlafen 71
Einschreiben n 98
Einstand m 230
einstellen 179
Einstellknopf m 167
Einstellung f 203, 271
eintausend 309
Eintopf m 158
eintopfen 91
Eintrittsgeld n 260
einundzwanzig 308
einundzwanzigster 309
Einwegkamera f 270
Einwegrasierer m 73
einweichen 130
Einwickelpapier n 111
Einwurf m 223, 226
einzahlen 96
Einzahlungsscheine m 96
Einzel n 230
Einzel(haus) 58
Einzelbett n 71
Einzelzimmer n 100
Einzugsauftrag m 96
Eis n 120, 137, 149, 287
Eis und Zitrone 151
Eisbär m 291
Eisen n 109, 233, 289
Eisenwarenhandlung f 114
Eisfach n 67
Eisfläche f 224
Eishockey n 224
Eishockeyspieler m 224
Eiskaffee m 148
Eisklettern n 247
Eiskübel m 150
Eiskunstlauf m 247
Eislaufen n 247
Eisprung m 20, 52
Eisschnelllauf m 247
Eistee m 149
Eiswürfel m 151
Eiszange f 150
Eiszapfen m 287
Eiweiß n 137
Ekzem n 44
El Salvador 314
Elefant m 291
Elektriker m 188
elektrische Gitarre f 258
elektrische Schlag m 46
Elektrizität f 60
Elektroartikel m 105, 107
Elektrobohrer m 78
Elektrokessel m 66
Elektrolokomotive f 208
Elektronenblitz m 270
Elektrorasierer m 73
elf 308
Elfenbeinküste 317
Elfmeter m 222
elfter 309
Ellbogen m 13
Elle f 17
Eltern 23
E-Mail f 98, 177
E-Mail-Adresse f 177
E-Mail-Konto n 177
Embryo m 52
emigrieren 26
Empfang m 100
empfangen 20
Empfängnis f 52
Empfängnisverhütung f 21, 52
Empfangsdame f 100, 190
Empfangshalle f 100
Empfehlungszettel m 173
empfindlich 41
Emulsionsfarbe f 83
Ende n 321
Endivie f 123
Endlinie f 226
endokrine System n 19
Endokrinologie f 49
Endzone f 220
englische Frühstück n 157
englische Kuchen m 140
englische Senf m 135
Englischhorn n 257
Enkel m 22
Enkelin f 22
Enkelkinder n 23
Entbindung f 52
Entbindungsstation f 48, 49
Ente f 119, 185
Entenei n 137
Entenküken n 185
Entfernung f 310
entgrätet 121
Enthaarung f 41
enthäutet 121
Entisolierzange f 81
entlang 320
entlassen 48
entschuppt 121
Entspannung f 55
Entwässerung f 91
entwickeln 271
Entzündungshemmer

m 109
Epilepsie f 44
Erbsen f 131
Erdbeben n 283
Erdbeere f 127
Erdbeermilchshake m 149
Erde f 85, 280, 282
Erdgeschoss n 104
Erdkruste f 282
Erdkunde f 162
Erdnuss f 129
Erdnussbutter f 135
Erdnüsse f 151
Erdnussöl n 135
Erdung f 60
Erdzonen f 283
Ereignisse des Lebens n 26
Erfrischungstuch n 75
Ergänzung f 55
Ergebnis n 49
erhalten 177
Eritrea 317
Erkältung f 44
Erkennungsetikett n 53
Ermittlung f 94
ernten 91, 183
Ersatzrad n 203
Ersatzspieler m 223
erschrocken 25
erste Etage f 104
erste Hilfe f 47
Erste-Hilfe-Kasten m 47
erste Rang m 254
erster 309
ersticken 47
ertrinken 239
eruptiv 288
Erwachsene m 23
Erweiterung f 52
Esel m 185
Espresso m 148
Essen n 64, 75, 149
essen 64
Essig m 135, 142
Esskastanie f 129
Essteller m 65
Esszimmer n 64
Estland 316
Estragon m 133
Eukalyptus m 296
Eule f 292
Europa 316
Examensarbeit f 169
Exosphäre f 286
Extraktion f 50
Eyeliner m 40

F

Fabrik f 299
Fach n 100
Facharzt m 49
Fachbereich m 169
Fächerordner m 173
Fachhochschulen f 169
Fadenleiter m 276
Fagott n 257
Fahne f 221
fahrbare Liege f 48
Fähre f 215, 216
fahren 195
Fahrer m 196
Fahrerkabine f 95
Fahrersitz m 196
Fahrkarte f 209
Fahrkartenschalter m 209, 216
Fahrplan m 197, 209, 261
Fahrpreis m 197, 209
Fahrrad n 206
Fahrradhelm m 206
Fahrradkette f 206
Fahrradlampe f 207
Fahrradschloss n 207
Fahrradständer m 207
Fahrradweg m 206
Fahrschein m 197
Fahrstuhl m 59, 100, 104
Fährterminal m 216
Fairway n 232
Falke m 292
Falklandinseln 315
Fallen n 237
Fallschirm m 248
Fallschirmspringen n 248
Faltbett n 266
Falte f 15
Familie f 22
fangen 220, 225, 227, 229, 245
Fänger m 229
Fans m 258
Farbe f 83, 273
Farben f 274
Farbton m 41
Farbtopf m 83
Farn m 86
Fasan m 119, 293
Faser f 127
Fassungsvermögen n 311
faul 127
Faust f 15, 237
Fax n 98, 172
Faxgerät n 172
Februar m 306
Fechten n 249
Feder f 163, 293
Federball m 231
Federhalter m 172
Federmäppchen n 163
Federwaage f 166
fegen 77
Fehler m 230
Fehlgeburt f 52
Feier f 140
Feige f 129
Feijoa f 128
Feile f 81
feine Nebel m 287
Feinkost f 107, 142
Feld n 182, 234, 272
Feldauslinie f 221
Feldfrucht f 183
Feldfrüchte f 184
Felge f 206
Felgenbremse f 206
Felsen m 284
Fenchel m 122, 133
Fenchelsamen m 133
Feng Shui n 55
Fenster n 58, 177, 186, 197, 210
Fensterladen m 58
Ferkel n 185
Fernbedienung f 269
Fernglas n 281
fernsehen 269
Fernseher m 268
Fernsehserie f 178, 179
Fernsehstudio n 178
Fernsehtelefon n 99
Ferse f 13, 15
Fertiggerichte n 107
Fertigkeiten f 79
Fesseln n 237
fest 124
Feste n 27
feste Honig m 134
festlichen Kuchen m 141
festmachen 217
Festnahme f 94
Festplattenlaufwerk n 176
Feststation f 99
Fett n 119
fettarme Sahne f 137
fettfrei 137
fettig 39, 41
Fettpflanze f 87
Fetus m 52
feucht 286
Feuchtigkeitscreme f 41
Feueranzünder m 266
feuerfest 69
Feuerlöscher m 95
Feuermelder m 95
Feuerstein m 288
Feuertreppe f 95
Feuerwache f 95
Feuerwehr f 95
Feuerwehrleute 95
Feuerwehrmann m 189
Feuerzeug n 112
Fidschi 319
Fieber n 44
Figur f 260
Filet n 119, 121
filetiert 121
Filialleiter m 96
Film m 260, 271
Filmfach n 270
Filmspule f 271
Filter m 270
Filterkaffee m 148
Filterpapier n 167
Finanzberaterin f 97
Fingerabdruck m 94
Fingerhut m 276, 297
Fingernagel m 15
Finnland 316
Finsternis f 280
Firma f 175
Fisch m 107, 120
Fische m 294
Fischer m 189
Fischerboot n 217
Fischereihafen m 217
Fischfangarten f 245
Fischgeschäft n 114, 120
Fischhändlerin f 188
Fischkorb m 245
Fischzucht f 183
Fitness f 250
Fitnesscenter n 250
Fitnessgerät n 250
Fitnessraum m 101
Fläche f 165, 310
flache Ende n 239
Flachholzbohrer m 80
Flachrennen n 243
Flachs m 184
Flachzange f 80
Fladenbrot n 139
Flagge f 232
Flamingo m 292
Flasche f 61, 135, 311
Flaschenöffner m 68, 150
Flaschenwasser n 144
Flauschdecke f 74
Fledermaus f 290
Fleisch n 119, 124
Fleisch und das Geflügel n 106
Fleischerhaken m 118
Fleischklopfer m 68
Fleischklöße m 158
Fleischsorten f 119
Flicken m 207
Fliege f 36, 244, 295
fliegen 211
Fliegenangeln n 245
Fließhecklimousine f 199
Flipchart n 174
Florentiner m 141
Florett n 249
Floristin f 188
Flosse f 290
Flöte f 139
Flugbegleiterin f 190, 210
Flügel m 60, 119, 293
Fluggastbrücke f 212
Flughafen m 212
Fluginformationsanzeige f 213
Flugnummer f 213
Flugticket n 213
Flugverbindung f 212
Flugzeug n 210
Flugzeugträger m 215
Fluss m 284
flüssige Honig m 134
Flüssigkeit f 77
Flüssigkeitsmaß n 311
Flussmündung f 285
Fock f 240
Fohlen n 185
Föhn m 38
föhnen 38
Folk m 259
Follikel m 20
Football m 220
Footballspieler m 220
Forelle f 120
formell 34
Formen f 164
Formschnitt m 87
Forschung f 169
Fortpflanzung f 20
Fortpflanzungsorgane n 20
Fortpflanzungssystem n 19
Foto n 271
Fotoalbum n 271
Fotoapparattypen m 270
Fotofinish n 234
Fotogeschäft n 115
Fotograf m 191
Fotografie f 270
fotografieren 271
Fotorahmen m 271
Foul n 222, 226
Foullinie f 229
Foyer n 255
Fracht f 216
Frachtraum m 215
Frachtschiff n 215
Frage f 163
fragen 163
Fraktur f 46
Frankreich 316

französische Senf m 135
französischen Bohnen f 131
Französisch-Guyana 315
Frau f 12, 23
Fräulein n 23
Freesie f 110
frei 321
freigesprochen 181
Freistoß m 222
Freitag m 306
Freiwurflinie f 226
Freizeit f 254, 258, 264
Freizeitkleidung f 33
Fremdenführerin f 260
Frequenz f 179
Freund m 24
Freundin f 24
Fries m 301
frisch 121, 127, 130
frische Fleisch n 142
Frischkäse m 136
Friseur m 188
Friseurin f 38
Frisierartikel m 38
Frisiersalon m 115
Frisiertisch m 71
Frisierumhang m 38
Frisuren f 39
frittiert 159
Frosch m 294
Frost n 287
Frostschutzmittel n 199, 203
Früchtejoghurt m 157
Fruchtfleisch n 127, 129
Fruchtgummi m 113
Fruchtmark n 127
Fruchtwasser n 52
früh 305
Frühkohl m 123
Frühling m 307
Frühlingszwiebel f 125
Frühstück n 64, 156
Frühstücksbuffet n 156
Frühstücksspeck m 157
Frühstückstablett n 101
Frühstückstisch m 156
Fuchs m 290
Fuchsschwanz m 80
Fugenkitt m 83
Fühler m 295
Führerstand m 208
Führung f 260
füllen 76
Füller m 163
Füllung f 140, 155
fünf 308
Fünfeck n 164
fünfhundert 308
fünfter 309
fünfundfünfzigtausend-fünfhundert 309
fünfzehn 308
fünfzehnter 309
fünfzig 308
fünfzigster 309
fünfzigtausend 309
Funkantenne f 214
für 320
Furche f 183
Fürstentum n 315
Fuß m 12, 15, 310
Fußabtreter m 59
Fußball m 222
Fußball m 222
Fußballdress m 31
Fußballfeld n 222
Fußballschuh m 223
Fußballspieler m 222
Fußboden m 62, 71
Fußende n 71
Fußgängerüberweg m 195
Fußgängerzone f 299
Fußrücken m 15
Fußschlaufe f 241
Fußsohle f 15
Fußweg m 262
Futter n 32
Futteral n 51
füttern 183

G

Gabel f 65, 88, 153, 207
Gabelstapler m 186, 216
Gabun 317
gähnen 25
Galapagosinseln 315
Galaxie f 280
Gallone f 311
Galopp m 243
galvanisiert 79
Gambia 317
Gang m 106, 168, 210, 254
Gänge m 153, 206
Gans f 119, 293
Gänseei n 137
ganz 129, 132
Garage f 58
Gardine f 63
Garn n 276
Garnele f 121
Garten n 84
Gartenanlagen f 262
Gartenarbeit f 90
Gartencenter n 115
Gartengeräte n 88
Gartenhandschuhe m 89
Gartenkorb m 88
Gartenkürbis m 124
Gartenornamente n 84
Gartenpflanzen f 86
Garten-Sauerampfer m 123
Gartenschlauch m 89
Gartenspritze f 89
Gartenstöcke m 89
Gartentypen m 84
Gärtner m 188
Gasbrenner m 61, 267
Gashebel m 204
Gaspedal n 200
Gasse f 298
Gast m 100
Gästebuch n 100
Gastgeber m 64
Gastgeberin f 64
Gatenummer f 213
Gaumen m 19
Gaze f 47
Gebäck n 140, 149
gebacken 159
Gebärmutter f 20, 52
Gebärmutterhals m 20, 52
Gebäude n 299
Gebäudereiniger m 188
geben 273
Gebirgskette f 282
gebogen 165
geboren werden 26
gebratene Hähnchen n 155
Gebrauchsanweisung f 109
Gebrauchtwarenhändler m 115
Geburt f 52, 53
Geburtsgewicht n 53
Geburtshelfer m 52
Geburtstag m 27
Geburtstagsfeier f 27
Geburtstagskerzen f 141
Geburtstagskuchen m 141
Geburtsurkunde f 26
Geburtszange f 53
gedämpft 159
Gedeck n 65
Gedränge n 221
Gefahr f 195
Gefängnis n 181
Gefängniswärter m 181
Gefängniszelle f 181
gefärbt 39
Geflügel n 119
Gefrierfach n 67
Gefrier-Kühlschrank m 67
Gefrierware f 107
gefrorene Joghurt m 137
Gefühle n 25
gefüllt 159
gefüllte Fladenbrot n 155
gefüllte Olive f 143
gegenüber 320
Gegner f 236
gegrillt 159
Gehalt n 175
gehen lassen 139
Gehirn n 19
Gehirnerschütterung f 46
Gehrungslade f 81
Geige f 256
Geißblatt n 297
gekochte Ei n 137, 157
gekochte Fleisch n 118, 143
gekrümmt 165
Gel n 109
geladen 60
Geländemotorrad n 205
Geländer n 59
Geländewagen m 199
gelangweilt 25
gelb 274
gelbe Karte f 223
Geld n 97
Geldautomat m 97
Geldwirtschaft f 97
Geleebonbon m 113
Gelenk n 17
gemahlen 132
gemahlene Kaffee m 144
Gemälde n 62, 261, 274
gemischte Salat m 158
Gemüse n 107, 122, 124
Gemüsefach n 67
Gemüsegarten m 85, 182
Gemüsehändler m 188
Gemüseladen m 114
Generaldirektor m 175
Generation f 23
Generator m 60
geöffnet 260
Geometrie f 165
Georgien 318
Gepäck n 100, 198, 213
Gepäckablage f 209
Gepäckabteilung f 104
Gepäckanhänger m 212
Gepäckausgabe f 213
Gepäckband n 212
Gepäckfach n 196, 210
Gepäckröntgenmaschine f 212
Gepäckträger m 204
Gepäckwaage f 212
gepökelt 118, 143
gerade 165
geradeaus 260
geraspelt 132
geräuchert 118, 121, 143, 159
Gerbera f 110
Gerichtsdiener m 180
Gerichtssaal m 180
Gerichtsstenograf m 181
Gerichtstermin m 180
geriebene Käse m 136
geröstet 129
Gerste f 130, 184
Gerüst n 186
gesalzen 121, 129, 137
Gesäßmuskel m 16
Geschäft n 175
Geschäftsabkommen n 175
Geschäftsbogen m 173
Geschäftsfrau f 175
Geschäftsmann m 175
Geschäftspartnerin f 24
Geschäftsreise f 175
geschält 129
geschälten Garnelen f 120
Geschenk n 27
Geschenkartikelladen m 114
Geschichte f 162
Geschirr n 64
Geschirr und das Besteck n 65
Geschlechtskrankheit f 20
Geschlechtsteile 12
Geschlechtsverkehr m 20
geschlossen 260. 321
Geschwindigkeitsbegrenzung f 195
Geschworenen m 180

Geschworenenbank f 180
Gesicht n 14
Gesichtsbehandlung f 41
Gesichtscreme f 73
Gesichtsmaske f 41
Gesichtspuder m 40
Gesichtsschutzmaske f 225
Gesichtswasser n 41
Gesims n 300
gespaltenen Haarspitzen f 39
gestalten 91
Gestänge n 267
Gestein n 288
Gestell n 166, 174
gestern 306
Gesundheit f 44
Gesundheitsfürsorge f 168
geteilt durch 165
getoastete Sandwich m 149
Getränke n 107, 144, 156
Getreide n 130
Getreideflocken f 107, 130, 156
Getriebe n 202, 204
getrocknet 129, 143, 159
getrockneten Erbsen f 131
Gewächshaus n 85
Geweih n 291
Gewicht n 166, 244
Gewichte n 250
Gewichthantel f 251
Gewinnanteile m 97
gewinnen 273
Gewinner m 273
Gewitter n 287
Gewölbe n 15, 300
Gewürze n 132
Gewürzessig m 135
Gewürznelke f 133
Geysir m 285
Ghana 317
Giebel m 300
Giebeldreieck n 301
gießen 67, 90
Gießen n 89
Gießkanne f 89
Gin m 145
Gin Tonic m 151
Gips m 83
Giraffe f 291
Girokonto n 96
Gitarrist m 258
Gitterstäbe m 74
Gladiole f 110
Glanz- 83
Glas n 51, 134, 152, 311
Glas- 69
Gläser n 150
Glasflasche f 166
glasieren 139
Glaskeramikkochfeld n 66
Glasstäbchen n 167
Glaswaren f 64
glatt 39
glätten 39
Glattrochen m 294
gleich 165
Gleichstand m 230
Gleichstrom m 60
Gleichung f 165
Gleis n 208
Gleisnummer f 208
Gleitschirmfliegen n 248
Gletscher m 284
Glied n 36
Glimmer m 289
glücklich 25
Glühfaden m 60
Gneis m 288
Gold n 235, 289
Goldfisch m 294
Golf n 232
Golfball m 233
Golfhandicap n 233
Golfplatz m 232
Golfschläger m 233
Golfspieler m 232
Golftasche f 233
Golfturnier n 233
Gong m 257
Gorilla m 291
gotisch 301
Gottesanbeterin f 295
GPS-System n 201
graben 90
graduieren 26
Graduierte f 169
Graduierungsfeier f 169
Gramm n 310
Granat m 288
Granatapfel m 128
Granit m 288
Grapefruit f 126
Graphit m 289
Gras n 86, 262
Grasfangsack m 88
Grasland n 285
Gräte f 121
grau 39, 274
Graubrot n 139, 149
graue Star m 51
Gravieren n 275
Greifzange f 167
Grenada 314
Griechenland 316
Grieß m 130
Griff m 36, 88, 230, 237
Griffe m 37
Grill m 267
Grillblech n 69
Grille f 295
grillen 67
Grippe f 44
grobe Senf m 135
Grönland 314
groß 321
große Zeh m 15
Großeltern 23
Großmutter f 22
Großraumlimousine f 199
Großsegel n 240
Großvater m 22
Grübchen n 15
grün 129, 274
Grün n 232
Grundfläche f 164
Grundhobel m 78
Grundierfarbe f 83
Grundierung f 40, 83
Grundlinie f 230
Grundriss m 261
grüne Bohne f 122
grüne Erbse f 122
grüne Olive f 143
grüne Salat m 158
grüne Tee m 149
grünen Erbsen f 131
Grünkohl m 123
Gruppentherapie f 55
Guatemala 314
Guave f 128
Guinea 317
Guinea-Bissau 317
Gummiband n 173
Gummihose f 30
Gummiknüppel m 94
Gummistiefel m 31, 89
Gurke f 125
Gürtel m 32, 36, 236
Gürtelschnalle f 36
gut 321
gut geschnitten 35
Güterzug m 208
Guyana 315
Gymnastikband n 235
Gynäkologe m 52
Gynäkologie f 49

H

Haar n 14, 38
Haarband n 39
Haarbürste f 38
Haarfärbemittel n 40
Haarfarben f 39
Haargel n 38
Haarklammer f 38
Haarknoten m 39
Haarreif m 38
Haarspray n 38
Haarspülung f 38
Hackbrett n 68
Hacke f 88
Hackfleisch n 119
Hackmesser n 68
Hafen m 214, 216, 217
Hafenmeister m 217
Hafer m 130
Haftbefehl m 180
Haftentlassung auf Bewährung f 181
Hagel m 286
Hahn m 61, 185
Hähnchen n 119
Hähnchenstückchen n 155
Hahnenfuß m 297
Haifisch m 294
Haiti 314
Häkelhaken m 277
Häkeln n 277
Haken m 187, 276
halbdunkle Bier n 145
halbe Liter m 311
halbfeste Käse m 136
Halbfettmilch f 136
Halbinsel f 282
Halbpension f 101
Halbzeit f 223
Halfter n 243
Halloween n 27
Hals m 12, 258
Halskette f 36
Halskrawatte f 46
Halspastille f 109
Halstuch n 36
Halswirbel m 17
Haltegriff m 196
Halteknopf m 197
halten 223
Halten verboten 195
Haltung f 232
Hämatit m 289
Hamburger m 154
Hamburger mit Pommes frites m 154
Hammer m 80
hämmern 79
Hamster m 290
Hand f 13, 15
Handbohrer m 81
Handbremse f 203
Handfeger m 77
Handfläche f 15
Handgabel f 89
Handgelenk n 13, 15
Handgepäck n 211, 213
Handknöchel m 15
Handrad n 276
Handsäge f 89
Handschellen f 94
Handschuh m 224, 228, 233, 236, 246
Handschuhe m 36
Handtasche f 37
Handtuch n 73
Handtücher n 73
Handtuchhalter m 72
Handy n 99
Hang m 284
Hängematte f 266
Hängeordner m 173
Hantel f 251
Hardware f 176
Harfe f 256
harken 90
Harnblase f 20
Harnleiter m 21
Harnröhre f 20
Harnsystem n 19
hart 129, 321
Hartfaserplatte f 79
Hartholz n 79
Hartkäse m 136
Haselnuss f 129
Haselnussöl n 134
Hauptfahrwerk n 210
Hauptgericht n 153
Hauptmahlzeit f 158
Hauptstadt f 315
Haus n 58
Hausanschlüsse m 60
Hausapotheke f 72
Hausaufgaben f 163
Haushaltswaage f 69
Haushaltswaren f 107
Hausschuhe m 31
Haustür f 58
Haustürlampe f 58
Haut f 14, 119
Hautausschlag m 44
Hautpflege f 108
Hawaii 314
Heavymetal n 259
Hebamme f 53
Hebel m 61, 150
Heck n 198, 210, 240
Hecke f 85, 90, 182
Heckenschere f 89
Hefe f 138
Hefebrötchen n 139
Heft n 163
heften 277
Hefter m 173
hegen 91
Heidekraut n 297
Heidelbeere f 127
Heilbuttfilets n 120
Heilkräuter n 55
Heimwerkstatt f 78
heiraten 26

heiß 286, 321
heiße Schokolade f 144
heißen Getränke n 144
Heißluftballon m 211
Heißwasserhahn m 72
Heizdecke f 71
Heizelement n 61
Heizkörper m 60
Heizlüfter m 60
Heizofen m 60
Heizungsregler m 201
hell 41, 321
Helm m 204, 220, 228
Hemd n 32, 251
Henkel m 106
Herbizid n 183
Herbst m 31, 307
Herde f 183
Hering m 266
Herr m 23
Herrenbekleidung f 105
Herrenfriseur m 39
Herrenhalbschuh m 37
Herrenkleidung f 32
herunterladen 177
Herz n 18, 119, 122, 273
Herz- und Gefäßsystem n 19
Herzinfarkt m 44
Herzmuschel f 121
Heu n 184
Heuschnupfen m 44
Heuschrecke f 295
heute 306
Hieb m 237
hier essen 154
Hi-Fi-Anlage f 268
Hilfskoch m 152
Himalaja m 313
Himbeere f 127
Himbeerkonfitüre f 134
hinauf 320
Hindernis n 243
hinter 320
Hinterbacke f 13
hinterherlaufen 229
Hinterrad n 197
hinunter 320
Hirsch m 291
Hirse f 130
historische Gebäude n 261
HNO-Abteilung f 49
Hobel m 81
hobeln 79
hoch 271, 321
hochbinden 91
Hochfrisur f 39
Hochgeschwindigkeitszug m 208
Hochglanz- 271
Hochschule f 168
Hochseefischerei f 245
Hochsprung m 235
Höchstlademarke f 214
Hochzeit f 26, 35
Hochzeitsfeier f 26
Hochzeitskleid n 35
Hochzeitsreise f 26
Hochzeitstag m 26
Hochzeitstorte f 141
hochziehen 251
Höcker m 291
Hockey n 224
Hockeyball m 224
Hockeyschläger m 224
Hoden m 21
Hodensack m 21
Hof m 58, 84, 182
Höhe f 165, 211
Höhenleitwerk n 210
Höhle f 284
Hole-in-One n 233
Holz n 79, 233, 275
Holzarbeit f 275
Holzblasinstrumente n 257
Holzbohrer m 80
Holzkohle f 266
Holzleim m 78
Holzlöffel m 68
Holzspäne m 78
homogenisiert 137
Homöopathie f 55
Honduras 314
Honigwabe f 135
Hörer m 99
Hormon n 20
Horn n 257, 291
Hornhaut f 51
Horrorfilm m 255
Hörsaal m 169
Hose f 32, 34
Hot Dog n 155
Hotel n 100, 264
Hoteldiener m 100
Hubschrauber m 211
Huf m 242, 291
Hufeisen n 242
Hüfte f 12
Hügel m 284
Huhn n 185
Hühnerbein n 119
Hühnerei n 137
Hühnerfarm f 183
Hühnerstall m 185
Hülse f 130
Hülsenfrüchte f 130
Hummer m 121, 295
Hund m 290
hundert 308
hundertster 309
hunderttausend 308
hundertzehn 308
Hundeschlittenfahren n 247
hungrig 64
Hupe f 201, 204
Hürdenlauf m 235
Hurrikan m 287
Husten m 44
Hustenmedikament n 108
Hut m 36
Hüttenkäse m 136
Hydrant m 95
Hypnotherapie f 55
hypoallergen 41
Hypotenuse f 164
Hypothek f 96

I

Ich möchte fotokopieren 172
Igel m 290
Imbissstand m 154
Imbissstube f 154
immergrün 86
Immobilienmakler m 115
Immobilienmaklerin f 189
impotent 20
in 320
in den Ruhestand treten 26
indigoblau 274
in Ei gebratene Brot n 157
in Lake 143
in Ohnmacht fallen 25, 44
in Öl 143
in Saft 159
in Sicherheit 228
in Soße 159
Inbox f 177
Indien 318
Indische Ozean m 312
Indonesien 319
Industriegebiet n 299
Infektion f 44
Information f 261
Ingwer m 125, 133
Inhalationsapparat m 44
Inhalierstift f 109
Inlandsflug m 212
Inlinerfahren n 263
Innenausstattung f 200
Innenfeld n 228
innere Kern m 282
Innereien 118
innerhalb 320
Inning n 228
ins Bett gehen 71
Insektenschutzmittel n 108
Insektenspray m 267
Insel f 282
Inspektor m 94
Installation f 61
installieren 177
Instrumente n 258
Insulin n 109
Intensivstation f 48
Intercity m 209
Internet n 177
Interviewer m 179
Ionosphäre f 286
Irak 318
Iran 318
Iris f 51, 110
Irland 316
Island 316
Isolierband n 81
Isolierung f 61
Israel 318
Italien 316

J

Jacht f 215
Jacke f 32, 34
Jade m 288
Jagdflugzeug n 211
Jagdrennen n 243
Jahr n 306
Jahreszeiten f 306
Jahrhundert n 307
jährlich 307
Jahrmarkt m 262
Jahrtausend n 307
Jahrzehnt n 307
Jakobsmuschel f 121
Jalousie f 63
Jamaika 314
Jamswurzel f 125
Januar m 306
Japan 318
jäten 91
Jazz m 259
Jeans f 31
Jemen 318
jenseits 320
Jett m 288
jetzt
Jogging n 251, 263
Joghurt m 137
Joker m 273
Jordanien 318
Journalist m 190
Judo n 236
Jugendliche f 23
Jugendstil m 301
Juli m 306
Junge m 23, 290
Juni m 306
Jupiter m 280
Juwelier 188
Juwelierarbeit f 275
Juweliergeschäft n 114

K

Kabel n 79, 207
Kabelfernsehen n 269
Kabeljau m 120
Kabinda 317
Kabine f 210, 214
Kabinenlift m 246
Kabriolett n 199
kacheln 82
Käfer m 295
Kaffee m 144, 148, 153, 156, 184
Kaffee mit Milch m 148
Kaffeelöffel m 153
Kaffeemaschine f 148, 150
Kaffeemilchshake m 149
Kaffeetasse f 65
kahl 39
Kai m 216
Kaiserschnitt m 52
Kakadu m 293
Kakaopulver n 148
Kakerlak m 295
Kaktus m 87
Kaktusfeige f 128
Kalb n 185
Kalbfleisch n 118
Kalender m 306
Kalk m 85
Kalkstein m 288
kalt 286, 321
kaltgepresste Öl n 135
Kaltwasserhahn m 72
Kalzit m 289
Kalzium n 109
Kambodscha 318
Kamel n 291
Kamera f 178, 260
Kamera für APS-Film f 270
Kamerakran m 178
Kameramann m 178
Kameratasche f 271
Kamerun 317
Kamillentee m 149
Kamin m 63
Kamingitter n 63
Kaminsims m 63
Kamm m 38
kämmen 38
Kammer f 283
Kampf m 237
Kampfsport m 236
Kampfsportarten f 237

Kanada 314
Kanal m 178, 269, 299
Kanalschacht m 299
Kanarienvogel m 292
Kandare f 242
kandierten Früchte f 129
Känguru n 291
Kaninchen n 118, 290
Kännchen n 65
Kante f 246
Kanter m 243
Kanu n 214
Kanusport m 241
Kapern f 143
Kapitalanlage f 97
Kapitän m 214
Kapsel f 109
Kapstachelbeere f 128
Kapuze f 31
Kapuzenmuskel m 16
Karamell m 113
Karamellpudding m 142
Karate n 236
Kardamom m 132
Kardanwelle f 202
Kardiologie f 49
Karibische Meer n 312
Karies f 50
Karneval m 27
Karo n 273
Karosserie f 202
Karotte f 124
Karte f 27
Karten f 273
Kartenreiter m 173
Kartenschlitz m 97
Kartenspiel n 273
Kartentelefon n 99
Kartoffel f 124
Kartoffelchips m 151
Kartoffelstampfer m 68
Kasachstan 318
Käse m 136, 156
Kashmir 318
Kasino n 261
Kaspische Meer n 313
Kasse f 106, 150, 255
Kasserolle f 69
Kassette f 269
Kassettenrekorder m 269
Kassierer m 96, 106
Katalog m 168
Katamaran m 215
Katar 318
Kathedrale f 300
Katheter m 53
Kätzchen n 290
Katze f 290
Katzenauge n 204
Kaufhaus n 105
Kaugummi m 113
Kaulquappe f 294
Kaution f 181
Kajak n 241
Kebab m 155
Kegel m 164, 249
Kehldeckel m 19
Kehle f 19
Kehlkopf m 19
Kehre f 238
Keilriemen m 203
keine Einfahrt 195
Keks m 113, 141
Kelch m 297
Kelle f 187
Kellergeschoss n 58
Kellner m 148, 152
Kellnerin f 191
Kendo n 236
Kenia 317
Kennmarke f 94
kentern 241
Kern m 122, 127, 128, 129, 130
Kerngehäuse n 127
kernlos 127
Kerze f 63
Kescher m 244
Kessel m 61
Kesselpauke f 257
Ketchup m 135
Kette f 36
Kettenzahnrad n 207
Keule f 119, 167, 228
Keyboard n 258
Kichererbsen f 131
Kickboxen n 236
kicken 221, 223
Kiefer f 296
Kieferknochen m 17
Kiel m 214
Kieme f 294
Kies m 88
Kilogramm n 310
Kilometer m 310
Kilometerzähler m 201
Kind n 23, 31
Kinder n 23
Kinderabteilung f 104
Kinderbett n 74
Kinderkleidung f 30
Kinderportion f 153
Kindersicherung f 75
Kindersitz m 198, 207
Kinderstation f 48
Kinderstuhl m 75
Kinderwagen m 75
Kinderzimmer n 74
Kinn n 14
Kinnlade f 14
Kino n 255, 299
Kinosaal m 255
Kipper m 187
Kirche f 298, 300
Kirgisistan 318
Kirsche f 126
Kirschtomate f 124
Kissenbezug m 71
Kiwi f 128
Klammer f 166
Klammern f 173
Klampe f 240
Klappe f 179
Klapptisch m 210
Klarinette f 257
Klasse f 163
Klassenzimmer n 162
klassische Musik f 255, 259
klassizistisch 301
Klatschmohn m 297
Klaue f 291
Klavier n 256
Klebstoff m 275
Klee m 297
Kleid n 31, 34
Kleiderbügel m 70
Kleiderschrank m 70
Kleidung f 205
Kleie f 130
klein 321
Kleinbus m 197
kleine Finger m 15
kleine Trommel f 257
kleine Zeh m 15
Kleinkind n 30
Kleinwagen m 199
Kleisterbürste f 82
Klementine f 126
Klemmbrett n 173
Klempner m 188
Klettergerüst n 263
Klettern n 248
Kletterpflanze f 87
Klient m 180
Klimaanlage f 200
Klinge f 89
Klingel f 197
Klinik f 48
Klippe n 285
Klitoris f 20
Klöppel m 277
Klubhaus n 232
Klubsandwich m 155
Knabbereien f 151
Knäckebrot n 139, 156
knackig 127
Knebelknopf m 31
kneten 138
Knie n 12
Kniebeuge f 251
knielang 34
Kniescheibe f 17
Knieschützer m 205, 227
Kniesehnenstrang m 16
Knoblauch m 125, 132
Knoblauchpresse f 68
Knöchel m 13, 15
knöchellang 34
Knochen m 17, 119
Knochenasche f 88
Knockout m 237
Knopf m 32
Knopfloch n 32
Knorpel m 17
Knospe f 111, 297
Koalabär m 291
Koch m 190
köcheln lassen 67
kochen 67
Kochen n 67
Köcher m 249
Kochfeld n 67
Kochmütze f 190
Kochtopf m 69
Köder m 244
Köderhaken m 244
ködern 245
Kofferkuli m 100, 208, 213
Kofferraum m 198
Kohl m 123
Kohle f 288
Kohlestift m 275
Kohlrabi m 123
Kohlrübe f 125
Koikarpfen m 294
Kokon m 295
Kokosnuss f 129
Kolben m 166
Kolibri m 292
Kollege m 24
Kolonie 315
Kolumbien 315
Kombinationszange f 80
Kombiwagen m 199
Kombüse f 214
Komet m 280
Kommandobrücke f 214
Kommandoturm m 215
Kommode f 70
Kommunikation f 98
Komödie f 255
Komoren 317
Kompass m 240, 312
Komposterde f 88
Komposthaufen m 85
Kondensmilch f 136
Konditor m 113
Konditorcreme f 140
Konditorei f 114
Kondom n 21
Konfitüre f 134, 156
Konglomerat n 288
Kongo 317
König m 272, 273
Königsberg 316
Konserven f 107
Konsultation f 45
Kontaktlinsen f 51
Kontaktlinsenbehälter m 51
Kontinent m 282, 315
Kontonummer f 96
Kontoüberziehung f 96
Kontrabass m 256
Kontrafagott n 257
Kontrollturm m 212
Konzert n 255, 258
Kopf m 12, 19, 112, 230
köpfen 91, 222
Kopfende n 70
Kopfhaut f 39
Kopfhörer m 268
Kopfkissen n 70
Kopfschmerzen m 44
Kopfschutz m 74, 236
Kopfstütze f 200
Kopfverletzung f 46
kopieren 172
Kopilot m 211
Koppel f 242
Korallenriff n 285
Korb m 207, 226
Korbbrett n 226
Körbchen n 74
Korbring m 226
Koriander m 133
Korinthe f 129
Korken m 134
Korkenzieher m 150
Körner n 131
Körnerbrot n 139
Körper m 12, 164
Körpergrößenmesser m 45
Körperlotion f 73
Körperpuder m 73
Körpersysteme n 19
Körperverletzung f 94
Korrekturstift m 40
Korsett n 35
Korsika 316
Kotelett n 119
Krabbe f 121
Kraftstoffanzeige f 201
Kraftstofftank m 204
Krafttraining n 251
Kragen m 32
Krähe f 292
Kralle f 293
Krampf m 239
Krämpfe m 44
Kran m 187, 216
Kranich m 292

Krankenhaus n 48
Krankenhausstation f 48
Krankenschwester f 45, 48, 52, 189
Krankenwagen m 94
Krankheit f 44
Kranz m 111
Krater m 283
kratzen 77
Kraulen n 239
kraus 39
Kraut n 86
Kräuter n 133, 134
Kräuter und Gewürze n 132
Kräutergarten m 84
Kräuterheilkunde f 55
Kräuterheilmittel n 108
Kräutermischung f 132
Kräutertee m 149
Krawatte f 32
Krawattennadel f 36
Krebs m 121, 295
Kreditkarte f 96
Kreide f 162, 288
Kreis m 165
Kreissäge f 78
Kreisverkehr m 195
Kreuz n 13, 256, 273
Kreuzblume f 300
Kreuzkümmel m 132
Kreuzschlitzschraubenzieher m 81
Kreuzung f 194, 298
Kricket n 225
Kricketball m 225
Kricketspieler m 225
Krickettor n 225
Kriechpflanze f 87
Kriegsschiff n 215
Kriminalbeamte m 94
Kristalltherapie f 55
Kroatien 316
Krokodil n 293
Krokodilklemme f 167
Krone f 50
Kröte f 294
Krug m 151
Kruste f 139
Kuba 314
Küche f 66, 152
Kuchen m 141
Kuchen backen n 69
Kuchenblech n 69
Küchenchef m 152
Kuchenform f 69
Küchengeräte n 66, 68, 105
Küchenmaschine f 66
Küchenmesser n 68
Küchenregal n 66
Küchenschrank m 66
Kugel f 149, 164
Kugelstoßen n 234
Kuh f 185
Kühler m 202
Kühlmittelbehälter m 202
Kühlschrank m 67
Kuhmilch f 136
Küken n 185
Kulisse f 254
Kultivator m 182
Kümmel m 131
Kumquat f 126
Kunde m 96, 104, 106, 152, 175
Kundendienst m 104
Kundendienstabteilung f 175
Kundin f 38
Kung-Fu n 236
Kunst f 162
Kunstgalerie f 261
Kunstgeschichte f 169
Kunsthandlung f 115
Kunsthandwerk n 274, 276
Kunsthochschule f 169
Künstlerin f 274
kunststoffbeschichtet 69
Kupfer n 289
Kuppel f 300
Kupplung f 200, 204
Kürbiskern m 131
Kurierdienst m 99
Kurkuma f 132
kurz 32, 321
kurz gebraten 159
Kurzhaarschnitt m 39
Kurzsichtigkeit f 51
Kurzwaren f 105
Kurzwelle f 179
Kuscheltier n 75
Kuskus m 130
Küste f 285
Küstenwache f 217
Kuwait 318

L

Labor n 166
Laborwaage f 166
lächeln 25
lachen 25
Lachs m 120
Lack m 79, 83
Lacrosse n 249
Lacrosseschläger m 249
Laden m 298
Lagerfeuer n 266
Laib m 139
Laken n 74
Lakritze f 113
Laktose f 137
Lamm n 118, 185
Lampe f 62
Lampen f 105
Land n 282, 315
landen 211
Landkarte f 195
Landschaft f 284
Landungsbrücke f 214
Landungssteg m 217
landwirtschaftlichen Betriebe m 183
lang 32
Länge f 165, 310
Längengrad m 283
Langkorn- 130
Langlauf m 247
Langlaufmaschine f 250
langsam 321
Längsschnitt m 282
Langwelle f 179
Laos 318
Laptop m 175, 176
Lärche f 296
Lastwagen m 194
Lastwagenfahrer m 190
Laterne f 217
Latte f 235
Lätzchen n 30
Latzhose f 30
Laubbaum m 86
Laubrechen m 88
Lauch m 125
Lauf m 228
Laufband n 106, 250
Läufer m 272
Laufstall m 75
Lautsprecher m 176, 209, 258
Lautstärke f 179, 269
Lava f 283
Lawine f 247
Leadsänger m 258
Lebensmittel n 106
Lebensmittelabteilung f 105
Lebensmittelgeschäft n 114
Leber f 18, 118
Lederanzug m 205
Lederschuh m 37
Lederschuhe m 32
leer 321
Leerung f 98
legen 38
leger 34
Leggings f 31
Leguan m 293
Lehm m 85
Lehne f 64
Lehrer m 54
Lehrerin f 162, 191
leicht 321
Leichtathlet m 234
Leichtathletik f 234
Leichtflugzeug n 211
Leimpistole f 78
Leinen n 277
Leinwand f 255, 274
Leiste f 12
leitende Angestellte m 174
Leiter f 95, 186
Leitkegel m 187
Leitplanke f 195
Leitung f 60
Leitungswasser n 144
Leitz-Ordner m 173
Lende f 121
Lendensteak n 119
Lendenwirbel m 17
Lenkrad n 201
Lenkstange f 207
lernen 163
Lernen n 162
Leselampe f 210
lesen 162
Leserausweis m 168
Lesesaal m 168
Lesotho 317
Lettland 316
letzte Woche 307
Leuchtrakete f 240
Leuchtstreifen m 205
Leuchtturm m 217
Leukoplast n 47
Levkoje f 110
Lexikon n 163
Libanon 318
Libelle f 295
Liberia 317
Libyen 317
Licht n 94
Lichtmaschine f 203
Lichtschalter m 201
Lid n 51
Lidschatten m 40
Liebesfilm m 255
Liechtenstein 316
Lied n 259
Lieferung ins Haus f 154
Liegestuhl m 265
Liegestütz m 251
Liga f 223
Likör m 145
Lilie f 110
Limonade f 144
Limone f 126
Limousine f 199
Linde f 296
Lineal n 163, 165
Linien f 165
Liniennummer f 196
Linienrichter m 220, 223, 230
Liniensystem n 256
linke Feld n 228
links 260
Linkssteuerung f 201
Linse f 51, 270
Lipgloss m 40
Lippe f 14
Lippenkonturenstift m 40
Lippenpinsel m 40
Lippenstift m 40
Litauen 316
Liter m 311
Literatur f 162, 169
Literaturliste f 168
Litschi f 128
live 178
Lob m 230
Loch n 232
Locher m 173
Lockenstab m 38
Lockenwickler m 38
Löffel m 65
Löffelbiskuits n 141
Loganbeere f 127
Loge f 254
Logo n 31
Lohnliste f 175
Lokomotive f 208
Lorbeerblatt n 133
Löschfahrzeug n 95
loslassen 245
löslich 109
Lösungsmittel 83
löten 79
Lotion f 109
Lötkolben m 81
Lottoscheine m 112
Lötzinn m 79, 80
Löwe m 291
Löwenzahn m 123, 297
Luffaschwamm m 73
Luftdüse f 210
Luftfilter m 202, 204
Luftkissenboot n 215
Luftmanschette f 45
Luftmatratze f 267
Luftpostbrief m 98
Luftpumpe f 207
Luftröhre f 18
Lunge f 18
Lungenautomat m 239
Lupinen f 297
Lutscher m 113
Luxemburg 316
Luzerne f 184
lymphatische System n 19

M

Macadamianuss f 129
Madagaskar 317

Mädchen n 23
Magen m 18
Magenschmerzen m 44
magere Fleisch n 118
Magermilch f 136
Magister m 169
Magma n 283
Magnesium n 109
Magnet m 167
Mähdrescher m 182
mähen 90
Mähne f 242, 291
Mai m 306
Mais m 122, 130, 184
Maisbrot n 139
Maiskeimöl n 135
Majonäse f 135
Majoran m 133
Make-up n 40
Makramee n 277
Makrele f 120
Mal n 229
mal 165
Malachit m 288
Malawi 317
Malaysia 318
Malediven 318
Malerei f 274
Malerin f 191
Mali 317
Malspieler m 228
Malta 316
Malzessig m 135
Malzgetränk n 144
Manager m 174
Manchego m 142
Mandarine f 126
Mandel f 129
Mandeln f 151
Mandelöl n 134
Mango f 128
Mangold m 123
Mangostane f 128
Maniküre f 41
Maniok m 124
Mann m 12, 23
männlich 21
Mannschaft f 220
Mansarde f 58
Mansardenfenster n 58
Manschette f 32
Manschettenknopf m 36
Mantel m 32, 282
Maracas f 257
Marathon m 234
Margarine f 137
Margerite f 110, 297
Marienkäfer m 295
Marina f 217
mariniert 143, 159
Marketingabteilung f 175
Markise f 148
Markt m 115
Marmor m 288
Marokko 317
Mars m 280
Marshmallow n 113
Martini m 151
März m 306
Marzipan n 141
Maschinen f 187
Maschinenbau m 169
Maschinengewehr n 189
Maschinenraum m 214
Masern f 44
Maske f 189, 236, 249
Maß n 150, 151
Massage f 54
Maße n 165
Mast m 240
Mastdarm m 21
Match n 230
Material n 187
Materialien n 79
Mathematik f 162, 164
Matratze f 70, 74
matt 83, 271
Matte f 54, 235
Mauer f 58, 186, 222
Mauerturm m 300
Mauerwerkbohrer m 80
Mauretanien 317
Mauritius 317
Maus f 176, 290
Mautstelle f 194
Mazedonien 316
MDF-Platte f 79
Mechanik f 202
Mechaniker m 188, 203
Medaillen f 235
Medien f 178
Medikament n 109
Meditation f 54
Medizin f 169
Meer n 264, 282
Meeresfrüchte f 121
Meerrettich m 125
Mehl n 138
Mehl mit Backpulver n 139
Mehl ohne Backpulver n 139
mehrjährig 86
Mehrkornbrot n 139
Meile f 310
Meißel m 81, 275
Meisterschaft f 230
melken 183
Melodie f 259
Melone f 127
Mensa f 168
Menschen m 12, 16, 39
Menstruation f 20
Menübalken m 177
Merkur m 280
Mesosphäre f 286
Messbecher m 69, 150, 311
messen 310
Messer n 65, 66
Messerschärfer m 68, 118
Messlöffel m 109
Metall n 79
Metallbohrer m 80
Metalle n 289
Metallsäge f 81
metamorph 288
Meteor m 280
Meter m 310
Metermaß n 80
Metzger m 118, 188
Metzgerei f 114
Mexiko 314
Mieder n 35
Miesmuschel f 121
Miete f 58
mieten 58
Mieter m 58
Migräne f 44
Mikrophon n 179, 258
Mikrophongalgen m 179
Mikroskop n 167
Mikrowelle f 66
Milch f 136, 156
Milchprodukte n 107, 136
Milchpulver n 137
Milchreis m 130, 140
Milchschokolade f 113
Milchshake m 137
Milchtüte f 136
Milliarde 309
Milligramm n 310
Milliliter m 311
Millimeter m 310
Million 309
Milz f 18
Mineralien n 289
Mineralwasser n 144
Minibar f 101
Minidiskrekorder m 268
minirock m 34
minus 165
Minute f
Minutenzeiger m
Minze f 133
mischen 273
Mischpult n 179
mit 320
mit Automatik 200
mit Formbügeln 35
mit Handschaltung 200
mit Kohlensäure 144
mit Kopfdünger düngen 90
mit offenem Oberdeck 260
mit Rasen bedecken 90
mit Schokolade überzogen 140
mit Schokoladenstückchen 141
mit Zahnseide reinigen 50
Mittag m 305
Mittagessen n 64
Mittagsmenü n 152
Mittelfeld n 228
Mittelfinger m 15
Mittelfußknochen m 17
Mittelhandknochen m 17
mittelharte Käse m 136
Mittelkreis m 222, 224, 226
Mittellinie f 226
Mittelmeer n 313
Mittelpunkt m 164
Mittelstreifen m 194
Mittelstürmer m 222
Mittelwelle f 179
Mitternacht f 305
mittlere Spur f 194
Mittwoch m 306
Mixer m 66
Mixerschüssel f 66
Möbel n 105
Möbelgeschäft n 115
Mobile n 74
Mode f 277
Modedesigner m 277
Modell n 169, 190
Modellbau m 275
Modellierholz n 275
Modem n 176
Moderator m 178
Mohn m 138
Moldawien 316
Monaco 316
Monat m 306
monatlich 307
Monatshygiene f 108
Mond m 280
Mondbohnen f 131
Mondfähre f 281
Mondsichel f 280
Mondstein m 288
Mongolei 318
Monitor m 53, 176
Monopoly n 272
Monsun m 287
Montag m 306
Montenegro 316
Monument n 261
Mopp m 77
Morgen m 305
morgen 306
Morgendämmerung f 305
Morgenrock m 31
Mörser m 68, 167
Mörtel m 187
Mosambik 317
Moschee f 300
Moskitonetz n 267
Motocross n 249
Motor m 88, 202, 204
Motorhaube f 198
Motorrad n 204
Motorradrennen n 249
Motorradständer m 205
Motte f 295
Mountainbike n 206
Mousse f 141
Möwe f 292
Mozzarella m 142
MP3-Spieler m 268
Muffin m 140
mulchen 91
Mülleimer m 67, 266
Müllschaufel f 77
Müllschlucker m 61
multiplizieren 165
Multivitaminmittel n 109
Mumps m 44
Mund m 14
Mundschutz m 237
Mundwasser n 72
Mungbohnen f 131
Münze f 97
Münzfernsprecher m 99
Münzrückgabe f 99
Muschel f 265
Museum n 261
Musical n 255
Musik f 162
Musiker m 191
Musikhochschule f 169
Musikinstrumente n 256
Musikstile f 259
Muskatblüte f 132
Muskatnuss f 132
Muskeln m 16
Mutter f 22, 80
Muttermal n 14
Mütze f 36

Myanmar 318

N

Naan m 139
Nabe f 206
Nabel m 12
Nabelschnur f 52
nach 320
Nachbar m 24
Nachmittag m 305
Nachrichten f 100, 178
Nachrichtensprecher m 191
Nachrichtensprecherin f 179
nachschneiden 39
Nachspeisen f 140
nächste Woche 307
Nacht f 305
Nachthemd n 31, 35
Nachtisch m 70, 153
Nachttischlampe f 70
Nachtwäsche f 31
Nacken m 13
Nadel f 109, 276
Nadelbaum m 86
Nadelkissen n 276
Nagel m 80
Nagelfeile f 41
Nagelhaut f 15
Nagelknipser m 41
Nagelkopf m 81
Nagellack m 41
Nagellackentferner m 41
Nagelschere f 41
nahe 320
nähen 277
Näherin f 277
Nähkorb m 276
Nähmaschine f 276
Nahrungsmittel n 118, 130
Nahrungsmittel in Flaschen n 134
Naht f 34, 52
Namibia 317
Nascherei f 113
Nase f 14
Nasenbluten n 44
Nasenklemme f 238
Nasenloch n 14
Nasenriemen m 242
Nashorn n 291
nass 286, 321
Nation f 315
Nationalpark m 261
Naturfaser f 31
Naturheilkunde f 55
Naturreis m 130
Naturwissenschaft f 162
navigieren 240
Nebelfleck m 280
neben 320
Nebengebäude n 182
Nebenwirkungen f 109
Neffe m 23
Negativ n 271
negative Elektrode f 167
Negligé n 35
Nektarine f 126
Nelke f 110
Nenner m 165
Nennwert m 97
Nepal 318
Neptun m 280
Nerv m 19, 50
Nervensystem n 19
nervös 25
Nessel f 297
Netz n 217, 226, 227, 231
netzen 245
Netzhaut f 51
Netzwerk n 176
neu 321
Neubelag m 187
neue Kartoffel f 124
Neugeborene n 53
Neujahr n 27
Neumond m 280
neun 308
neunhundert 308
neunter 309
neunzehn 308
neunzehnhundert 307
neunzehnhunderteins 307
neunzehnhundertzehn 307
neunzehnter 309
neunzig 308
neunzigster 309
Neurologie f 49
Neuseeland 319
neutral 60
neutrale Zone f 224
Nicaragua 314
nicht falten 98
Nichte f 23
Nichtraucherbereich m 152
Nickel m 289
Niederlande 316
niedrig 321
Niere f 18, 119
Niesen n 44
Niger 317
Nigeria 317
Nilpferd n 291
Nockenriemen m 203
Nord- und Mittelamerika 314
Norden m 312
Nordkorea 318
nördliche Halbkugel f 283
nördliche Polarkeis m 283
Nordpol m 283
Nordpolarmeer n 312
Nordsee f 312
normal 39
Norwegen 316
Notation f 256
Notaufnahme f 48
Notausgang m 210
Note f 163, 256
Noten f 255, 256
Notfall m 46
Nothebel m 209
Notizblock m 173
Notizbuch n 172
Notizen f 175, 191
Notizen machen 163
Notrufsäule f 195
November m 306
Nudelholz n 69
Nudeln f 158
Nugat m 113
null 230, 308
Nummernschild n 198
Nüsse f 151
Nüsse und das Dörrobst f, n 129
Nylon n 277

O

oben 98
Oberarmknochen m 17
obere Kuchenteil m 141
Oberschenkel m 12
Oberschenkelknochen m 17
Oberschenkelmuskeln m 16
Objektivlinse f 167
Objektträger m 167
Oboe f 257
Obsidian m 288
Obst n 107, 126, 128, 157
Obstanbau m 183
Obstkorb m 126
Obstkuchenform f 69
Obstsaft m 156
Obsttortelette n 140
Obus m 196
offen 321
offene Gedränge n 221
ohne 320
ohne Bedienung 152
ohne Kohlensäure 144
Ohr n 14
Öhr n 244
Ohrring m 36
Okra f 122
Oktober m 306
Okular n 167
Okularmuschel f 269
Öl n 142, 199
Öle n 134
Ölfarben f 274
Oliven f 151
Olivenöl n 134
Ölmessstab m 202
Ölsumpf m 204
Öltanker m 215
Oman 318
Omelett n 158
Onkel m 22
Onkologie f 49
online 177
Onyx m 289
Opal m 288
Oper f 255
Operation f 48
Operationssaal m 48
Ophthalmologie f 49
Optiker m 189
orange 274
Orange f 126
Orangeade f 144
Orangenmarmelade f 134, 156
Orangensaft m 148
Orchester n 254, 256
Orchestergraben m 254
Orchidee f 111
Ordner m 172, 177
Oregano m 133
Origami n 275
Orthopädie f 49
Öse f 37, 276
Osten m 312
Osteopathie f 54
Osterglocke f 111
Ostern n 27
Österreich 316
Ostsee f 313
Ost-Timor 319
Otter m 290
Ouvertüre f 256
Oval n 164
Overall m 82
Overheadprojektor m 163
Ozean m 282
Ozeandampfer m 215
Ozonschicht f 286

P

Paar n 24
Päckchen n 311
Päckchen Zigaretten n 112
Packung f 311
Paddel n 241
Pädiatrie f 49
Paket n 99
Pakistan 318
Palästina 318
Palette f 186, 274
Palme f 86, 296
Palmherzen n 122
Palmtop m 175
Panama 314
Pandabär m 291
Paniermehl n 139
Panzer m 293
Papagei m 293
Papaya f 128
Papierbehälter m 172
Papierführung f 172
Papierklammer f 173
Papierkorb m 172, 177
Papiermaché n 275
Papierserviette f 154
Papiertaschentuch n 108
Papiertaschentuchschachtel f 70
Pappe f 275
Pappel f 296
Paprika f 124
Paprika m 132
Papua-Neuguinea 319
Par n 233
Paraguay 315
parallel 165
Parallelogramm n 164
Paranuss f 129
Parfum n 41
Parfümerie f 105
Park m 261, 262
parken 195
Parkett n 254
Parkplatz m 298
Parkuhr f 195
Parmesan m 142
Partner m 23
Partnerin f 23
Parümerie f 105
Pass m 213, 226
Passagier m 216
Passagierhafen m 216
Passah n 27
Passionsfrucht f 128
Passkontrolle f 212, 213
Pastellstifte m 274
Pastete f 142, 156, 158
Pasteten f 143
Pastetenform f 69
pasteurisiert 137
Pastinake f 125
Patchwork n 277
Pathologie f 49
Patientenstuhl m 50
Patiententabelle f 48
Patientin f 45

Patio m 85
Pause f 254, 269
Pausenzeichen n 256
Pay-Kanal m 269
Pazifische Ozean m 312
Pecannuss f 129
Pedal n 206
Pediküre f 41
Peeling n 41
Pelikan m 292
Pendler m 208
Penguin m 292
Penis m 21
Peperoni f 124, 143
Pepperoni f 142
per Luftpost 98
Pergola f 84
Periduralanästhesie f 52
Periodikum n 168
Perlenkette f 36
Persimone f 128
Personal n 175
Personalabteilung f 175
Personenwaage f 45
persönliche Bestleistung f 234
Peru 315
Perücke f 39
Pessar n 21
Pestizid n 89, 183
Petersilie f 133
Petrischale f 166
Pfannenwender m 68
Pfannkuchen m 157
Pfau m 293
Pfeffer m 64, 152
Pfefferkorn n 132
Pfefferminz n 113
Pfefferminztee m 149
Pfeife f 112
Pfeil m 249
Pferch m 185
Pferd n 185, 235, 242
Pferderennen n 243
Pferdeschwanz m 39
Pferdestall m 243
Pfingstrose f 111
Pfirsich m 126, 128
pflanzen 183
Pflanzen f 296
Pflanzenarten f 86
Pflanzenöl n 135
Pflanzenschildchen n 89
Pflanzschaufel f 89
Pflaster n 47
Pflaume f 126
pflücken 91
pflügen 183
pfropfen 91
Pfund n 310
Phantombild n 181
Philippinen 319
Philosophie f 169
Physik f 162, 169
Physiotherapie f 49
Picknick n 263
Picknickbank f 266
Picknickkorb m 263
Pier m 217
Pik n 273
pikante Wurst f 142
Pikkoloflöte f 257
Pilates-Übungen f 251
Pille f 21, 109
Pilot m 190, 211
Pilz m 125
Piment m 132
Piniennuss f 129
PIN-Kode m 96
Pinne f 240
Pinnwand f 173
Pinsel m 274
Pint n 311
Pintobohnen f 131
Pinzette f 40, 47, 167
Pipette f 167
Pistazie f 129
Pistole f 94
Pitabrot n 139
Pizza f 154
Pizzabelag m 155
Pizzeria f 154
Plädoyer n 180
Plakat n 255
Plakatfarbe f 274
Planet m 280, 282
Planken f 85
Planschbecken n 263
Plastiktüte f 122
plastische Chirurgie f 49
Plateau n 284
Plateauschuh m 37
Platin n 289
Platte f 283
Platten f 85
Plattengeschäft n 115
Plattenspieler m 268
Platz m 299
Platzanweiser m 255
Platzverweis m 223
Plazenta f 52
plus 165
Pluto m 280
pochieren 67
pochiert 159
Podium n 256
Poker n 273
Pol m 60, 282
Polarlicht n 286
Polen 316
polieren 77
Politologie f 169
Politur f 77
Polizei f 94
Polizeiauto n 94
Polizeiwache f 94
Polizeizelle f 94
Polizist m 94, 189
Poller m 214, 298
Polo n 243
Polster n 220, 224, 225
Polyester n 277
Pommes frites 154
Poolbillard n 249
Pop m 259
Popcorn n 255
Pore f 15
Porridge m 157
Port m 176
Portefeuille n 97
Portemonnaie n 37
Portion f 64
Portionierer m 68
Portugal 316
Portwein m 145
Porzellan n 105
Posaune f 257
Pose f 244
positive Elektrode f 167
Post f 98
Postanweisung f 98
Postbeamte m 98
Postgebühr f 98
postgraduierte 169
Postkarte f 112
Postleitzahl f 98
Postsack m 98
Poststempel m 98
Posttasche f 190
Praline f 113
Präsentation f 174
Preis m 152
Preiselbeere f 127
Preisliste f 154
Prellung f 46
Premiere f 254
Presse f 178
Pressluftbohrer m 187
Privatbadezimmer n 100
private Fitnesstrainerin f 250
Privatjet m 211
Privatunterhaltung f 268
Privatzimmer n 48
Probleme n 271
Profilsäge f 81
Programm n 176, 254, 269
Programmgestaltung f 178
Projektor m 174
Promenade f 265
Promotion f 169
Propeller m 211
Prosciutto f 143
Prospekt m 254
Prostata f 21
Protokoll n 174
Protokollführer m 180
Provinz f 315
Provision f 97
Prozentsatz m 165
Prozessor m 176
Prüfung f 163
Psychiatrie f 49
Psychotherapie f 55
Publikum n 254
Puck m 224
Puder m 109
Puderdose f 40
Puderpinsel m 40
Puderquaste f 40
Puderrouge n 40
Puerto Rico 314
Pullover m 33
Puls m 47
Pult n 162, 269
Pulver n 77
Punkmusik f 259
pünktlich
Pupille f 51
Puppe f 75
Puppenhaus n 75
püriert 159
Pute f 119
Putter m 233
putzen 77
Puzzle n 273
Pyramide f 164

Q

Quadrat n 164
Quadratfuß m 310
Quadratmeter m 310
Qualle f 295
Quappe f 120
Quart n 311
Quarz m 289
Quecksilber n 289
quer 271
Querflöte f 257
Querlatte f 222
Querruder n 210
Quiche f 142
Quitte f 128
Quittung f 152

R

Rachen m 19
Rack n 268
Racquetball n 231
Rad n 198, 207
Rad fahren 207
Radar m 214, 281
Radfahren n 263
Radicchio m 123
Radiergummi m 163
Radieschen n 124
Radio n 179, 268
Radiologie f 49
Radiowecker m 70
Radius m 164
Radkappe f 202
Radmuttern f 203
Radschlüssel m 203
Rafting n 241
Rahmen m 206, 230
Rahmkäse m 136
Rakete f 211
Rallyefahren n 249
RAM n 176
Ramadan m 26
Rap m 259
Raps m 184
Rapsöl n 135
Rasen m 85, 90
Rasenmäher m 88, 90
Rasenrandschere f 88
Rasensprenger m 89
Rasieren n 73
Rasierklinge f 73
Rasierschaum m 73
Rasierwasser n 73
Rassel f 74
Rathaus n 299
Ratte f 290
Rauch m 95
Rauchen n 112
Raucherbereich m 152
Räucherfisch m 143
Räucherheringe m 157
Rauchmelder m 95
Raumanzug m 281
Raumfähre f 281
Raumforschung f 281
Raumstation f 281
Raupe f 295
Raureif m 287
Reagenzglas n 166
Rebound m 227
Rechen m 88
Rechnung f 152
Recht n 180
rechte Feld n 229
rechte Spur f 194
Rechteck n 164
rechte Spur f 194
rechts 260
rechts abbiegen verboten 195
Rechtsabteilung f 175
Rechtsanwalt m 180, 190
Rechtsberatung f 180
Rechtsfall m 180
Rechtssteuerung f 201
Rechtswissenschaft f 169

Reck n 235
Recyclingbehälter m 61
Redakteurin f 191
Reflexzonenmassage f 54
Reformhaus n 115
Regen m 287
Regenbogen m 287
Regenbogenforelle f 120
Regenhaut f 245, 267
Regenmantel m 31, 32
Regenschirm m 36
Regenwald m 285
Reggae m 259
Region f 315
Reibahle f 80
Reibe f 68
reiben 67
reif 129
Reifen m 198, 205, 206
Reifendruck m 203
Reifenpanne f 203, 207
Reifenprofil n 207
Reifenschlüssel m 207
Reihe f 210, 254
Reihen(haus) 58
Reiki n 55
Reiniger m 41
Reinigung f 115
Reinigungsartikel m 77
Reinigungsmittel n 51, 77
Reinigungstuch n 108
Reis m 130, 158, 184
Reisebüro n 114
Reisebürokauffrau f 190
Reisebus m 196
Reiseführer m 260
Reisekrankheitstablette n f 109
Reisescheck m 97
Reisetasche f 37
Reiseziel n 213
Reismelde f 130
Reißnagel m 173
Reißverschluss m 277
Reiten n 263
Reiter m 242
Reitgerte f 242
Reithelm m 242
Reithose f 242
Reitsport m 242
Reitstiefel m 242
Reitweg m 263
Rekord m 234
Reliefpapier n 83
Renaissance- 301
Rennbahn f 234, 243
Rennboot n 214
Rennbügel m 207
Rennen n 234
rennen 228
Rennfahrer m 249
Rennmaschine f 205
Rennpferd n 243
Rennrad n 206
Rennrodeln n 247
Rennsport m 249
Reparaturkasten m 207
Reporterin f 179
Reproduktion f 20
Reptilien n 293
Restaurant n 101, 152
Rettungsboot n 214, 240
Rettungsring m 240
Rettungssanitäter m 94
Rettungsschwimmer m 265
Rettungsturm m 265
Return m 231
Revers n 32
Rezept n 45
R-Gespräch n 99
Rhabarber m 127
Rhombus m 164
rhythmische Gymnastik f 235
Richter m 180
Richtungsangaben f 260
Riemen m 207
Riesenslalom m 247
Rinde f 136, 142, 296
Rindfleisch n 118
Ring m 36
Ringbefestigungen f 89
Ringe m 235
Ringen n 236
Ringfinger m 15
Rinnstein m 299
Rippe f 17, 126
Rippen f 155
Rippenstück n 119
Robbe f 290
Robe f 169
Rochen m 120, 294
Rochenflügel m 120
Rock m 30, 34
Rockbund m 35
Rockkonzert n 258
Rocky Moutains 312
Rodeo n 243
Roggenbrot n 138
Roggenmehl n 138
roh 124, 129
Rohr n 202
Rohrabschneider m 81
Rohrzange f 81
Rokoko- 301
Rolle f 244, 245, 311
Rolle Toilettenpapier f 72
Rollenheft n 254
Roller m 83, 205
Rollo n 63
Rollschuh m 249
Rollschuhfahren n 249
Rollstuhl m 48
Rollstuhlzugang m 197
Rolltreppe f 104
Röntgenaufnahme f 48, 50
Röntgenbild n 50
Röntgenbildbetrachter m 45
rosa 274
Röschen n 122
Rose f 110
rosé 145
Rosenkohl m 122
Rosenschere f 89
Rosine f 129
Rosinenbrot n 139
Rosmarin m 133
Rost m 67
rostfreie Stahl m 79
rot 39, 145, 274
rotbraun 39
Rote Bete f 125
rote Fleisch n 118
rote Karte f 223
Rote Meer n 313
rote Meeräsche f 120
roten Bohnen f 131
roten Linsen f 131
Rotfärbung der Augen f 271
Rotorblatt n 211
Rotzunge f 120
Rough n 232
Route f 260
Ruanda 317
Rübe f 124
Rubin m 288
Rücken m 13
Rückenbürste f 73
Rückenflosse f 294
rückenfrei 35
Rückenlehne f 210
Rückenmuskel m 16
Rückenschwimmen n 239
Rückgabedatum n 168
Rückhand f 231
Rücklauf m 269
Rücklicht n 207
Rucksack m 31, 37, 267
Rücksitz m 200
Rückspiegel m 198
Rückstrahler m 207
rückwärts fahren 195
Ruder n 241
Ruderboot n 214
Ruderer m 241
Rudermaschine f 250
rudern 241
Rufknopf m 48
Rugby n 221
Rugbyball m 221
Rugbyspieler m 221
Rugbytrikot n 221
Rührei n 157
rühren 67
Rührschüssel f 69
Rukula m 123
Rum m 145
Rum mit Cola m 151
Rumänien 316
Rumpf m 210, 214, 240
Rumpfheben n 251
Rumpsteak n 119
Runde f 237
runde Ausschnitt m 33
Rundfunkstation f 179
Rundkorn- 130
Rüssel m 291
Russische Föderation 316
Rutsche f 263
rutschen 229

S

säen 90, 183
Safaripark m 262
Safran m 132
Saft m 109, 127
Säfte und Milchshakes m 149
saftig 127
sägen 79
Sahara f 313
Sahne f 137, 140, 157
Sahnetorte f 141
Saint Kitts und Nevis 314
Saint Lucia 314
Saint Vinzent und die Grenadinen 314
Saison- 129
Saite f 230, 258
Saiteninstrumente n 256
Salamander m 294
Salami f 142
Salat m 123, 149
Salatsoße f 158
Salbe f 47, 109
Salbei m 133
Salomonen 319
Salto m 235
Salz n 64, 152
salzig 155
Sambia 317
Samen m 88, 122, 130
Samenausführungsgang m 21
Samenbläschen n 21
Samenleiter m 21
Sämling m 91
Samstag m 306
San Marino 316
Sand m 85, 264
Sandale f 37
Sandalen f 31
Sandburg f 265
Sandkasten m 263
Sandsack m 237
Sandstein m 288
Sandwich m 155
Sandwichtheke f 143
Sängerin f 191
Sao Tomé und Príncipe 317
Saphir 288
Sardine f 120
Sardinien 316
Satellit m 281
Satellitenschüssel f 269
Satsuma f 126
satt 64
Sattel m 206, 242
Sattelgurt m 242
Sattelstütze f 206
Saturn m 280
Satz m 230
saubere Wäsche f 76
Saubohnen f 131
Saudi-Arabien 318
sauer 127
Sauerteigbrot n 139
Sauger m 75, 81
Säugetiere n 290
Saugglocke f 53
Säuglingspflege f 74
Saugschlauch m 77
Säule f 300
Saum m 34
Sauna f 250
saure Sahne f 137
Saxophon n 257
Scan m 48
Scanner m 106, 176
Schablone f 83
Schach n 272
Schachbrett n 272
Schachtel Pralinen f 113
Schädel m 17
Schaf n 185
Schaffarm f 183
Schaffner m 209
Schafsmilch f 137

Schal m 31
Schale f 126, 127, 128, 129
schälen 67
Schäler m 68
Schalldämpfer m 204
Schalotte f 125
schalten 207
Schalter m 60, 96, 98, 100
Schalthebel m 201, 207
Schamlippen f 20
scharf 124
Schaschlik m 158
Schattenpflanze f 87
Schauer m 286
Schaufel f 187
Schaukel f 263
Schaum m 148
Schaumbad n 73
Schaumlöffel m 68
Schauspieler m 179, 191, 254
Schauspielerin f 254
Scheck m 96
Scheckheft n 96
Scheibe f 119, 139
Scheibenbrot n 138
Scheibenputzmittelbehälter m 202
Scheibenschießen n 249
Scheibenwaschanlage f 199
Scheibenwischer m 198
Scheide f 20
Scheidenmuschel f 121
Scheidung f 26
Schein m 97
Scheinwerfer m 198, 205, 259
Schellfisch m 120
Schenkel m 119
Schere f 38, 47, 188, 276
Scheune f 182
Schiebedach n 202
Schiedsrichter m 222, 225, 226, 229, 230
Schiedsrichterball m 226
Schiefer m 288
Schienbein n 12, 17
Schiene f 47, 208
schießen 223, 227
Schiff n 214
Schiffsschraube f 214
Schild n 172
Schilddrüse f 18
Schildkröte f 293
Schinken m 119, 143, 156
Schirm m 233
Schirmständer m 59
Schlafabteil n 209
Schlafanzug m 30, 33
Schläfe f 14
Schlafen n 74
Schlaflosigkeit f 71
Schlafmatte f 267
Schlafmittel n 109
Schlafsack m 267
Schlafzimmer n 70
Schlag m 233
Schlaganfall m 44
Schläge m 231
schlagen 67, 224, 225, 229
Schläger m 224
Schlägerspiele n 231
Schlagfehler m 228
Schlagholz n 225
Schlaginstrumente n 257
Schlagmal n 228
Schlagmann m 225, 228
Schlagsahne f 137
Schlagzeug n 258
Schlagzeuger m 258
Schlange f 293
Schlauch m 95, 207
Schlauchboot n 215
Schlauchwagen m 89
schlecht 321
Schlegel m 275
Schleier m 35
Schleierkraut n 110
Schleifmaschine f 78
Schleppdampfer m 215
Schleppe f 35
schleudern 76
Schleudertrauma n 46
Schlick m 85
Schließfächer n 239
Schlinge f 46
Schlittenfahren n 247
Schlittschuh m 224, 247
Schlittschuh laufen 224
Schloss n 59
Schlot m 283
Schlucht f 284
Schlüssel m 59, 80, 207
Schlüsselbein n 17
Schlüsselblume f 297
schmal 321
Schmerzmittel n 109
Schmerztabletten f 47
Schmetterball m 231
Schmetterling m 295
schmirgeln 82
Schmirgelpapier n 81, 83
Schmortopf m 69
Schmuck m 36
Schmuckkasten m 36
Schmucksteine m 288
schmutzige Wäsche f 76
Schnabel m 293
schnarchen 71
Schnauze f 293
Schnecke f 295
Schnee m 287
Schneeanzug m 30
Schneebesen m 68
Schneemobil n 247
Schneeregen m 286
schneiden 38, 67, 79, 277
Schneider m 80, 88, 191
Schneiderei f 115
Schneiderkreide f 276
Schneiderpuppe f 276
Schneidezahn m 50
schnell 321
schnell zubereitet 130
Schnellbootsport n 241
Schnellbratgericht n 158
Schnellimbiss m 154
Schnellstraße f 195
Schnitt m 46
Schnitte f 121
Schnittlauch m 133
Schnittmuster n 276
schnitzen 79
Schnorchel m 239
Schnur f 244
schnurlose Telefon n 99
Schnurrhaare n 290
Schnürschuh m 37
Schnürsenkel m 37
Schock m 47
schockiert 25
Schokolade f 156
Schokoladenaufstrich m 135
Schokoladenmilchshake m 149
Schokoladentorte f 140
Schönheit f 40
Schönheitsbehandlungen f 41
Schönheitspflege f 105
Schöpflöffel m 68
Schornstein m 58, 214
Schot f 241
Schote f 122
Schraube f 80
Schraubenschlüssel m 80
Schraubenzieher m 80
Schraubenziehereinsätze m 80
Schraubstock m 78
schreiben 162
Schreibtisch m 172
Schreibtischschränkchen n 172
Schreibwaren f 105
schreien 25
Schreiner m 188
Schriftart f 177
Schritt m 243
schrubben 77
Schubkarren m 88
Schublade f 66, 70, 172
schüchtern 25
Schuh m 233
Schuh mit hohem Absatz m 37
Schuhabteilung f 104
Schuhe m 34, 37
Schuhgeschäft n 114
Schulbuch n 163
Schulbus m 196
schuldig 181
Schule f 162, 299
Schüler m 162
Schuljunge m 162
Schulleiter m 163
Schulmädchen n 162
Schultasche f 162
Schulter f 13
Schulterblatt n 17
Schulterpolster n 35
Schulterriemen m 37
Schuluniform f 162
Schuppe f 121, 294
Schuppen f 39, 293
Schuppen m 84
Schürze f 30, 69
Schuss m 151
Schüssel f 65
Schutz m 88
Schutzanstrich m 83
Schutzblech n 205
Schutzbrille f 81, 167
Schutzhelm m 95, 186, 224
Schutzkappe f 270
Schutzmaske f 228
schwach 321
Schwager m 23
Schwägerin f 23
Schwalbe f 292
Schwamm m 73, 74, 83
Schwan m 293
schwanger 52
Schwangerschaft f 52
Schwangerschaftstest m 52
Schwanz m 121, 242, 290, 294
Schwänzchen n 39
Schwarte f 119
schwarz 39, 272, 274
schwarze Gürtel m 237
schwarze Johannisbeere f 127
schwarze Kaffee m 148
schwarze Loch n 280
Schwarze Meer n 313
schwarze Olive f 143
schwarze Tee m 149
Schwebebalken m 235
Schweden 316
Schwefel m 289
Schweif m 280
Schweifsäge f 81
Schwein n 185
Schweinefarm f 183
Schweinefleisch n 118
Schweinestall m 185
Schweißband n 230
Schweiz f 316
schwer 321
Schwerkraft f 280
Schwert n 241
Schwertfisch m 120, 294
Schwester f 22
Schwiegermutter f 23
Schwiegersohn m 22
Schwiegertochter f 22
Schwiegervater m 23
Schwimmbad n 101
Schwimmbecken n 238, 250
Schwimmbrille f 238
schwimmen 238
Schwimmer m 61, 238
Schwimmfloß n 238
Schwimmflosse f 239
Schwimmflügel m 238
Schwimmreifen m 265
Schwimmsport m 238
Schwimmstile m 239
Schwimmweste f 240
schwingen 232
Science-Fiction-Film m 255
Scotch mit Wasser m 151
Scrabble n 272
Scrollbalken m 177
sechs 308
Sechseck n 164

sechshundert 308
sechster 309
sechzehn 308
sechzehnter 309
sechzig 308
sechzigster 309
sedimentär 288
See m 285
Seebarsch m 120
Seebrassen m 120
Seefischerei f 245
Seelöwe m 290
Seemann m 189
Seepferd n 294
Seepolyp m 121, 295
Seestern m 295
Seezunge f 120
Segel n 241
Segelboot n 215
Segelfliegen n 248
Segelflugzeug n 211, 248
Segeljacht f 240
Segelsport m 240
Sehenswürdigkeiten f 261
Sehkraft f 51
Sehne f 17
Sehnenband n 17
Sehnerv m 51
Sehtest m 51
Seide f 277
Seife f 73
Seifenoper f 178
Seifenschale f 73
Seil n 248
Seilspringen n 251
sein Testament machen 26
Seite f 164
Seitendeck n 240
Seitenleitwerk n 210
Seitenlinie f 220, 221, 226, 230
Seitenpferd n 235
Seitenruder n 210
Seitenspiegel m 198
Seitenstraße f 299
Seitenstreifen m 194
Seitfußstoß m 237
Sekretariat n 168
Sekunde f 304
Sekundenzeiger m
Selbstbräunungscreme f 41
selbstsicher 25
Selbstverteidigung f 237
Sellerie m 124
senden 177, 178
Sendung f 179
Senegal 317
Senf m 155
Senfkorn n 131
Senkblei n 82
senkrecht 165
Sepie f 121
September m 306
Serbien 316
Server m 176
Serviceprovider m 177
servieren 64
Servierlöffel m 68
Serviette f 65, 152
Serviettenring m 65
Sesamkorn n 131
Sesamöl n 134
Sessel m 63
Sessellift m 246
Set n 64, 179
Setzkasten m 89
Setzkescher m 244
seufzen 25
Shampoo n 38
Sherry m 145
Shiatsu n 54
Shorts 30, 33
Sibirien 313
sich aufwärmen 251
sich befreunden 26
sich übergeben 44
sich verlieben 26
Sicherheit f 75, 240
Sicherheitsbohrer m 80
Sicherheitsgurt m 198, 211
Sicherheitsnadel f 47
Sicherheitssperre f 246
Sicherheitsventil n 61
Sicherheitsvorkehrungen f 212
sichern 177
Sicherung f 60
Sicherungskasten m 60, 203
Sieb n 68, 89
sieben 91, 138, 308
siebenhundert 308
siebter 309
siebzehn 308
siebzehnter 309
siebzig 308
siebzigster 309
Siegerpodium n 235
Sierra Leone 317
Signal n 209
Sikkim 318
Silber n 235, 289
Silo m 183
Simbabwe 317
Singapur 319
Sinus m 19
Sirene f 94
Sitz m 204, 209, 210, 242
Sitzfläche f 64
Sitzung f 174
Sitzungsraum m 174
Sizilien 316
Skalpell n 81, 167
Skateboard n 249
Skateboardfahren n 249, 263
Skelett n 17
Ski m 246
Skianzug m 246
Skibrille f 247
Skihang m 246
Skiläuferin f 246
Skipiste f 246
Skisport m 246
Skisprung m 247
Skistiefel m 246
Skistock m 246
Skizze f 275
Skizzenblock m 275
Skorpion m 295
Slalom m 247
Slice m 230
Slip m 33, 35
Slipeinlage f 108
Slipper m 37
Slowakei 316
Slowenien 316
Smaragd m 288
SMS f 99
Snackbar f 148
Snooker n 249
Snowboarding n 247
Socken f 33
Sodabrot n 139
Sodawasser n 144
Sofa n 62
Sofakissen n 62
Sofortbildkamera f 270
Software f 176
Sohle f 37
Sohn m 22
Sojabohnen f 131
Sojasprosse f 122
Soldat m 189
Somalia 317
Sommer m 31, 307
Sommersprosse f 15
Sonate f 256
Sonde f 50
Sonne f 280
Sonnenaufgang m 305
sonnenbaden 264
Sonnenbank f 41
Sonnenblock m 108, 265
Sonnenblume f 184, 297
Sonnenblumenkern m 131
Sonnenblumenöl n 134
Sonnenbrand m 46
Sonnenbräune f 41
Sonnenbrille f 51, 265
Sonnenhut m 30, 265
Sonnenmilch f 265
Sonnenschein m 286
Sonnenschirm m 264
Sonnenschutzcreme f 108
Sonnensystem n 280
Sonnenuhr f 262
Sonnenuntergang m 305
sonnig 286
Sonntag m 306
Sorbett n 141
Soße f 134, 143, 155
Soufflé n 158
Souffléform f 69
Soziussitz m 204
Spachtel m 68, 82
Spachtelmasse f 83
spachteln 82
Spalier n 84
Spanholz n 79
Spanien 316
Spann m 15
Spannung f 60
Spareinlagen f 96
Sparkonto n 97
Sparren n 237
spät 305
Spatel m 167
Spaten m 88, 265
später 304
Spatz m 292
Specht m 292
Speck m 118
Speckscheibe f 119
Speerfischen n 245
Speerwerfen n 234
Speibecken n 50
Speiche f 17, 207
Speicher m 176
Speisekarte f 148, 153, 154
Speiseröhre f 19
Speisewagen m 209
Spermium n 20
Sperrholz n 79
Spezialitäten f 152
Spiegel m 40, 63, 71, 167
Spiegelei n 157
Spiel n 230, 273
Spielanzug m 30
Spielbahn f 225, 233
Spiele n 272
spielen 229, 273
Spielen n 75
Spieler m 273
Spielerbank f 229
Spielergebnis n 273
Spielernummer f 226
Spielfeld n 220, 221, 226, 228
Spielfeldgrenze f 225
Spielfilm m 269
Spielhaus n 75
Spielmarke f 272
Spielplatz m 263
Spielshow f 178
Spielstand m 220
Spielwaren f 105
Spielzeug n 75
Spielzeugkorb m 75
Spieß m 68
Spikes m 233
Spin m 230
Spinat m 123
Spinne f 295
Spinnerkasten m 244
Spion m 59
Spirale f 21
Spitze f 35, 37, 122, 165, 246
Spitzenklöppelei f 277
Spitzer m 163
Spitzhacke f 187
Splitter m 46
Sport m 162, 220, 236
Sportangeln n 245
Sportartikel m 105
Sportjackett n 33
Sportkabriolett n 198
Sportler m 191
Sportplatz m 168
Sportschuh m 37
Sportschuhe m 31
Sportwagen m 75
Sprachen f 162
Sprachmitteilung f 99
Spray m 109
Sprechanlage f 59
Sprecher m 174
Sprechzimmer n 45
Springbrunnen m 85
springen m 227
springen lassen 227
Springer m 238, 272
Springreiten n 243
Sprinter m 234
Spritzbeutel m 69
Spritze 48, 109, 167, 311
Spritzschutz m 66
Sprühdose f 311
sprühen 91
Sprung m 235, 237, 239, 243
Sprungbrett n 235, 238
Sprungfeder f 71
Spülbecken n 66
Spule f 276
Spüle f 61
spülen 76, 77
Spuler m 276

Spülkasten m 61
Spülmaschine f 66
Squash n 231
Sri Lanka 318
Staat m 315
Stab m 225, 235
Stabhochsprung m 234
Stachel m 295
Stachelbeere f 127
Stadien n 23
Stadion n 223
Stadt f 298, 299
Stadtplan m 261
Stadtrundfahrtbus m 260
Staffelei f 274
Staffellauf m 235
Stahlwolle f 81
Stake f 245
Stall m 185
Stallbursche m 243
Stamm m 296
Stammaktie f 97
Ständer m 88, 268
Stange f 90, 207, 250
Stangen f 133
Stangenbohne f 122
Stangensellerie m 122
stark 321
Start- und Landebahn f 212
Startblock m 234, 238
starten 211
Startlinie f 234
Startsprung m 239
Stativ n 166, 270, 281
Staub wischen 77
Staubgefäß n 297
Staubsauger m 77, 188
Staubtuch n 77
Staudamm m 300
Staudenrabatte f 85
stechen 90
Stechmücke f 295
Stechpalme f 296
Steckdose f 60
Stecker m 60
Stecknadel f 276
Steckschlüssel m 80
Steg m 258
Steigbügel m 242
Stein m 272, 275
Steingarten m 84
Steinobst n 126
Steiß- 52
Steißbein n 17
Stempel m 173
Stempelkissen n 173
Stengel m 111, 297
Steppdecke f 71
sterben 26
stereo 269
steril 20, 47
Stern m 280
Sternanis m 133
Sternbild n 281
Sternfrucht f 128
Sternhyazinthen f 297
Stethoskop n 45
Steuer f 96
Steuerhebel m 269
Steuerrakete f 281
Steuerung f 204
Stich m 46, 277
Stichplatte f 276
Stichsäge f 78
Stichwähler m 276
Stickerei f 277
Stickrahmen m 277
Stiefel m 220
Stiefmutter f 23
Stiefsohn m 23
Stieftochter f 23
Stiefvater m 23
Stiel m 112, 187, 297
Stier m 185
Stillbüstenhalter m 53
stillen 53
Stillen n 53
Stimmbänder n 19
Stipendium n 169
Stirn f 14
Stirnmuskel m 16
Stirnriemen m 242
Stirnrunzeln n 25
Stock m 58, 91
Stoff m 276, 277
Stoffdrücker m 276
Stoffwindel f 30
stolz 25
Stop m 269
stopfen 277
Stoppball m 230
Stoppuhr f 234
Stöpsel m 72, 166
Storch m 292
Stoß m 237, 239
Stößel m 68
Stoßstange f 198
Stoßzahn m 291
Stoßzeit f 209
Stout m 145
Strafmaß n 181
Strafraum m 223
Strafregister n 181
Straftäter m 181
Strähnen f 39
Strampelanzug m 30
Strand m 264
Strandhäuschen n 264
Strandsandale f 37
Strandtasche f 264
Strandtuch n 265
Strang m 277
Straße f 298
Straßen f 194
Straßenanzug m 32
Straßenarbeiten f 187
Straßenbahn f 196, 208
Straßenbaustelle f 195
Straßencafé n 148
Straßenecke f 298
Straßenlaterne f 298
Straßenmarkierungen f 194
Straßenrad n 206
Straßenschild n 298
Stratosphäre f 286
Strauß m 111, 292
Strebepfeiler m 301
Strecken n 251
Streichbürste f 83
Streichhölzer n 112
Stress m 55
Strichkode m 106
Stricken n 277
Strickjacke f 32
Stricknadel f 277
Strohhalm m 144, 154
Strom m 60
Stromanschluss m 266
Stromausfall m 60
stromführende Schiene f 209
Stromkabel n 176
Stromnetz n 60
Stromschnellen f 284
Stromzähler m 60
Strumpfband n 35
Strümpfe m 35
Strumpfhalter m 35
Strumpfhose f 35, 251
Strunk m 122
Stuck m 63
Stück n 140, 311
Student m 169
Studentenheim n 168
Studioeinrichtung f 178
Stufenbarren m 235
Stuhl m 64
Stunde f 163
Stundenzeiger m
Sturm m 286
Sturz m 186
Stütze f 187
stutzen 90
Stützräder m 207
subtrahieren 165
suchen 177
Südafrika 317
Sudan 317
Süden m 312
Südfrüchte f 128
Südkorea 318
südliche Halbkugel f 283
Südpolarmeer n 313
Sultanine f 129
Sumo n 237
Sumpf m 285
Supermarkt m 106
Suppe f 153, 158
Suppenlöffel m 65
Suppenteller m 65
Surfbrett n 241
Surfer m 241
Suriname 315
süß 124, 127, 155
süße Aufstrich m 134
Süßkartoffel f 125
Süßwaren f 107, 113
Süßwarengeschäft n 113
Süßwasserangeln n 245
Swasiland 317
Sweatshirt n 33
Symbol n 177
Symphonie f 256
Synagoge f 300
Synchronschwimmen n 239
synthetisch 31
Syrien 318
System n 176

T

Tabak m 112, 184
Tablett n 152, 154
Tachometer m 201, 204
Tadschikistan 318
Taekwondo n 236
Tafel f 162
Tafel Schokolade f 113
Tag m 306
Tagesdecke f 70
Tagesordnung f 174
Tai Chi n 236
Taille f 12
Takelung f 215, 240
Taktstock m 256
Taktstrich m 256
Tal n 284
Tamburin n 257
Tampon m 108
Tandem n 206
Tangelo f 126
Tankstelle f 199
Tankstellenplatz m 199
Tansania 317
Tante f 22
Tanzakademie f 169
Tänzerin f 191
Tanzmusik f 259
Tapedeck n 268
Tapete f 82, 177
Tapetenkleister m 82
Tapezierbürste f 82
Tapezieren n 82
tapezieren 82
Tapezierer m 82
Tapeziermesser n 82
Tapezierschere f 82
Tapeziertisch m 82
Tapisserie f 277
Tarowurzel f 124
Tasche f 32
Taschen f 37
Taschenlampe f 267
Taschenrechner m 165
Taschentuch n 36
Tasmanien 319
Tastatur f 172, 176
Taste f 176
Tastenfeld n 97, 99
Tätigkeiten f 77, 183
Tätowierung f 41
Taube f 292
tauchen 238
Tauchen n 239
Taucheranzug m 239
Tauchermaske f 239
Taufe f 26
Tausendfüßler m 295
Taxifahrer m 190
Taxistand m 213
Team n 229
Techniken f 237
Teddy m 75
Tee m 144, 149, 184
Tee mit Milch m 149
Tee mit Zitrone m 149
Teebeutel m 144
Teeblätter n 144
Teekanne f 65
Teelöffel m 65
Teetasse f 65
Teich m 85
Teig m 138, 140
Teilchen n 140
Teiler m 173
teilnehmen 174
Teint m 41
Telefon n 99, 172
Telefonzelle f 99
Telegramm n 98
Teleprompter m 179
Teleskop n 281
Tempel m 300
Temperatur f 286
Temperaturanzeige f 201
Tennis n 230
Tennisball m 230
Tennisplatz m 230
Tennisschläger m 230
Tennisschuhe m 231
Tennisspieler m 231
Teppich m 63, 71
Tequila m 145

Termin m 45, 175
Terminal m 212
Terminkalender m 173, 175
Terminplaner m 175
Termite f 295
Terparybohnen f 131
Terpentin n 83
Terrassencafé n 148
Territorium n 315
Tesafilm m 173
Tesafilmhalter m 173
Text m 259
Thailand 318
Thanksgiving Day m 27
Theater n 254, 299
Theaterkostüm n 255
Theaterstück n 254
Theke f 142, 150
Therapeutin f 55
Thermometer n 45, 167
Thermosflasche f 267
Thermosphäre f 286
Thermostat m 61
Thermounterwäsche f 35
Thermowäsche f 267
Thriller m 255
Thymian m 133
Tiefe f 165
tiefe Ende n 239
tiefgefroren 121, 124
Tiegel m 166
Tierärztin f 189
Tiere n 292, 294
Tierfutter n 107
Tierhandlung f 115
Tiger m 291
Tintenfisch m 121, 295
Tisch m 64, 148, 167
Tischdecke f 64
Tischtennis n 231
Tischtennisschläger m 231
Titel m 168
Toast m 157
Toaster m 66
Tochter f 22
Toffee n 113
Togo 317
Toilette f 72
Toiletten f 104, 266
Toilettenartikel m 41, 107
Toilettenbürste f 72
Toilettensitz m 61, 72
Tomate f 125, 157
Tomatenketchup m 154
Tomatensaft m 144, 149
Ton m 275
Tonabnehmer m 258
Tonhöhe f 256
Tonicwater n 144
Tonleiter f 256
Tonmeister m 179
Tonne f 310
Tonspur f 255
Tonstudio n 179
Topas m 288
Töpfchen n 74
Töpferei f 275
Topfhandschuh m 69
Topfpflanze f 87, 110
Topinambur m 125
Tor n 85, 182, 221, 223, 224, 247
Torlinie f 220, 223, 224
Tornado m 287
Tornetz n 222
Torpfosten m 220, 222
Torraum m 221, 223
Törtchenform f 69
Torwächter m 225
Torwart m 222, 224
Touchdown m 220
Tourenfahrrad n 206
Tourer m 205
Tourist m 260
Touristenattraktion f 260
Touristenbus m 197
Touristeninformation f 261
Trab m 243
Trabrennen n 243
Tragbahre f 94
Tragebettchen n 75
Träger m 35, 186
trägerlos 34
Tragfläche f 210
Tragflügelboot n 215
trainieren 251
Trainingsanzug m 31, 32
Trainingshose f 33
Trainingsrad n 250
Trainingsschuhe m 251
Traktor m 182
Tranchiergabel f 68
Träne f 51
Transfer m 223
Transformator m 60
Transmission f 202
Trapez n 164
Traubenkernöl n 134
Traubensaft m 144
traurig 25
Trekking n 243
Treppe f 59
Treppenabsatz m 59
Treppengeländer n 59
Treppengitter n 75
treten 207
Trethebel m 61
Tretmaschine f 250
Triangel m 257
Trichter m 166
Triebwerk n 210
Trifle n 141
Trimester n 52
Trinidad und Tobago 314
Trittleiter f 82
Trizeps m 16
trocken 39, 41, 130, 145, 286, 321
Trockenblumen f 111
Trockendock n 217
trocknen 76
Trockner m 76
Trog m 183
Trommel f 258
Trompete f 257
Tropen f 283
Tropfen m 109
Tropfer m 109, 167
Tropfinfusion f 53
Troposphäre f 286
Trüffel m 113, 125
Truthahn m 185, 293
Tschad 317
Tschechische Republik 316
T-Shirt n 30, 33
Tuba f 257
Tube f 311
Tülle f 80
Tulpe f 111
Tunesien 317
Tunfisch m 120
Tür f 196, 209
Turbolader m 203
Türgriff m 200
Türkei f 319
Türkette f 59
Türkis m 289
Türklingel f 59
Türklopfer m 59
Turkmenistan 318
Türknauf m 59
Turm m 272, 300
Turmalin m 288
Turmspitze f 300
Turmsprung m 239
Turnen n 235
Turnerin f 235
Turnierplatz m 243
Türriegel m 59
Türverriegelung f 200
Tüte f 311
Typen m 205

U

U-Bahn m 209
U-Bahnplan m 209
Übelkeit f 44
über 320
überbelichtet 271
Überdach n 266
Überführung f 194
Übergepäck n 212
überholen 195
Überholspur f 194
Überlauf m 61
übermorgen 307
Übernachtung mit Frühstück f 101
Überpar n 233
überrascht 25
Überschallflugzeug n 211
Überschwemmung f 287
Überweisung f 49
U-Boot n 215
Übungen f 251
Übungsschwung m 233
Ufer n 284
Uganda 317
Uhr f 36, 62
Ukraine f 316
Ulme f 296
Ultraleichtflugzeug n 211
Ultraschall m 52
Ultraschallaufnahme f 52
Ultraviolettstrahlen m 286
um 320
Umfang m 164
Umhängetasche f 37
Umlaufbahn f 280
Umleitung f 195
umpflanzen 91
Umschlag m 98
umsteigen 209
Umwelt f 280
Umzug m 27
Unentschieden n 223
Unfall m 46
Ungarn 316
ungesalzen 137
ungültige Schlag m 228
Uniform f 94, 189
Universität f 299
Universum n 280
Unkraut n 86
Unkrautvernichter m 91
unpasteurisiert 137
unscharf 271
unschuldig 181
unsichere Fangen des Balls n 220
unter 320
Unterarm m 12
unterbelichtet 271
unterbrochen 99
untere Kuchenteil m 141
Unterführung f 194
Untergrund m 91
Unterhemd n 33, 35
Unterpar n 233
Unterrock m 35
Unterschrift f 96, 98
Untersetzer m 150
Untersuchung f 45, 49
Unterwäsche f 32, 35
Unze f 310
Uranus m 280
Urlaub m 212
Urlaubsprospekt m 212
Urologie f 49
Urteil n 181
Uruguay 315
Usbekistan 318

V

Vanille f 132
Vanillepudding m 140
Vanuatu 319
Vase f 63
Vater m 22
Vatikanstadt f 316
V-Ausschnitt m 33
vegetarische Hamburger m 155
Vene f 19
Venezuela 315
Ventil n 207
Ventilator m 60, 202
Venus f 280
Venusmuschel f 121
Verankerung f 217
Veranstaltungen f 243
verarbeiteten Getreidearten f 130
verärgert 25
Verband m 47
verbinden 177
verbleit 199
Verbrechen n 94
Verdächtige m 94, 181
Verdauungssystem n 19
Verdeck n 75
Verdünnungsmittel n 83
Vereinigte Arabische Emirate 318
Vereinigte Königreich n 316
Vereinigten Staaten von Amerika 314
Verfallsdatum n 109

Verfügung f 180
Vergiftung f 46
Vergnügungspark m 262
vergrößern f 172
Vergrößerung f 271
Verkäufer m 104
Verkäuferin f 188
Verkaufsabteilung f 175
Verkehr m 194
Verkehrsampel f 194
Verkehrsflugzeug n 210, 212
Verkehrsinsel f 194
Verkehrspolizist m 195
Verkehrsschilder n 195
Verkehrsstau m 195
verkleinern f 172
Verkühlung f 44
verlängern 168
verlängerte Limousine f 199
Verlängerung f 223
Verlängerungsschnur f 78
verlegen 25
Verletzung f 46
verlieren 273
Verlierer m 273
Verlobte m 24
Verlobte f 24
Verlobten m, f 24
vermehren 91
Vermieter m 58
Vermittlung f 99
Verordnung f 109
verputzen 82
verrühren 67, 138
Verschluss m 36
Versicherung f 203
Versiegelungsmittel n 83
Versorgungsfahrzeug n 212
Verspätung f 209
Verstärker m 268
Verstauchung f 46
verstellbare Schraubenschlüssel m 80
Versuch m 166, 221
Verteidiger m 223
Verteidigung f 181, 220
Verteidigungszone f 224
Verteiler m 203
Verwandten m 23
verwirrt 25
Vibraphon n 257
Videokassette f 269
Videorekorder m 269
Videospiel n 269
Vieh n 183, 185
vier 308
vierhundert 308
vierter 309
viertürig 200
vierzehn 308
vierzehn Tage 307
vierzehnter 309
vierzig 308
vierzig Minuten 304
vierzigster 309
Vietnam 318
Violinschlüssel m 256
Virus m 44
Visier n 205
Visum n 213
Vitamintabletten f 108
Vögel m 292
Vögelbeobachten n 263
Vogelscheuche f 184
Volant m 71
voll 266, 321
Voll tanken, bitte 199
Volley m 231
Volleyball m 227
Vollkorn- 131
Vollkornbrot n 139
Vollkornmehl n 138
Vollmilch f 136
Vollmond m 280
Vollpension f 101
Volumen n 165, 311
vom Abschlag spielen 233
von Bord gehen 217
von, aus 320
vor 320
vorbestellen 168
Vordach n 58
vordere Backenzahn m 50
Vorderrad n 196
Vorderzwiesel m 242
Vorfeld n 212
vorgeburtlich 52
vorgestern 307
Vorhand f 231
Vorhang m 63, 254
Vorhaut f 21
vorher aufgezeichnet 178
Vorkriegsmodell n 199
Vorladung f 180
Vorlauf m 269
Vorort m 299
Vorschlaghammer m 187
Vorspeise f 153
Vorteil m 230
vorzeitig 52
Vulkan m 283

W

Waage f 53, 98, 118, 310
Waagschale f 310
Wachtel f 119
Wachtelei n 137
Wächter m 189
Wade f 13
Wadenbein n 17
Wadenmuskel m 16
Waffeln f 157
Wagen m 208
Wagenheber m 203
Wagentypen m 199
wählen 99
Wal m 290
Wald m 285
Walnuss f 129
Walnussöl n 134
Walross n 290
Walze f 187
Wandern n 263
Wanderschuh m 37
Wanderschuhe m 267
Wandlampe f 62
Wanne f 83
Warenlager n 216
Warenregal n 106
warm 286
Wärmflasche f 70
Warnlichter n 201
Wartehäuschen n 197
Warteraum m 45
Waschautomat mit Trockner m 76
Waschbär m 290
Waschbecken n 38, 72
Wäsche f 76, 105
Wäschedienst m 101
Wäscheklammer f 76
Wäschekorb m 76
Wäscheleine f 76
waschen 38
Wäscheschleuder f 76
Waschmaschine f 76
Waschmittel n 77
Waschsalon m 115
Wasser n 144, 238
Wasser treten 239
Wasserball m 239, 265
Wasserbehandlung f 55
Wasserfall m 285
Wasserflasche f 206, 267
Wasserflugzeug n 211
Wassergarten m 84
Wasserglas n 65
Wasserhahn m 66
Wasserhindernis n 232
Wasserkastanie f 124
Wassermelone f 127
Wassermotorradsport m 241
Wasserpflanze f 86
Wasserraum m 61
Wasserreis m 130
Wasserschildkröte f 293
Wasserski n 241
Wasserskifahrer m 241
Wassersport m 241
Wasserstrahl m 95
Wasserwaage f 80, 187
Watstiefel m 244
Wattebällchen n 41
Wattieren n 277
WC n 61
Weben n 277
Web-Site f 177
Webstuhl m 277
Wechselkurs m 97
Wechselstrom m 60
Wechselstube f 97
Wecker m 70
Wedge n 233
Weg m 58, 85
Wegschnecke f 295
Wegwerf- 109
Wegwerfwindel f 30
Wehe f 52
weiblich 20
weich 129, 321
weiche Brötchen n 139
Weichholz n 79
Weichkäse m 136
Weichspüler m 76
Weide f 182, 296
Weihnachten n 27
Wein m 145, 151
Weinberg m 183
Weinbrand m 145
weinen 25
Weinessig m 135
Weinglas n 65
Weinhandlung f 115
Weinkarte f 152
Weinstock m 183
weiß 39, 145, 272, 274
Weißbrot n 139
weiße Fleisch n 118
weiße Haut f 126
weiße Johannisbeere f 127
weiße Reis m 130
weiße Schokolade f 113
weißen Bohnen f 131
Weißfisch m 120
Weißrussland 316
weit 320
Weitsichtigkeit f 51
Weitsprung m 235
Weizen m 130, 184
Weizenmehl n 138
Weizenschrot m 130
Welle f 241, 264
Wellenlänge f 179
Wellenreiten n 241
Welpe m 290
Weltkarte f 312
Weltraum m 280
Wendekreis des Krebses m 283
Wendekreis des Steinbocks m 283
Werbung f 269
werdende Mutter f 52
werfen 221, 225, 227, 229
Werfer m 225, 229
Werferplatte f 228
Werft f 217
Werkbank f 78
Werkstatt f 199, 203
Werktag m 306
Werkzeuge n 187
Werkzeuggestell n 78
Werkzeuggürtel m 186
Werkzeugkasten m 80
Werkzeugleiste f 177
Wertpapiere n 97
Wespe f 295
Weste f 33
Westen m 312
Western m 255
Westsahara 317
Wette f 273
Wetter n 286
Wetzstein m 81
Whisky m 145
Wickelmatte f 74
Wickelraum m 104
Widerhaken m 244
Wiederbelebung f 47
wiegen 310
Wiese f 285
Wild n 118, 119
Wildwasser n 240
Wimper f 14, 51
Wimperntusche f 40
Wind m 241, 286
Windel f 75
windig 286
Windjacke f 33
Windpocken f 44
Windschutz m 265
Windschutzscheibe f 198, 205
Windsurfer m 241
Windsurfing n 241
Winkel m 164
Winkelmesser m 165
Winter m 31, 307
Wintersport m 247

Wippe f 263
Wirbel m 259
Wirbellosen n 295
Wirbelsäule f 17
Wirtschaftsprüfer m 97, 190
Wirtschaftswissenschaft f 169
wischen 77
Wissenschaft f 166
Wissenschaftler m 190
Woche f 306
Wochenende n 306
wöchentlich 307
Wodka m 145
Wodka mit Orangensaft m 151
Wohnblock m 59, 298
Wohngegend f 299
Wohnmobil n 266
Wohnung f 59
Wohnwagen m 266
Wohnzimmer n 62
Wok m 69
Wolf m 290
Wolke f 287
Wolkenkratzer m 299, 300
Wolle f 277
Wörterbuch n 163
Wunde f 46
Wundsalbe f 74
Wurf m 237
Würfel m 164, 272
Wurflinie f 225
Wurm m 295
Wurst f 155
Würstchen n 118, 157
Wurzel f 124, 296
Wurzeln f 39
Wüste f 285

Y

Yard n 310
Yoga n 54

Z

Zahlen f 308
zählen 165
Zähler m 165, 270
Zahlung f 96
Zahn m 50
Zahnarzt m 50
Zahnärztin f 189
Zahnbelag m 50
Zahnbürste f 72
Zahnfleisch n 50
Zahnfüllung f 50
Zahnpasta f 72
Zahnpflege f 72, 108
Zahnprothese f 50
Zahnrad m 206
Zahnschmelz m 50
Zahnschmerzen m 50
Zahnseide f 50, 72
Zahnspange f 50
Zahnwurzel f 50
Zange f 167
Zäpfchen n 109
Zapfhahn m 150
Zapfsäule f 199
Zaumzeug n 242
Zaun m 85, 182
Zebra n 291
Zeder f 296
Zeh m 15
Zehe f 125
Zehennagel m 15
zehn 308
zehntausend 309
zehnter 309
Zeichendreieck n 165
Zeichentrickfilm m 178, 255
Zeichnen n 275
zeichnen 162
Zeigefinger m 15
Zeit f 234
Zeiteinstellscheibe f 270
Zeiten f 261
Zeitmesser m 166
Zeitschrift f 112, 168
Zeitschriften f 107
Zeitung f 112
Zeitungshändler m 112
Zelt n 267
Zeltboden m 267
zelten 266
Zeltplatz m 266
Zeltplätze frei 266
Zeltspannleine f 266
Zeltstange f 266
Zement m 186
Zentimeter m 310
Zentimetermaß n 276
Zentralafrikanische Republik 317
Zentrale f 175
Zentraleinheit f 176
zerbrechlich 98
zerstoßen 132
Zeuge m 180
Zicklein n 185
Ziege f 185
Ziegelstein m 187
Ziegenkäse m 142
Ziegenmilch f 136
ziehen 91
Ziellinie f 234
Zielscheibe f 249
Zier- 87
Zierstrauch m 87
Zigaretten f 112
Zigarre f 112
Zimmer n 58, 100
Zimmernummer f 100
Zimmerreinigung f 101
Zimmerschlüssel m 100
Zimmerservice m 101
Zimt m 133
Zink n 289
Zinn n 289
Zinssatz m 96
Zirkel m 165
Zirkeltraining n 251
Zitrone f 126
Zitronenaufstrich m 134
Zitronengras n 133
Zitrusfrüchte f 126
Zoll m 212, 310
Zollamt n 216
Zone f 315
Zoo m 262
Zoologie f 169
Zoom n 270
Zopf m 39
zu 320
zu, nach 320
zubereitet 121
Zubereitung f 159
Zubringer m 197
Zucchini f 125
züchten 91
Zuckerguss m 141
Zuckerkrankheit f 44
Zuckerrohr n 184
Zufahrtsstraße f 194
Zufahrtsstraße f 216
Zug m 208, 239, 273
Zugabe f 255
Zügel m 242
Zugfenster n 209
Zugtypen m 208
Zuleitung f 61
zum Mitnehmen 154
Zündkerze f 203
Zündung f 200
Zunge f 19, 37, 118
zur Schule kommen 26
Zuschauer m 233
Zustellung f 98
zwanzig 308
zwanzig Minuten 304
zwanzigster 309
zwanzigtausend 309
zwei 308
zwei Uhr 304
Zweibettzimmer n 100
Zweig m 296
Zweigstelle f 175
zweihundert 308
zweijährig 86
Zweispännerrennen n 243
zweitausend 307
zweitausendeins 307
zweitausendzwei 307
zweite Etage f 104
zweite Rang m 254
zweiter 309
zweitürig 200
zweiundzwanzig 308
zweiundzwanzigster 309
Zwerchfell n 19
Zwiebel f 86, 124
Zwillinge m 23
Zwinge f 78
Zwirn m 89
zwischen 320
Zwischenrippenmuskel m 16
zwölf 308
Zwölffingerdarm m 18
zwölfter 309
Zylinder m 164
Zylinderkopf m 202
Zypern 319

englisches Register • English index • 英语索引

A

à la carte 152
a shot 151
abdomen 12
abdominals 16
above 320
abseiling 248
acacia 110
accelerator 200
access road 216
accessories 36, 38
accident 46
account number 96
accountant 97, 190
accounts department 175
accused 180
ace 230, 273
Achilles tendon 16
acorn squash 125
acquaintance 24
acquitted 181
across 320
acrylic paints 274
actions 183, 227, 229, 233, 237
activities 77, 162, 245, 263
actor 191, 254
actors 179
actress 254
acupressure 55
acupunture 55
Adam's apple 19
add v 165
address 98
adhesive tape 47
adjustable spanner 80
admissions 168
admitted 48
aduki beans 131
adult 23
advantage 230
adventure 255
advertisement 269
aerate v 91
aerobics 251
Afganistan 318
Africa 317
after 320
afternoon 305
aftershave 73
aftersun 108
agate 289
agenda 174
aikido 236
aileron 210
air bag 201
air conditioning 200
air cylinder 239
air filter 202, 204
air letter 98
air mattress 267
air stewardess 190
air supply 199
air vent 210
aircraft 210
aircraft carrier 215
airliner 210, 212
airport 212
aisle 106, 168, 210, 254
alarm clock 70
Alaska 314
Albania 316
alcoholic drinks 145
alfalfa 184
Algeria 317
allergy 44
alley 298
alligator 293
allspice 132
almond 129
almond oil 134
almonds 151
along 320
alpine 87
alpine skiing 247
alternating current 60
alternative therapy 54
alternator 203
altitude 211
aluminium 289
Amazonia 312
ambulance 94
American football 220
amethyst 288
amniocentesis 52
amniotic fluid 52
amount 96
amp 60
amphibians 294
amplifier 268
anaesthetist 48
anchor 214, 240
Andes 312
Andorra 316
angle 164
angler 244
Angola 317
angry 25
animals 292, 294
animated film 255
ankle 13, 15
ankle-length 34
anniversary 26
annual 86, 307
anorak 31, 33
answer 163
answer v 99, 163
answering machine 99
ant 295
antenatal 52
antenna 295
antifreeze 199, 203
Antigua and Barbuda 314
anti-inflammatory 109
antique shop 114
antiseptic 47
antiseptic wipe 47
anti-wrinkle 41
antler 291
apartment block 298
apéritif 153
aperture dial 270
apex 165
appeal 181
appearance 30
appendix 18
applaud v 255
apple 126
apple corer 68
apple juice 149
appliances 66
application 176
appointment 45, 175
apricot 126
April 306
apron 30, 50, 69, 212
APS camera 270
aquamarine 288
Arabian Sea 313
arable farm 183
arc 164
arch 15, 85, 301
archery 249
architect 190
architecture 300
architrave 301
Arctic circle 283
Arctic Ocean 312
area 165, 310
areas 299
arena 243
Argentina 315
arithmetic 165
arm 13
armband 238
armchair 63
Armenia 318
armpit 13
armrest 200, 210
aromatherapy 55
around 320
arrangements 111
arrest 94
arrivals 213
arrow 249
art 162
art college 169
art deco 301
art gallery 261
art nouveau 301
art shop 115
artery 19
artichoke 124
artist 274
arts and crafts 274, 276
ash 283
ashtray 150
Asia 318
assault 94
assistant 24
assisted delivery 53
asteroid 280
asthma 44
astigmatism 51
astronaut 281
astronomy 281
asymmetric bars 235
at 320
athlete 234
athletics 234
Atlantic Ocean 312
atmosphere 282, 286
atrium 104
attachment 177
attack 220
attack zone 224
attend v 174
attic 58
attractions 261
aubergine 125
auburn 39
audience 254
August 306
aunt 22
aurora 286
Australasia 319
Australia 319
Austria 316
autocue 179
automatic 200
automatic door 196
autumn 31, 307
avalanche 247
avenue 299
avocado 128
awning 148
axe 95
axle 205
ayurveda 55
Azerbaijan 318

B

baby 23, 30
baby bath 74
baby care 74
baby changing facilities 104
baby monitor 75
baby products 107
baby sling 75
babygro 30
back 13
back brush 73
back seat 200
backboard 226
backdrop 254
backgammon 272
backhand 231
backpack 31, 37, 267
backstroke 239
backswing 233
bacon 118, 157
bad 321
badge 94
badminton 231
bag 311
bagel 139
baggage reclaim 213
baggage trailer 212
bags 37
baguette 138
Bahamas 314
bail 181
bait 244
bait v 245
bake v 67, 138
baked 159
baker 139
baker's 114
bakery 107, 138
baking 69
baking tray 69
balance wheel 276
balcony 59, 254
bald 39
bale 184
Balearic Islands 316
ball 15, 75, 221,224, 226, 228, 230
ballboy 231
ballet 255
balsamic vinegar 135
Baltic Sea 313
bamboo 86
banana 128
bandage 47
Bangladesh 318
banister 59
bank 96, 284
bank charge 96
bank manager 96
bank transfer 96
bap 139
bar 150, 152, 250, 256, 311
bar code 106
bar counter 150
bar mitzvah 26
bar snacks 151

bar stool 150
barb 244
Barbardos 314
barbecue 267
barber 39, 188
bark 296
barley 130, 184
barman 191
barn 182
baroque 301
bars 74
bartender 150
basalt 288
base 164, 229
base station 99
baseball 228
baseline 230
baseman 228
basement 58
basil 133
basin 50
basket 106, 207, 226
basket of fruit 126
basketball 226
basketball player 226
basque 35
bass clarinet 257
bass clef 256
bass guitar 258
bass guitarist 258
bassoon 257
bat 225, 228, 231, 290
bat v 225, 229
bath mat 72
bath towel 73
bathrobe 73
bathroom 72
bathtub 72
baton 235, 256
batsman 225
batter 228
batteries 260
battery 167, 202
battery pack 78
battleship 215
bay leaf 133
bayonet fitting 60
be born v 26
beach 264
beach bag 264
beach ball 265
beach hut 264
beach towel 265
beach umbrella 264
beaker 167
beam 186, 235
bean sprout 122
beans 131, 144
bear 291
beat 259
beauty 40, 105
beauty treatments 41
bed 70
bed and breakfast101
bed linen 71
bedding 74
bedroom 70
bedside lamp 70
bedside table 70
bedspread 70
bee 295
beech 296
beef 118
beer 145,151
beer tap 150
beetle 295
beetroot 125
before 320
beginning 321
behind 320
Belarus 316
Belgium 316
Belize 314
bell 197
below 320
belt 32, 36, 236
bench 250, 262
Benin 317
berry 296
beside 320
bet 273
between 320
beyond 320
Bhutan 318
biathlon 247
bib 30
bicep curl 251
biceps 16
bicycle 206
bidet 72
biennial 86
bifocal 51
big toe 15
bike rack 207
bikini 264
bill 152, 293
binoculars 281
biology 162
biplane 211
birch 296
bird watching 263
birds 292
birth 52
birth weight 53
birth certificate 26
birthday 27
birthday cake 141
birthday candles 141
birthday party 27
biscuit 113
biscuits 141
bishop 272
bit 242
bit brace 78
bite 46
bite v 245
bitter 124, 145
black 39, 272, 274
black belt 237
black coffee 148
black hole 280
black olive 143
black pudding 157
Black Sea 313
black tea 149
blackberry 127
blackboard 162
blackcurrant 127
black-eyed beans 131
bladder 20
blade 60, 66, 78, 89
blanket 71, 74
blazer 33
bleach 77
blender 66
blister 46
block 237
block v 227
block of flats 59
blonde 39
blood pressure 44
blood pressure gauge 45
blood test 48
blouse 34
blow dry v 38
blow out v 141
blowhole 290
blue 274
blue cheese 136
bluebells 297
blueberry 127
blues 259
blusher 40
board 241
board v 217
board games 272
boarding pass 213
bob 39
bobbin 276
bobsleigh 247
body 12
body lotion 73
body systems 19
bodywork 202
boil v 67
boiled egg 137, 157
boiled sweets 113
boiler 61
Bolivia 315
bollard 214, 298
bolt 59
bomber 211
bone 17, 119, 121
bone meal 88
boned 121
bongos 257
bonnet 198
book 168
book a flight v 212
book shop 115
bookshelf 63, 168
boom 95, 240
booster 281
boot 198, 220, 223
booties 30
bored 25
borrow v 168
Bosnia and Herzegovina 316
Botswana 317
bottle 61, 75, 135, 311
bottle opener 68, 150
bottled foods 134
bottled water 144
bottom tier 141
bounce v 227
boundary line 225
bouquet 35, 111
bouquet garni 132
bout 237
boutique 115
bow 240, 249
bow tie 36
bowl 61, 65, 112
bowl v 225
bowler 225
bowling 249
bowling ball 249
box 254
box file 173
box of chocolates 113
box of tissues 70
box office 255
boxer shorts 33
boxercise 251
boxing 236
boxing gloves 237
boxing ring 237
boy 23
boyfriend 24
bra 35
brace 50
bracelet 36
brain 19
brake 200, 204, 206
brake v 207
brake block 207
brake fluid reservoir 202
brake lever 207
brake pedal 205
bran 130
branch 175, 296
brandy 145
brass 256
Brazil 315
brazil nut 129
bread 157
bread knife 68
bread roll 143
breadcrumbs 139
breadfruit 124
breads 138
break a record v 234
break waters v 52
breakdown 203
breakfast 64, 156
breakfast buffet 156
breakfast cereals 107
breakfast table 156
breakfast tray 101
breast 12, 119
breast bone 17
breast pump 53
breastfeed v 53
breaststroke 239
breathing 47
breech 52
brick 187
bridge 15, 214, 258, 273, 300
bridle 242
bridle path 263
brie 142
briefcase 37
briefs 33, 35
brioche 157
broad bean 122
broad beans 131
broadcast 179
broadcast v 178
broccoli 123
brochure 175
brogue 37
bronze 235
brooch 36
broom 77
broth 158
brother 22
brother-in-law 23
browband 242
brown 274
brown bread 139, 149
brown flour 138
brown lentils 131
brown rice 130
browse v 177
browser 177
bruise 46
Brunei 319
brunette 39
brush 38, 40, 77, 83, 274
brush v 38, 50
brussel sprout 122
bubble bath 73
bucket 77, 82, 265
buckle 36
bud 111, 297
buffet 152
buggy 232
build v 186
builder 186, 188
building site 186
buildings 299
built-in wardrobe 71
bulb 86
Bulgaria 316
bull 185
bulldog clip 173
bull-nose pliers 80
bullseye 273

english

bumper 74, 198
bun 39, 140, 155
bunch 111
bungalow 58
bungee jumping 248
bunker 232
bunsen burner 166
buoy 217
bureau de change 97
burger 154
burger bar 154
burger meal 154
burglar alarm 58
burglary 94
Burkina Faso 317
Burma (Myanmar) 318
burn 46
burner 67
Burundi 317
bus 196
bus driver 190
bus shelter 197
bus station 197
bus stop 197, 299
bus ticket 197
buses 196
business 175
business class 211
business deal 175
business lunch 175
business partner 24
business suit 32
business trip 175
businessman 175
businesswoman 175
butcher 118, 188
butcher's 114
butter 137, 156
butter beans 131
buttercup 297
butterfly 239, 295
buttermilk 137
butternut squash 125
buttock 13, 16
button 32
buttonhole 32
buttress 301
by 320
by airmail 98
bytes 176

C

cab 95
cabbage 123
cabin 210, 214
Cabinda 317
cabinet 66
cable 79, 207
cable car 246
cable television 269
cactus 87
caddy 233
caesarean section 52
café 148, 262
cafetière 65
cake shop 114
cake tin 69
cakes 140
calcite 289
calcium 109
calculator 165
calendar 306
calf 13, 16, 185
call button 48
calyx 297
cam belt 203
Cambodia 318
camcorder 260, 269
camel 291
camembert 142
camera 178, 260, 270
camera case 271
camera crane 178
camera shop 115
cameraman 178
Cameroon 317
camisole 35
camomile tea 149
camp v 266
camp bed 266
campari 145
camper van 266
campfire 266
camping 266
camping stove 267
campsite 266
campus 168
can 145, 311
can opener 68
Canada 314
canary 292
candied fruit 129
candle 63
cane 91
canes 89
canine 50
canned drink 154
canoe 214
canoeing 241
canter 243
canvas 274
cap 21, 36, 238
capacity 311
cape gooseberry 128
capers 143
capital 315
capoeira 237
capsize v 241
capsule 109
captain 214
capuccino 148
car 198, 200
car accident 203
car hire 213
car park 298
car stereo 201
car wash 198
caramel 113
caravan 266
caraway 131
card 27
card phone 99
card slot 97
cardamom 132
cardboard 275
cardigan 32
cardiology 49
cardiovascular 19
cards 273
cargo 216
Caribbean Sea 312
carnation 110
carnival 27
carousel 212
carpenter 188
carpentry bits 80
carpet 71
carriage 208
carriage race 243
carrier 204
carrot 124
carrycot 75
cartilage 17
carton 311
cartoon 178
carve v 79
carving fork 68
case 51
cash v 97
cash machine 97
cashewnut 129
cashewnuts 151
cashier 96, 106
casino 261
Caspian Sea 313
cassava 124
casserole dish 69
cassette player 269
cassette tape 269
cast 254
cast v 245
castle 300
casual 34
casual wear 33
cat 290
catalogue 168
catamaran 215
cataract 51
catch v 220, 227, 229, 245
catcher 229
caterpillar 295
cathedral 300
catheter 53
cauliflower 124
cave 284
CD player 268
cedar 296
ceiling 62
celebration 140
celebration cakes 141
celebrations 27
celeriac 124
celery 122
cell 181
cello 256
cement 186
cement mixer 186
centimetre 310
centipede 295
Central African Republic 317
central processing unit 176
central reservation 194
centre 164
centre circle 222, 224, 226
centre field 228
centre line 226
centreboard 241
century 307
ceramic hob 66
cereal 130, 156
cervical vertebrae 17
cervix 20, 52
Chad 317
chain 36, 206
chair 64
chair v 174
chairlift 246
chalk 85, 162, 288
chamber 283
champagne 145
championship 230
change v 209
change a wheel v 203
change channel v 269
change gear v 207
changing bag 75
changing mat 74
changing room 104
channel 178
charcoal 266, 275
charge 94, 180
chart 48
chassis 203
check-in v 212
check-in desk 213
checkout 106
check-up 50
cheddar 142
cheek 14
cheerleader 220
cheese 136, 156
chef 152, 190
chef's hat 190
chemist 108
chemistry 162
cheque 96
chequebook 96
cherry 126
cherry tomato 124
chess 272
chessboard 272
chest 12
chest of drawers 70
chest press 251
chestnut 129
chewing gum 113
chick 185
chick peas 131
chicken 119, 185
chicken burger 155
chicken coop 185
chicken nuggets 155
chicken pox 44
chicory 122
child 23, 31
child lock 75
child seat 198, 207
childbirth 53
children 23
children's clothing 30
children's department 104
children's ward 48
child's meal 153
Chile 315
chili 143
chill 44
chilli 124, 132
chimney 58
chin 14
China 318
china 105
chip v 233
chipboard 79
chiropractic 54
chisel 81, 275
chives 133
chocolate 113
chocolate bar 113
chocolate cake 140
chocolate chip 141
chocolate coated 140
chocolate milkshake 149
chocolate spread 135
choir 301
choke v 47
chop 119, 237
chopping board 68
chorizo 143
choux pastry 140
christening 26
Christmas 27
chrysanthemum 110
chuck 78
church 298, 300
chutney 134
cider 145
cider vinegar 135
cigar 112
cigarettes 112
cinema 255, 299
cinema hall 255
cinnamon 133
circle 165, 254
circular saw 78
circuit training 251
circumference 164

cistern 61
citrus fruit 126
city 299
clam 121
clamp 78, 166
clamp stand 166
clapper board 179
clarinet 257
clasp 36
classical music 255, 259
classroom 162
claw 291
clay 85, 275
clean v 77
clean clothes 76
cleaned 121
cleaner 188
cleaning equipment 77
cleaning fluid 51
cleanser 41
clear honey 134
cleat 240
cleaver 68
clementine 126
client 38, 175, 180
cliff 285
climber 87
climbing frame 263
clinic 48
clipboard 173
clitoris 20
clock 62
clock radio 70
closed 260, 321
clothes line 76
clothes peg 76
clothing 205
cloud 287
cloudy 286
clove 125
clover 297
cloves 133
club 273
club sandwich 155
clubhouse 232
clutch 200, 204
coach 196
coal 288
coast 285
coaster 150
coastguard 217
coat 32
coat hanger 70
cockatoo 293
cockerel 185
cockle 121
cockpit 210
cockroach 295
cocktail 151
cocktail shaker 150
cocoa powder 148
coconut 129
cocoon 295
cod 120
coffee 144, 148, 153, 156, 184
coffee cup 65
coffee machine 148, 150
coffee milkshake 149
coffee spoon 153
coffee table 62
cog 206
coin 97
coin phone 99
coin return 99
cola 144
colander 68
cold 44, 286, 321
cold tap 72
cold-pressed oil 135
collage 275
collar 32
collar bone 17
colleague 24
collection 98
college 168
Colombia 315
colony 315
colouring pencil 163
colours 39, 274
comb 38
comb v 38
combat sports 236
combine harvester 182
comedy 255
comet 280
comic 112
commis chef 152
commission 97
communications 98
commuter 208
Comoros 317
compact 40
compact disc 269
company 175
compartment 209
compass 165, 240, 312
complaint 94
complexion 41
compliments slip 173
compost 88
compost heap 85
computer 172, 176
concealer 40
conceive v 20
conception 52
concert 255, 258
concertina file 173
concourse 209
concrete block 187
concussion 46
condensed milk 136
conditioner 38
condom 21
conductor 256
cone 164, 187
confectioner 113
confectionery 107, 113
confident 25
confused 25
conglomerate 288
Congo 317
conifer 86
connect v 177
connection 212
conning tower 215
console 269
constellation 281
construction 186
consultant 49
consultation 45
contact lenses 51
container 216, 311
container port 216
container ship 215
continent 282, 315
contraception 21, 52
contraction 52
control tower 212
controller 269
controls 201, 204
convector heater 60
convenience food 107
convertible 199
conveyer belt 106
cooked meat 118, 143
cooking 67
coolant reservoir 202
cooling rack 69
co-pilot 211
copper 289
copy v 172
cor anglais 257
coral reef 285
cordless phone 99
core 127
coriander 133
cork 134
corkscrew 150
corn 130, 184
corn bread 139
corn oil 135
cornea 51
corner 223
corner flag 223
cornice 300
corset 35
Corsica 316
Costa Rica 314
costume 255
cot 74
cottage cheese 136
cottage garden 84
cotton 184, 277
cotton balls 41
cough 44
cough medicine 108
counsellor 55
count v 165
counter 96, 98, 100, 142, 272
country 259, 315
couple 24
courgette 125
courier 99
courses 153
court 226
court case 180
court date 180
court officer 180
court official 180
courtroom 180
courtyard 58, 84
couscous 130
cousin 22
cow 185
cow's milk 136
crab 121, 295
cracked wheat 130
cradle 95
crafts 275
cramp 239
cramps 44
cranberry 127
crane 187, 216, 292
crash barrier 195
crater 283
crayfish 121
cream 109, 137, 140, 157
cream cheese 136
cream pie 141
crease 225
credit card 96
creel 245
creeper 87
crème caramel 141
crème patisserie 140
crêpe 155
crescent moon 280
crew 241
crew hatch 281
cricket 225, 295
cricket ball 225
cricketer 225
crime 94
criminal 181
criminal record 181
crisp 127
crispbread 139, 156
crisper 67
crisps 113, 151
Croatia 316
crochet 277
crochet hook 277
crockery 64
crockery and cutlery 65
crocodile 293
crocodile clip 167
croissant 156
crop 39, 183
crops 184
cross trainer 250
crossbar 207, 222, 235
cross-country skiing 247
crow 292
crown 50
crucible 166
crushed 132
crust 139, 282
cry v 25
crystal healing 55
Cuba 314
cube 164
cucumber 125
cuff 32, 45
cufflink 36
cultivate v 91
cultivator 182
cumin 132
curb 298
cured 118, 143, 159
curler 38
curling 247
curling tongs 38
curly 39
currant 129
current account 96
curry 158
curry powder 132
curtain 63, 254
curved 165
cushion 62
custard 140
customer 96, 104, 106, 152
customer service department 175
customer services 104
customs 212
customs house 216
cut 46
cut v 38, 79, 277
cuticle 15
cutlery 64
cuts 119
cutting 91
cuttlefish 121
cycle v 207
cycle lane 206
cycling 263
cylinder 164
cylinder head 202
cymbals 257
Cyprus 319
Czech Republic 316

D

daffodil 111
dairy 107
dairy farm 183
dairy produce 136
daisy 110, 297

english

dam 300
dance 259
dance academy 169
dancer 191
dandelion 123, 297
dandruff 39
dark 41, 321
darkroom 271
darn v 277
dartboard 273
darts 273
dashboard 201
date 129, 306
daughter 22
daughter-in-law 22
dawn 305
day 305, 306
dead ball line 221
deadhead v 91
deal v 273
debit card 96
decade 307
decay 50
December 306
deciduous 86
decimal 165
deck 214
deck chair 265
decking 85
decorating 82
decoration 141
decorator 82
deep end 239
deep fried 159
deep sea fishing 245
deer 291
defence 181, 220
defendant 181
defender 223
defending zone 224
defrost v 67
degree 169
delay 209
deli 107
delicatessen 142
delivery 52, 98
deltoid 16
Democratic Republic of the Congo 317
Denmark 316
denomination 97
denominator 165
dental care 108
dental floss 50, 72
dental hygiene 72
dental x-ray 50
dentist 50, 189
dentist's chair 50
dentures 50
deodorant 73
deodorants 108
department 169
department store 105
departments 49
departure lounge 213
departures 213
depth 165
dermatology 49
descaled 121
desert 285
desiccated 129
designer 191, 277
desk 162, 172
desktop 177
dessert 153
desserts 140
destination 213
detached 58
detective 94
detergent 77
deuce 230
develop v 271
diabetes 44
diagonal 164
dial v 99
diameter 164
diamond 273, 288
diaphragm 19, 21
diarrhoea 44, 109
diary 175
dice 272
dictionary 163
die v 26
diesel 199
diesel train 208
difficult 321
dig v 90, 227
digestive 19
digital 269
digital camera 270
dilation 52
dill 133
dimensions 165
dimple 15
dining car 209
dining room 64
dinner 64, 158
dinner plate 65
diopter 51
diploma 169
dipstick 202
direct current 60
direct debit 96
directions 260
director 254
directory enquiries 99
dirt bike 205
dirty washing 76
disabled parking 195
discharged 48
disconnected 99
discus 234
discuss v 163
disembark v 217
dishwasher 66
disinfectant solution 51
disk 176
dispensary 108
disposable 109
disposable camera 270
disposable nappy 30
disposable razor 73
dissertation 169
distance 310
distributor 203
district 315
dive 239
dive v 238
diver 238
diversion 195
divide v 165
divided by 165
dividends 97
divider 173, 194
divorce 26
Diwali 27
DJ 179
Djibouti 317
do not bend v 98
dock 214, 216
dock v 217
doctor 45, 189
doctorate 169
documentary 178
dog 290
dog sledding 247
doll 75
doll's house 75
dolphin 290
dome 300
domestic flight 212
Dominica 314
Dominican Republic 314
dominoes 273
donkey 185
door 196, 198, 209
door chain 59
door knob 59
door knocker 59
door lock 200
doorbell 59
doormat 59
dormer 58
dorsal fin 294
dosage 109
double 151
double bass 256
double bassoon 257
double bed 71
double cream 137
double room 100
double-decker bus 196
doubles 230
dough 138
Dover sole 120
down 320
downhill skiing 247
download v 177
dragonfly 295
drain 61, 72, 299
drain cock 61
drainage 91
draining board 67
draughts 272
draw 223
draw v 162
drawer 66, 70, 172
drawer unit 172
drawing 275
drawing pin 173
dress 31, 34
dressage 243
dressed 159
dressed chicken 119
dressing 47, 158
dressing gown 31, 32
dressing table 71
dribble v 223
dried flowers 111
dried fruit 156
drill 50
drill v 79
drill bit 78
drill bits 80
drinking cup 75
drinking fountain 262
drinks 107, 144, 156
drip 53
drive v 195, 233
driver 196
driver's cab 208
driver's seat 196
driveshaft 202
drop anchor v 217
dropper 109, 167
drops 109
dropshot 230
drown v 239
drum 258
drum kit 258
drummer 258
dry 39, 41, 130, 145, 286, 321
dry v 76
dry cleaners 115
dry dock 217
dual carriageway 195
duck 119, 185
duck egg 137
duckling 185
duffel coat 31
dugout 229
dumb bell 251
dumper truck 187
dungarees 30
dunk v 227
duodenum 18
dusk 305
dust v 77
dust pan 77
duster 77
dustsheet 83
duty-free shop 213
duvet 71
DVD disk 269
DVD player 268
dyed 39
dynamo 207

E

eagle 292
ear 14
early
earring 36
Earth 280, 282
earthenware dish 69
earthing 60
earthquake 283
easel 174, 274
east 312
East Timor 319
Easter 27
easy 321
easy cook 130
eat v 64
eat-in 154
eating 75
eau de toilette 41
eaves 58
éclair 140
eclipse 280
economics 169
economy class 211
Ecuador 315
eczema 44
Edam 142
edge 246
editor 191
eel 294
egg 20
egg cup 65, 137
egg white 137
eggs 137
Egypt 317
eight 308
eight hundred 308
eighteen 308
eighteenth 309
eighth 309
eightieth 309
eighty 308
ejaculatory duct 21
El Salvador 314
elbow 13
electric blanket 71
electric drill 78
electric guitar 258
electric razor 73
electric shock 46
electric train 208
electrical goods 105, 107
electrician 188
electricity 60
electricity meter 60
elephant 291
eleven 308
eleventh 309
elm 296
email 98, 177

email account 177
email address 177
embarrassed 25
embossed paper 83
embroidery 277
embryo 52
emerald 288
emergency 46
emergency exit 210
emergency lever 209
emergency phone 195
emergency room 48
emergency services 94
emigrate v 26
emotions 25
employee 24
employer 24
empty 321
emulsion 83
enamel 50
encore 255
encyclopedia 163
end 321
end zone 220
endive 123
endline 226
endocrine 19
endocrinology 49
engaged/busy 99
engaged couple 24
engine 202, 204, 208, 210
engine room 214
engineering 169
English breakfast 157
english mustard 135
engraving 275
enlarge v 172
enlargement 271
enquiries 168
ENT 49
entrance 59
entrance fee 260
envelope 98, 173
environment 280
epidural 52
epiglottis 19
epilepsy 44
episiotomy 52
equals 165
equation 165
equator 283
equipment 233, 238
equipment 165
Equitorial Guinea 317
equity 97
Eritrea 317
erupt v 283
escalator 104
espresso 148
essay 163
essential oils 55
estate 199
estate agent 189
estate agent's 115
Estonia 316
estuary 285
Ethiopia 317
eucalyptus 296
Europe 316
evening 305
evening dress 34
evening menu 152
events 243, 247
evergreen 86
evidence 181
examination 163
excess baggage 212
exchange rate 97
excited 25
excuse me 322
executive 174
exercise bike 250
exercises 251
exfoliate v 41
exhaust pipe 203, 204
exhibit v 261
exhibition 261
exit 210
exit ramp 194
exosphere 286
expectant 52
experiment 166
expiry date 109
exposure 271
extend v 251
extension 58
extension lead 78
exterior 198
extra time 223
extraction 50
extractor 66
eye 14, 51, 244, 276
eye shadow 40
eye test 51
eyebrow 14, 51
eyebrow brush 40
eyebrow pencil 40
eyecup 269
eyelash 14, 51
eyelet 37
eyelid 51
eyeliner 40
eyepiece 167

F

fabric 277
fabric conditioner 76
face 14
face cream 73
face mask 225
face pack 41
face powder 40
face-off circle 224
facial 41
factory 299
faint v 25, 44
fair 41
fairground 262
fairway 232
falcon 292
Falkland Islands 315
fall 237
fall in love v 26
Fallopian tube 20
family 22
famous ruin 261
fan 60, 202
fan belt 203
fans 258
far 320
fare 197, 209
farm 182, 183, 184
farmer 182, 189
farmhouse 182
farmland 182
farmyard 182
fashion 277
fast 321
fast food 154
fast forward 269
fastening 37
fat 119, 321
fat free 137
father 22
father-in-law 23
fault 230
fax 98, 172
fax machine 172
feather 293
feature film 269
February 306
feed v 183
feijoa 128
female 12, 20
feminine hygene 108
femur 17
fence 85, 182, 243
fencing 249
feng shui 55
fennel 122, 133
fennel seeds 133
fenugreek 132
fern 86
ferry 215, 216
ferry terminal 216
fertilization 20
fertilize v 91
fertilizer 91
festivals 27
fever 44
fiancé 24
fiancée 24
fibre 127
fibula 17
field 182, 222, 228, 234
field v 225, 229
field hockey 224
fifteen 308
fifteenth 309
fifth 309
fiftieth 309
fifty 308
fifty five thousand, five hundred 309
fifty thousand 309
fig 129
fighter plane 211
figure skating 247
Fiji 319
filament 60
file 81, 172, 177
filing cabinet 172
fill v 82
filler 83
fillet 119, 121
filleted 121
filling 50, 140, 155
film 260, 271
film chamber 270
film set 179
film spool 271
filo pastry 140
filter 270
filter coffee 148
filter paper 167
fin 210
finance 97
financial advisor 97
fingerprint 94
finial 300
finishing line 234
Finland 316
fire 95
fire alarm 95
fire brigade 95
fire engine 95
fire escape 95
fire extinguisher 95
fire fighters 95
fire station 95
firelighter 266
fireman 189
fireplace 63
firm 124
first 309
first aid 47
first aid box 47
first floor 104
first night 254
fish 107, 120, 294
fish and chips 155
fish farm 183
fish slice 68
fisherman 189
fishhook 244
fishing 244, 245
fishing boat 217
fishing permit 245
fishing port 217
fishing rod 244
fishmonger 188
fishmonger's 114, 120
fist 15, 237
fitness 250
five 308
five hundred 308
flag 221, 232
flageolet beans 131
flakes 132
flamingo 292
flan 142
flan dish 69
flare 240
flash 270
flash gun 270
flask 166
flat 59, 256
flatbread 139
flat race 243
flat wood bit 80
flavoured oil 134
flax 184
fleece 74
flesh 124, 127, 129
flex v 251
flight attendant 210
flight number 213
flint 288
flipchart 174
flip-flop 37
flipper 239, 290
float 238, 244
float ball 61
flock 183
flood 287
floor 58, 62, 71
floor exercises 235
floor plan 261
florentine 141
floret 122
florist 110, 188
floss v 50
flours 138
flower 297
flowerbed 85, 90
flowering plant 297
flowering shrub 87
flowers 110
flu 44
flute 139, 257
fly 244, 295
fly v 211
fly fishing 245
flyover 194
flysheet 266
foal 185
focus v 271
focusing knob 167
foetus 52
fog 287
foil 249
folder 177
foliage 110
folk music 259
follicle 20
font 177
food 118, 130, 149
food hall 105
food processor 66

foot 12, 15, 310
football 220, 222
football field 220
football player 220
football strip 31, 222
footballer 222
footboard 71
footpath 262
footstrap 241
for 320
forceps 53, 167
forearm 12
forecourt 199
forehand 231
forehead 14
foreign currency 97
foreskin 21
forest 285
fork 65, 88, 153, 207
fork-lift truck 186, 216
formal 34
formal garden 84
formal gardens 262
fortieth 309
fortnight 307
forty 308
forty minutes
forward 222
foul 222, 226
foul ball 228
foul line 229
foundation 40
fountain 85
four 308
four hundred 308
four-door 200
fourteen 308
fourteenth 309
fourth 309
four-wheel drive 199
fox 290
foxglove 297
fraction 165
fracture 46
fragile 98
fragranced 130
frame 51, 62, 206, 230, 269
frame counter 270
France 316
freckle 15
free 321
free kick 222
free range 118
free weights 250
freesia 110
free-throw line 226
freeze 287
freeze v 67
freezer 67
freight train 208
freighter 215
French bean 122
french fries 154
French Guiana 315
French horn 257
french mustard 135
french pleat 39
French toast 157
frequency 179
fresh 121, 127, 130
fresh cheese 136
fresh fruit 157
freshwater fishing 245
fret 258
fretsaw 81
Friday 306
fridge-freezer 67
fried 159
fried chicken 155
fried egg 157
friend 24
frieze 301
frog 294
from 320
front crawl 239
front door 58
front wheel 196
frontal 16
frost 287
froth 148
frown 25
frozen 121, 124
frozen food 107
frozen yoghurt 137
fruit 107, 126, 128
fruit bread 139
fruit cake 140
fruit farm 183
fruit gum 113
fruit juice 127, 156
fruit tart 140
fruit yoghurt 157
fry v 67
frying pan 69
fuel gauge 201
fuel tank 204
full 64, 266, 321
full board 101
full moon 280
fumble 220
funeral 26
funnel 166, 214
furniture shop 115
furrow 183
fuse 60
fuse box 60, 203
fuselage 210

G

gable 300
Gabon 317
Galapagos Islands 315
galaxy 280
gale 286
galley 214
gallon 311
gallop 243
galvanised 79
Gambia 317
game 119, 230, 273
game show 178
games 272
gangway 214
garage 58, 199, 203
garden 84
garden centre 115
garden features 84
garden pea 122
garden plants 86
garden styles 84
garden tools 88
gardener 188
gardening 90
gardening gloves 89
gardens 261
garland 111
garlic 125, 132
garlic press 68
garnet 288
garter 35
gas burner 61
gasket 61
gate 85, 182, 247
gate number 213
gauze 47, 167
gear lever 207
gearbox 202, 204
gears 206
gearstick 201
gel 38, 109
gems 288
generation 23
generator 60
genitals 12
geography 162
geometry 165
Georgia 318
gerbera 110
Germany 316
get a job v 26
get married v 26
get up v 71
geyser 285
Ghana 317
giant slalom 247
gifts shop 114
gill 294
gin 145
gin and tonic 151
ginger 39, 125, 133
giraffe 291
girder 186
girl 23
girlfriend 24
girth 242
glacier 284
gladiolus 110
gland 19
glass 69, 152
glass bottle 166
glass rod 167
glasses 51, 150
glassware 64
glaze v 139
glider 211, 248
gliding 248
gloss 83, 271
glove 224, 233, 236, 246
gloves 36
glue 275
glue gun 78
gneiss 288
go to bed v 71
go to sleep v 71
goal 221, 223, 224
goal area 223
goal line 220, 223, 224
goalkeeper 222, 224
goalpost 220, 222
goat 185
goat's cheese 142
goat's milk 136
goggles 238, 247
going out 75
gold 235, 289
goldfish 294
golf 232
golf bag 233
golf ball 233
golf clubs 233
golf course 232
golf shoe 233
golf trolley 233
golfer 232
gong 257
good 321
good afternoon 322
good evening 322
good morning 322
good night 322
goodbye 322
goose 119, 293
goose egg 137
gooseberry 127
gorge 284
gorilla 291
gothic 301
grade 163
graduate 169
graduate v 26
graduation ceremony 169
graft v 91
grains 130
gram 310
granary bread 139
grandchildren 23
granddaughter 22
grandfather 22
grandmother 22
grandparents 23
grandson 22
granite 288
grape juice 144
grapefruit 126
grapeseed oil 134
graphite 289
grass 86, 262
grass bag 88
grasshopper 295
grassland 285
grate v 67
grated cheese 136
grater 68
gratin dish 69
gravel 88
gravity 280
graze 46
greasy 39
Greece 316
green 129, 232, 274
green olive 143
green peas 131
green salad 158
green tea 149
greengrocer 188
greengrocer's 114
greenhouse 85
Greenland 314
Grenada 314
grey 39, 274
grill v 67
grill pan 69
grilled 159
grip 78
groceries 106
grocer's 114
groin 12
groom 243
ground 132
ground coffee 144
ground cover 87
ground floor 104
ground sheet 267
groundnut oil 135
group therapy 55
grout 83
guard 236
Guatemala 314
guava 128
guest 64, 100
guidebook 260
guided tour 260
guilty 181
Guinea 317
Guinea-Bissau 317
guitarist 258
gull 292
gum 50
gun 94
gutter 58, 299
guy rope 266
Guyana 315
gym 101, 250
gym machine 250
gymnast 235
gymnastics 235
gynaecologist 52
gynaecology 49
gypsophila 110

H

haberdashery 105
hacksaw 81
haddock 120
haemorrhage 46
hail 286
hair 14, 38
hair dye 40
hairband 38
hairdresser 38, 188
hairdresser's 115
hairdryer 38
hairpin 38
hairspray 38
hairtie 39
Haiti 314
half an hour 304
half board 101
half time 223
half-litre 311
hall of residence 168
hallibut fillets 120
Halloween 27
hallway 59
halter 243
halter neck 35
ham 119, 143, 156
hammer 80
hammer v 79
hammock 266
hamper 263
hamster 290
hamstring 16
hand 13, 15
hand drill 81
hand fork 89
hand luggage 211, 213
hand rail 59
hand saw 89
hand towel 73
handbag 37
handbrake 203
handcuffs 94
handicap 233
handkerchief 36
handle 36, 88, 106, 187, 200, 230
handlebar 207
handles 37
handrail 196
handsaw 80
handset 99
hang v 82
hang-glider 248
hang-gliding 248
hanging basket 84
hanging file 173
happy 25
harbour 217
harbour master 217
hard 129, 321
hard cheese 136
hard drive 176
hard hat 186
hard shoulder 194
hardboard 79
hardware 176
hardware shop 114
hardwood 79
haricot beans 131
harness race 243
harp 256
harvest v 91, 183
hat 36
hatchback 199
have a baby v 26
Hawaii 314
hay 184
hayfever 44
hazard 195
hazard lights 201
hazelnut 129
hazelnut oil 134
head 12, 19, 81, 230
head v 222
head injury 46
head office 175
head teacher 163
headache 44
headboard 70
headlight 198, 205
headphones 268
headrest 200
headsail 240
health 44
health centre 168
health food shop 115
heart 18, 119, 122, 273
heart attack 44
heater 60
heater controls 201
heather 297
heating element 61
heavy 321
heavy metal 259
hedge 85, 90, 182
hedgehog 290
heel 13, 15, 37
height 165
height bar 45
helicopter 211
hello 322
helmet 95, 204, 206, 220, 224, 228
hem 34
hematite 289
hen's egg 137
herb 55, 86
herb garden 84
herbaceous border 85
herbal remedies 108
herbal tea 149
herbalism 55
herbicide 183
herbs 133, 134
herbs and spices 132
herd 183
hexagon 164
hi-fi system 268
high 321
high chair 75
high dive 239
high heel shoe 37
high jump 235
high speed train 208
highlights 39
hiking 263
hill 284
Himalayas 313
hip 12
hippopotamus 291
historic building 261
history 162
history of art 169
hit v 224
hob 67
hockey 224
hockey stick 224
hoe 88
hold 215, 237
holdall 37
hole 232
hole in one 233
hole punch 173
holiday 212
holiday brochure 212
holly 296
home 58
home delivery 154
home entertainment 268
home furnishings 105
home plate 228
homeopathy 55
homework 163
homogenised 137
Honduras 314
honeycomb 135
honeymoon 26
honeysuckle 297
hood 31, 75
hoof 242, 291
hook 187, 276
hoop 226, 277
horizontal bar 235
hormone 20
horn 201, 204, 291
horror film 255
horse 185, 235, 242
horse race 243
horse riding 242, 263
horseradish 125
horseshoe 242
hose 95
hose reel 89
hosepipe 89
hospital 48
host 64
hostess 64
hot 124, 286, 321
hot chocolate 144, 156
hot dog 155
hot drinks 144
hot tap 72
hot-air balloon 211
hotel 100, 264
hot-water bottle 70
hour 304
hour hand 304
house 58
household products 107
hovercraft 215
hub 206
hubcap 202
hull 214, 240
human resources 175
humerus 17
humid 286
hummingbird 292
hump 291
hundred 308
hundred and ten 308
hundred thousand 308
hundredth 309
Hungary 316
hungry 64
hurdles 235
hurricane 287
husband 22
husk 130
hydrant 95
hydrofoil 215
hydrotherapy 55
hypnotherapy 55
hypoallergenic 41
hypotenuse 164

I

ice 120, 287
ice and lemon 151
ice bucket 150
ice climbing 247
ice cream 149
ice cube 151
ice hockey 224
ice hockey player 224
ice hockey rink 224
ice maker 67
ice-cream 137
iced coffee 148
iced tea 149
Iceland 316
ice-skate 224
ice-skating 247
icicle 287
icing 141
icon 177
identity badge 189
identity tag 53
igneous 288
ignition 200
iguana 293
illness 44
immigration 212
impotent 20
in 320
in brine 143
in front of 320
in oil 143
in sauce 159
in syrup 159
inbox 177
inch 310
incisor 50
incubator 53
index finger 15
India 318
Indian Ocean 312
indicator 198, 204
indigo 274
Indonesia 319
induce labour v 53
industrial estate 299
infection 44
infertile 20
infield 228
inflatable dinghy 215
information 261
information screen 213
in-goal area 221
inhaler 44, 109
injection 48
injury 46
ink 275
ink pad 173
inlet 61
inner core 282
inner tube 207
inning 228
innocent 181
inoculation 45
insect repellent 108, 267
inside 320
inside lane 194
insomnia 71
inspector 94
install v 177
instant camera 270
instep 15
instructions 109
instruments 256, 258
insulating tape 81
insulation 61
insulin 109
insurance 203
intensive care unit 48
inter-city train 209
intercom 59
intercostal 16
intercourse 20
interest rate 96
interior 200
internal systems 60
international flight 212
internet 177

english

intersection 298
interval 254
interviewer 179
into 320
in-tray 172
invertebrates 295
investigation 94
investment 97
ionosphere 286
Iran 318
Iraq 318
Ireland 316
iris 51, 110
iron 76, 109, 233, 289
iron v 76
ironing board 76
island 282
Israel 318
Italy 316
itinerary 260
Ivory Coasf 317

J

jack 203, 273
jacket 32, 34
jade 288
jam 134, 156
Jamaica 314
January 306
Japan 318
jar 134, 311
javelin 234
jaw 14, 17
jazz 259
jeans 31
jelly bean 113
jellyfish 295
Jerusalem artichoke 125
jet 288
jet skiing 241
jetty 217
jeweller 188
jeweller's 114
jewellery 36
jewellery box 36
jewellery making 275
jigsaw 78
jigsaw puzzle 273
jodhpurs 242
jog on the spot 251
jogging 251, 263
joint 17, 119
joker 273
Jordan 318
journal 168
journalist 190
judge 180
judo 236
jug 65
juices and milkshakes 149
juicy 127
July 306
jump 237, 243
jump v 227
jump ball 226
junction 194
June 306
Jupiter 280
jury 180
jury box 180

K

kale 123
kangaroo 291
karate 236
Karliningrad 316
Kashmir 318
kayak 241
Kazakhstan 318
kebab 155, 158
keel 214
keep net 244
kendo 236
Kenya 317
kernel 122, 129, 130
ketchup 135
kettle 66
kettledrum 257
key 59, 80, 176, 207
keyboard 172, 176, 258
keypad 97, 99
kick 237, 239
kick v 221, 223
kickboxing 236
kickstand 207
kid 185
kidney 18, 119
kilogram 310
kilometre 310
king 272, 273
king prawn 121
kippers 157
kitchen 66, 152
kitchen knife 68
kitchenware 68, 105
kitten 290
kiwifruit 128
knead v 138
knee 12
knee pad 205
knee support 227
kneecap 17
knee-length 34
knickers 35
knife 65, 80
knife sharpener 68, 118
knight 272
knitting 277
knitting needle 277
knock out 237
knuckle 15
koala 291
kohlrabi 123
koi carp 294
kumquat 126
kung fu 236
Kuwait 318
Kyrgyzstan 318

L

label 172
labels 89
labia 20
laboratory 166
lace 35, 37
lace bobbin 277
lace making 277
lace-up 37
lacrosse 249
lactose 137
ladder 95, 186
ladle 68
ladybird 295
lake 285
lamb 118, 185
lamp 62, 207, 217
land 282
land v 211
landing 59
landing gear 210
landing net 244
landlord 58
landscape 271, 284
landscape v 91
lane 234, 238
languages 162
Laos 318
lapel 32
laptop 175
larch 296
large 321
large intestine 18
larynx 19
last week 307
lat 16
late 305
later 304
latitude 283
Latvia 316
laugh v 25
launch 281
launch pad 281
launderette 115
laundry 76
laundry basket 76
laundry service 101
lava 283
law 169, 180
lawn 85, 90
lawn rake 88
lawnmower 88, 90
lawyer 180, 190
lawyer's office 180
laxative 109
lay the table v 64
lead singer 258
leaded 199
leaf 122, 296
leaflets 96
league 223
lean meat 118
learn v 163
leather shoe 37
leather shoes 32
leathers 205
Lebanon 318
lecture theatre 169
lecturer 169
leek 125
left 260
left field 228
left-hand drive 201
leg 12, 119
leg pad 225
leg press 251
legal advice 180
legal department 175
leggings 31
leasure 254,258,264
lemon 126
lemon curd 134
lemon grass 133
lemon sole 120
lemonade 144
length 165, 310
lens 270
lens (eye) 51
lens (glasses) 51
lens cap 270
lens case 51
Lesotho 317
lesson 163
let! 231
letter 98
letterbox 58, 99
letterhead 173
lettuce 123
lever 61, 150
lever arch file 173
Liberia 317
librarian 168, 190
library 168, 299
library card 168
Libya 317
licence plate 198
licquorice 113
lid 61, 66
Liechtenstein 316
life events 26
life jacket 240
life raft 240
lifeboat 214
lifebuoy 240
lifeguard 239, 265
lifeguard tower 265
lift 59, 100, 104
ligament 17
light 178, 321
light a fire v 266
light aircraft 211
light bulb 60
lighter 112
lighthouse 217
lighting 105
lightmeter 270
lightning 287
lights 94
lights switch 201
lily 110
lime 126, 296
limestone 288
limousine 199
line 244
line judge 220
line of play 233
linen 105, 277
linen basket 76
lines 165
linesman 223, 230
lingerie 35, 105
lining 32
lining paper 83
link 36
lintel 186
lion 291
lip 14
lip brush 40
lip gloss 40
lip liner 40
lipstick 40
liqueur 145
liquid 77
liquid dispenser 311
liquid measure 311
literature 162, 169
Lithuania 316
litre 311
little finger 15
little toe 15
live 60, 178
live rail 209
liver 18, 118
livestock 183, 185
living room 62
lizard 293
load v 76
loaf 139
loan 96, 168
loans desk 168
lob 230
lobby 100, 255
lobster 121, 295
lock 59, 207
lockers 239
log on v 177
loganberry 127
logo 31
loin 121
lollipop 113
long 32
long jump 235
long sight 51
long wave 179
long-grain 130
long-handled shears 88
longitude 283

loofah 73
loom 277
loose leaf tea 144
lorry 194
lorry driver 190
lose v 273
loser 273
lotion 109
lottery tickets 112
love 230
low 321
luge 247
luggage 100, 198, 213
luggage department 104
luggage hold 196
luggage rack 209
lumbar vertebrae 17
lunar module 281
lunch 64
lunch menu 152
lung 18
lunge 251
lupins 297
lure 244
Luxembourg 316
lychee 128
lymphatic 19
lyrics 259

M
macadamia 129
mace 132
Macedonia 316
machine gun 189
machinery 187
mackerel 120
macramé 277
Madagascar 317
magazine 112
magazines 107
magma 283
magnesium 109
magnet 167
maid service 101
mailbag 98, 190
main course 153
mains supply 60
mainsail 240
make a will v 26
make friends v 26
make the bed v 71
make-up 40
making bread 138
malachite 288
Malawi 317
Malaysia 318
Maldives 318
male 12, 21
Mali 317
mallet 78, 275
malt vinegar 135
Malta 316
malted drink 144
mammals 290
man 23
manager 24, 174
managing director 175
manchego 142
mane 242, 291
mango 128
mangosteen 128
manhole 299
manicure 41
mantelpiece 63
mantle 282
manual 200
map 195, 261
maple 296
maple syrup 134
maracas 257
marathon 234
marble 288
March 306
margarine 137
marina 217
marinated 143, 159
marine fishing 245
marjoram 133
mark v 227
market 115
marketing department 175
marmalade 134, 156
marrow 124
Mars 280
marshmallow 113
martial arts 237
martini 151
marzipan 141
mascara 40
mashed 159
masher 68
mask 189, 228, 236, 239, 249
masking tape 83
masonry bit 80
massage 54
mast 240
masters 169
mat 54, 83, 235, 271
match 230
matches 112
material 276
materials 79, 187
maternity 49
maternity ward 48
maths 162, 164
mattress 70, 74
Mauritiana 317
Mauritius 317
May 306
maybe 322
mayonnaise 135
MDF 79
meadow 285
meal 64
measles 44
measure 150, 151
measure v 310
measurements 165
measuring jug 69, 311
measuring spoon 109
meat 119
meat and poultry 106
meat tenderizer 68
meatballs 158
meathook 118
mechanic 188, 203
mechanical digger 187
mechanics 202
medals 235
media 178
medical examination 45
medication 109
medicine 109, 169
medicine cabinet 72
meditation 54
Mediterranean Sea 313
medium wave 179
meeting 174
meeting room 174
melody 259
melon 127
memory 176
men's clothing 32
men's wear 105
menstruation 20
menu 148, 153, 154
menubar 177
mercury 289
Mercury 280
meringue 140
mesophere 286
messages 100
metacarpal 17
metal 79
metal bit 80
metals 289
metamorphic 288
metatarsal 17
meteor 280
metre 310
Mexico 314
mica 289
microlight 211
microphone 179, 258
microscope 167
microwave oven 66
midday 305
middle finger 15
middle lane 194
midnight 305
midwife 53
migraine 44
mile 310
milk 136, 156
milk v 183
milk carton 136
milk chocolate 113
milkshake 137
millennium 307
millet 130
milligram 310
millilitre 311
millimetre 310
mince 119
mineral 144
minerals 289
mini bar 101
mini disk recorder 268
minibus 197
mini-dress 34
mint 113, 133
mint tea 149
minus 165
minute 304
minute hand 304
minutes 174
mirror 40, 63, 71, 167
miscarriage 52
Miss 23
missile 211
mist 287
mitre block 81
mitt 228
mittens 30
mix v 67, 138
mixed salad 158
mixing bowl 66, 69
mixing desk 179
moat 300
mobile 74
mobile phone 99
model 169, 190
model making 275
modelling tool 275
modem 176
moisturizer 41
molar 50
Moldova 316
mole 14
Monaco 316
Monday 306
money 97
Mongolia 318
monitor 172, 176
monitor 53
monkey 291
monkfish 120
monopoly 272
monorail 208
monsoon 287
montenegro 316
month 306
monthly 307
monument 261
Moon 280
moonstone 288
moor v 217
mooring 217
mop 77
morning 305
Morocco 317
mortar 68, 167, 187
mortgage 96
moses basket 74
mosque 300
mosquito 295
mosquito net 267
moth 295
mother 22
mother-in-law 23
motor 88
motor racing 249
motorbike 204
motorbike racing 249
motorcross 249
motorway 194
moulding 63
mountain 284
mountain bike 206
mountain range 282
mouse 176, 290
mousse 141
mouth 14
mouth guard 237
mouthwash 72
move 273
mow v 90
Mozambique 317
mozzarella 142
MP3 player 268
Mr 23
Mrs 23
mudguard 205
muffin 140
muffin tray 69
mug 65
mulch v 91
multiply v 165
multivitamin tablets 109
mumps 44
mung beans 131
muscles 16
museum 261
mushroom 125
music 162
music school 169
musical 255
musical score 255
musical styles 259
musician 191
mussel 121, 295
mustard 155
mustard seed 131
Myanmar 318

N
naan bread 139
nail 15, 80
nail clippers 41
nail file 41
nail scissors 41
nail varnish 41
nail varnish remover 41
Namibia 317

english

nape 13
napkin 65, 152
napkin ring 65
nappy 75
nappy rash cream 74
narrow 321
nation 315
national park 261
natural 256
natural fibre 31
naturopathy 55
nausea 44
navel 12
navigate v 240
near 320
nebula 280
neck 12, 258
neck brace 46
necklace 36
neckline 34
nectarine 126
needle 109, 276
needle plate 276
needle-nose pliers 80
needlepoint 277
negative 271
negative electrode 167
negligée 35
neighbour 24
neoclassical 301
Nepal 318
nephew 23
Neptune 280
nerve 19, 50
nervous 19, 25
net 217, 222, 226, 227, 231
net v 245
net curtain 63
Netherlands 316
nettle 297
network 176
neurology 49
neutral 60
neutral zone 224
new 321
new moon 280
new potato 124
New Year 27
New Zealand 319
newborn baby 53
news 178
newsagent 112
newspaper 112
newsreader 179, 191
next week 306
nib 163
Nicaragua 314
nickel 289
niece 23
Niger 317
Nigeria 317
night 305
nightdress 35
nightie 31
nightwear 31
nine 308
nine hundred 308
nineteen 308
nineteen hundred 307
nineteen hundred and one 307
nineteen ten 307
nineteenth 309
ninetieth 309
ninety 308
ninth 309
nipple 12
no 322
no entry 195
no right turn 195
no stopping 195
non-smoking section 152
non-stick 69
noodles 158
normal 39
north 312
North and Central America 314
North Korea 318
North pole 283
North Sea 312
northern hemisphere 283
Norway 316
nose 14, 210
nose clip 238
noseband 242
nosebleed 44
nosewheel 210
nostril 14
notation 256
note 97, 256
note pad 173
notebook 163, 172
notes 175, 191
notice board 173
nougat 113
November 306
now 304
nozzle 89
number 226
numbers 308
numerator 165
nurse 45, 48, 52, 189
nursery 74
nursing 53
nursing bra 53
nut 80
nutmeg 132
nuts 151
nuts and dried fruit 129
nylon 277

O

oak 296
oar 241
oats 130
objective lens 167
oboe 257
obsidian 288
obstetrician 52
occupations 188, 190
occupied 321
ocean 282
ocean liner 215
octagon 164
October 306
octopus 121, 295
odometer 201
oesophagus 19
off licence 115
offal 118
offers 106
office 24, 172, 174
office block 298
office equipment 172
office supplies 173
off-piste 247
off-side 223
oil 142, 199
oil paints 274
oil tank 204
oil tanker 215
oils 134
oily 41
ointment 47, 109
okra 122
old 321
olive oil 134
olives 151
Oman 318
omelette 158
on time 305
on top of 320
oncology 49
one 308
one billion 309
one million 309
one thousand 309
one-way 194
one-way system 298
onion 124
on-line 177
onto 320
onyx 289
opal 288
open 260, 321
open sandwich 155
open-top 260
opera 255
operating theatre 48
operation 48
operator 99
ophthalmology 49
opponent 236
opposite 320
optic 150
optic nerve 51
optician 51, 189
orange 126, 274
orange juice 148
orangeade 144
orbit 280
orchestra 254, 256
orchestra pit 254
orchid 111
order v 153
oregano 133
organic 91, 118, 122
organic waste 61
origami 275
ornamental 87
orthopaedy 49
osteopathy 54
ostrich 292
otter 290
ounce 310
out 225, 228, 320
out of bounds 226
out of focus 271
outboard motor 215
outbuilding 182
outdoor activities 262
outer core 282
outfield 229
outlet 61
outpatient 48
outside 320
outside lane 194
out-tray 172
oval 164
ovary 20
oven 66
oven glove 69
ovenproof 69
over 320
over par 233
overalls 82
overdraft 96
overexposed 271
overflow pipe 61
overhead locker 210
overhead projector 163
overtake v 195
overture 256
ovulation 20, 52
owl 292
oyster 121
ozone layer 286

P

Pacific Ocean 312
pack 311
pack of cards 273
packet 311
packet of cigarettes 112
pad 224
paddle 241
paddling pool 263
paddock 242
pads 53, 220
paediatrics 49
painkiller 109
painkillers 47
paint 83
paint v 83
paint tin 83
paint tray 83
painter 191
painting 62, 261, 274
paints 274
pak-choi 123
Pakistan 318
palate 19
Palestine 318
palette 274
pallet 186
palm 15, 86, 296
palm hearts 122
palmtop 175
pan 310
pan fried 159
Panama 314
pancakes 157
pancreas 18
panda 291
panty liner 108
papaya 128
paper clip 173
paper guide 172
paper napkin 154
paper tray 172
papier-maché 275
paprika 132
Papua New Guinea 319
par 233
parachute 248
parachuting 248
paragliding 248
Paraguay 315
parallel 165
parallel bars 235
parallelogram 164
paramedic 94
parcel 99
parents 23
park 262
park v 195
parking meter 195
parmesan 142
parole 181
parrot 293
parsley 133
parsnip 125
partner 23
pass 226
pass v 220, 223
passenger 216
passenger port 216
passion fruit 128
Passover 27
passport 213
passport control 213
pasta 158
pastels 274
pasteurized 137

pasting brush 82
pasting table 82
pastry 140, 149
pastry brush 69
pasture 182
patch 207
patchwork 277
pâté 142, 156
path 58, 85
pathology 49
patient 45
patio garden 85
pattern 276
pause 269
pavement 298
pavement café 148
paving 85
pawn 272
pay v 153
pay in v 96
pay per view channel 269
paying-in slips 96
payment 96
payroll 175
peach 126, 128
peacock 293
peanut 129
peanut butter 135
peanuts 151
pear 127
peas 131
pecan 129
pectoral 16
pectoral fin 294
pedal 61, 206
pedal v 207
pedestrian crossing 195
pedestrian zone 299
pedicure 41
pediment 301
peel v 67
peeled prawns 120
peeler 68
pelican 292
pelvis 17
pen 163, 185
pen holder 172
penalty 222
penalty area 223
pencil 163, 275
pencil case 163
pencil sharpener 163
pendant 36
penfriend 24
penguin 292
peninsula 282
penis 21
pentagon 164
peony 111
people 12, 16
people carrier 199
pepper 64, 124, 152
peppercorn 132
pepperoni 142
percentage 165
percussion 257
perennial 86
perfume 41
perfumery 105
pergola 84
periodical 168
perm 39
perpendicular 165
persimmon 128
personal best 234
personal CD player 269
personal organizer 173, 175
personal trainer 250
Peru 315
pesticide 89, 183
pestle 68, 167
pet food 107
pet shop 115
petal 297
petri dish 166
petrol 199
petrol pump 199
petrol station 199
petrol tank 203
pharmacist 108, 189
pharynx 19
pheasant 119, 293
phillips screwdriver 81
philosophy 169
philippienes 319
photo album 271
photo finish 234
photo frame 271
photofit 181
photographer 191
photograph 271
photograph v 271
photography 270
physical education 162
physics 162, 169
physiotherapy 49
piano 256
piccolo 257
pick v 91
pick and mix 113
pickaxe 187
pickled 159
pickup 258
picnic 263
picnic bench 266
pie 158
pie tin 69
piece 272
pier 217
pies 143
pig 185
pig farm 183
pigeon 292
pigeonhole 100
piglet 185
pigsty 185
pigtails 39
Pilates 251
pill 21, 109
pillar 300
pillion 204
pillow 70
pillowcase 71
pilot 190, 211
pin 60, 237, 249, 276
pin number 96
pincushion 276
pine 296
pine nut 129
pineapple 128
pineapple juice 149
pink 274
pint 311
pinto beans 131
pip 128
pipe 112, 202
pipe cutter 81
pipette 167
piping bag 69
pistachio 129
pitch 225, 256, 266
pitch v 229
pitch a tent v 266
pitcher 151, 229
pitcher's mound 228
pitches available 266
pith 126
pitta bread 139
pizza 154
pizza parlour 154
place mat 64
place setting 65
placenta 52
plain 285
plain chocolate 113
plain flour 139
plait 39
plane 81
plane v 79
planet 280, 282
plant v 183
plant pot 89
plants 86, 296
plaque 50
plaster 47, 83
plaster v 82
plastic bag 122
plastic pants 30
plastic surgery 49
plate 65,283
plateau 284
platform 208
platform number 208
platform shoe 37
platinum 289
play 254, 269
play v 229, 273
player 221, 231, 273
playground 263
playhouse 75
playing 75
playpen 75
plea 180
please 322
Plimsoll line 214
plough v 183
plug 60, 72
plum 126
plumb line 82
plumber 188
plumbing 61
plunger 81
plus 165
plywood 79
pneumatic drill 187
poach v 67
poached 159
pocket 32
pod 122
podium 235, 256
point 273
poisoning 46
poker 273
Poland 316
polar bear 291
pole 245, 282
pole vault 234
police 94
police car 94
police cell 94
police officer 94
police station 94
policeman 189
polish 77
polish v 77
politics 169
polo 243
polyester 277
pomegranate 128
pommel 242
pommel horse 235
pond 85
ponytail 39
pool 249
pop 259
popcorn 255
poplar 296
popper 30
poppy 297
poppy seeds 138
porch 58
porch light 58
pore 15
pork 118
porridge 156
port 145, 176, 214, 216
porter 100
portfolio 97
porthole 214
portion 64
portrait 271
Portugal 316
positive electrode 167
post office 98
postage 98
postal code 98
postal order 98
postal worker 98
postbox 99
postcard 112
poster 255
poster paint 274
postgraduate 169
postman 98, 190
postmark 98
pot plant 110
pot up v 91
potato 124
pot-pourri 111
potted plant 87
potter's wheel 275
pottery 275
potty 74
pouch 291
poultry 119
poultry farm 183
pound 310
pour v 67
powder 77, 109
powder puff 40
powdered milk 137
power 60
power cable 176
power cut 60
practice swing 233
pram 75
praying mantis 295
pregnancy 52
pregnancy test 52
pregnant 52
premature 52
premolar 50
prerecorded 178
prescription 45
present 27
presentation 174
presenter 178
preservative 83
preserved fruit 134
press 178
presser foot 276
press-up 251
pressure valve 61
price 152, 199
price list 154
prickly pear 128
primer 83
primrose 297
principality 315
print 271
print v 172
printer 172, 176
printing 275
prison 181
prison guard 181
private bathroom 100
private jet 211
private room 48
probe 50

problems 271
processed grains 130
procession 27
processor 176
producer 254
program 176
programme 254, 269
programming 178
projector 174
promenade 265
propagate v 91
propeller 211, 214
proposal 174
prosciutto 143
prosecution 180
prostate 21
protractor 165
proud 25
prove v 139
province 315
prow 215
prune 129
prune v 91
psychiatry 49
psychotherapy 55
public address system 209
puck 224
pudding rice 130
Puerto Rico 314
puff pastry 140
pull up v 251
pulp 127
pulse 47
pulses 130
pumice 288
pumice stone 73
pump 207
pumpkin 125
pumpkin seed 131
punch 237
punch bag 237
puncture 203, 207
pup 290
pupil 51, 162
puppy 290
purple 274
purse 37
pushchair 75
putt v 233
putter 233
pyjamas 33
pyramid 164

Q

Qatar 318
quadriceps 16
quail 119
quail egg 137
quart 311
quarter of an hour 304
quarterdeck 214
quartz 289
quay 216
queen 272, 273
question 163
question v 163
quilt 71
quilting 277
quince 128
quinoa 130
quiver 249

R

rabbit 118, 290
raccoon 290
race 234
racecourse 243
racehorse 243
racing bike 205, 206
racing dive 239
racing driver 249
rack 166
racquet 230
racquet games 231
racquetball 231
radar 214, 281
radiator 60, 202
radicchio 123
radio 179, 268
radio antenna 214
radio station 179
radiology 49
radish 124
radius 17, 164
rafter 186
rafting 241
rail 208
rail network 209
rain 287
rainbow 287
rainbow trout 120
raincoat 31, 32
rainforest 285
raisin 129
rake 88
rake v 90
rally 230
rally driving 249
RAM 176
Ramadan 26
ramekin 69
rap 259
rapeseed 184
rapeseed oil 135
rapids 240, 284
rash 44
rasher 119
raspberry 127
raspberry jam 134
rat 290
rattle 74
raw 124, 129
ray 294
razor blade 73
razor-shell 121
read v 162
reading light 210
reading list 168
reading room 168
reamer 80
rear light 207
rear wheel 197
rearview mirror 198
receipt 152
receive v 177
receiver 99
reception 100
receptionist 100, 190
rechargeable drill 78
record 234, 269
record player 268
record shop 115
recording studio 179
rectangle 164
rectum 21
recycling bin 61
red 145, 274
red card 223
red eye 271
red kidney beans 131
red lentils 131
red meat 118
red mullet 120
Red Sea 313
reduce v 172
reel 244
reel in v 245
refectory 168
referee 222, 226
referral 49
reflector 50, 204, 207
reflector strap 205
reflexology 54
refrigerator 67
reggae 259
region 315
register 100
registered post 98
regulator 239
re-heat v 154
reiki 55
reins 242
relationships 24
relatives 23
relaxation 55
relay race 235
release v 245
remote control 269
Renaissance 301
renew v 168
rent 58
rent v 58
repair kit 207
report 174
reporter 179
reproduction 20
reproductive 19
reproductive organs 20
reptiles 293
research 169
reserve v 168
respiratory 19
rest 256
restaurant 101, 152
result 49
resurfacing 187
resuscitation 47
retina 51
retire v 26
return 231
return address 98
return date 168
rev counter 201
reverse v 195
reverse charge call 99
rewind 269
rhinoceros 291
rhombus 164
rhubarb 127
rhythmic gymnastics 235
rib 17, 119
rib cage 17
ribbon 27
ribbon 39, 111, 141, 235
ribs 155
rice 130, 158, 184
rice pudding 140
rider 242
riding boot 242
riding crop 242
riding hat 242
rigging 215, 240
right 260
right field 229
right-hand drive 201
rim 206
rind 119, 127, 136, 142
ring 36
ring finger 15
ring ties 89
rings 235
rinse v 38, 76
ripe 129
rise v 139
river 284
road bike 206
road markings 194
road signs 195
roads 194
roadworks 187, 195
roast 158
roast v 67
roasted 129
roasting tin 69
robe 38, 169
rock climbing 248
rock concert 258
rock garden 84
rocket 123
rocks 284, 288
Rocky Mountains 312
rococo 301
rodeo 243
roll 139, 311
roll v 67
roller 83, 187
roller blind 63
roller coaster 262
roller skating 249
rollerblading 263
rollerskate 249
rolling pin 69
romance 255
Romania 316
romper suit 30
roof 58, 203
roof garden 84
roof tile 187
roofrack 198
rook 272
room 58
room key 100
room number 100
room service 101
rooms 100
root 50, 124, 296
roots 39
rope 248
rose 89, 110, 145
rosé 145
rosemary 133
rotor blade 211
rotten 127
rough 232
round 237
round neck 33
roundabout 195
route number 196
router 78
row 210, 254
row v 241
rower 241
rowing boat 214
rowing machine 250
rubber 163
rubber band 173
rubber boots 89
rubber ring 265
rubber stamp 173
rubbish bin 61, 67
ruby 288
ruck 221
rudder 210, 241
rug 63
rugby 221
rugby pitch 221
rugby strip 221
ruler 163, 165
rum 145
rum and coke 151
rump steak 119
run 228
run v 228
runner bean 122
runway 212
rush 86
rush hour 209
Russian Federation 316
Rwanda 317
rye bread 138

S

sad 25
saddle 206, 242
safari park 262
safe 228
safety 75, 240
safety barrier 246
safety goggles 81, 167
safety pin 47
saffron 132
sage 133
Sahara Desert 313
sail 241
sailboat 215
sailing 240
sailor 189
salad 149
salamander 294
salami 142
salary 175
sales assistant 104
sales department 175
salmon 120
saloon 199
salt 64, 152
salted 121, 129, 137, 143
San Marino 316
sand 85, 264
sand v 82
sandal 37
sandals 31
sandcastle 265
sander 78
sandpaper 81, 83
sandpit 263
sandstone 288
sandwich 155
sandwich counter 143
sanitary towel 108
São Tomé and Principe 317
sapphire 288
sardine 120
Sardinia 316
satellite 281
satellite dish 269
satellite navigation 201
satsuma 126
Saturday 306
Saturn 280
sauce 134, 143, 155
saucepan 69
Saudi Arabia 318
sauna 250
sausage 155, 157
sausages 118
sauté v 67
save v 177, 223
savings 96
savings account 97
savoury 155
saw v 79
saxophone 257
scaffolding 186
scale 121, 256, 294
scales 45, 53, 69, 98, 118, 166, 212, 293, 310
scallop 121
scalp 39
scalpel 81, 167
scan 48, 52
scanner 106, 176
scarecrow 184
scared 25
scarf 31, 36
schist 288
scholarship 169
school 162, 299
school bag 162
school bus 196
school uniform 162
schoolboy 162
schoolgirl 162
schools 169
science 162, 166
science fiction film 255
scientist 190
scissors 38, 47, 82,188, 276
scoop 68, 149
scooter 205
score 220, 256, 273
score a goal v 223
scoreboard 225
scorpion 295
scotch and water 151
scrabble 272
scrambled eggs 157
scrape v 77
scraper 82
screen 59, 63, 97, 176, 255, 269
screen wash 199
screen wash reservoir 202
screw 80
screwdriver 80
screwdriver bits 80
script 254
scrollbar 177
scrotum 21
scrub v 77
scrum 221
scuba diving 239
sculpting 275
sculptor 191
sea 264, 282
sea bass 120
sea bream 120
sea horse 294
sea lion 290
sea plane 211
seafood 121
seal 290
sealant 83
sealed jar 135
seam 34
seamstress 191
search v 177
seasonal 129
seasons 307
seat 61, 204, 209, 210, 242, 254
seat back 210
seat belt 198, 211
seat post 206
seating 254
secateurs 89
second 304, 309
second floor 104
second hand 304
second-hand shop 115
section 282
security 212
security bit 80
security guard 189
sedative 109
sedimentary 288
seed 122, 127, 130
seed tray 89
seeded bread 139
seedless 127
seedling 91
seeds 88, 131
seesaw 263
segment 126
self defence 237
self-raising flour 139
self-tanning cream 41
semidetached 58
semi-hard cheese 136
seminal vesicle 21
semi-skimmed milk 136
semi-soft cheese 136
semolina 130
send v 177
send off 223
Senegal 317
sensitive 41
sentence 181
September 306
Serbia 316
series 179
serve 231
serve v 64, 231
server 176
service included 152
service line 230
service not included 152
service provider 177
service vehicle 212
serving spoon 68
sesame seed 131
sesame seed oil 134
set 178, 230, 254
set v 38
set honey 134
set sail v 217
set square 165
set the alarm v 71
seven 308
seven hundred 308
seventeen 308
seventeenth 309
seventh 309
seventieth 309
seventy 308
sew v 277
sewing basket 276
sewing machine 276
sexually transmitted disease 20
shade 41
shade plant 87
shallot 125
shallow end 239
shampoo 38
shapes 164
share price 97
shares 97
shark 294
sharp 256
sharpening stone 81
shaving 73
shaving foam 73
shears 89
shed 84
sheep 185
sheep farm 183
sheep's milk 137
sheet 71, 74, 241
shelf 67, 106
shell 129, 137, 265, 293
shelled 129
shelves 66
sherry 145
shiatsu 54
shield 88
shin 12
ship 214
ships 215
shipyard 217
shirt 32
shock 47
shocked 25
shoe department 104
shoe shop 114
shoes 34, 37
shoot v 223, 227
shop 298
shop assistant 188
shopping 104
shopping bag 106
shopping centre 104
shops 114
short 32, 321
short sight 51
short wave 179
short-grain 130
shorts 30, 33
shotput 234
shoulder 13
shoulder bag 37
shoulder blade 17
shoulder pad 35
shoulder strap 37
shout v 25
shovel 187
shower 72, 286
shower block 266
shower curtain 72
shower door 72
shower gel 73
shower head 72
showjumping 243
shuffle v 273
shutoff valve 61
shutter 58
shutter release 270
shutter-speed dial 270
shuttle bus 197
shuttlecock 231
shy 25
Siberia 313
Sicily 316
side 164
sideline 220
side order 153
side plate 65
side saddle 242
side street 299
sidedeck 240
side-effects 109
sideline 226, 230
Sierra Leone 317
sieve 68, 89
sieve v 91
sift v 138
sigh v 25
sightseeing 260
sign 104
signal 209
signature 96, 98
silencer 203, 204
silk 277
silo 183
silt 85
silver 235, 289
simmer v 67
Singapore 319
singer 191
single 151
single bed 71
single cream 137
single room 100
singles 230
sink 38, 61, 66
sinus 19
siren 94
sirloin steak 119
sister 22
sister-in-law 23
site manager's office 266
sit-up 251
six 308
six hundred 308
sixteen 308
sixteenth 309
sixth 309
sixtieth 309
sixty 308

english

skate 120, 247, 294
skate v 224
skate wings 120
skateboard 249
skateboarding 249, 263
skein 277
skeleton 17
sketch 275
sketch pad 275
skewer 68
ski 241, 246
ski boot 246
ski jump 247
ski pole 246
ski run 246
ski slope 246
ski suit 246
skier 246
skiing 246
skimmed milk 136
skin 14, 119, 128
skin care 108
skinned 121
skipping 251
skirt 30, 34
skull 17
skydiving 248
skyscraper 299, 300
slalom 247
slate 288
sledding 247
sledgehammer 187
sleeping 74
sleeping bag 267
sleeping compartment 209
sleeping mat 267
sleeping pill 109
sleepsuit 30
sleet 286
sleeve 34
sleeveless 34
slice 119, 139, 140, 230
slice v 67
sliced bread 138
slicer 139
slide 167, 263
slide v 229
sling 46
slip 35
slip road 194
slip-on 37
slippers 31
slope 284
slotted spoon 68
Slovakia 316
Slovenia 316
slow 321
slug 295
small 321
small car 199
small intestine 18
small of back 13
smash 231
smile 25
smoke 95
smoke alarm 95
smoked 118, 121, 143, 159
smoked fish 143
smoking 112
smoking section 152
snack bar 113,148
snail 295
snake 293
snare drum 257
sneeze 44
snooker 249
snore v 71
snorkel 239
snout 293
snow 287
snowboarding 247
snowmobile 247
snowsuit 30
soak v 130
soap 73, 178
soap dish 73
soccer 222
socket 60, 80
socket wrench 80
socks 33
soda bread 139
soda water 144
sofa 62
sofabed 63
soft 129, 321
soft cheese 136
soft drink 154
soft drinks 144
soft toy 75
software 176
softwood 79
soil 85
solar system 280
solder 79, 80
solder v 79
soldering iron 81
soldier 189
sole 15, 37
solids 164
Soloman Islands 319
soluble 109
solvent 83
Somalia 317
somersault 235
son 22
sonata 256
song 259
son-in-law 22
sorbet 141
sorrel 123
sorting unit 61
soufflé 158
soufflé dish 69
sound boom 179
sound technician 179
soundtrack 255
soup 153, 158
soup bowl 65
soup spoon 65
sour 127
sour cream 137
sourdough bread 139
south 312
South Africa 317
South Korea 318
southern hemisphere 283
Southern Ocean 313
souvenirs 260
sow v 90, 183
soya beans 131
space 280
space exploration 281
space shuttle 281
space station 281
space suit 281
spade 88, 265, 273
Spain 316
spanner 80
spare tyre 203
spark plug 203
sparkling 144
sparring 237
sparrow 292
spatula 68, 167
speaker 174, 176, 258, 268
speaker stand 268
spearfishing 245
specials 152
spectators 233
speed boating 241
speed limit 195
speed skating 247
speedboat 214
speedometer 201, 204
spell v 162
sperm 20
sphere 164
spices 132
spicy sausage 142
spider 295
spike v 90
spikes 233
spin 230
spin v 76
spin dryer 76
spinach 123
spine 17
spire 300
spirit level 80, 187
splashback 66
spleen 18
splint 47
splinter 46
split ends 39
split peas 131
spoke 207
sponge 73, 74, 83
sponge cake 140
sponge fingers 141
spool 245
spoon 65
sport fishing 245
sports 105, 220, 236, 248
sports car 198
sports field 168
sports jacket 33
sportsman 191
spotlight 259
sprain 46
spray 109
spray v 91
spray can 311
spray gun 89
spring 71, 307
spring balance 166
spring greens 123
spring onion 125
springboard 235, 238
sprinkler 89
sprinter 234
sprocket 207
spy hole 59
square 164, 272, 299
square foot 310
square metre 310
squash 231
squat 251
squid 121, 295
squirrel 290
Sri Lanka 318
St Kitts and Nevis 314
St Lucia 314
St Vincent and the Grenadines 314
stabilisers 207
stable 185, 243
stadium 223
staff 175, 256
stage 167, 254
stages 23
stainless steel 79
stair gate 75
staircase 59
stake 90
stake v 91
stalk 122, 297
stalls 254
stamen 297
stamp 98
stamp collecting 273
stamps 112
stance 232
stand 88, 205, 268
stanley knife 82
stapler 173
staples 173
star 280
star anise 133
starfish 295
starfruit 128
start school v 26
starter 153
starting block 234, 238
starting line 234
state 315
statement 180
stationery 105
statuette 260
steak 121
steam v 67
steam train 208
steamed 159
steeplechase 243
steering wheel 201
stem 111, 112, 297
stencil 83
stenographer 181
step machine 250
stepdaughter 23
stepfather 23
stepladder 82
stepmother 23
stepson 23
stereo 269
sterile 47
stern 240
stethoscope 45
stew 158
stick 224, 249
sticks 133
sticky tape 173
still 144
sting 46, 295
stir v 67
stir fry 158
stirrer 150
stirrup 242
stitch 277
stitch selector 276
stitches 52
stock broker 97
stock exchange 97
stockings 35
stocks 97, 110
stomach 18
stomach ache 44
stone 36, 275
stoned fruit 126
stop 269
stop button 197
stopper 166
stopwatch 234
store directory 104
stork 292
storm 287
stout 145
straight 39, 165
straight on 260
straighten v 39
strap 35
strapless 34
stratosphere 286
straw 144, 154
strawberry 127
strawberry milkshake 149
stream 285
street 298

english

street corner 298
street light 298
street sign 298
street stall 154
stress 55
stretch 251
stretcher 94
strike 228, 237
string 230, 258
string of pearls 36
strings 256
strip v 82
stroke 44, 233, 239
strokes 231
strong 321
strong flour 139
stub 96
study 63, 162
stuffed 159
stuffed olive 143
stump 225
styles 39, 239, 301
submarine 215
subsoil 91
substitute 223
substitution 223
subtract v 165
suburb 299
succulent 87
suction hose 77
Sudan 317
sugarcane 184
suit 273
sulphur 289
sultana 129
summer 31, 307
summons 180
sumo wrestling 237
Sun 280
sunbathe v 264
sunbed 41
sunblock 108, 265
sunburn 46
Sunday 306
sunflower 184, 297
sunflower oil 134
sunflower seed 131
sunglasses 51, 265
sunhat 30, 265
sunny 286
sunrise 305
sunroof 202
sunscreen 108
sunset 305
sunshine 286
suntan lotion 265
supermarket 106
supersonic jet 211
supplement 55
supply pipe 61
support 187
suppository 109
surf 241
surfboard 241
surfcasting 245
surfer 241
surfing 241
surgeon 48
surgery 45, 48
Suriname 315
surprised 25
suspect 94, 181
suspenders 35
suspension 203, 205
swallow 292
swamp 285
swan 293
Swaziland 317
sweater 33
sweatpants 33
sweatshirt 33
swede 125
Sweden 316
sweep v 77
sweet 124, 127, 155
sweet potato 125
sweet shop 113
sweet spreads 134
sweet trolley 152
sweetcorn 122
sweets 113
swim v 238
swimmer 238
swimming 238
swimming pool 101, 238, 250
swimsuit 238, 265
swing v 232
swings 263
swiss chard 123
switch 60
Switzerland 316
swivel chair 172
sword 236
swordfish 120, 294
symphony 256
synagogue 300
synchronized swimming 239
synthetic 31
Syria 318
syringe 109, 167
syrup 109
system 176

T

tab 173
table 64, 148
table tennis 231
tablecloth 64
tack v 241, 277
tackle 245
tackle v 220, 223
tackle box 244
tadpole 294
tae-kwon-do 236
tag v 229
tai chi 236
tail 121, 210, 242, 280, 290, 294
tail light 204
tailbone 17
tailgate 198
tailor 191
tailored 35
tailor's 115
tailor's chalk 276
tailor's dummy 276
tailplane 210
Taiwan 319
Tajikstan 318
take a bath v 72
take a shower v 72
take notes v 163
take off v 211
take-away 154
talcum powder 73
tall 321
tambourine 257
tampon 108
tan 41
tandem 206
tangerine 126
tank 61
Tanzania 317
tap 61, 66
tap water 144
tape deck 268
tape dispenser 173
tape measure 80, 276
target 249
target shooting 249
tarmac 187
taro root 124
tarragon 133
Tasmania 319
tattoo 41
tax 96
taxi driver 190
taxi rank 213
tea 144, 149, 184
tea with lemon 149
tea with milk 149
teabag 144
teacher 54, 162, 191
teacup 65
team 220, 229
teapot 65
tear 51
teaspoon 65
teat 75
techniques 79, 159
teddy bear 75
tee 233
teeing ground 232
teenager 23
tee-off v 233
telegram 98
telephone 99, 172
telephone box 99
telescope 281
television 268
television series 178
television studio 178
temperature 286
temperature gauge 201
temple 14, 300
ten 308
ten thousand 309
tenant 58
tend v 91
tendon 17
tennis 230
tennis court 230
tennis shoes 231
tenon saw 81
tent 267
tent peg 266
tent pole 266
tenth 309
tequila 145
terminal 212
termite 295
terrace café 148
terraced 58
territory 315
terry nappy 30
test 49
test tube 166
testicle 21
text message 99
textbook 163
Thailand 318
thank you 322
Thanksgiving 27
the day after tomorrow 307
the day before yesterday 307
theatre 254, 299
theme park 262
therapist 55
thermal underwear 35
thermals 267
thermometer 45, 167
thermosphere 286
thermostat 61
thesis 169
thick 321
thigh 12, 119
thimble 276
thin 321
third 309
thirteen 308
thirteenth 309
thirtieth 309
thirty 308
this way up 98
this week 307
thistle 297
thoracic vertebrae 17
thread 276
thread v 277
thread guide 276
thread reel 276
three 308
three hundred 308
three-door 200
three-point line 226
thriller 255
throat 19
throat lozenge 109
throttle 204
through 320
throw 237
throw v 221, 227, 229
throw-in 223, 226
thruster 281
thumb 15
thunder 286
Thursday 306
thyme 133
thyroid gland 18
tibia 17
ticket 209, 213
ticket barrier 209
ticket inspector 209
ticket office 209, 216
tie 32
tiebreak 230
tie-pin 36
tiger 291
tights 35, 251
tile 58, 272
tile v 82
till 106, 150
tiller 240
timber 187
time 234, 304
time out 220
timer 166
times 165, 261
timetable 197, 209, 261
timing 203
tin 289, 311
tinned food 107
tip 36, 122, 246
tissue 108
title 168
titles 23
to 320
toad 294
toast 157
toasted sandwich 149
toaster 66
tobacco 112, 184
today 306
toddler 30
toe 15
toe clip 207
toe strap 207
toenail 15
toffee 113
toggle 31
Togo 317
toilet 72
toilet brush 72
toilet roll 72
toilet seat 72
toiletries 41, 107
toilets 104, 266
toll booth 194

english

tomato 125, 157
tomato juice 144, 149
tomato sauce 154
tomorrow 306
toner 41
tongs 150, 167
tongue 19, 37, 118
tonic water 144
tonne 310
tool rack 78
toolbar 177
toolbelt 186
toolbox 80
tools 187
tooth 50
toothache 50
toothbrush 72
toothpaste 72
top coat 83
top dress 90
top tier 141
topaz 288
topiary 87
topping 155
topsoil 85
torch 267
tornado 287
tortoise 293
touch line 221
touchdown 221
tour bus 260
tour guide 260
tourer 205
touring bike 206
tourist 260
tourist attraction 260
tourist bus 197
tourist information 261
tourmaline 288
tournament 233
tow away 195
tow truck 203
towards 320
towel rail 72
towels 73
tower 300
town 298
town hall 299
townhouse 58
toy 75
toy basket 75
toys 105
track 208, 234
tracksuit 31, 32
tractor 182
traffic 194
traffic jam 195
traffic light 194
traffic policeman 195
trailer 266
train 35, 208
train v 91, 251
train station 208
trainer 37
trainers 31, 251
tram 196, 208
transfer 223
transformer 60
transmission 202
transplant v 91
transport 194
trapezium 164
trapezius 16
trash 177
travel agent 190
travel agent's 114
travel sickness pills 109
traveller's cheque 97
tray 152, 154
tray-table 210
tread 207
tread water v 239
treadmill 250
treble clef 256
tree 86, 296
trekking 243
trellis 84
tremor 283
triangle 164, 257
triceps 16
trifle 141
trim v 39, 90
trimester 52
trimmer 88
Trinidad and Tobago 314
tripod 166, 270, 281
trolley 48, 100, 106, 208, 213
trolley bus 196
trombone 257
tropic of Cancer 283
tropic of Capricorn 283
tropical fruit 128
tropics 283
troposphere 286
trot 243
trough 183
trousers 32, 34
trout 120
trowel 89, 187
truffle 113, 125
trug 88
trumpet 257
truncheon 94
trunk 291, 296
trunks 238
try 221
t-shirt 30, 33
tub 311
tuba 257
tube 311
Tuesday 306
tug boat 215
tulip 111
tumble 235
tumble dryer 76
tumbler 65
tuna 120
tune v 179
tune the radio v 269
tuning peg 258
Tunisia 317
turbocharger 203
turf v 90
Turkey 316
turkey 119, 185, 293
Turkmenistan 318
turmeric 132
turn 238
turn v 79
turn the television off v 269
turn the television on v 269
turnip 124
turpentine 83
turquoise 289
turret 300
turtle 293
tusk 291
tutu 191
tweezers 40, 47, 167
twelfth 309
twelve 308
twentieth 309
twenty 308
twenty minutes 304
twenty thousand 309
twenty-first 309
twenty-one 308
twenty-second 309
twenty-third 309
twenty-two 308
twig 296
twin room 100
twine 89
twins 23
twist ties 89
two 308
two hundred 308
two o'clock 304
two thousand 307
two thousand and one 307
two-door 200
types 199, 205
types of buses 196
types of camera 270
types of farm 183
types of plants 86
types of fishing 245
types of train 208
tyre 198, 205, 206
tyre lever 207
tyre pressure 203

U

Uganda 317
ugli 126
Ukraine 316
ulna 17
ultrasound 52
ultraviolet rays 286
umbilical cord 52
umbrella 36, 233
umbrella stand 59
umpire 225, 229, 230
uncle 22
unconscious 47
uncooked meat 142
under 320
under par 233
undercoat 83
underexposed 271
undergraduate 169
underground map 209
underground train 209
underpass 194
underwear 32, 35
underwired 35
uniform 94, 189
United Arab Emirates 318
United Kingdom 316
United States of America 314
universe 280
university 299
unleaded 199
unpasteurised 137
unpick v 277
unsalted 137
until 320
up 320
upper circle 254
upset 25
Uranus 280
ureter 21
urethra 20
urinary 19
urology 49
Uruguay 315
usher 255
uterus 20, 52
utility room 76
Uzbekistan 318

V

vacuum cleaner 77, 188
vacuum flask 267
vagina 20
valance 71
valley 284
valve 207
vanilla 132
Vanuatu 319
varnish 79, 83
vas deferens 21
vase 63, 111
Vatican City 316
vault 235, 300
veal 118
vegetable garden 85
vegetable oil 135
vegetable plot 182
vegetables 107, 122, 124
veggie burger 155
veil 35
vein 19
venetian blind 63
Venezuela 315
venison 118
vent 283
ventouse cup 53
Venus 280
verdict 181
vest 33, 35, 251
vet 189
vibraphone 257
vice 78
video game 269
video phone 99
video recorder 269
video tape 269
Viet Nam 318
viewfinder 271
village 299
vine 183
vinegar 135, 142
vineyard 183
vintage 199
viola 256
violin 256
virus 44
visa 213
vision 51
visiting hours 48
visor 205
vitamins 108
v-neck 33
vocal cords 19
vodka 145
vodka and orange 151
voice message 99
volcano 283
volley 231
volleyball 227
voltage 60
volume 165, 179, 269, 311
vomit v 44

W

waders 244
waffles 157
waist 12
waistband 35
waistcoat 33
waiter 148, 152
waiting room 45
waitress 191
wake up v 71
walk 243
walking boot 37
walking boots 267
walkway 212
wall 58, 186, 222

wall light 62
wallet 37
wallpaper 82, 177
wallpaper v 82
wallpaper brush 82
wallpaper paste 82
walnut 129
walnut oil 134
walrus 290
ward 48
wardrobe 70
warehouse 216
warm 286
warm up v 251
warrant 180
wash v 38, 77
washbasin 72
washer 80
washer-dryer 76
washing machine 76
wasp 295
waste disposal 61, 266
waste disposal unit 61
waste pipe 61
wastebasket 172
watch 36
watch television v 269
water 144, 238
water v 90, 183
water bottle 206, 267
water chamber 61
water chestnut 124
water closet 61
water garden 84
water hazard 232
water jet 95
water plant 86
water polo 239
watercolour paints 274
watercress 123
waterfall 285
watering 89
watering can 89
watermelon 127
waterproofs 245, 267
waterskier 241
waterskiing 241
watersports 241
wave 241, 264
wavelength 179
wax 41
weak 321
weather 286
weaving 277
website 177
wedding 26. 35
wedding cake 141
wedding dress 35
wedding reception 26
wedge 233
Wednesday 306
weed v 91
weed killer 91
weeds 86
week 306
weekend 306
weekly 307
weigh v 310
weight 166, 244
weight bar 251
weight belt 239
weight training 251
wellington boots 31
west 312
western 255
Western sahara 317
wet 286, 321
wet wipe 75, 108
wetsuit 239
whale 290
wheat 130, 184
wheel 198, 207
wheel nuts 203
wheelbarrow 88
wheelchair 48
wheelchair access 197
whiplash 46
whipped cream 137
whisk 68
whisk v 67
whiskers 290
whisky 145
white 39, 145, 272, 274
white bread 139
white chocolate 113
white coffee 148
white currant 127
white flour 138
white meat 118
white rice 130
white spirit 83
whiting 120
whole 129, 132
whole milk 136
wholegrain 131
wholegrain mustard 135
wholemeal bread 139
wholemeal flour 138
wicket 225
wicket-keeper 225
wide 321
widescreen television 269
width 165
wife 22
wig 39
wild rice 130
willow 296
win v 273
wind 241, 286
windbreak 265
windcheater 33
windlass 214
window 58, 96, 98, 177, 186, 197, 209, 210
windpipe 18
windscreen 198
windscreen wiper 198
windshield 205
windsurfer 241
windsurfing 241
windy 286
wine 145, 151
wine glass 65
wine list 152
wine vinegar 135
wing 119, 210, 293
wing mirror 198
wings 254
winner 273
winter 31, 307
winter sports 247
wipe v 77
wire 79
wire cutter 80
wire strippers 81
wire wool 81
wires 60
with 320
withdrawal slip 96
without 320
witness 180
wok 69
wolf 290
woman 23
womb 52
women's clothing 34
women's wear 105
wood 79, 233, 275, 285
wood glue 78
wood shavings 78
wooden spoon 68
woodpecker 292
woodstain 79
woodwind 257
woodworking 275
wool 277
work 172
work day 306
workbench 78
workshop 78
worktop 66
world map 312
worm 295
worried 25
wound 46
wrap 155
wrapping 111
wreath 111
wrench 81, 203
wrestling 236
wrinkle 15
wrist 13, 15
wristband 230
writ 180
write v 162

X

x-ray 48
x-ray film 50
x-ray machine 212
x-ray viewer 45

Y

yacht 215
yam 125
yard 310
yatch 240
yawn v 25
year 163, 306
yeast 138
yellow 274
yellow card 223
Yemen 318
yes 322
yesterday 306
yoga 54
yoghurt 137
yolk 137, 157
you're welcome 322

Z

Zambia 317
zebra 291
zero 308
zest 126
Zimbabwe 317
zinc 289
zip 277
zone 315
zones 283
zoo 262
zoology 169
zoom lens 270

english

chinesiches Register • chinese index • 汉语索引(按音序排列)

A
阿尔巴尼亚 316
阿尔及利亚 317
阿富汗 318
阿根廷 315
阿拉伯海 313
阿拉伯联合酋长国 318
阿拉斯加州 314
阿曼 318
阿塞拜疆318
埃及317
埃塞俄比亚 317
矮小 321
爱尔兰 316
爱情片 255
爱沙尼亚 316
安道尔 316
安第斯山脉 312
安哥拉 317
鮟鱇鱼 120
安眼药 109
安培 60
安全 75
安全别针 47
安全措施 212
安全带 198,211
安全岛护栏 298
安全帽 186
安全气囊 201
安全上垒 228
安全钻头 80
安提瓜和巴布达 314
安装 177
桉树 296
鹌鹑 119
鹌鹑蛋 137
鞍马 235
鞍座 242
岸边缆桩 214
按菜单点菜 152
按键区 97,99
按摩 54
案板 68
暗室 271
盎司 310
奥地利 316
澳大利亚 319
澳洲坚果 129

B
B超 52
八 308
八百 308
八边形 164
八角 133
八十 308
八月 306
巴巴多斯 314
巴布亚新几内亚 319
巴哈马(群岛) 314
巴基斯坦 318
巴拉圭 315
巴勒斯坦 318
巴利阿里群岛(西) 316
巴洛克式 301
巴拿马 314
巴松管 257
巴西 315
巴西果 129
吧台 150
芭蕾舞 255
芭蕾舞裙 191
拔塞钻 150
拔牙 50
把…种于盆内 91
把手 88
靶 249
靶盘 273
靶心 273
白醋栗 127
白俄罗斯 316
白垩 288
白干酪 136
白格 272
白兰地 145
白米 130
白面包 139
白内障 51
白(葡萄酒) 145
白巧克力 113
白肉 118
白色 39,274
白杨 296
白蚁 295
百分比 165

百合 110
百货商店 105
百吉饼 139
百科全书 163
百里香 133
百叶窗 58,63
柏油路面 187
摆桌子 64
扳钳 81
扳手 80
班车 197
班机 210,212
斑豆 131
斑马 291
搬运工 100
板边 246
板尖 246
板球 225
板球球员 225
板岩 288
版画 275
办公楼 298
办公设备 172
办公室 24,172,174
办公用品 173
办公桌 172
办理登机手续 212
办理登机手续处 213
半场 223
半岛 282
半独立式 58
半径 164
半粒豆 131
半软奶酪 136
半升 311
半食宿 101
半脱脂牛奶 136
半小时 304
半硬奶酪 136
邦戈鼓 257
绑腿 31
傍晚 305
棒棒糖 113
棒球 228
棒球手套 228
棒形纽扣 31
磅 310

磅秤 310
包 37
包裹 99
包皮 21
包厢 254
包扎 47
包装纸 111
薄 321
薄饼卷 155
薄脆饼干 139,156
薄干脆饼 139
薄烤饼 157
薄片 119
宝石 36,288
饱 64
保安 189
保存 177
保加利亚 316
保龄球 249
保龄球瓶 249
保龄球运动 249
保暖内衣 267
保湿霜 41
保释 181
保温瓶 267
保险 203
保险杠 198
保险盒 60,203
保险丝 60
报告 174
报纸 112
报刊亭 112
刨 79
刨花 78
刨花板 79
刨子 81
抱歉 322
抱子甘蓝 123
暴风雨 287
曝光 271
曝光不足 271
曝光过度 271
曝光记数器 270
爆米花 255
爆胎 203,207
杯垫 150
背带 37
北 312

北半球 283
北冰洋 312
北海 312
北回归线 283
北极 283
北极圈 283
北极熊 291
北极熊 291
北美洲 314
贝壳 265
贝宁 317
备忘录 173
备用胎 203
背 13
背包 31,37,267
背景幕布 254
背阔肌 16
背鳍 294
背刷 73
背心 30,33,35,251
倍 165
倍低音管 257
被告 180
被告人 181
被褥 74
本垒 228
本生灯 166
本位号 256
本周 307
绷带 47
蹦极 248
荸荠 124
鼻窦 19
鼻羁 242
鼻夹 238
鼻孔 14
鼻血 44
鼻子 14
比基尼泳装 264
比利时 316
比萨饼 154,155
比萨饼店 154
比赛 229,230
笔袋 163
笔记 175,191
笔记本 163,172
笔记本电脑 175
笔尖 163

汉语

笔筒 72
笔友 24
毕业 26
毕业典礼 169
毕业生 169
秘鲁 315
壁灯 62
壁炉台 63
壁球 231
壁纸 82
壁纸黏合剂 82
避孕 21
避孕套 21
避孕药 21
臂漂 238
边裁 220,223,230
边线 220,225,228 230
编辑 191
编织 277
编织针 277
蝙蝠 290
便笺 173
便携式播放机CD 268
便携式摄像机 260,269
便装 33
变焦镜头 270
变速 207
变速杆 201,207
变速箱 202,204
变压器 60
变质岩 288
标签 172
标枪 234
标识 31
标志 322
标准杆数 233
标准化包装盒 311
标准间 100
表层土 85
表兄弟 22
裱糊匠 82
裱糊刷 82
裱糊台 82
冰骨 17
冰 120,287
冰雹 286
冰茶 149
冰岛 316
冰和柠檬 151
冰河 284
冰咖啡 148
冰块 151
冰激凌 137,149
冰球 224
冰球场 224
冰球球员 224
冰上溜石 247
冰桶 150
冰鞋 224,247
冰柱 287
兵 272
丙烯颜料 274
柄 36,187
饼干 113,141
并列争球 221
病毒 44
病房 48
病理科 49
拨号 99
拨浪鼓 74
波长 179
波多黎各 314
波尔图葡萄酒 145
波兰 316
波浪 241
波罗的海 313
波斯尼亚和黑塞哥维那 316
玻璃 69
玻璃棒 167
玻璃杯 150,152
玻璃瓶 166
玻璃器具 65
玻利维亚 315
剥皮钳 81
菠菜 123
菠萝 128
菠萝汁 149
播放 178,269
播种 90,183
伯利兹 314
铂 289
钹 257
博茨瓦纳 317
博士学位 169
博物馆 261
搏击操 251
薄荷 133
薄荷茶 149
薄荷糖 113
薄胶浆 83
薄雾 287
簸箕 77
补胎片 207
哺乳 53
哺乳动物 290
哺乳胸罩 53
捕捉 245
不 322
不迟于… 320
不丹 318
不对 322
不含服务费 152
不含脂肪 137
不加冰 150
不省人事 47
不锈钢 79
不要 322
不用谢 322
不育 20
不粘的 69
布丁米 130
布基纳法索 317
布景 178,254
布里干酪 142
布料 276
布隆迪 317
布匹 277
步行区 299
步行靴 37

C
CD播放机 268
CT扫描 48
擦 77
擦伤 46
擦拭 77
擦手巾 73
擦碎 67
礤床 68
材料 79
裁缝 191
裁缝店 115
裁判 225,226,229 230
采摘 91
采访记者 179
彩虹 287
彩票 112
彩色铅笔 163
踩水 239
菜单 148,153,154
菜单栏 177
菜地 182
菜豆 131
菜梗 122
菜花 124
菜卷 155
菜圃 85
菜肴 153
菜籽油 135
参加 174
餐叉 65,153
餐车 209
餐匙 65
餐刀 65
餐馆 152
餐后甜点 153
餐巾 65，152
餐巾套环 65
餐巾纸 154
餐具 65
餐具摆放 65,152
餐具垫 64
餐具沥水架 67
餐厅 64,101
餐桌 64
残疾人停车处 195
残渣处理器 61
蚕豆 122,131
仓库 216
仓鼠 290
苍蝇 295
舱门 210,281
操纵手柄 269
操作装置 201,204
操作台 66
糙米 130
槽刨 78
草 87
草场 285
草袋 88
草地 90
草莓 127
草莓奶昔 149
草坪 85,262
草图 275
草药 108
草药茶 149
草药花园 84
草药学 55
草原 285
侧踢 237
侧舷 240
测光仪 270
测量 310
层压板 79
叉 88
叉车 186,216
插卡口 97
插片 60
插条 91
插头 60
插枝 91
插座 60
茶 144,149,156,184
茶包 144
茶杯 65
茶匙 65
茶壶 65
茶几 62
茶叶 144
差点 233
拆开 277
柴油 199
柴油机车 208
蟾蜍 294
产科 49
产科病房 48
产科医生 52
产钳 53
铲 88
铲掉 82
铲球 223
铲子 265
颤音琴 257
长 32,165
长柄扫帚 77
长柄勺 68
长柄深平底锅 69
长柄修篱剪 88
长波 179
长草区 232
长笛 257
长度 310
长方形 164
长号 257
长颈鹿 291
长粒 130
长毛绒玩具 75
长毛绒玩具熊 75
长橇滑雪 247
长曲棍球 249
长条奶油夹心点心 140
长筒橡胶靴 31
长筒袜 35

汉语

长途旅行 243
长途汽车 196
长牙 291
长椅 250,262
常绿(植物) 86
场记板 179
敞篷 260
敞篷车 199
抄网 244
超出 195
超级市场 106
超过 320
超声波(检查) 52
超音速飞机 211
超重行李 212
朝鲜 318
朝鲜蓟 124
潮湿 286,321
炒 67
炒菜 158
炒锅 69
炒鸡蛋 157
炒制 159
车把 207
车窗 209
车灯 207
车灯开关 201
车顶 203
车顶行李架 198
车费 197,209
车祸 203
车架 206
车库 58
车筐 207
车链 206
车轮 198,207
车门 196
车门把手 200
车牌 198
车票 209
车身 202
车速表 201,204
车锁 207
车厢 208
车削 79
车闸 207
车站大厅 209
车座 206
沉积岩 288
陈辞 180
晨衣 31
衬里 32
衬裙 35
衬衫 32
衬纸 83
称谓 22
称重量 310
蛏子 121
撑杆跳 234
成长阶段 22
成年人 23
成熟 129
承砖坯板 186
城堡 300
城际列车 209
城镇 298
乘 165
乘客 216
乘橇滑行 247
程序 176
秤 69,98,118,166
秤盘 310
吃 64
吃水线 214
池水 238
池塘 85
迟 305
持球触地得分 221
尺寸 165
尺骨 17
尺子 163
齿冠 50
齿轮 206
赤道 283
赤道几内亚 317
赤豆 131
赤铁矿 289
翅膀 119,293
充电式电钻 78
充气床垫 267
充气式橡皮艇 215
充气袖带 45
冲浪 241
冲浪板 241
冲浪运动员 241
冲洗 38,271
重铺路面 187
重新加热 154
宠物商店 115
宠物饲料 107
抽油烟机 66
抽筋 239
抽水马桶 61,72
抽屉 66,70,172
筹码 272
臭氧层 286
出发 213
出发台 238
出发跳水 239
出局 225,228
出口 194,322
出纳员 96
出气口 61
出拳 237
出入港通道 216
出生 26,52
出生前 52
出生证明 26
出生时体重 53
出院 48
出租车司机 190
出租车站 213
除 165
除草剂 91,183
除尘 77
除臭剂 73,108
除以 165
厨刀 68
厨房 66,152
厨房电器 66
厨房用品 105
厨具 68
厨师 190
厨师帽 190
锄头 88
雏菊 110,297
橱柜 66
处方 45
处理干净的 121
处理器 176
储物盒 311
储物柜 62
储蓄 96
储蓄账户 96
触地得分 220
触角 295
触杀 229
触网 230
揣子 81
穿越 320
穿针 277
传动装置 202
传票 180
传球 220,221,223
226
传染 44
传送带 106
传讯 180
传真 98,172
传真机 172
船 214
船舱 214
船厂 217
船上厨房 214
船首 214
船体 214,240
船头 240
船尾 240
船坞 216
船长 214
椽子 186
串肉扦 68
创可贴 47
创伤 46
窗户 58,186,197
210
窗口 96,98
窗帘 63
窗幔 63
床 70
床单 71,74
床垫 70,74
床脚板 71
床上用品 71
床头板 70
床头灯 70
床头柜 70
床帷 71
床罩 70
吹风机 38
吹干 38
吹熄 141
垂钓种类 245
垂直 165
垂直尾翼 210
锤子 80
春天 307
纯牛奶 136
唇 14
唇彩 40
唇刷 40
唇线笔 40
瓷器 105
磁卡电话 99
磁铁 167
此面向上 98
刺伤 46
刺猬 290
刺绣 277
从…来 320
从邮筒中取信 98
葱 125
葱头 125
粗缝 277
粗粒小麦粉 130
粗呢外套 31
促销海报 106
醋 135,142
醋栗 127
醋渍 159
醋渍的 143
催眠疗法 55
脆 127
村庄 299
存储器 176
存款单 96
存入 96
锉刀 81

D
DVD播放机 268
DVD光盘 268
答案 163
答录机 99
打保龄球 249
打蛋器 68
打哈欠 25
打鼾 71
打火机 112
打击乐器 257
打孔器 173
打磨机 78
打破纪录 234
打球线 233
打扰一下 322
打印 172
打印机 172,176
大 321
大比目鱼片 120
大肠 18
大出血 46
大锤 187
大对虾 121
大号 257
大黄 127
大回转 247
大趾 15
大教堂 300
大理石 288
大料 133

汉语

大梁 186
大陆 282,315
大陆板块 283
大麦 130,184
大门 182
大气层 282,286
大蒜 125,132
大提琴 256
大厅 100
大头菜 123
大头针 276
大腿 12,119
大西洋 312
大猩猩 291
大型高级轿车 199
大学 299
大学生 169
大洋 282
大洋洲 319
带柄水壶 65
带球 222
带纸夹的笔记板 173
贷款 96
待产的 52
袋 311
袋鼠 291
逮捕 94
逮捕令 180
丹麦 316
单板滑雪 247
单打 231
单份 150
单杠 235
单轨列车 208
单簧管 257
单人病房 48
单镜头反光照相机 270
单片三明治 155
单人床 71
单人间 100
单人牢房 94,181
单行 194
单行道 298
担架 94
淡水垂钓 245
淡香水 41
蛋 137
蛋白 137
蛋白石 288
蛋白甜饼 140
蛋杯 65,137
蛋糕 140
蛋糕裱花袋 69
蛋糕烤模 69
蛋糕制作 69
蛋黄 137,157
蛋黄酱 135
蛋壳 137
蛋奶酥 158
挡 237
挡风玻璃清洗剂容器 202
挡火板 63
挡泥板 205
刀叉餐具 64
刀片 66
导弹 211
导管 53
导线器 276
导演 254
导游 260
岛屿 282
捣成糊状 159
捣泥器 68
倒车 195
倒带 269
倒钩 244
道路 194
道路交叉处的环行路195
道路施工 187,195
稻草人 184
得分 228,273
得分区 221
德国 316
灯 62
灯具 105
灯笼果 128
灯泡 60
灯泡接口 60
灯丝 60
灯塔 217
灯心草 86
登机门号 213
登机牌 213
登机通道 212
登记簿 100
登录 177
登月舱 281
蹬踏 207
蹬腿 251
等式 165
等于 165
低 321
低变应原的 41
低音单簧管 257
低音吉他 258
低音吉他手 258
低音谱号 256
低音提琴 256
低于标准杆数 233
滴管 109,167
滴剂 109
底 164
底层 141
底盘 203
底片 271
底漆 83
底土 91
底线 226,230
抵达 213
抵押贷款 96
地板 62,70
地被植物 87
地带 283
地钉 266
地窖 183
地理 162
地漏 72
地幔 282
地貌 284
地壳 282
地球 280,282
地区 315
地毯 63,71
地铁 208
地铁线路图 209
地图 195,261
地下室 58
地域 315
地震 283
地址 98
地中海 313
递送 98
第八 309
第八十 309
第二 309
第二十 309
第二十二 309
第二十三 309
第二十一 309
第九 309
第九十 309
第六 309
第六十 309
第七 309
第七十 309
第三 309
第三十 309
第十 309
第十八 309
第十二 309
第十九 309
第十六 309
第十七 309
第十三 309
第十四 309
第十五 309
第十一 309
第四 309
第四十 309
第五 309
第五十 309
第一 309
第一百 309
癫痫 44
点 273
点菜 153
点火 200,266
点火定时 203
电 60
电报 98
电表 60
电唱机 268
电池 167,202,260
电池组 78
电动机车 208
电动剃须刀 73
电镀 79
电工 188
电话 99,172
电话号码查询台 99
电话亭 99
电击 46
电吉他 258
电缆 79
电力 60
电暖器 60
电气石 288
电热毯 71
电视连续剧 178
电视演播室 178
电水壶 66
电梯 59,100,104
电线 60
电压 60
电影布景 179
电影放映厅 255
电影院 255,299
电源箱延长线 78
电子产品 105
电子琴 258
电子邮件 177
电子邮件地址 177
电子邮件账户 177
电钻 78
店内用餐 154
垫肩 35
垫球 227
垫圈 61,80
垫子 54,235
靛青色 274
雕刻 79,275
雕塑家 191
鲷鱼 120
吊床 266
吊高球 231
吊钩 187
吊环 235
吊篮 84,95
吊肉钩 118
吊袜带 35
钓具 245
钓具箱 244
钓鱼 244
钓鱼许可证 245
钓鱼者 244
调查 94
蝶泳 239
丁香 133
丁字镐 187
盯人 227
钉 79,90
钉子 80
钉子头 80
顶层 141
顶点 164
顶球 222
顶针 276
订机票 212
订书钉 173
订书机 173
定型 38
定型水 38
定音鼓 257
东 312
东帝汶 319
冬季两项 247

汉语

冬季运动 247
冬南瓜 125
冬青树 296
冬天 31,307
动画片 178,255
动力滑翔机 211
动脉 19
动物 290,292,294
动物学 169
动物园 262
动作 227,229,233
237
冻酸奶 137
豆瓣菜 123
豆荚 122
豆类 131
豆芽 122
读 162
独栋住宅 58
独立式 58
独轮手推车 88
独木舟 214,241
赌场 261
赌注 273
杜松子酒 145
肚带 242
肚脐 12
度量 165
度量衡 310
渡船 216
渡船码头 216
渡轮 215
端口 176
短 32
短波 179
短衬裤 33
短笛 257
短发 39
短裤 30,33
短拍壁球 231
短跑选手 234
短途小车 232
短吻鳄 293
短询息 99
断线 99
缎带 27,111,141
椴树 296
锻炼 251
堆肥 88
对不起 322
对方付费电话 99
对讲器 59
对角线 164
对流层 286
对流式电暖器 60
对手 236
兑现 97
吨 310
蹲起 251
炖菜 158
多风 286
多哥 317
多米尼加共和国 314
多米尼克 314
多米诺骨牌 273
多年生(植物)86
多香果 132
多云 286
多汁 127
多种维生素制剂 109
舵 241
舵柄 240

E
俄罗斯联邦 316
鹅 119,293
鹅蛋 137
蛾 295
额肌 16
恶心 44
厄瓜多尔 315
厄立特里亚 317
饿 64
鳄梨 128
鳄鱼 293
鳄鱼夹 167
摁扣 30
儿科 49
儿童安全锁 75
儿童病房 48
儿童防雪装 30
儿童睡衣 31
儿童套餐 153
儿童戏水池 263
儿童用品部 104
儿童座椅 198,207
儿童座位 207
儿媳 22
儿子 22
耳鼻喉科 49
耳朵 14
耳环 36
耳机 268
饵 244
二 308
二百 308
二层 104
二〇〇〇年 307
二〇〇一年 307
二年生(植物) 86
二十 308
二十二 308
二十分钟 304
二十一 308
二头肌 16
二头肌训练 251
二月 306

F
发电机 60,207
发件篮 172
发酵 139
发牌 273
发起 139
发球 230,231,233
发球得分 230
发球方占先 230
发球区 232
发球失误 230
发球线 230
发烧 44
发射 281
发射架 281
发送 177
罚出场外 223
罚点球 223
罚球区 223
罚球线 226
法官 180
法国 316
法律 169,180
法律事务部 175
法律咨询 180
法式花园 84,262
法式芥末酱 135
法式盘头 39
法式吐司 157
法属圭亚那 315
法庭 180
砝码 166
发带 39
发根 39
发箍 38
发髻 39
发胶 38
发卡 38
发色 39
发梢分叉 39
发梳 38
发刷 38
发型 39
帆 241
帆板运动 241
帆板运动员 241
帆船 215,240
帆船运动 240
帆桁 240
帆脚索 241
帆缆 215,240
番木瓜 128
番石榴 128
翻斗卡车 187
翻筋斗 235
翻领 32
番茄 125,157
番茄酱 135,154
番茄汁 144,149
烦躁 25
梵蒂冈 316
反光板 204
反光肩带 205
反光镜 207
反射镜 167
反手 231
犯规 223,226
犯罪记录 181
饭菜 64
方便食品 107
方格 272
方解石 289
方块 273
方向 323
方向舵 210
方向盘 201
芳香疗法 55
防波堤 217
防尘布 83
防盗警报 58
防冻液 199
防风夹克 33
防风屏 265
防风绳 266
防腐剂 83
防护面具 225,228,
236
防护盘 88
防溅挡板 66
防晒乳 265
防晒霜 108,265
防晒液 108
防守 220
防守队员 223
防水裤 244
防雨罩 266
防撞护栏 195
房地产商 115,189
房东 58
房间 58
房间号码 100
房间送餐服务 101
房间钥匙 100
房客 58
房屋 58
房租 58
纺织 277
放大 172,271
放射科 49
放生 245
放松 55
放养的 118
飞镖 273
飞机 210
飞行 211
飞行员 190,211
非碳酸(饮料) 144
非洲 317
非洲菊 110
菲律宾 319
肥料 91
肥料堆 85
肥肉 119
肥皂 73
肥皂盒 73
肥皂剧 178
腓肠肌 16
腓骨 17
斐济 319
废纸篓 172
沸水煮 67
肺 18
费约果 128
分部 175
分道 234
分餐匙 68
分隔页 173
分公司 175
分类架 100
分类箱 61
分娩 52
分母 165

汉语

分数 165,220
分针 304
分钟 304
分子 165
芬兰 316
粉笔 162
粉饼 40
粉底 40
粉盒 40
粉红色 274
粉扑 40
粉刷 82
风 241,286
风挡 198,205
风干的 143,159
风帽 31
风扇 60,202
风扇皮带 203
风水 55
风钻 187
枫树 296
枫糖浆 134
枫糖浸泡 159
蜂鸟 292
缝 277
缝合 52
缝合线 34
缝纫机 276
缝纫用品 105
肤色 41
肤色较深 41
麸皮面包 139
伏特加酒 145
扶墙 301
扶手 59,196,200,
210
扶手椅 63
拂晓 305
服务 101
服务车 212
服务器 176
服务商 177
服装 255
浮板 238
浮标 217,244
浮球 61
浮石 73,288
浮水气球 265
辐条 207
俯卧撑 251
辅导教师 54
父母 23
父亲 22
付账 153
妇女卫生用品 108
妇科 49
妇科医生 52
负 165
负极 167
负重腰带 239
附件 177
附属建筑物 182
复活节 27
复式车道 195
复苏术 47
复印 172
副驾驶员 211
副翼 210
副作用 109
腹部 12
腹股沟 12
腹肌 16
腹泻 44,109
覆盆子 127
覆盆子酱 134

G
咖喱 158
咖喱粉 132
钙 109
盖子 61,66
干草 184
干船坞 217
干果 156
干花 111
干净衣物 76
干酪蛋糕模 69
干洗店 115
干性(发质) 39
干性(皮肤) 41
干燥 130,286,321
甘草糖 113
甘蔗 184
杆 245
肝脏 18,118
坩埚 166
柑橘 126
柑橘类水果 126
尴尬 25
感恩节 27
感冒 44
橄榄 151
橄榄球 220
橄榄球球衣 221
橄榄油 134
擀 67
擀面杖 69
冈比亚 317
刚果 317
刚果民主共和国
317
钢笔 163
钢锯 81
钢琴 256
钢丝钳 80
钢丝绒 81
港口 214,216
港务局长 217
杠铃横杆 251
羔羊肉 118
高 165,321
高保真音响系统
268
高大 321
高等院校 168
高等专科学校 169
高低杠 235
高度 211
高尔夫球 232
高尔夫球场 232
高尔夫球车 233
高尔夫球袋 233
高尔夫球鞋 233
高尔夫球员 232
高跟鞋 37
高架桥下通道 194
高脚椅 75
高筋面粉 139
高山滑雪 247
高山速降 247
高山植物 87
高速公路 194
高速列车 208
高台跳水 239
高音谱号 256
高于标准杆数 233
高原 284
高脂肪奶油 137
睾丸 21
糕点店 114
缟玛瑙 289
哥伦比亚 315
哥斯达黎加 314
哥特式 301
鸽子 292
割草 90
割草机 90
割伤 46
搁板 67,210
搁架 66,268
歌词 259
歌剧 255
歌迷 258
歌曲 259
歌手 191
阁楼 58
格斗运动 236
格林纳达 4
格陵兰 314
格鲁吉亚 318
格式文件夹 173
葛缕子籽 131
蛤蜊 121
隔离带 194
隔热层 61
个人最好成绩 234
根 124,296
跟腱 16
更换轮胎 203
更衣室 104
工厂 299
工程学 169
工具 187
工具刀 80
工具架 78
工具栏 177
工具箱 80
工具腰带 186
工业区 299
工艺刀 82
工艺美术 274,276
工装裤 30,83
工资单 175
工作午餐 175
工作间 78
工作日 306
工作台 78
弓 249
弓箭步压腿 251
公告栏 173
公共汽车 196
公共汽车候车亭 197
公共汽车票 197
公共汽车司机 190
公共汽车站 197,299
公共汽车总站 197
公国 315
公鸡 185
公交线路号 196
公里 310
公路车 206
公牛 185
公事包 37
公司 175
公寓 59
公寓楼 59,298
公园 262
功率放大器 268
供电系统 60
供水管 61
供应三餐 101
肱骨 17
宫内避孕器 21
宫缩 52
汞 289
拱 301
拱门 85
拱型圆顶 300
钩眼 244
钩针 277
钩织 277
狗 290
狗拉雪橇 247
购物 103
购物车 106
购物袋 106
购物篮 106
购物指南 104
购物中心 104
姑父 22
姑妈 22
菰米 130
古巴 314
古典音乐 255,259
古董店 114
古迹 261
谷仓 182
谷类食品 130,156
谷粒 130
谷物 130
股份 97
股骨 17
股票价格 97
股票经纪人 97
股权 97
股息 97
骨 17
骨粉 88
骨骼 17
骨盆 17

汉语

骨头 119,121
骨折 46
鼓 258
鼓手 258
鼓掌喝彩 255
固定螺母 203
固体蜂蜜 134
固枝环 89
故事片 269
故障 203
顾客 38,104,106
顾问 55
雇员 24
雇主 24
瓜皮 127
瓜瓤 127
瓜籽 127
刮铲 68
刮刀 82,167,275
刮除 77
挂号邮件 98
挂图架 174
关 321
关电视 269
关节 17
关门 260
观光 260
观光巴士 260
观鸟 263
观赏(植物) 87
观众 233,254
管道装置 61
掼奶油 137
灌溉 183
灌篮 227
灌木修剪 87
鹳 292
罐 145,311
罐头盒 311
罐装水果 135
罐装食品 107
罐装饮料 154
光圈调节环 270
广播 179
广播电台 179
广场 299
广告 269
广告颜料 274
广口瓶 134,311
圭亚那 315
龟 293
龟壳 293
鲑鱼 120
轨道 280
柜台 96,98,100,142
挂皮 133
滚动条 177
滚筒式烘干机 76
滚轴溜冰 263
棍子面包 138
锅盖 69
锅炉 61
国际航线 212
国际跳棋 272
国际象棋 272
国家 315
国家公园 261
国内航线 212
腘旁腱 16
果酱 156
果酱饼 142
果篮 126
果岭 232
果仁 122,129
果仁巧克力脆饼 141
果肉 124,127,129
果味酸奶 157
果味橡皮糖 113
果园 183
果汁 156
果汁冰糕 141
果汁和奶昔 149
过道 106,254
过梁 186
过滤式咖啡 148
过敏 44
过山车 262

H
哈萨克斯坦 318
孩子 23
海 264,282
海岸 285
海岸警卫队 217
海报 255
海豹 290
海滨步道 265
海滨游泳袋 264
海地 314
海关 212,216
海龟 293
海蓝宝石 288
海浪 264
海鲈 120
海马 294
海绵 73,83
海绵层 126
海鸥 292
海狮 290
海滩 264
海滩小屋 264
海滩浴巾 265
海豚 290
海王星 280
海鲜 121
海象 290
海星 295
海洋捕捞 245
含服务费 152
含酒精饮料 145
含铅 199
寒战 44
韩国 318
汉堡包 155
汉堡套餐 154
旱冰鞋 249
焊接 79
焊锡 79,81
绗缝 277
航班号 212
航空母舰 215
航空邮件 98
航天飞机 281
航行 240
毫克 310
毫米 310
毫升 311
壕沟 300
好 321
好球 228
合成的 31
合股线 89
合气道 236
河岸 284
河口 285
河流 284
河马 291
核 127
核桃 129
核桃油 134
荷尔蒙 20
荷兰 316
盒式磁带录音机 269
盒式录音带 269
盒式文件夹 173
颌骨 17
贺卡 27
褐色 274
褐色小扁豆 131
鹤 292
黑暗 321
黑板 162
黑醋栗 127
黑带 237
黑洞 280
黑橄榄 143
黑格 272
黑海 313
黑咖啡 148
黑莓 127
黑面包 138,139,149
黑麦面粉 138
黑巧克力 113
黑色 39,274
黑山 317
黑桃 273
黑线鳕 120
黑眼豆 131
黑曜岩 288
黑玉 288
恒星 280
横杆 235,250
横隔膜 19
横梁 207
横座鞍 242
轰炸机 211
烘烤菜肴盘 69
烘烤的 129
烘制 67,138,159
红宝石 288
红茶 149
红醋栗 127
红豆 131
红海 313
红褐色 39
红花菜豆 122
红牌 223
红(葡萄酒) 145
红球菊苣 123
红肉 118
红色 274
红薯 125
红桃 273
红眼 271
红芸豆 131
红棕色 39
洪都拉斯 314
洪水 287
虹膜 51
虹鳟鱼 120
喉结 19
喉头 19
猴子 291
后 272
后甲板 214
后颈 13
后轮 196
后天 307
后腿肉 119
后座 200,204
厚 321
厚底鞋 37
候机大厅 213
候机楼 212
候诊室 45
呼叫按钮 48
呼吸 47
呼吸系统 19
弧 164
狐狸 290
胡椒粉 64,152
胡椒粒 132
胡萝卜 124
胡桃 129
葫芦巴 132
湖 285
蝴蝶 295
虎 291
互联网 177
户外活动 262
护齿 237
护发素 38
护肩 224
护盔 236
护理 91
护目镜 81,167
护士 45,48,52,189
护腿 225
护腕 230
护围 74
护膝 205,220,227
护照 213
护照检查处 213
花 110,297
花瓣 297
花苞 111
花边 35
花店 110
花萼 297

汉语

花岗岩 288
花格屏 84
花冠 111
花环 111
花剑 249
花蕾 297
花盆 89
花瓶 63,111
花商 188
花生 129,151
花生酱 135
花生油 135
花式骑术 243
花束 111
花坛 85,90
花样滑冰 247
花样模板 83
花样游泳 239
花椰菜 124
花园 84
花园风格 84
花园植物 86
花园装饰 84
花艺 111
华夫饼 157
滑板 249,263
滑板(运动) 249
滑旱冰 249
滑垒 229
滑水 241
滑水橇 241
滑水者 241
滑梯 263
滑翔 248
滑翔机 211,248
滑翔伞 248
滑行 224
滑雪 246
滑雪板 246
滑雪服 246
滑雪镜 247
滑雪坡道 246
滑雪衫 31,33
滑雪靴 246
滑雪杖 246
滑雪者 246
化学 162
化验 49
化妆 40
化妆镜 40
化妆品 107
化妆刷 40
化妆用品 41
划船 241
划船机 250
划粉 276
划桨船 214
划水 239
画 62,162,274
画笔 274
画布 274
画家 191,274
画架 274
画框 62
话机 99
话筒 179
桦树 296
怀孕 20,52
怀孕的 52
怀孕三个月 52
坏 321
还书日期 168
幻灯机 163,174
换乘 209
换频道 269
换人 223
换衣垫 74
浣熊 290
患者 45
黄豆 131
黄蜂 295
黄盖鲽 120
黄瓜 125
黄昏 305
黄牌 223
黄色 274
黄水仙 111
黄油 137,156
黄玉 288
汇率 97
汇票 98
灰浆 187
灰色 39,274
挥杆 232
徽章 189
回答 163
回合 230,237
回球 231
回收站 177
茴香 122,133
茴香籽 133
会所 232
会厌 19
会议 174
会议记录 174
会议室 174
绘画 261,274
彗尾 280
彗星 280
喙 293
昏厥 44
婚礼 26,35
婚庆蛋糕 141
婚宴 26
混凝土块 187
混音台 179
和面 138
活动 245,263
活动挂图 174
活动玩具 74
活期存款账户 96
活鱼笼 244
火柴 112
火车头 208
火车站 208
火成岩 288
火花塞 203
火鸡 119,185,293
火烈鸟 292
火炉 67
火山 283
火山道 283
火山灰 283
火山口 283
火腿 119,143,156
火腿片 119
火线 60
火星 280
火灾 95
火灾警报器 95
货币 97
货币面额 97
货舱 215
货车 208
货船 215
货架 106
货物 216

J
J 273
击打 237
击倒对手 237
击剑 249
击球 224,229,233
击球动作 231
击球局 228
击球手 225,228
击球线 225
击球姿势 232
机舱 210
机场 212
机动雪橇 247
机票 213
机枪 189
机身 210
机头 210
机械 187
机械构造 202
机械师 188,203
机翼 210
机油箱 204
机座 99
肌肉 16
鸡 119,185
鸡蛋 137
鸡块 155
鸡舍 185
鸡肉汉堡包 155
鸡尾酒 151
鸡尾酒调制器 150
畸齿矫正器 50
激光唱盘 269
激浪投钓 245
激流 241
及脚踝长 34
及膝长 34
吉布提 317
吉尔吉斯斯坦 318
吉他手 258
极地 282
极光 286
急救 47,94
急救人员 94
急救箱 47
急流 284
急诊室 48
疾病 44
疾驰 243
集体治疗 55
集邮 273
集装箱 216
集装箱船 215
集装箱港口 216
几何 165
几内亚 317
几内亚比绍 317
挤奶 183
脊柱 17
脊柱按摩法 54
计时器 166
计数 165
计算机 172,176
计算器 165
记笔记 163
记分牌 225
记者 179
纪录 234
纪录片 178
纪念碑 261
纪念品 260
纪念日 26
技艺 79
系带鞋 37
系索耳 240
季风 287
季节 307
剂量 109
继父 23
继母 23
继女 23
继子 25
寄信人地址 98
蓟 297
加 165
加冰 150
加橙汁伏特加酒 151
加工过的谷物 130
加护病房 48
加护盖物 91
加可乐朗姆酒 151
加拉帕戈斯群岛 315
加勒比海 312
加里宁格勒(俄) 316
加仑 311
加拿大 314
加纳 317
加蓬 317
加热元件 61
加时 223
加水威士忌 151
加速器 200
加油处 199
加油站 199
夹钳 78,150,166
夹钳座 166
夹心 140
夹心巧克力 113
夹心酥 140
家具 105
家具店 115

家庭 22
家庭轿车 199
家庭日用品 107
家庭娱乐 268
家畜 182,185
家畜圈 185
家用电器 107
家用纺织品 105
家用药箱 72
嘉年华会 27
甲板 214
甲壳虫 295
甲上皮 15
甲状腺 18
价格 152,199
价目表 154
驾驶 195
驾驶舱 210
驾驶室 95,208
驾驶席 196
驾驶座 204
架子鼓 258
假发 39
假释 181
假牙 50
假蝇 244
假蝇垂钓 245
假日 212
假日指南 212
嫁接 91
尖 36,122
尖顶 300
尖顶饰 300
尖嘴钳 80
坚果 151
坚果和干果 129
间歇喷泉 285
肩 13
肩带 35
肩胛骨 17
监护仪 53
监狱 181
煎 67
煎蛋 157
煎蛋饼 158
煎的 159
煎锅 69
煎鱼铲 68
茧 295
柬埔寨 318
减 165
减震器 205
剪 38
剪裁 277
剪裁考究 35
剪草机 88
剪草器 88
剪刀 38,47,82,
188,276
检查 50
检票口 209
检票员 209
检修井 299
建造 186
建筑 186,300
建筑材料 187
建筑风格 301
建筑工地 186
建筑工人 186,188
建筑师 190
建筑物 299
建筑与结构 300
剑 236
剑道 236
剑兰 110
剑鱼 120,294
健康中心 168
健身 250
健身车 250
健身房 101,250
健身器械 250
腱 17
键 176
键盘 172,176
箭 249
箭袋 249
姜 125,133
姜黄根 132
浆果 296
浆果和甜瓜 127
缰绳 242
讲解人 174
奖牌 235
奖券 112
奖学金 169
桨 241
桨手 241
降号 256
降落伞 248
酱 143,155,156
交叉训练器 250
交汇处 194
交流电 60
交通 194
交通标志 195
交通堵塞 195
交通警察 195
交通信号灯 194
交响乐 256
交友 26
郊区 299
浇灌 89
浇水 90
浇汁 159
胶 275
胶带架 173
胶合板 79
胶卷 270,271
胶囊 109
胶片 271
胶枪 78
焦糖布丁 141
角 164,291
角楼 300
角膜 51
角旗 223
角球 223
矫形外科 49
脚 12,15
脚背 15
脚蹬 206
脚后跟 13,15
脚踝 13,15
脚蹼 239
脚手架 186
脚掌 15
脚趾 15
搅拌 67,138
搅拌棒 150
搅拌器 66
搅拌容器 66
搅拌碗 69
搅打 67
叫喊 25
教科书 163
教师(大学) 169
教室 162
教堂 299,300
酵母 138
阶梯教室 169
接触轨 209
接待总台 100
接待员 100,190
接地 60
接电装置 266
接力 235
接力棒 235
接目杯 269
接球 220,225
227,229
接球手 229
接收 177
接听电话 99
接线员 99
接种 45
揭背式轿车 199
街道 298
街角 298
节门 61
节目 254,269
节目编排 178
节目主持人 178
节拍 259
节庆 27
节日 27
结冰 287
结果 49
结婚 26
结婚礼服 35
结束 321
捷克共和国 316
睫毛 14,51
睫毛膏 40
解冻 67
解剖刀 167
介绍 174
戒指 36
芥菜籽 131
芥末 155
界外球 228
借出 168
借入 168
借书处 168
借书证 168
今天 306
金 289
金额 96
金橘 126
金牌 235
金枪鱼 120
金融 97
金融顾问 97
金色 39
金丝雀 292
金星 280
金鱼 294
金属 79,289
金属线 79
金属钻头 80
津巴布韦 317
紧急出口 210
紧急情况 46
紧急刹车闸 209
紧身内衣 35
紧身衣 251
紧张 25
锦标赛 230
近视 51
近网短球 230
进攻 220
进攻区 224
进气口 61
进球得分 223
进入船坞 217
浸泡 130
禁行 195
禁烟区 152
禁止停车 195
禁止右转 195
经济舱 211
经济学 169
经理 24,174
经线 283
茎 111
惊恐 25
惊险片 255
惊讶 25
晶状体 51
精白面粉 138
精美食品 107,142
精囊 21
精神科 49
精神疗法 55
精油 55
精子 20
鲸 290
颈 12
颈巾 36
颈托 46
颈椎 17
警察 94,189
警察局 94
警车 94
警灯 94
警笛 94
警官 94
警棍 94
警徽 94
警示灯 201
胫骨 17

痉挛 44
竞技场 243
静脉 19
镜架 51
镜片 51
镜头 270
镜头盖 270
镜子 63,71
就业 26
九 308
九百 308
九十 308
九月 306
韭葱 125
酒吧 150,152
酒吧小吃 150
酒吧椅 151
酒保 150,191
酒杯 65
酒醋 135
酒单 152
酒类专卖店 115
酒窝 15
旧 321
旧货商店 115
臼齿 50
救护车 94
救球 223
救生筏 240
救生瞭望塔 265
救生器具 240
救生圈 240
救生艇 214
救生衣 240
救生员 239,265
车 272
局 230
菊花 110
菊花茶 149
菊苣 122
菊芋 125
橘瓣儿 126
橘色 274
橘子 126
橘子酱 134,156
橘子水 144
橘子汁 149
剧本 254
二楼厅座 254
剧院 254,299
距离 310
飓风 287
锯 79
聚光灯 259
聚酯 277
卷 311
卷尺 80,276
卷发 39
卷发夹子 38
卷发钳 38
卷帘 63
卷心菜 123
卷扬机 214
角色分配 254
绝缘胶带 81
蕨类植物 86
爵士乐 259
均质 137

K
K 273
咖啡 144,148,153,
156,184
咖啡杯 65
咖啡匙 153
咖啡豆 144
咖啡馆 148,262
咖啡壶 65
咖啡机 148,150
咖啡末 144
咖啡奶昔 149
喀麦隆 317
卡奔达（安哥拉）317
卡波卫勒舞 237
卡布奇诺咖啡 148
卡车司机 190
卡门贝干酪 142
卡塔尔 318
开 321
开电视 269
开关 60
开罐器 68
开花灌木 87
开门 260
开瓶器 68,150
开球 233
开球区 224
开始 321
开榫锯 81
开庭日 180
开胃菜 153
开胃酒 153
开心果 129
堪培利酒 145
看电视 269
康乃馨 110
抗辩 180
抗皱 41
考试 163
烤架盘 69
烤面包 157
烤面包机 66
烤盘 69
烤肉 158
烤肉串 155,158
烤三明治 149
烤箱 66
烤箱手套 69
烤制 159
靠垫 62
科幻片 255
科摩罗群岛 317
科特迪瓦 317
科威特 318
科西嘉岛（法）316
科学 166
科学家 190
科室 49
颗粒芥末酱 135
颗粒状 132
蝌蚪 294
壳 129
咳嗽 44
可调扳手 80
可可粉 148
可乐 144
可溶解的 109
可视电话 99
克 310
克罗地亚 316
克什米尔 318
客车厢 208
客房清洁服务 101
客户 96,175
客户服务部 175
客货两用车 199
客户服务 104
客人 64,100
客运码头 216
课 163
课桌 162
肯尼亚 317
空 321
空乘人员 210
空翻 235
空间站 281
空气过滤器 202,204
空手道 236
空调 200
空中小姐 190,210
孔雀 293
孔雀石 289
恐怖片 255
空闲 321
控告 94,180
控制塔 212
控制台 269
口袋 32
口红 40
口腔X光 50
口腔卫生 72
口香糖 113
口罩 189
扣环 37
扣链齿 207
扣球 231
扣眼儿 32
枯草热 44
枯茗 132
哭 25
苦 124
苦苣 123
苦啤酒 145
裤子 32,34
夸脱 311
挎包 37
跨栏 235
会计部 175
会计师 97,190
块 311
块根芹 124
块菌 125
块状巧克力板 113
快 321
快餐 154
快餐店 148,154
快进 269
快乐 25
快门键 270
快门速度调节钮 270
快艇 214,241
宽 165,321
宽度 165
宽屏电视 269
髋 12
狂风 286
狂欢节 27
矿泉水 144
矿物 289
奎宁杜松子酒 151
奎宁水 144
奎奴亚黎 130
葵花籽油 134
捆绑细丝 89
捆包 184
困惑 25
困难 321
扩胸 251
扩音器 209,258
扩张术 52
蛞蝓 295

l
垃圾处理 61
垃圾回收箱 61
垃圾桶 61,67
垃圾箱 266
啦啦队长 220
拉链 277
拉脱维亚 316
拉直 39
喇叭 201,204
蜡笔 274
蜡烛 63
辣 124
辣根菜 125
辣椒 124,143
辣椒粉 132
辣椒末 132
辣香肠 142
莱索托 317
兰花 111
拦击球 231
拦网 227
栏杆 74
阑尾 18
蓝宝石 288
蓝调音乐 259
蓝莓 127
蓝色 274
蓝纹奶酪 136
篮板 226
篮板球 226
篮球 226
篮球球员 226
篮圈 226
缆车 246
缆绳 217
烂 127
狼 290

汉语

朗姆酒 145
浪花 241
老师 162,190
老式汽车 199
老鼠 290
老挝 318
烙铁 81
酪乳 137
雷 286
雷达 214,281
雷盖音乐 259
肋骨 17
肋间肌 16
肋排 119,155
棱锥体 164
冷 286,321
冷藏室 67
冷冻的 121,124
冷冻剂容器 202
冷冻食品 107
冷冻室 67
冷冻冷藏箱 67
冷却架 69
冷水龙头 72
冷榨油 135
厘米 310
梨 126
离…远 320
离船登岸 217
离合器 200,204
离婚 26
犁 183
犁地 183
黎巴嫩 318
篱笆 85
礼帽 36
礼品店 114
礼帖 173
礼物 27
李子 126
里程表 201
里海 313
里脊肉 119
理发师 39,188
理疗科 49
鲤鱼 294
力量训练器 250
历史 162
历史建筑 261
立方体 164
立交桥 194
立拍立现相机 270
立陶宛 316
立体 164
立体声 269
立遗嘱 26
利比里亚 317
利比亚 317
利口酒 145
利率 96
荔枝 128
栗子 129
砾岩 288
连环画 112
连接 177
连裤袜 34,35
连排式 58
连衫裤 30
连同 320
连衣裙 31,34
联合收割机 182
联赛 223
联运 212
脸颊 14
练习挥杆 233
炼乳 136
恋爱 26
链环 36
链扣 36
链盘 206
凉鞋 31,37
梁 186
两点钟 304
两栖动物 294
两万 309
两厢车 199
两周 307
晾干 76
晾衣绳 76
量杯 150
量匙 109
量壶 69,311
量角器 165
量油计 202
列车 208
列车时刻表 209
列车种类 208
列支敦士登 316
鬣蜥 293
邻居 24
林阴道 299
淋巴系统 19
淋浴 72
淋浴隔帘 72
淋浴隔门 72
淋浴喷头 72
鳞 293
鳞片 121
灵气疗法 55
铃 197
铃鼓 257
菱形 164
零 308
零分 230
零食 113
零线 60
领带 32
领带夹 36
领钩 276
领钩环 276
领奖台 235
领结 36
领口 34
领取行李处 213
领土 315
溜冰 247
浏览 177
浏览器 177
流产 52
流感 44
流苏花边 277
流星 280
流行音乐 259
流行音乐节目主持人 179
留言 100
硫磺 289
柳树 296
六 308
六百 308
六边形 164
六十 308
六月 306
六座厢式车 199
龙骨 214
龙蒿 133
龙卷风 287
龙舌兰酒 145
龙虾 121,295
笼头 243
楼层 58
楼梯 59
楼梯栏杆 59
楼梯门栏 75
楼梯平台 59
楼座 254
漏斗 166
漏接 220
漏勺 68
镂花锯 78
镂花皮鞋 37
颅骨 17
露背装 35
卢森堡 316
卢旺达 317
炉盘 67
炉体 61
卤制 143
陆地 282
录播 178
录像带 269
录像机 269
录音吊杆 179
录音师 179
录音室 179
录制 269
鹿 291
鹿角 291
路边咖啡座 148
路标 298
路灯 298
路面标志 194
路沿 298
露天咖啡座 148
露营 266
露营地 266
驴 185
旅馆 100,264
旅馆房间内的小冰箱 101
旅客 208
旅行车 206
旅行代理 190
旅行袋 37
旅行路线 260
旅行摩托 205
旅行社 114
旅行拖车 266
旅行支票 97
旅行指南 260
旅游问询处 261
铝 289
律师 180,190
律师事务所 180
绿宝石 288
绿草带 85
绿茶 149
绿豆 131
绿橄榄 143
绿色 274
绿色食品店 115
绿松石 289
滤锅 68
滤镜 270
滤网 68
滤纸 167
卵巢 20
卵泡 20
卵子 20
轮毂 206
轮毂盖 202
轮机舱 214
轮圈 206
轮胎 198,205,206
轮胎充气机 199
轮胎撬杆 207
轮椅 48
轮椅通道 197
轮轴 205
轮轴皮带 203
论文 169
罗甘莓 127
罗勒 133
罗马尼亚 316
萝卜 124
锣 257
螺母 80
螺丝刀 80
螺丝刀头 80
螺丝钉 80
螺旋桨 211,214
洛可可式 301
骆驼 291
落基山脉 312
落球区 225
落叶(植物) 86
落叶松 296

M

MD录放机 268
MP3播放机 268
抹布 77
麻花辫 39
麻雀 292
麻疹 44
麻醉师 48
马 185,242,272
马鞍 242
马鞭 242
马槟榔 143

汉语

马达 88
马达加斯加 317
马镫 242
马尔代夫 318
马尔维纳斯群岛（福克兰群岛）（阿根廷、英国争议）315
马耳他 316
马夫 243
马厩 185,243
马甲 33
马嚼子 242
马驹 185
马克杯 65
马裤 242
马拉松 234
马拉维 317
马来西亚 319
马勒 242
马里 317
马铃薯 124
马其顿 316
马球 243
马上运动 242
马提尼酒 151
马蹄 242
马蹄铁 242
马桶刷 72
马桶座 61,72
马尾辫 39
马靴 242
玛瑙 289
码 310
码头 216
蚂蚁 295
麦麸 130
麦克风 258
麦片粥 157
麦芽醋 135
麦芽饮料 144
脉搏 47
鳗鱼 294
满 266,321
满天星 110
满月 280
慢 321
慢步 243
慢跑 243,251,263
蔓越橘 127
芒果 128
忙碌 321
猫 290
猫头鹰 292
毛虫 295
毛地黄 297
毛巾 73
毛巾架 72
毛孔 15
毛茛 297
毛里求斯 317
毛里塔尼亚 317
毛线 277
锚 214,240
冒险片 255
帽子 36
没有…320
玫瑰 110
玫瑰红(葡萄酒) 145
眉笔 40
眉夹 40
眉毛 14,51
眉刷 40
梅干 129
梅花 273
媒体 178
煤 288
每年 307
每月 307
每周 307
美发师 38,188
美发厅 115
美发用品 38
美冠鹦鹉 293
美黑霜 41
美利坚合众国 314
美容 40
美容护理 41
美式橄榄球 220
美式橄榄球球场 220
美式台球 249
美术学院 169
美洲山核桃 129
镁 109
门 85,209
门垫 59
门环 59
门廊 58
门廊灯 58
门链 59
门铃 59
门闩 59
门锁 200
门厅 59
门牙 50
门诊病人 48
门柱 220,222
蒙古 318
蒙切格干酪 142
孟加拉国 318
迷迭香 133
猕猴桃 128
米 130,310
米饭 158
米饭布丁 140
泌尿科 49
泌尿系统 19
密封剂 83
密封瓶 135
密集争球 221
密码 96
密生西葫芦 125
蜜蜂 295
蜜饯 129
蜜饯布丁 141
蜜脾 134
蜜月 26
绵羊 185
绵羊奶 137
棉被 71
棉布 277
棉豆 131
棉花 184,277
棉花软糖 113
棉球 41
免税商店 213
缅甸 318
面 164
面包 157
面包刀 68
面包店 114,138
面包糕点 107
面包果 124
面包和面粉 138
面包块 139
面包皮 139
面包师 139
面包屑 139
面部 14
面部护理 41
面粉刷 69
面积 165,310
面具 249
面膜 41
面霜 73
面条 158
面团 140
秒 304
秒表 234
秒针 304
灭火器 95
民间音乐 259
民族 315
敏感性的 41
名胜 261
明亮 321
明天 306
明信片 112
冥想 54
模特 169
模型 190
模型制作 275
摩尔多瓦 316
摩洛哥 317
摩纳哥 316
摩天大楼 299,300
摩托车 204
摩托车赛 249
摩托车越野赛 249
磨刀器 118
磨刀石 81
磨碎的 132
蘑菇 125
抹 82
抹刀 187
莫桑比克 317
莫泽雷勒干酪 142
墨西哥 314
母牛 185
母亲 22
牡丹 111
牡蛎 121
拇指 15
拇趾球 15
木材 187
木材胶 78
木材染色剂 79
木槌 275
木杆 233
木工 275
木工钻头 80
木管乐器 257
木匠 188
木勺 68
木薯 124
木炭 266
木头 79,275
木星 280
目的地 213
目镜 167
沐浴液 73
牧场 182
牧群 183
牧羊场 183
苜蓿 297
幕 254
慕思 141

N
纳米比亚 317
奶 136
奶茶 149
奶粉 137
奶盒 136
奶酪 135,136
奶酪皮 136
奶瓶 75
奶昔 137
奶油 140,157
奶油蛋糕 140，141
奶油冻 141
奶油干酪 136
奶油 157
奶油泡芙 140
奶嘴 75
耐热 69
男孩 23
男朋友 24
男人 23
男生 162
男性 12,13
男演员 179,191,254
男装 32,105
南 312
南半球 283
南大洋 313
南非 317
南瓜 125
南瓜籽 131
南回归线 283
南美洲 315
恼怒 25
脑 19
脑震荡 46
闹钟 70
内部 200
内车道 194
内分泌科 49
内分泌系统 19
内核 282
内后视镜 198

内裤 35
内嵌式衣橱 71
内胎 207
内涂层 83
内野 228
内衣裤 32
内有金属丝的(胸罩) 35
内院 84
内脏 18
嫩马铃薯 124
嫩圆白菜 123
尼泊尔 318
尼加拉瓜 314
尼龙 277
尼日尔 317
尼日利亚 317
逆产 52
溺水 239
年 306
年级 163
黏土 85,275
鸟 292
鸟蛤 121
尿布 75
尿道 20
尿疹膏 74
镊子 47,167
镍 289
柠檬 126
柠檬草 133
柠檬茶 149
柠檬酱 134
柠檬水 144
凝胶 109
牛犊 185
牛奶 136,156
牛奶咖啡 148
牛奶巧克力 113
牛肉 118
牛上腰排 119
牛舌 118
牛腿排 119
牛仔竞技表演 243
牛仔裤 31
牛至 133
牛轧糖 113
扭伤 46
纽扣 32
农场 182,184
农场类型 183
农地 182
农活 183
农家场院 182
农民 182,189
农舍 182
农作物 184
浓烈黑啤酒 145
女裁缝 191
女儿 22
女孩 23
女朋友 24
女人 23
女商人 175
女生 162
女士 22
女士衬衫 34
女式短发 39
女式短上衣 35
女侍者 191
女睡衣 35
女性 12,13
女婿 22
女演员 254
女用长睡衣 35
女用内衣 35,105
女主人 64
女装 34,105
暖风开关 201
暖气片 60
暖水袋 70
挪威 316

O
欧芹 133
欧洲 316
欧洲防风根 125
呕吐 44

P
爬行动物 293
耙 90
耙子 88
帕尔马干酪 142
拍类运动 231
排 210,254
排灯节 27
排骨 119
排卵 20,52
排气管 203,204
排气消音器 203,204
排球 227
排水 91
排水阀 61
排水沟 299
排水管 61
派 143
攀冰 247
攀登架 263
攀岩 248
攀缘植物 87
盘 230
盘子 65
判决 181
判刑 181
膀胱 20
螃蟹 121,295
胖 321
抛锚 217
抛球 221
跑步机 250
跑车 199
跑道 212,234
跑垒 229
跑马专用道 263
泡沫 148
泡泡浴液 73
胚胎 52
陪审团 180
陪审席 180
培养皿 166
配菜 153
配电器 203
配镜师 51,189
配饰 36
喷发 283
喷灌器 89
喷壶 89
喷泉 85
喷水 91
喷水孔 290
喷水器 199,311
喷嚏 44
喷头 89
喷雾罐 311
喷雾器 89,109
喷嘴 89
盆花 111
盆栽植物 87,110
烹调手法 159
烹饪 67
朋克音乐 259
朋友 24
棚屋 85
劈 237
皮 119,128
皮筏 241
皮肤 14
皮肤白皙 41
皮肤护理 108
皮肤科 49
皮筋 173
皮塔饼 139
皮鞋 32,37
皮衣 205
皮疹 44
啤酒 145,151
啤酒龙头 150
脾脏 18
偏头痛 44
片麻岩 288
片状 132
漂流 241
瓢虫 295
漂白剂 77
漂洗 76
拼凑人像 181
拼缝 277
拼图 273
拼写 162
拼字游戏 272
频道 178
频率 179
品脱 311
乒乓球 231
乒乓球拍 231
平底玻璃杯 65
平方米 310
平方英尺 310
平房 58
平分 230
平衡木 235
平局 223
平面图 261
平面图形 164
平木钻头 80
平行 165
平行四边形 I64
平原 285
平直 165
评分 163
苹果 126
苹果醋 135
苹果酒 145
苹果去核器 68
苹果汁 149
屏幕 97,176
瓶 135,311
瓶塞 166
瓶装食品 134
瓶装水 144
瓶子 61
破羊水 52
剖腹产 52
剖面图 282
扑克牌 273
铺草皮 90
铺地防潮布 267
铺面 85
铺砖 82
匍匐植物 87
葡萄 127
葡萄干 129
葡萄干面包 139
葡萄酒 145,151
葡萄树 183
葡萄牙 316
葡萄柚 126
葡萄园 183
葡萄汁 144
葡萄籽油 134
蒲公英 123,297
普拉提 251
瀑布 285

Q
Q 273
七 308
七百 308
七十 308
七月 306
妻(姐)妹 23
妻(姐)妹夫 23
妻子 22
期刊 168
脐带 52
骑马 263
骑手 242
骑手帽 242
骑自行车 207,263
棋盘 272
棋盘游戏 272
棋子 272
旗 221,232
旗门杆 247
鳍状肢 290
企鹅 292
起床 71
起飞 211
起航 217

汉语

起居室 62
起落架 210
起跑器 234
起跑线 234
起诉方 180
起重机 187,216
气垫船 215
气管 I8
气筒 207
气雾剂 44,109
汽车 198,200,202
汽车拉力赛 249
汽车修理站 199
汽车悬架 203
汽车音响 201
汽缸盖 202
汽油 199
汽油泵 199
千斤顶 203
千克 310
千年 307
铅笔 163,275
铅锤线 82
铅球 234
铅坠 244
签名 96,98
签条 89
签证 213
前叉 207
前灯 198,205
前额 14
前额带 242
前锋 222
前臼齿 50
前列腺 21
前轮 196
前门 58
前起落架 210
前天 307
荨麻 297
钱包 37
钱夹 37
钳子 167
潜水服 239
潜水面罩 239
潜水艇 215
浅底篮 88
浅水区 239
抢七局 230
强力纸夹 173
强手棋 272
强壮 321
墙 186
墙壁 58
跷跷板 263
桥梁 300
桥牌 273
巧克力脆片 141
巧克力蛋糕 140
巧克力盒 113
巧克力酱 135
巧克力奶昔 149
巧克力球 113
切割 79
切割刀 81
切管机 81
切击 233
切片 67,139,140
切片的 121
切片机 139
切片面包 138
切肉叉 68
切肉刀 68
茄子 125
切达干酪 142
亲戚 23
芹菜 122
琴颈 258
琴马 258
禽肉 119
擒抱 220,221
青豆 131
青少年 23
轻 321
轻便折叠躺椅 265
轻击 233
轻驾车赛 243
轻型飞机 211
倾覆 241
清除杂草 91
清洁工 188
清洁剂 77
清洁液 51
清洁用具 77
清漆 79,83
清扫 77
清真寺 300
清蒸 159
蜻蜓 295
鲭鱼 120
情感 25
情侣 24
庆祝蛋糕 141
庆祝会 140
丘陵 284
秋千 263
秋天 31,307
蚯蚓 295
求救电话 195
球 75,221
球棒 225,228,249
球场 226,227
球洞 232
球队 220,229
球杆 224
球茎植物 86
球具 233
球篮 226
球门 221,222,223,
224
球门横梁 222
球门区 220,223
球门线 220,223,
224
球拍 230
球拍柄 230
球拍面 230
球拍网线 230
球体 164
球童 230,233
球网 222,226,227,
230
球鞋 220,223
球衣号 226
球员 220,221
球座 233
区域 299
曲别针 173
曲柄 203
曲棍球 224
曲棍球棒 224
驱虫剂 108,267
驱动轴 202
屈光度 51
取景器 271
取款单 96
龋齿 50
去死皮 41
去骨的 121
去骨鱼片 121
去壳的 129
去鳞的 121
去毛开膛的鸡 119
去皮的 121
去皮虾 120
去污粉 77
全景照 271
全麦面包 139
全麦面粉 138
拳击 236
拳击比赛 237
拳击练习 237
拳击手套 237
拳击台 237
拳头 15,237
犬齿 50
雀斑 15
裙边 34
裙子 30,34

R
燃气器 61
燃油箱 204
染发剂 40
染色的 39
桡骨 17
绕线轴 276
绕行道路 195
热 286,321
热层 286
热带 283
热带水果 129
热狗 155
热蜡脱毛 41
热气球 211
热巧克力 144,156
热身 251
热水龙头 72
热饮 144
人际关系 24
人力资源部 175
人墙 222
人身攻击 94
人生大事 26
人体 12
人体模型 276
人体系统 19
人像照 271
人行道 298
人行横道 195
人造黄油 137
人造饵 244
人造卫星 281
忍冬 297
刃 78,89
任意球 222
妊娠检查 52
韧带 17
日 306
日本 318
日程 261
日出 305
日晷 262
日历 306
日落 305
日期 306
日志 175
绒布尿布 30
绒绣 277
容量 311
容器 311
容易 321
溶剂 83
熔岩 283
蝾螈 294
柔道 236
肉 118
肉店老板 118
肉豆蔻 132
肉豆蔻衣 132
肉桂 133
肉酱 156
肉禽 107
肉皮 119
肉品切割 119
肉铺 114
肉汤 158
肉丸 158
肉馅 119
肉质植物 87
乳垫 53
乳房 12
乳牛场 183
乳糖 137
乳头 12
乳制品 107,136
入场费 260
入境检查 212
入口 59,61,322
入室盗窃 94
入睡 71
入学 26
软 129,321
软膏 109
软骨 17
软管 311
软件 176
软面包片 139
软木 79
软木塞 134

汉语

软奶酪 136
软盘 176
软心豆粒糖 113
软饮料 144,154
瑞典 316
瑞士 316
润肤露 73
润喉片 109

S
撒丁岛 316
撒哈拉沙漠 313
撒网 245
撒籽面包 139
萨尔瓦多 314
萨克斯管 257
萨拉米香肠 142
塞子 72
腮红 40
腮腺炎 44
腮须 290
鳃 294
塞尔维亚 316
塞拉利昂 317
塞内加尔 317
塞浦路斯 319
赛车 205,206,249
赛车手 249
赛马(比赛) 243
赛马 243
赛马场 243
赛跑 234
赛事 243
三 308
三百 308
三层 104
三分线 226
三角板 165
三角肌 16
三角楣 301
三角内裤 33
三角墙 300
三角铁 257
三角形 164
三脚架 166,270,281
三楼厅座 254
三门 200
三明治柜台 143
三明治 155
三十 308
三头肌 16
三厢车 199
三月 306
伞 36,233
散光 51
散剂 109
散热器 202
桑拿浴 250
扫除 77
扫描仪 176
森林 285
杀虫剂 89,183
沙堡 265
沙锤 257
沙袋 237
沙丁鱼 120
沙发 62
沙发床 63
沙坑 232
沙拉 149
沙漠 285
沙滩 264
沙特阿拉伯 318
沙土 85
沙箱 263
纱布 47
砂锅 69
刹车 200,204,206,
207
刹车片 207
刹车踏板 205
砂岩 288
砂纸 81,83
鲨鱼 294
筛 91
筛撒 138
筛子 89
晒后护肤液 108
晒日光浴 264
晒伤 46
山 284
山地车 206
山谷 284
山脉 282
山毛榉 296
山坡 284
山羊 185
山羊奶 136
山羊奶酪 142
山药 125
山竹果 128
珊瑚礁 285
闪电 287
闪光灯 270
扇贝 121
扇叶 60
商店 298
商人 175
商务 175
商务舱 211
商务旅行 175
商业交易 175
上菜 64
上船 217
上床睡觉 71
上腭 19
上光 77
上光剂 77
上浆刷 82
上诉 181
上下班高峰期 209
上周 307
上装 32,34
烧杯 167
烧烤 67
烧烤架 267
烧瓶 166
烧伤 46
舌 19
蛇 293
设定闹钟 71
设计师 277
射击 249
射箭 249
射精管 21
射门 223
摄像机 178
摄像机升降器 178
摄像师 178
摄影 270
摄影师 191
伸展 251
伸展腿 251
身份标签 53
身高计 45
深海垂钓 245
深褐色 39
深口圆匙 68
深水区 239
神经 19,50
神经科 49
神经系统 19
肾 119
肾脏 18
升 311
升号 256
生 124,129
生面团 138
生日 27
生日蛋糕 141
生日聚会 27
生日蜡烛 141
生肉 142
生物学 162
生意伙伴 24
生殖 20
生殖器 12
生殖器官 20
生殖系统 19
生子 26
声带 19,255
绳索 207,248
省 315
圣诞节 27
圣多美和普林西比
317
圣基茨和尼维斯 314
圣卢西亚 314
圣马力诺 316
圣坛 301
圣文森特和格林纳
丁斯 314
失焦 271
失眠 71
施肥 91
狮子 291
湿润 286
湿疹 44
湿纸巾 74,108
十 308
十八 308
十二 308
十二月 306
十二指肠 18
十九 308
十六 308
十年 307
十七 308
十三 308
十四 308
十万 309
十五 308
十一 308
十一月 306
十亿 309
十月 306
十字路口 298
什锦沙拉 158
石膏 83
石工钻头 80
石灰石 85,288
石榴 128
石榴石 288
石面路 85
石墨 289
石南花 297
石头 275
石英 289
时间 234,304
时刻表 197,261
时尚 277
时针 304
时钟收音机 70
时装店 115
实验 166
实验室 166
拾音器 258
食 280
食管 19
食品 105
食品加工器 66
食品摊 154
食品杂货店 114
食物 149
食指 15
莳萝 133
使用说明 109
士兵 189
世代 23
世纪 307
世界地图 312
市场 115
市场部 175
市区 299
市政厅 299
事故 46
侍者 148,152
视窗 177
视力 51
视力检查 51
视频游戏 269
视神经 51
视网膜 51
试管 166
试管架 166
室内系统 60
柿子 128
收费频道 269
收费站 194
收获 91,183

收件篮 172
收件箱 177
收据 152
收款机 106,150
收款台 106
收线 245
收音机 268
收治的 48
手 13,15
手臂 13
手表 36
手柄 61
手叉 89
手动 200
手锯 81,89
手铐 94
手轮 276
手帕 36
手枪 94
手刹车 203
手术 48
手术记录表 48
手术室 48
手套 36,224,233,236,246
手提包 37
手提式婴儿床 75
手提行李 211,213
手推车 208
手腕 13,15
手摇曲柄钻 78
手摇钻 81
手掌 15
手镯 36
守门员 222,224,225
守球 229
首都 315
首饰 36
首饰店 114
首饰盒 36
首演 254
艏三角帆 240
受精 20
兽医 189
售货员 104,188
售票处 209,216,255
瘦 321
瘦肉 118
书 168
书包 162
书店 115
书房 63
书记官 180
书架 63,168
书名 168
梳头 38
梳妆台 71
输 273
输家 273
输精管 21
输卵管 20
输尿管 21
输液 53
蔬菜 107,122,124
蔬菜保鲜格 67
蔬菜汉堡 155
蔬菜沙拉 158
蔬菜水果店 114
蔬菜水果商 188
熟人 24
熟肉 118,143
鼠标 176
鼠尾草 133
薯片 113
薯条 154
束 111
束腹 35
树 86,296
树袋熊 291
树干 296
树篱 85,90,182
树木支桩 90
树林 285
树枝桩 90
树皮 296
树枝 296
竖琴 256
数码相机 270
数学 162
数字 308
数字式 269
漱口池 50
漱口液 72
刷头发 38
刷洗 77
刷牙 50
刷子 83
摔 237
摔倒 237
摔跤 236
甩干 76
甩干机 76
栓剂 109
双胞胎 23
双层公共汽车 196
双打 230
双份 151
双杠 235
双光 51
双簧管 257
双门 200
双人床 71
双人间 100
双套马车赛 243
双体船 215
双筒望远镜 281
双叶桨 241
双翼飞机 211
双座自行车 206
霜 287
霜剂 109
爽肤水 41
爽身粉 73
水 144
水坝 300
水彩画颜料 274
水产店 114,120
水稻 184
水痘 44
水肺潜水 239
水管 202
水管车 89
水罐 151
水果 107,126,128
水果蛋糕 140
水果蛋糕烤模 69
水果馅饼 140
水晶疗法 55
水景花园 84
水疗 55
水龙 95
水龙头 61,66
水母 295
水泥 186
水泥搅拌器 186
水暖工 188
水泡 46
水平尾翼 210
水平仪 80
水瓶 206,267
水球 239
水上飞机 211
水上摩托 241
水上运动 241
水生植物 86
水手 189
水獭 290
水桶 77
水下呼吸管 239
水箱 61
水星 280
水翼艇 215
水障碍 232
水煮 159
水柱 95
水准仪 187
税 96
睡袋 267
睡垫 267
睡眠 74
睡衣 31,33
顺势疗法 55
说唱音乐 259
硕士学位 169
丝绸 277
丝带 39,235
丝瓜络 73
司机 196
私人教练 250
私人喷气式飞机 211
斯里兰卡 318
斯洛伐克 316
斯洛文尼亚 316
斯诺克台球 249
斯威士兰 317
死球线 221
死亡 26
四 308
四百 308
四季豆 122
四轮驱动(车) 199
四门 200
四十 308
四十分钟 304
四头肌 16
四月 306
寺庙 300
饲料槽 183
饲养 183
松饼 140
松饼烤盘 69
松糕 140
松节油 83
松紧袜带 35
松肉槌 68
松鼠 290
松树 296
松土 91
松子 129
送餐 154
送纸器 172
搜索 177
苏打面包 139
苏打水 144
苏丹 317
苏里南 315
酥皮馅饼 142
诉讼案件 180
诉讼委托人 180
素描簿 275
速递 99
速滑 247
速记员 181
宿营地 266
塑料袋 122
塑料尿裤 30
酸 127
酸橙 126
酸醋调味汁 158
酸辣酱 135
酸面包 139
酸模 123
酸奶 137
酸奶油 137
蒜瓣儿 125
蒜味腊肠 143
算术 165
随机存储器 176
燧石 288
碎粒小麦 130
碎奶酪 136
碎石 88
孙女 22
孙子 22
孙子女 23
隼 292
缩小 172
所罗门群岛 319
索马里 317
锁 59
锁骨 17
锁柜 239

T

T恤衫 30,33
塔 300
塔灯 217
塔吉克斯坦 318
塔斯马尼亚(岛) 319
鳎鱼 120

汉语

踏板 61
踏步机 250
踏脚套 207
胎儿 52
胎面 207
胎盘 52
胎压 203
台钳 78
跆拳道 236
太妃糖 113
太极拳 237
太空服 281
太空探索 281
太平洋 312
太阳 280
太阳镜 51,265
太阳系 280
太阳穴 14
泰国 318
弹簧 71
弹簧秤 166
坦桑尼亚 317
毯子 71,74
叹息 25
炭笔 275
探视时间 48
探员 94
探针 50
碳酸饮料 144
汤 153,158
汤匙 65
汤盆 65
糖果 113
糖果店 113
糖浆 109
糖尿病 44
糖霜 141
螳螂 295
烫发 39
桃 126,128
陶瓷餐具 64
陶瓷炉台 66
陶工转盘 275
陶艺 275
陶制炖锅 69
讨论 163
套脚带 241
套筒 80
套筒扳手 80
套头毛衣 33
特技跳伞 248
特立尼达和多巴哥 314
特色菜 152
藤架 84
梯形 164
梯子 186
踢球 221,223
提案 174
提供住宿和早餐 101
提款机 97
提手 37,106
提问 163
鹈鹕 292
蹄 291
体操 235
体操选手 235
体积 165
体检 45
体温计 45
体育 162
体育场 223
体育用品 105
体重计 45
剃刀刀片 73
剃须 73
剃须泡沫 73
替补队员 223
替代疗法 54
天窗 202
天鹅 293
天花板 62
天平 166
天气 286
天然纤维 31
天王星 280
天文望远镜 281
天文学 281
田地 182
田径选手 234
田径运动 234
甜 124,127
甜菜 125
甜点盘 65
甜瓜 127
甜酱 134
甜椒 124
甜食 107
甜食店 113
甜食小车 152
甜味的 155
甜叶菜 123
填充物 50
填料 83
填馅橄榄 143
条形码 106
条形码扫描器 106
调焦 271
调焦旋钮 167
调色板 274
调收音机 269
调味 159
调味品 135
调味汁 135
调音 179
调制解调器 176
挑染 39
跳板 235,238
跳高 235
跳马 235
跳马(项目) 235
跳球 226
跳伞 248
跳绳 251
跳水 238,239
跳水选手 238
跳台滑雪 247
跳踢 237
跳投 227
跳远 235
跳跃 243
贴(墙纸) 82
贴壁纸 82
铁 109,289
铁饼 234
铁杆 233
铁轨 208
铁路网 209
铁锹 187
铁丝剪 81
听筒 99
听诊器 45
庭警 180
庭园 261
庭院 58,84
停泊 217
停车 195
停车按钮 197
停车场 298
停车计时收费器 195
停电 60
停机坪 212
停止 269
艇员 241
通风口 210
通讯 98
同花 273
同事 24
同温层 286
铜 289
铜管乐器 257
铜牌 235
童装 30
瞳孔 51
桶 82,265
桶身 61
头 12
头部 19
头顶锁柜 210
头发 14,38
头颈部损伤 46
头盔 95,204,220,228
头盔面罩 205
头皮 39
头皮屑 39
头纱 35
头痛 44
投币电话 99
投币式自动洗衣店 115
投篮 227
投球 225,229
投球区土墩 228
投球手 225,229
投资 97
骰子 272
透明胶带 173
透支 96
秃顶 39
突尼斯 317
图标 177
图钉 173
图书馆 168,299
图书管理员 168,190
图书目录 168
图章 173
徒步靴 267
屠户 188
土表施肥 90
土耳其 319
土库曼斯坦 318
土壤 85
土星 280
兔肉 118
兔子 290
团体旅游 260
推 322
推杆 233
推荐书目 168
腿 12,119
退币口 99
退休 26
臀 13
臀肌 16
托盘 152,154
拖把 77
拖车 203,266
拖船 215
拖裾 35
拖拉机 182
拖鞋 31
拖走 195
脱水的 129
脱脂奶油 137
脱脂牛奶 136
驼峰 291
鸵鸟 292
椭圆形 164

V
V型领 33

W
挖 90
挖掘机 187
挖起杆 233
蛙 294
蛙泳 239
娃娃 75
娃娃屋 75
瓦努阿图 319
瓦片 58,187
袜子 33
外币 97
外币兑换处 97
外部 198
外车道 194
外出 75
外带 154
外覆巧克力 140
外核 282
外后视镜 198
外科 49
外科医生 48
外壳 130
外皮 126,142
外套 32
外涂层 83
外甥 23

汉语

外甥女 23
外孙子女 23
外祖父母 23
外野 228
外逸层 286
外阴切开术 52
弯曲(四肢) 251
豌豆 122
完整 129
玩 273
玩家 273
玩具 75,105
玩具篮 75
玩具屋 75
晚安 322
晚餐 64
晚餐菜单 152
晚点 209
晚礼服 34
碗 65
万圣节 27
王 272
王牌 273
网捕 245
网络 176
网球 230
网球场 230
网球手 231
网球鞋 231
网站 177
危地马拉 314
危险 195,322
威士忌 145
微波炉 66
微笑 25
微型车 199
围场 243
围兜 30,50
围巾 31
围栏 182
围裙 69
围嘴 30
桅杆 240
维生素 108
尾 290,292,294
尾巴 242
尾部 121
尾部车门 198
尾灯 204,207
尾骨 17
尾翼 210
纬线 283
委内瑞拉 315
卫生护垫 108
卫生间 104,266
卫生巾 108
卫生棉条 108
卫生纸卷 72
卫星导航仪 201
未婚夫妻 24
未婚夫 24
未婚妻 24
未熟的 129
未经过巴氏消毒 137
胃 18
胃痛 44
喂母乳 53
温度 286
温度计 167,201
温暖 286
温室 85
榅桲 128
文件 177
文件柜 172
文件盒 173
文件夹 172,177
文具 105
文莱 319
文凭 169
文学 162,169
文艺复兴时期风格 301
纹身 41
蚊帐 267
蚊子 295
吻 293
稳定轮 207
稳向板 241
问候 322
问题 163,271
问询处 168
莴苣 123
涡轮增压器 203
蜗牛 295
卧铺车厢 209
卧式婴儿车 75
卧室 70
乌干达 317
乌克兰 316
乌拉圭 315
乌鸦 292
乌贼 121
乌兹别克 318
污水管 61
屋顶 58
屋顶窗 58
屋顶花园 84
屋檐 58
无背带 34
无带便鞋 37
无光漆 83
无光泽 83,271
无轨电车 196
无核 127
无核蜜橘 126
无核葡萄干 129
无核小葡萄 129
无花果 129
无脊椎动物 295
无肩带 34
无菌 47
无聊 25
无名指 15
无铅 199
无绳电话 99
无糖分的 145
无线电广播 179
无线电天线 214
无袖 34
无盐的 137
无障碍赛马 243
无罪 181
无罪释放 181
芜菁 124
芜菁甘蓝 125
蜈蚣 295
五 308
五百 308
五边形 164
五斗橱 70
五金店 114
五十 308
五万 309
五万五千五百 309
五线谱 256
五月 306
午餐 64
午餐菜单 152
午夜 305
武术 237
舞蹈学院 169
舞蹈演员 191
舞曲 259
舞台 254
舞台侧翼 254
勿折 98
物镜 167
物理 162
物理学 169
雾 287

X
X光 48
X光片看片器 45
X光行李检查机 212
西 312
西班牙 316
西伯利亚 313
西部片 255
西番莲果 128
西瓜 127
西葫芦 124
西兰花 123
西撒哈拉 317
西式馅饼 143
西西里岛(意) 316
西洋双陆棋 272
西装 32
吸杯 53
吸尘器 77,188
吸尘软管 77
吸管 144,154,167
吸乳器 53
吸烟 112
吸烟区 152
希腊 316
犀牛 291
稀释剂 83
溪流 285
锡 289
蜥蜴 293
膝 12
蟋蟀 295
洗 38,77
洗涤 76
洗涤槽 61,66
洗涤液 77
洗发水 38
洗甲水 41
洗礼 26
洗淋浴 72
洗牌 273
洗手池 72
洗头盆 38
洗碗机 66
洗衣服务 101
洗衣干衣机 76
洗衣机 76
洗衣间 76
洗衣篮 76
洗澡 72
喜剧片 255
喜马拉雅山 313
戏剧 254
系 169
系统 176
细长形面包 139
细皮小柑橘 126
细香葱 133
细枝 296
峡谷 284
下巴 14
下颚 14
下水 118
下水道 299
下午 305
下载 177
下周 307
夏天 31,307
夏威夷 314
仙人掌 87
仙人掌果 128
先生 22
纤维 127
鲜果 157
鲜奶酪 136
弦 258
弦乐器 256
弦月 280
弦枕 258
弦轴 258
咸味的 155
舷窗 214
舷梯 214
舷外马达 215
嫌疑犯 94,181
显花植物 297
显示屏 269
显视器 172,176
显微镜 167
现场直播 178
现在 304
线 165,276
线锯 81
线束 277
线轴 245,276
限速 195
馅 155
馅饼 158
馅饼烤模 69

汉语

腺 19
乡村音乐 259
乡间花园 84
相册 271
相机盒 271
相机种类 270
相框 271
相片 271
相扑 237
香 130
香槟酒 145
香菜 133
香草 133,134
香草布丁 140
香草和香辛料 132
香肠 118,155,157
香蕉 128
香料包 132
香水 41
香水店 105
香辛料 132
香烟 112
香油 134
香脂醋 135
香子兰 132
箱包部 104
向后挥轩 233
向日葵 184,297
向日葵籽 131
向上 320
向下 320
项链 36
项链坠 36
项目 247
象 272,291
象鼻 291
橡果 125
橡胶软管 89
橡胶靴 89
橡皮 163
橡皮膏 47
橡树 296
削皮 67
削皮刀 68
削球 230
消毒剂 47
消毒湿巾 47
消毒液 51
消防车 95
消防队 95
消防队员 95,189
消防斧 95
消防栓 95
消防梯 95
消防通道 95
消防站 95
消化系统 19
消炎药 109
销售部 175
小 321
小包裹 311
小(粒)菜豆 131
小臂 12
小辫 39
小苍兰 110
小肠 18
小船停靠区 217
小道 262
小雕像 260
小豆蔻 132
小费 152
小狗 290
小海豹 290
小号 257
小红萝卜 124
小花 122
小回转 247
小茴香 132
小鸡 185
小家鼠 290
小街 299
小节线 256
小姐 22
小径 58,85
小军鼓 257
小龙虾 121
小轮摩托 205
小麦 130,184
小猫 290
小米 130
小面包 139
小牛肉 118
小跑 243
小时 304
小提琴 256
小腿肚 13
小巷 298
小行星 280
小型公共汽车 197
小型橇 247
小鸭 185
小圆蛋糕 140
小圆面包 143,155
小指 15
小趾 15
小猪 184
校车 196
校服 162
校园 168
校长 163
笑 25
哮喘 44
蝎子 295
斜边 164
斜方肌 16
斜锯架 81
鞋 34,37
鞋带 37
鞋底 37
鞋店 114
鞋钉 233
鞋跟 37
鞋舌 37
鞋靴部 104
鞋眼 37
写 162
泻药 109
卸妆水 41
心 119
心血管系统 19
心脏 18
心脏病发作 44
心脏病科 49
芯 122
锌 289
新 321
新古典主义风格 301
新加坡 319
新年 27
新生儿 53
新闻 178
新闻播音员 179,191
新闻记者 191
新闻媒体 178
新西兰 319
新鲜 121,127,130
新艺术风格 301
新月 280
薪水 175
信 98
信封 173
信号 209
信息屏 213
信箱 58,99
信用卡 96
兴奋 25
星期 306
星系 280
星云 280
星座 281
行李 100,198,213
行李舱 196
行李车 100
行李传送带 212
行李架 204,209
行李推车 213
行李拖车 212
行李箱 198
行星 280,282
行政区 315
醒来 71
杏 126
杏仁 129,151
杏仁糊 141
杏仁油 134
性病 20
性交 20
兄弟 22
匈牙利 316
胸 12,119
胸骨 17
胸肌 16
胸廓 17
胸鳍 294
胸罩 35
胸针 36
胸椎 17
雄蕊 297
熊 291
熊猫 291
休克 47
休闲垂钓 245
休闲上衣 33
休止符 256
修剪 39,91
修篱剪 89
修理工具箱 207
修枝 90
修枝剪 89
羞涩 25
袖口 32
袖扣 36
袖子 34
须后水 73
虚弱 321
序曲 256
叙利亚 318
续借 168
宣传页 96
玄武岩 288
悬臂 95
悬挂滑翔 248
悬挂式滑翔机 248
悬挂式文件夹 173
悬绳下降 248
悬崖 285
旋律 259
旋翼 211
旋转 230
学生 162
学生宿舍 168
学位 169
学位袍 169
学习 163
学习活动 162
学习用具 165
学校 162,299
学校食堂 168
雪 287
雪崩 247
雪道 246
雪道外 247
雪花酥模子 69
雪茄 112
雪利酒 145
雪松 296
鳕鱼 120
血压 44
血压计 45
熏鲱鱼 157
熏肉 118,157
熏鱼 143
熏制 159
熏制的 118 121 143
巡回赛 233
循环训练法 251
训练 251

Y
压倒 237
压花纸 83
压力 55
压力阀 61
压路机 187
压蒜器 68
压碎的 132
鸭 119,185
鸭蛋 137
牙齿护理 108
牙膏 72

牙根 50
牙菌斑 50
牙科椅 50
牙买加 314
牙买加丑橘 126
牙片 50
牙刷 72
牙痛 50
牙线 50,72
牙鳕 120
牙医 50,189
牙龈 50
牙钻 50
哑铃 251
亚麻 184
亚麻布 277
亚马孙平原 312
亚美尼亚 318
亚洲 318
咽 19
咽喉 19
烟 95
烟草 112,184
烟囱 58,214
烟斗 112
烟锅 112
烟盒 112
烟灰缸 150
烟雾报警器 95
烟嘴 112
腌制的 118
腌制 159
岩洞 284
岩浆 283
岩浆池 283
岩石 284,288
岩石园 84
研钵 68,167
研杵 68,167
研究 169
研究生阶段的 169
盐 64,152,129
盐渍的
121,129,137,143
颜料 274
颜色 274
颜色鲜明的休闲上装
33
檐壁 301
檐槽 58
檐口 300
眼睑 51
眼睛 14,51
眼镜 51
眼镜盒 51
眼科 49
眼泪 51
眼线液 40
眼影 40
验血 48
燕麦 130
燕子 292
秧苗 91
羊羔 185
羊角豆 122
羊角面包 156
羊毛衫 32
羊毛毯 74
羊群 183
羊水 52
羊水穿刺诊断 52
羊鱼 120
阳光 286
阳光明媚 286
阳台 59
阳痿 20
杨桃 128
洋葱 124
洋槐 110
仰卧起坐 251
仰泳 239
养鸡场 183
养鱼场 183
养猪场 183
氧气瓶 239
样片 271
腰 12
腰带 32,35,36,236
腰带扣 36
腰骶部 13
腰果 129,151
腰肉 121
腰椎 17
摇杆 150
摇滚音乐会 258
遥控器 269
鳐鱼 120,294
鳐鱼翅 120
咬钩 245
咬伤 46
药 109
药草 55
药店 108
药膏 47
药剂师 108,189
药剂室 108
药片 109
钥匙 59,207
椰枣 129
椰子 129
也门 318
野餐 263
野餐篮 263
野餐长椅 266
野风信子 297
野鸡 119
野生动物园 262
野味 119
野味肉 118
野营车 266
野营炉 267
叶 122,296
叶簇 110
叶梗 297
页岩 288
液体蜂蜜 134
液体量器 311
腋窝 13
一 308
一百 308
一百万 309
一百一十 308
一层 104
一次成像全自动相机
270
一次性的 109
一次性尿布 30
一次性剃须刀 73
一次性相机 270
一点半 304
一点二十分 304
一点二十五分 304
一点三十五分 304
一点十分 304
一点十五分 304
一点四十分 304
一点四十五分 304
一点五分 304
一点五十分 304
一点五十五分 304
一份 64
一副牌 273
一杆入洞233
一九〇〇年 307
一九〇一年 307
一九一〇年 307
一刻钟 304
一年生(植物) 86
一千 309
一勺量 149
一万 309
一小杯 151
一月 306
伊丹奶酪 142
伊拉克 318
伊朗 318
衣橱 70
衣服夹 76
衣架 70
衣领 32
衣物篮 76
医生 45,189
医学 169
医用灯 50
医用吊带 46
医用夹板 47
医用钳 167
医院 48
医嘱，药方 109
仪表盘 201
贻贝 121,295
胰岛素 109
胰脏 18
移动病床 48
移动电话 99
移民 26
移植 91
移植铲 89
已经过巴氏消毒 137
以后 304
以色列 318
椅背 64,210
椅子 64
椅子腿 64
艺术 162
艺术馆 261
艺术品店 115
艺术史 169
艺术体操 235
议程 174
易烹调的 130
易损坏 98
意大利 316
意大利辣香肠 142
意大利面食 158
意大利熏火腿 143
意式浓缩咖啡 148
溢流管 61
阴唇 20
阴道 20
阴道隔膜 21
阴地植物 87
阴蒂 20
阴茎 21
阴囊 21
音符 256
音高 256
音阶 256
音乐 162
音乐风格 259
音乐会 255,258
音乐家 191
音乐剧 255
音乐学院 169
音量 179,269
音箱 176,268
音箱架 268
音像店 115
银 289
银行 96
银行经理 96
银行卡 96
银行手续费 96
银行转帐 96
银幕 255
银牌 235
引产 53
引火物 266
引擎 202,204,210
引擎盖 198
引体向上 251
引座员 255
饮料 107,144,156
饮食 75
隐形眼镜 51
隐形眼镜盒 51
印度 318
印度草药疗法 55
印度尼西亚 319
印度式面包 139
印度洋 313
印刷 275
印台 173
印有笺头的信纸 173
应用程序 176
英尺 310
英寸 310
英国 316
英国管 257
英里 310

英式橄榄球 221
英式橄榄球球场 221
英式芥末酱 135
英式早餐 157
婴儿 23,30
婴儿杯 75
婴儿便盆 74
婴儿秤 53
婴儿床 74
婴儿吊带 75
婴儿护理 74
婴儿间 104
婴儿监视器 75
婴儿连脚裤 30
婴儿手套 30
婴儿睡篮 74
婴儿睡衣 30
婴儿鞋 30
婴儿衣物袋 75
婴儿用品 107
婴儿浴盆 74
罂粟 297
罂粟籽 138
樱草 297
樱桃 126
樱桃番茄 124
鹦鹉 293
鹰 292
鹰嘴豆 131
营地灯 267
营地管理处 266
营火 266
营养品 55
赢 273
赢家 273
应季的 129
硬 124,129,321
硬币 97
硬件 176
硬面包圈 139
硬膜外麻醉 52
硬木 79
硬奶酪 136
硬盘 176
硬纸盒 311
硬质路肩 194
硬质纤维板 79
佣金 97
泳道 238
泳具 238
泳裤 238
泳帽 238
泳姿 239
用杆支撑 91
用砂纸打磨 82
用牙线洁齿 50
忧虑 25
犹太教会堂 300
邮戳 98
邮袋 98,190
邮递员 98,190
邮局 98
邮局职员 98
邮票 98,112
邮筒 99
邮政编码 98
邮资 98
油 134,142,199
油菜 123
油菜籽 184
油画颜料 274
油量表 201
油轮 215
油门 200,204
油墨 275
油漆 83
油漆滚筒 83,82
油漆盘 83
油漆桶 83
油酥点心 140,149
油桃 126
油箱 203
油性(发质) 39
油性(皮肤) 41
油炸 159
油炸的 143
游客 260
游客咨询处 322
游览车 197
游览胜地 260
游览信息 261
游乐场 263
游乐园 262
游艇 215
游戏 75,272,273
游戏节目 178
游戏围栏 75
游行 27
游泳 238
游泳池 101,238,250
游泳镜 238
游泳圈 265
游泳选手 238
游泳衣 238,265
鱿鱼 121,295
有光泽 83,271
有轨电车 196,208
有核水果 126
有机(饲养)的 118
有机(栽培)的 91,122
有机废物 61
有价证券组合 97
有生殖能力的 20
有线电视 269
有效期限 109
有氧运动 251
有罪 181
右 260
右侧驾驶 201
右外野 228
右转 323
幼儿 30
釉质 50
淤泥 85
瘀伤 46
鱼 107,120
鱼贩 188
鱼和薯条 155
鱼类 294
渔篓 245
鱼片 121
渔叉捕鱼 245
渔船 217
渔竿 244
渔港 217
渔钩 244
渔民 189
渔网 217
渔线 244
渔线轮 244
逾越节 27
榆树 296
瑜伽 54
宇航员 281
宇宙 280
宇宙空间 280
羽毛 293
羽毛球 231
羽毛球(运动) 231
羽绒被 71
羽扇豆 297
羽衣甘蓝 123
雨 287
雨夹雪 286
雨林 285
雨刷 198
雨衣 31,245,267
语言 162
语音讯息 99
玉米 122,130,184
玉米面包 139
玉米油 135
玉石 288
芋头 124
育儿袋 291
育苗盘 89
育婴室 74
育婴箱 53
郁金香 111
狱警 181
浴缸 72
浴巾 73
浴袍 73
浴室 72,266
浴室防滑垫 72
预订 168
预约 45
鸢尾 110
园丁 188
园艺 90
园艺工具 88
园艺设计 91
园艺手套 89
园艺用品店 115
员工 175
原地跑 251
原告 180
圆顶 300
圆规 165
圆锯 78
圆号 257
圆粒 130
圆领 33
圆盘式卫星电视天线 269
圆巧克力 113
圆心 164
圆形 164
圆周 164
圆柱体 164
圆锥体 164
远视 51
远洋客轮 214
远足 263
约旦 318
约会 175
月 306
月长石 288
月桂叶 133
月经 20
月球 280
乐池 254
乐队 254,256
乐谱 255,256
乐器 256,258
岳父 23
岳母 23
阅读灯 210
阅览室 168
越过 320
越南 318
越位 223
越野滑雪 247
越野摩托 205
越障碍赛 243
云 287
云母 289
运动场 168
运动服 31,32
运动裤 33
运动衫 33
运动鞋 31,37,251
运动胸罩 35
运动员 191
运球 227
晕车药 109
晕倒 25
熨斗 76
熨烫 76
熨衣板 76

Z

杂拌糖果 113
杂草 86
杂志 107,112,168
栽培 91
载玻片 167
载物台 167
载重汽车 194
再来一次 255
在线 177
暂停 220,269
赞比亚 317
脏衣物 76
葬礼 26
藏红花 132
凿子 81,275
早 305

早餐 64,156
早餐麦片 107
早餐盘 101
早餐桌 156
早产的 52
早晨 305
增建部分 58
乍得 317
炸鸡 155
炸薯片 151
蚱蜢 295
斋月 27
摘除枯花 91
窄 321
展览 261
展品 261
占线 99
战斗机 211
战舰 215
站台 208
站台号 208
章鱼 121,295
蟑螂 295
掌骨 17
掌上电脑 175
丈夫 22
帐篷 267
帐篷杆 266
账单 152
账号 96
障碍 243
障碍赛 243
招牌 104
招生办 168
爪 291,293
沼泽 285
照明 178
照明弹 240
照相机 260
照相器材店 115
罩衫 38
蜇伤 46
蜇针 295
遮蔽胶带 83
遮瑕膏 40
遮阳帽 30,265
遮阳篷 75,148
遮阳伞 148,264
折叠床 266
折叠式婴儿车 75
折梯 82
折纸 275
哲学 169
针 276
针垫 276
针脚 277
针脚选择器 276
针灸 55
侦探 94
针头 109
针线筐 276
针叶树 86
珍珠项链 36
榛仁油 134
榛子 129
诊断 45
诊室 45
诊所 48
枕套 71
枕头 70
阵雨 286
镇静剂 109
震动 283
震惊 25
蒸 67
蒸粗麦粉 130
蒸汽机车 208
整骨疗法 54
整理床铺 71
整粒 130
整形外科 49
整枝 91
正餐 158
正餐用盘 65
正方形 164
正极 167
正确 322
正手 231
正厅前排座位 254
正午 305
证据 181
证券 97
证券交易所 97
证人 180
政治学 169
支撑杆 89,91
支架 88,205,207,267
支票 96
支票簿 96
支票存根 96
支帐篷 266
支座 187
汁液 127
芝麻菜 123
芝麻籽 131
织边 277
织补 277
织布机 277
织物柔顺剂 76
蜘蛛 295
直肠 21
直尺 165
直发 39
直接借记 96
直径 164
直流电 60
直升飞机 211
直行 260
职业 188,190
植物 296
植物油 135
植物种类 86
殖民地 315
跖骨 17
止咳药 108
止痛药 47,109
纸板 275
纸板制型 275
纸币 97
纸盒 172
纸巾 108
纸巾盒 70
纸牌 273
纸样 276
指关节 15
指挥 256
指挥棒 256
指挥塔 215
指挥台 256
指甲 15
指甲锉 41
指甲刀 41
指甲护理 41
指甲剪 41
指甲油 41
指南针 240,312
指纹 94
指形饼干 141
指压按摩 54
指压疗法 55
指引 260
趾带 207
趾甲 15
趾甲护理 41
制冰室 67
制动液容器 202
制服 94,189
制片人 254
制图员 191
制作面包 138
治疗师 55
掷界外球 223,226
掷球 227
掷骰子 273
窒息 47
智利 315
痣 14
雉 293
中波 179
中场 224
中场休息 254
中非共和国 317
中耕机 182
中国 318
中国武术 236
中间层 286
中筋面粉 139
中圈 222,224,226
中提琴 256
中庭 104
中外野 228
中线 226
中性(发质) 39
中央车道 194
中央处理器 176
中央分车带 194
中指 15
终点摄影记录 234
终点线 234
钟表 62,304
肿瘤科 49
种类 199,205
种子 88,122,130,131
中毒 46
中风 44
种植 183
重 321
重金属摇滚 259
重力 280
重量训练 251
周末 306
肘 13
昼夜 305
皱眉 25
皱纹 15
珠宝匠 188
珠宝制作 275
猪 185
猪圈 185
猪肉 118
猪血香肠 157
竹笋 122
竹子 86
主裁判 222
主菜 153
主唱 258
主持 174
主厨 152
主帆 240
主管 174
主茎 297
主路入口 194
主权国家 315
主人 64
主题公园 262
煮沸 67
煮鸡蛋 137,157
住宿 323
助产 53
助产士 53
助厨 152
助理 24
助推器 281
注射 48
注射器 109,167
注水 67
贮水箱 61
柱 225,300
柱顶楣梁 301
抓握 237
专科医生 49
专用浴室 100
砖 187
转身 238
转诊 49
转笔刀 163
转速表 201
转椅 172
庄稼 183
装饵 245
装入 76
装饰 141
装饰配料 155
装饰线脚 63
装饰艺术风格 301
装馅 159
装修 82
锥体 164
锥形隔离墩 187
准时 305

桌布 64
桌面 177
桌面背景 177
桌子 148
啄木鸟 292
着陆 211
籽 128
子宫 20,52
子宫颈 20,52
子宫托 21
姊妹 22
紫花苜蓿 184
紫罗兰 110
紫色 274
紫水晶 288
紫外线 286
紫外线浴床 41
字典 163
字节 176
字牌 272
字体 177
自动 200
自动扶梯 104
自动门 196
自动提示机 179
自动调温器 61
自动洗车站 199
白发粉 139
自豪 25
自来水 144
自然科学 162
自然疗法 55
自卫 237
自信 25
自行车 206
自行车道 206
自行车支架 207
自由宿营地 266
自由体操 235
自由泳 239
自助餐 152
自助早餐 156
棕褐色皮肤 41
棕榈 86
棕榈树 296
棕榈芯 122
鬃毛 242,291
总部 175
总公司 175
总汇三明治 155
总经理 175
纵深 165
走廊 168,210
走棋 273
奏鸣曲 256
租车处 213
租用 58
足底反射疗法 54
足弓 15
足球 222
足球场 222
足球球衣 31,222
足球球员 222
阻挡 227
组合抽屉 172
祖父 22
祖父母 23
祖母 22
钻夹头 78
钻孔 79
钻孔器 80
钻石 288
钻头 78,80
嘴 14
罪犯 181
罪行 94
鳟鱼 120
昨天 306
左 260
左侧驾驶 201
左外野 228
左转 323
作文 163
作业 163
坐浴盆 72
座位 64,210,254
座椅头枕 200
座杆 206

DANK • acknowledgments • 鸣谢

DORLING KINDERSLEY would like to thank Tracey Miles and Christine Lacey for design assistance, Georgina Garner for editorial and administrative help, Sonia Gavira, Polly Boyd, and Cathy Meeus for editorial help, and Claire Bowers for compiling the DK picture credits.

The publisher would like to thank the following for their kind permission to reproduce their photographs:
Abbreviations key:
t=top, b=bottom, r=right, l=left, c=centre

Abode: 62; **Action Plus:** 224bc; **alamy.com:** 154t; A.T. Willett 287bcl; Michael Foyle 184bl; Stock Connection 287bcr; **Allsport/Getty Images:** 238cl; **Alvey and Towers:** 209 acr, 215bcl, 215bcr, 241cr; **Peter Anderson:** 188cbr, 271br. **Anthony Blake Photo Library:** Charlie Stebbings 114cl; John Sims 114tcl; **Andyalte:** 98tl; **apple mac computers:** 268tcr; **Arcaid:** John Edward Linden 301bl; Martine Hamilton Knight, Architects: Chapman Taylor Partners, 213cl; Richard Bryant 301br; **Argos:** 41tcl, 66cbl, 66cl, 66br, 66bcl, 69cl, 70bcl, 71t, 77tl, 269tc, 270tl; **Axiom:** Eitan Simanor 105bcr; Ian Cumming 104; Vicki Couchman 148cr; **Beken Of Cowes Ltd:** 215cbc; **Bosch:** 76tcr, 76tc, 76tcl; **Camera Press:** 27c, 38tr, 256t, 257cr; Barry J. Holmes 148tr; Jane Hanger 159cr; Mary Germanou 259bc; **Corbis:** 78b; Anna Clopet 247tr; Bettmann 181tl, 181tr; Bo Zauders 156t; Bob Rowan 152bl; Bob Winsett 247cbl; Brian Bailey 247br; Carl and Ann Purcell 162l; Chris Rainer 247ctl; ChromoSohm Inc. 179tr; Craig Aurness 215bl; David H.Wells 249cbr; Dennis Marsico 274bl; Dimitri Lundt 236bc; Duomo 211tl; Gail Mooney 277ctcr; George Lepp 248c; Gunter Marx 248cr; Jack Fields 210b; Jack Hollingsworth 231bl; Jacqui Hurst 277cbr; James L. Amos 247bl, 191ctr, 220bcr; Jan Butchofsky 277cbc; Johnathan Blair 243cr; Jon Feingersh 153tr; Jose F. Poblete 191br; Jose Luis Pelaez.Inc 153tc, 175tl; Karl Weatherly 220bl, 247tcr; Kelly Mooney Photography 259tl; Kevin Fleming 249bc; Kevin R. Morris 105tr, 243tl, 243tc; Kim Sayer 249tcr; Lynn Goldsmith 258t; Macduff Everton 231bcl; Mark Gibson 249bl; Mark L. Stephenson 249tcl; Michael Pole 115tr; Michael S. Yamashita 247ctcl; Mike King 247cbl; Neil Rabinowitz 214br; Owen Franken 112t; Pablo Corral 115bc; Paul A. Sounders 169br, 249ctcl; Paul J. Sutton 224c, 224br; Peter Turnley 105tcr; Phil Schermeister 227b, 248tr; R.W Jones 309; R.W. Jones 175tr; Richard Hutchings 168b; Rick Doyle 241ctr; Robert Holmes 97br, 277ctc; Roger Ressmeyer 169tr; Russ Schleipman 229; Steve Raymer 168cr; The Purcell Team 211ctr; Tim Wright 178; Vince Streano 194t; Wally McNamee 220br, 220bcl, 224bl; Yann Arhus-Bertrand 249tl; **Dixons:** 270cl, 270cr, 270bl, 270bcl, 270bcr, 270ccr; **Education Photos:** John Walmsley 26tl; **Empics Ltd:** Adam Day 236br; Andy Heading 243c; Steve White 249cbc; **Getty Images:** 48bcl, 100t, 114bcr, 154bl, 287tr; 94tr; **Dennis Gilbert:** 106tc; **Hulsta:** 70t; **Ideal Standard Ltd:** 72r; **The Image Bank/Getty Images:** 58; **Impact Photos:** Eliza Armstrong 115cr; John Arthur 190tl; Philip Achache 246t; **The Interior Archive:** Henry Wilson, Alfie's Market 114bl; Luke White, Architect: David Mikhail, 59tl; Simon Upton, Architect: Phillippe Starck, St Martins Lane Hotel 100bcr, 100br; **Jason Hawkes Aerial Photography:** 216t; **Dan Johnson:** 26cbl, 35r; **Kos Pictures Source:** 215cbl, 240tc, 240tr; David Williams 216b; **Lebrecht Collection:** Kate Mount 169bc; **MP Visual.com:** Mark Swallow 202t; **NASA:** 280cr, 280ccl, 281tl; **P&O Princess Cruises:** 214bl; **P A Photos:** 181br; **The Photographers' Library:** 186bl, 186bc, 186t; **Plain and Simple Kitchens:** 66t; **Powerstock Photolibrary:** 169tl, 256t, 287tc; **Rail Images:** 208c, 208 cbl, 209br; **Red Consultancy:** Odeon cinemas 257br; **Redferns:** 259br; Nigel Crane 259c; **Rex Features:** 106br, 259tc, 259tr, 259bl, 280b; Charles Ommaney 114tcr; J.F.F Whitehead 243cl; Patrick Barth 101tl; Patrick Frilet 189cbl; Scott Wiseman 287bl; **Royalty Free Images:** Getty Images/Eyewire 154bl; **Science & Society Picture Library:** Science Museum 202b; **Skyscan:** 168t, 182c, 298; Quick UK Ltd 212; **Sony:** 268bc; **Robert Streeter:** 154br; **Neil Sutherland:** 82tr, 83tl, 90t, 118, 188ctr, 196tl, 196tr, 299cl, 299bl; **The Travel Library:** Stuart Black 264t; **Travelex:** 97cl; **Vauxhall:** Technik 198t, 199tl, 199tr, 199cl, 199cr, 199ctcl, 199cfcr, 199tcl, 199tcr, 200; **View Pictures:** Dennis Gilbert, Architects: ACDP Consulting, 106t; Dennis Gilbert, Chris Wilkinson Architects, 209tr; Peter Cook, Architects: Nicholas Crimshaw and partners, 208t; **Betty Walton:** 185br; **Colin Walton:** 2, 4, 7, 9, 10, 28, 42, 56, 92, 95c, 99tl, 99tcl, 102, 116, 120t, 138t, 146, 150t, 160, 170, 191ctcl, 192, 218, 252, 260br, 260l, 261tr, 261c, 261cr, 271cbl, 271cbr, 271ctl, 278, 287br, 302, 401.

DK PICTURE LIBRAR

Akhil Bahkshi; Patrick Baldwin; Geoff Brightling; British Museum; John Bulmer; Andrew Butler; Joe Cornish; Brian Cosgrove; Andy Crawford and Kit Hougton; Philip Dowell; Alistair Duncan; Gables; Bob Gathany; Norman Hollands; Kew Gardens; Peter James Kindersley; Vladimir Kozlik; Sam Lloyd; London Northern Bus Company Ltd; Lucky Luke Licensing; Tracy Morgan; David Murray and Jules Selmes; Musée Vivant du Cheval, France; Museum of Broadcast Communications; Museum of Natural History; NASA; National History Museum; Norfolk Rural Life Museum; Stephen Oliver; RNLI; Royal Ballet School; Guy Ryecart; Science Museum; Neil Setchfield; Ross Simms and the Winchcombe Folk Police Museum; Singapore Symphony Orchestra; Smart Museum of Art; Tony Souter; Erik Svensson and Jeppe Wikstrom; Sam Tree of Keygrove Marketing Ltd; Barrie Watts; Alan Williams; Jerry Young.

Additional Photography by Colin Walton.

Colin Walton would like to thank:
A&A News, Uckfield; Abbey Music, Tunbridge Wells; Arena Mens Clothing, Tunbridge Wells; Burrells of Tunbridge Wells; Gary at Di Marco's; Jeremy's Home Store, Tunbridge Wells; Noakes of Tunbridge Wells; Ottakar's, Tunbridge Wells; Selby's of Uckfield; Sevenoaks Sound and Vision; Westfield, Royal Victoria Place, Tunbridge Wells.